大学数学系列教材

微积分学
第四版　上册

华中科技大学数学与统计学院

高等教育出版社·北京

内容提要

本书是华中科技大学数学与统计学院编写的《微积分学》第四版,根据最新制订的"工科类本科数学基础课程教学基本要求"编写而成。全书分为上、下两册,上册包括一元函数微积分和微分方程,下册包括多元函数微积分和无穷级数。本书本着"通用、简明、高效"的方针,采用"精简、集中、类比"等措施对教学内容进行了优化,旨在构造一个内容直观易懂、重点难点突出、数学思想明确、注重应用能力的教学体系。

本次修订完善了部分概念和结论的叙述,添加了一些推导步骤和解释,此外,每章还增加了延伸阅读材料和高等数学重难点辅导微视频供读者自学。

本书可供高等学校理工科各专业学生使用,也可供科技工作者参考。与本书内容配套的微积分学 MOOC(慕课)已在"中国大学 MOOC"平台上线,读者可登录平台观看和学习。

图书在版编目(CIP)数据

微积分学. 上册 / 华中科技大学数学与统计学院编. --4 版. --北京:高等教育出版社,2019.8(2024.7 重印)
大学数学系列教材
ISBN 978-7-04-051260-1

Ⅰ.①微… Ⅱ.①华… Ⅲ.①微积分-高等学校-教材 Ⅳ.①O172

中国版本图书馆 CIP 数据核字(2019)第 011965 号

| 策划编辑 | 张彦云 | 责任编辑 | 马 丽 | 特约编辑 | 安 琪 | 封面设计 | 李小璐 |
| 版式设计 | 徐艳妮 | 插图绘制 | 于 博 | 责任校对 | 高 歌 | 责任印制 | 刁 毅 |

出版发行	高等教育出版社		网 址	http://www.hep.edu.cn
社 址	北京市西城区德外大街 4 号			http://www.hep.com.cn
邮政编码	100120		网上订购	http://www.hepmall.com.cn
印 刷	涿州市京南印刷厂			http://www.hepmall.com
开 本	787mm×960mm 1/16			http://www.hepmall.cn
印 张	18.25		版 次	1997 年 8 月第 1 版
字 数	310 千字			2019 年 8 月第 4 版
购书热线	010-58581118		印 次	2024 年 7 月第 6 次印刷
咨询电话	400-810-0598		定 价	39.20 元

本书如有缺页、倒页、脱页等质量问题,请到所购图书销售部门联系调换
版权所有 侵权必究
物 料 号 51260-00

微积分学

第四版

华中科技大学
数学与统计学院

1. 计算机访问 http://abook.hep.com.cn/12245714，或手机扫描二维码、下载并安装 Abook 应用。
2. 注册并登录，进入"我的课程"。
3. 输入封底数字课程账号（20位密码，刮开涂层可见），或通过 Abook 应用扫描封底数字课程账号二维码，完成课程绑定。
4. 单击"进入课程"按钮，开始本数字课程的学习。

课程绑定后一年为数字课程使用有效期。受硬件限制，部分内容无法在手机端显示，请按提示通过计算机访问学习。

如有使用问题，请发邮件至 abook@hep.com.cn。

扫描二维码
下载 Abook 应用

http://abook.hep.com.cn/12245714

第四版前言

本书第三版出版以来又经过了十年,这十年恰逢"互联网+教育"浪潮席卷而来,利用移动终端的碎片化学习方式、关注个性化差异的翻转课堂教学模式、结合慕课资源的混合式教学手段等新的变革给高等学校的教学带来了新的变化。在此形势和变化下,华中科技大学理工科高等数学教学团队对大学数学课程的内容和形式做出了新的探索,一方面,本团队建设的微积分学MOOC(慕课)已在"中国大学MOOC"平台上线,其中包含全部知识点的视频及在线作业、测试、讨论等各项教学活动;另一方面,结合慕课,我们对教材也提出了新的要求,教材不能只作为教师授课的教学课本,还应成为适合学生课前预习和自主学习的读本。因此,在本次修订中,我们致力于更易接受的讲解模式、更详尽的细节描述、更本质的归纳点拨,并增加了丰富的微视频和富文本资源,为课堂教学提供一个延伸、探索的空间。

修订工作分为文字部分和视频部分。在文字部分,我们根据多年来教学实践和应用的经验,汇集教师和学生的意见和建议,完善了一些概念和定理的叙述,修正了一些错误。此外,在数字课程网站上附加了延伸阅读材料,以满足读者拓展知识的需要。而在视频部分,制作了高等数学重难点辅导微视频,包括各章重难点知识归纳和典型例题讲解的视频,这是提高课程学习质量的重要补充。

本书上册文字部分由毕志伟负责,下册文字部分由吴洁负责,胡勇、金建华、韩淑霞承担了部分工作。延伸阅读材料由黄永忠负责。微视频资源来自由高等教育出版社支持建设、毕志伟和韩淑霞制作的"高等数学重难点辅导微课系列150讲"。

对新版中存在的不足之处,欢迎广大读者继续给予批评指正。

编 者
2018年12月于武汉

第三版前言

本次修改工作有以下几个方面：

(1) 调整了一些概念的说法。例如极值点概念，凹凸性概念，反常积分等。重新安排了多元函数微分学一章的目次。

(2) 优化了一些内容的处理。例如更好的解法，适当的几何或物理解释。

(3) 重写了一些不易理解的知识点，例如 Taylor 公式，微分方程解的结构。

本次修订工作是在微积分课程组全体教师的大力协作下进行的，他们提出的许多建议都已纳入了这一次的修订方案。参加本次修订工作的有毕志伟(负责第一，第二章)，吴洁(负责第三，第四章)，谢鹏(负责第五，第六章)，王德荣(负责第七，第十二章)，罗德斌(负责第八，第十一章)，周军(负责第九，第十章)。统稿工作由毕志伟、谢鹏负责。

编　者
2008 年 7 月

修订版前言

由原华中理工大学数学系编写,高等教育出版社出版的《高等数学》(上、下册)(1997 年 8 月第一版),自出版以来一直在我校本科学生中使用。几年来的教学实践表明,该教材体系设计合理,方便好用。

本次修订对原有的体系框架及风格特色保持不变;对某些证明的推导和例题的讲解补充了必要的细节以便于学生理解,增强了可读性;考虑到应用微积分知识的重要性,增加了一些较新的应用例题及习题,并改名为《微积分学》。参加本次修订工作的有毕志伟、林益、王汉蓉、陈爱兰、谢鹏、魏宏、王德荣、刘国钧、乔维佳、吴洁、罗德斌、周军。统稿工作上册由毕志伟负责,下册由谢鹏负责。图形修订由谢鹏负责。

编 者
2002 年 7 月

第一版前言

本书是为跨入 21 世纪的年轻读者编写的。

新的世纪已在眼前,世界的前景将会如何?各界人士都在预测与展望,众说纷纭,莫衷一是。但有一点是众所公认的,即 21 世纪必然是高科技的世纪。人们毫不怀疑,科学技术将以前所未有的速度发展;新观念、新理论与新技术将层出不穷;覆盖全球的信息网将进入每个家庭,运用高科技将成为人类日常生活的一部分。未来的大学生将愈来愈早地接触高科技,他们将不可避免地置身于知识产品的滚滚洪流之中!

这一切已不再是朦胧的幻影,而是轮廓已清晰可见的升起于天际的一轮红日。为这种前景所鼓舞的大学生,在他们立志投身于科学之际,将学到怎样的数学?教育界正在为此而苦苦思索,本书作者们亦已为此探索多年,而本书则正是这一探索的初步成果。

世界各国的大学都在倡言改革,数学教育改革的呼声震天动地,提出的方案与模式成百上千,但真正瓜熟蒂落的成果却寥若晨星,以至于今日大学生所学到的高等数学,与 40 年前相比并无重大差别。一门数学课程能如此经久不变,数学界似乎应为它的强大生命力而额手称庆。然而,这实在是危机的先兆。

如同所有科学一样,数学本身亦在不断更新,新理论与新方法不断涌现。经典微积分在经历了 300 年的辉煌发展之后,已经高度成熟。今天,它的应用依然遍及几乎所有科学领域。然而,它所占的地盘正在无可挽回地缩小。近十年之内,高等数学课程的总学时缩短了近四分之一,这只不过是人们对一种不可阻挡的历史趋势的不情愿的反应而已。任何经典学科都无法逃避被精简浓缩的命运,经典微积分学亦不例外。无论如何,不应让今天的大学生去重复历史的发展,通晓从极限到微积分运算的每一细节,他们应当将有限的时间与精力花费在最必需的那部分内容上。况且,微积分早已不是大学生所应掌握的唯一数学工具。为了跟上高科技时代,今日大学生除了学习微积分学及已相当标准化的"工程数学"课程之外,还必须学习某些与算法理论密切相关的离散数学知识;学习在科学、工程与社会生活中有广泛应用的"优化数学"知识,等等。这种对新的数学知识的紧迫需要，正在促使高等数学让出愈来愈多的地盘，人们几乎别无选择。

正是基于这一认识，我们呈献给读者的这本书，做了目前条件下我们所能做到的最坚决的改进，使读者有可能在比过去少得多的时间内学到经典微积分学的主要内容，而又不降低基本的数学思维训练。我们深信已在一定程度上达到这一目的。

本书上、下两册合计不过 60 万字，约相当于目前同类教材的 3/4，而其中包括了教育部审定的高等数学课程教学基本要求的所有内容。做到这一点当然不容易，这是采取了一系列坚决改进措施的结果，其主要如下：

1. 精简。删去后文不引用的中间结果(如 Abel 引理)；排除那些数学的发展证明已失去价值的内容(如关于可积性的讨论)；略去后文或后续课程中处理得更好的问题(如定积分的某些应用)。

2. 集中。如性质集中(极限性质、积分性质、级数性质等)，规则集中(如微分规则、向量运算规则等)，公式集中，等等。这样大大提高了表达效率，且便于理解、记忆与复习。

3. 类比。可互相对照的内容，最大限度地平行处理、互相参照，这样既有利于启发学生思维，同时又避免了许多简单重复，从而节省了篇幅。

4. 偏重。处处注意将主要篇幅用于较简单的典型情况，因而降低了难度而又无损于基本内容。例如，明确突出 Maclaurin 级数，而一般的 Taylor 级数仅需简单的交代就足够了。

5. 简化。所有关键性结论的推证都经过精心设计，以达到最大限度的简洁。过程繁琐而又难以起到启发思维作用的逻辑证明，则坚决予以省略。

始终萦绕本书作者们脑际的一个基本想法是：除了真正必需的内容之外，其他都是多余的。而一旦清除了不必要的内容，就为补充新的内容铺平了道路，这正是致力于改革的数学界同仁们所期待的。

至于本书的风格，需作的说明不多。数学教材很难赢得生动有趣的赞誉。在冷峻古板与轻浮媚俗这两副面孔之间，我们选择了某种折中姿态。数学教材无疑负有对学生进行逻辑训练的使命，因而永远需要一定的严谨性，本书也不例外。除此之外，我们尽了最大努力来提高本书的可读性。我们的目标是：各种类型学校的大学生都能利用本书顺利完成高等数学的学习。本书作者们在提笔之初，即明确提出以"通用、简明、高效"的标准作为自我规范。本书在多大程度上合乎这一预定标准，相信读者自有评判。

本书初稿由毕志伟、林益、王汉蓉、陈爱兰、何瑞,魏宏、杨祖禧、李静瑶、刘国钧、樊孝述,曹诗珍、周怀治、汤燕斌、魏尧生、谢鹏执笔;书中插图均由谢鹏绘制。书稿上、下册分别由毕志伟与谢鹏统稿,最后由本人修改定稿。陆传务、陈祖诰、杨林锡、王德荣、王新华仔细审阅了书稿,许多章节在内容与形式上的改进都大大得益于他们的意见。无疑,书中仍然不免有疏漏与不妥之处,切望广大读者指出,以便订正。

胡适耕
1997 年 8 月于华中理工大学

重 要 公 式

二项展开式：$(a+b)^n = a^n + C_n^1 a^{n-1} b + C_n^2 a^{n-2} b^2 + \cdots + b^n.$

均值不等式：$\sqrt[n]{a_1 a_2 \cdots a_n} \leqslant \dfrac{a_1 + a_2 + \cdots + a_n}{n},$

其中 $a_1, a_2, \cdots, a_n > 0$，等号在 $a_1 = a_2 = \cdots = a_n$ 时成立.

Cauchy 不等式：
$$(a_1 b_1 + \cdots + a_n b_n)^2 \leqslant (a_1^2 + \cdots + a_n^2)(b_1^2 + \cdots + b_n^2),$$

等号在 $(a_1, a_2, \cdots, a_n)$ 和 $(b_1, b_2, \cdots, b_n)$ 成比例时成立.

Bernoulli 不等式：
$$(1 + a_1)(1 + a_2) \cdots (1 + a_n) \geqslant 1 + a_1 + a_2 + \cdots + a_n,$$

其中 $a_1, a_2, \cdots, a_n > -1$，且符号相同，等号仅在 $n = 1$ 时成立.

二阶行列式：$\begin{vmatrix} a & b \\ x & y \end{vmatrix} = ay - bx.$

三阶行列式：$\begin{vmatrix} a & b & c \\ x & y & z \\ u & v & w \end{vmatrix} = a \cdot \begin{vmatrix} y & z \\ v & w \end{vmatrix} - b \cdot \begin{vmatrix} x & z \\ u & w \end{vmatrix} + c \cdot \begin{vmatrix} x & y \\ u & v \end{vmatrix}.$

和差化积公式：$\sin \alpha + \sin \beta = 2 \sin \dfrac{\alpha + \beta}{2} \cos \dfrac{\alpha - \beta}{2},$

$$\sin \alpha - \sin \beta = 2 \cos \dfrac{\alpha + \beta}{2} \sin \dfrac{\alpha - \beta}{2},$$

$$\cos \alpha + \cos \beta = 2 \cos \dfrac{\alpha + \beta}{2} \cos \dfrac{\alpha - \beta}{2},$$

$$\cos \alpha - \cos \beta = -2 \sin \dfrac{\alpha + \beta}{2} \sin \dfrac{\alpha - \beta}{2}.$$

积化和差公式：$\sin \alpha \cos \beta = \dfrac{1}{2} [\sin(\alpha + \beta) + \sin(\alpha - \beta)],$

II　重要公式

$$\cos\alpha\sin\beta = \frac{1}{2}[\sin(\alpha+\beta) - \sin(\alpha-\beta)],$$

$$\cos\alpha\cos\beta = \frac{1}{2}[\cos(\alpha+\beta) + \cos(\alpha-\beta)],$$

$$\sin\alpha\sin\beta = -\frac{1}{2}[\cos(\alpha+\beta) - \cos(\alpha-\beta)].$$

记号与约定

$f: X \to Y$:表示f是定义于集合X上且取值于集合Y中的函数(或映射).

f^{-1}:f的反函数.

$f(a^+) = \lim\limits_{x \to a^+} f(x)$:$f(x)$在点$a$的右极限.

$f(a^-) = \lim\limits_{x \to a^-} f(x)$:$f(x)$在点$a$的左极限.

$f'_+(a)$:$f(x)$在点a的右导数.

$f'_-(a)$:$f(x)$在点a的左导数.

$[x]$:不超过x的最大整数.

$\max\{x, y\}$:x, y中较大的一个.

$\min\{x, y\}$:x, y中较小的一个.

$\sup A$:实数集A的上确界(即最小的上界).

$\inf A$:实数集A的下确界(即最大的下界).

$n!$:n的阶乘,如$3! = 3 \cdot 2 \cdot 1, 0! = 1$.

$n!!$:n的双阶乘,如$5!! = 5 \cdot 3 \cdot 1, 6!! = 6 \cdot 4 \cdot 2$.

$C_n^k = \dfrac{n!}{k!(n-k)!}$.

$\exp x = e^x$:指数函数.

$\ln x (x > 0)$:自然对数函数.

$\cot x = \dfrac{1}{\tan x}$:余切函数.

$\sec x = \dfrac{1}{\cos x}$:正割函数,$\csc x = \dfrac{1}{\sin x}$:余割函数.

$\sinh x = \dfrac{e^x - e^{-x}}{2}$:双曲正弦函数,$\cosh x = \dfrac{e^x + e^{-x}}{2}$:双曲余弦函数.

$\forall x > 0$:对任何正数x; $\forall x \in A$:对A中任何x.

$\exists x > 0$:存在正数x; $\exists x \in A$:A中存在x.

"$\exists x \in A : x$满足条件C"的意思为"A中存在x,使得x满足条件C",命题中的冒号":"表示"使得"或"有"等意义.

$P \Rightarrow Q$：命题 P 推出命题 Q；$P \Leftrightarrow Q$：命题 P 与命题 Q 等价.

$N(a,r) = (a-r, a+r)$：点 a 的半径为 r 的邻域.

$\mathring{N}(a,r) = (a-r, a) \cup (a, a+r)$：点 a 的半径为 r 的去心邻域.

$u = o(v): \lim \dfrac{u}{v} = 0$，表示 u 是较 v 高阶的无穷小.

$u \sim v: \lim \dfrac{u}{v} = 1$，表示 u 与 v 是等价无穷小.

$f'(\varphi(x)) = \dfrac{\mathrm{d}f(\varphi(x))}{\mathrm{d}\varphi(x)}: f(\varphi(x))$ 对 $\varphi(x)$ 的导数.

$(f(\varphi(x)))' = \dfrac{\mathrm{d}f(\varphi(x))}{\mathrm{d}x}: f(\varphi(x))$ 对 x 的导数.

$f(x)\big|_{x=x_0} = f(x_0), f'(x)\big|_{x=x_0} = f'(x_0)$.

$F(x)\big|_a^b = F(b) - F(a)$.

D_f：函数 f 的定义域.

W_f：函数 f 的值域.

$x \in A$：x 是集合 A 中的元素.

$A \subset B$：集合 A 是集合 B 的子集，即 $x \in A \Rightarrow x \in B$.

$A \cup B$：集合 A 与集合 B 的并集.

$A \cap B$：集合 A 与集合 B 的交集.

$+\infty$：正无穷大.

$-\infty$：负无穷大.

∞：无穷大，当变量的绝对值趋于 $+\infty$ 时，称变量趋于 ∞.

$\sum\limits_{k=1}^{n} a_k = a_1 + a_2 + \cdots + a_n$.

$\sum\limits_{k=1}^{\infty} a_k = a_1 + a_2 + \cdots + a_n + \cdots$，不致误解时，简写成 $\sum a_n$.

§1.2(3) 表示第一章第二节中的式(3).

□：定理证毕.

≡：恒等于. 例如 $x_n \equiv C$ 表示常数列，$f(x) \equiv C$ 表示常数函数.

目　　录

第一章　函数 ··· 1

§ 1.1　变量与函数 ··· 1

1.1.1　集合与实数 ·· 1

1.1.2　常量与变量 ·· 3

1.1.3　函数 ··· 4

1.1.4　函数的初等性质 ·· 6

1.1.5　函数的一般概念 ·· 8

§ 1.2　函数的运算・初等函数 ··· 10

1.2.1　函数的四则运算 ·· 10

1.2.2　复合函数与反函数 ·· 11

1.2.3　初等函数 ·· 13

第二章　极限与连续性 ··· 19

§ 2.1　数列的极限 ··· 19

2.1.1　引例 ··· 19

2.1.2　数列概念 ·· 21

2.1.3　数列极限的定义 ·· 22

2.1.4　数列极限的性质 ·· 24

2.1.5　收敛判别法 ·· 27

*2.1.6　子列・上(下)确界 ··· 29

§ 2.2　函数的极限 ··· 31

2.2.1　函数极限的定义 ·· 31

2.2.2　函数极限的性质 ·· 35

2.2.3　两个重要极限 ·· 37

§ 2.3　无穷小量与无穷大量 ··· 42

2.3.1　无穷小量及其运算 ·· 42

2.3.2　无穷小量的比较 ·· 43

2.3.3　无穷大量 ·· 47

§ 2.4　函数的连续性 ··· 50

2.4.1	连续与间断	50
2.4.2	连续函数的运算・初等函数的连续性	52
2.4.3	闭区间上连续函数的性质	54
*2.4.4	一致连续性	56

第三章 导数与微分 59

§3.1 导数概念 59
- 3.1.1 切线问题与速度问题 59
- 3.1.2 导数的定义 60
- 3.1.3 单侧导数 64

§3.2 导数的计算 66
- 3.2.1 基本求导规则 66
- 3.2.2 反函数的导数・导数表 70
- 3.2.3 相关变化率 71

§3.3 微分 74
- 3.3.1 微分概念 74
- 3.3.2 微分的计算 76
- 3.3.3 微分的应用 78

§3.4 隐函数及用参数表示的函数的微分法 80
- 3.4.1 隐函数的微分法 80
- 3.4.2 用参数表示的函数的微分法 82

§3.5 高阶导数 85
- 3.5.1 高阶导数概念 85
- 3.5.2 高阶导数的计算 86

第四章 微分中值定理・应用 92

§4.1 微分中值定理 92
- 4.1.1 Rolle 定理 92
- 4.1.2 Lagrange 中值定理 94
- 4.1.3 Cauchy 中值定理 96

§4.2 L'Hospital 法则 99
- 4.2.1 未定型 $\dfrac{0}{0}$ 与 $\dfrac{\infty}{\infty}$ 99
- 4.2.2 其他未定型 102

§4.3 Taylor 公式 105
- 4.3.1 Taylor 定理 105

	4.3.2	求 Taylor 公式的例子	107
	4.3.3	Taylor 公式的应用举例	111
§4.4		函数的单调性与凸性	115
	4.4.1	单调性	115
	4.4.2	凸性	118
	4.4.3	函数作图	121
	4.4.4	曲率	124
§4.5		极值问题	128
	4.5.1	极值条件	128
	4.5.2	最大值与最小值	131
	4.5.3	应用问题	133

第五章 不定积分 … 137

§5.1		不定积分概念	137
§5.2		基本积分法	140
	5.2.1	分项积分法	140
	5.2.2	凑微分法	141
	5.2.3	换元法	144
	5.2.4	分部积分法	148
§5.3		几类初等函数的积分	152
	5.3.1	有理函数的积分	152
	5.3.2	三角函数的积分	155
	5.3.3	某些含根式的函数的积分	159

第六章 定积分 … 163

§6.1		定积分的定义与性质	163
	6.1.1	面积问题与路程问题	163
	6.1.2	定积分的定义	164
	6.1.3	定积分的性质	167
§6.2		定积分的计算	170
	6.2.1	变上限积分	170
	6.2.2	Newton–Leibniz 公式	172
	6.2.3	换元积分法	174
	6.2.4	分部积分法	177
§6.3		反常积分	181
	6.3.1	定义与性质	181

6.3.2　收敛判别法 ·················· 185
6.3.3　Euler 积分 ·················· 187
§6.4　定积分的应用 ·················· 190
6.4.1　微元法 ····················· 190
6.4.2　几何应用 ··················· 191
6.4.3　物理应用 ··················· 195
*§6.5　定积分的近似计算 ·············· 198
6.5.1　梯形法 ····················· 199
6.5.2　抛物线法 ··················· 200

第七章　常微分方程 ················· 202
§7.1　基本概念 ······················ 202
7.1.1　引例 ······················· 202
7.1.2　基本概念 ··················· 203
§7.2　初等积分法 ···················· 207
7.2.1　分离变量法 ················· 207
7.2.2　一阶线性方程 ··············· 209
7.2.3　降阶法 ····················· 212
§7.3　线性微分方程 ·················· 217
7.3.1　解的结构 ··················· 217
7.3.2　二阶线性方程 ··············· 219
§7.4　常系数线性微分方程 ············ 221
7.4.1　齐次方程 ··················· 222
7.4.2　非齐次方程 ················· 225
7.4.3　Euler 方程 ·················· 228
§7.5　微分方程组 ···················· 231

部分习题参考答案 ···················· 236
积分表 ···························· 253
名词索引 ·························· 263

第一章

函　　数

　　本课程以变量为主要研究对象,基本的研究方法是通过不同变量之间的依赖关系来揭示变量的变化规律,而函数就是变量之间的一种依赖关系.因此,函数是微积分学的基本研究对象.自然,函数概念将贯穿于本书各章节.本章介绍变量与函数的概念、函数的初等性质以及函数的运算等,这些内容构成学习微积分学最必需的预备知识.

§1.1　变量与函数

1.1.1　集合与实数

　　集合是现代数学中最为基本的概念,研究任何对象都不可避免地要用到集合.例如,所有自然数的集合;一个方程的根的集合;某三角形内所有点的集合,等等.一般地,具有某种特定性质的对象的总体称为**集合**或集,其中的对象称为集合的元素.通常以大写字母 A,B,M 等表示集合,而以小写字母 a,b,x 等表示集合的元素.若 a 是集合 A 的元素,则记作 $a \in A$(读作 a 属于 A);否则记作 $a \notin A$ (读作 a 不属于 A).

　　表示集合的方式通常有两种.一种是列举式,例如,方程 $x^2-1=0$ 的根的集合表示为 $\{1,-1\}$.另一种是命题式,例如,整数集可表示为 $\{x \mid \sin \pi x = 0\}$.集合 A 的较一般的表示方法为

$$A = \{x \mid x \text{ 满足 } P\}, \tag{1}$$

其中 P 是关于 x 的某个命题.式(1)的意义是: $x \in A$ 的充要条件(即充分必要条件)是 x 满足命题 P.

　　给定集合 A,B,若当 $x \in A$ 时必有 $x \in B$,则称 A 为 B 的子集,记作 $A \subset B$(读作 A 包含于 B),或 $B \supset A$(读作 B 包含 A).若 $A \subset B$ 且 $B \subset A$,则说集合 A 与 B 相等,记作 $A=B$.若 A 不含任何元素,则称 A 为空集.约定空集是任何集合的子集.令

$$A \cup B = \{x \mid x \in A \text{ 或 } x \in B\};$$
$$A \cap B = \{x \mid x \in A \text{ 且 } x \in B\},$$

分别称 $A \cup B$ 与 $A \cap B$ 为 A 和 B 的并与交.

本书用到的集合主要是数集,即元素都是数的集合.如无特别说明,今后提到的数都是实数,且以 **R** 记全体实数之集.最常用的数集是区间,它包括如下几种：

$$[a,b] = \{x \mid a \leqslant x \leqslant b\}; \tag{2}$$
$$(a,b) = \{x \mid a < x < b\}; \tag{3}$$
$$[a,b) = \{x \mid a \leqslant x < b\}; \tag{4}$$
$$(a,b] = \{x \mid a < x \leqslant b\}; \tag{5}$$
$$[a,+\infty) = \{x \mid x \geqslant a\}; \tag{6}$$
$$(a,+\infty) = \{x \mid x > a\}; \tag{7}$$
$$(-\infty,b] = \{x \mid x \leqslant b\}; \tag{8}$$
$$(-\infty,b) = \{x \mid x < b\}; \tag{9}$$
$$(-\infty,+\infty) = \{x \mid x \text{ 是实数}\}, \tag{10}$$

其中 a,b 是给定实数, $+\infty$ 与 $-\infty$ 是两个记号(不是数!),分别读作<u>正无穷大</u>与<u>负无穷大</u>.对任何实数 x,约定 $-\infty < x < +\infty$.称区间(2)为闭区间,称区间(3),(7),(9),(10)为开区间,称区间(2)—(5)为有限区间,称区间(6)—(10)为无限区间.今后说到区间 I 而无特别说明时, I 泛指(2)—(10)中的任何一种.

任给实数 x,定义 x 的绝对值 $|x|$ 为

$$|x| = \begin{cases} x, & x \geqslant 0, \\ -x, & x < 0. \end{cases}$$

在几何上, $|x|$ 表示实数轴上点 x 到原点的距离.绝对值的以下性质今后将经常用到：

(i) $|x| \geqslant 0$; $|x| = 0$ 等价于 $x = 0$.

(ii) $|xy| = |x||y|$; $|x/y| = |x|/|y|$ $(y \neq 0)$.

(iii) $||x| - |y|| \leqslant |x \pm y| \leqslant |x| + |y|$.

(iv) $-|x| \leqslant x \leqslant |x|$; $|x| < r$ 等价于 $-r < x < r$; $|x| \leqslant r$ 等价于 $-r \leqslant x \leqslant r$.

利用性质(iv)得出今后常用的表达式：

$$(a-r, a+r) = \{x \mid |x-a| < r\};$$
$$[a-r, a+r] = \{x \mid |x-a| \leqslant r\}.$$

当命题 $P(x)$ 对集合 A 中每个元素 x 均成立时,有时将其简记为" $\forall x \in A: P(x)$",可以将记号" $\forall$ "解读为"对任何"(或者"对任何一个""对每一个"等).

当命题 $P(x)$ 对集合 A 中某个元素 x 成立时,有时将其简记为"$\exists x \in A$: $P(x)$",可以将记号"$\exists$"解读为"存在"(或者"存在一个""有"等).在解读命题时,容许在用词和语序方面有所变化.例如
$$\forall x \geq 0: |x| = x,$$
表示对任何非负实数 x,都有 $|x| = x$(此处用 $x \geq 0$ 表示 x 属于非负实数集合);
$$\exists x \in \mathbf{R}: x^3 + 3x + 1 = 0,$$
表示方程 $x^3 + 3x + 1 = 0$ 存在实根.

以上例子表明,借助于逻辑符号,可使数学命题表达得简洁而准确.因此,熟悉逻辑符号的用法,对于本课程的学习是重要的.

1.1.2 常量与变量

在观察自然与社会现象或技术过程时,要遇到各种不同的量,其中有些量在所考察的过程中保持不变,即始终取一固定的数值,这种量称为**常量**.有些量在所考察的过程中发生变化,即可以取不同的数值,这种量称为**变量**.

例如,一封闭容器在加热过程中,容器内气体的体积与质量都是常量,而其温度与压力则是变量.在一段时期内,一个国家的人口总数是一变量,而其领土面积则是常量.

值得注意的是,一个量是常量还是变量与所考察的过程有关.例如,局限于地球表面上某一地点而言,重力加速度 g 是一常量;但在较大的地域内,g 是一个与地理位置有关的变量.

通常以字母 a, b, c 等表示常量,以字母 x, y, t 等表示变量.设 x 是一变量,则在所考虑的过程中,x 所取的数值之全体组成一数集 M,称 M 为变量 x 的**变域**.在几何上,变域 M 是数轴的某一部分(例如某个区间),而变量 x 则可看作是在 M 中变动的一个"动点".若 M 仅由一个数组成,则 x 退化成一个常量.通常也将常量看作是一种特殊的变量.

在微积分学诞生以前,数学基本上限于考虑常量.将变量引入数学,是数学上的一个重大突破,这对于整个现代科学的形成与发展,具有奠基的意义.研究变量的重要性首先在于,人类生活中所面对的量大多是变量;其次,即使研究对象是常量(例如圆周率 π),也常常只有在充分研究了某个与该常量相联系的变量之后,才能得出关于这个常量的某些结论.例如,为计算 π 的近似值,通常考虑一个随自然数 n 变化的量 x_n,使得当 n 充分大时,x_n 充分接近于 π.用一个变量去近似某个未知常量的方法,在数学中称为"逼近方法",它是微积分学以及整个"变量数学"的基本方法之一.

1.1.3 函数

在同一过程中,往往有多个变量在互相关联地变化着.试看几个涉及两个变量的例子.

例 1 如所熟知,半径为 r 的圆的面积 S 由公式

$$S = \pi r^2 \tag{11}$$

表示.当半径 r 在区间 $(0, +\infty)$ 内任意取定一个数值时,圆面积 S 就依式(11)随之确定.

例 2 作自由落体运动的物体的路程公式为

$$s = \frac{1}{2}gt^2, \tag{12}$$

其中 g 是重力加速度,t 是从开始下落算起的时间,s 是在时刻 t 物体落下的距离.假定物体着地的时刻为 $t=T$,则对任给 $t \in [0, T]$,由式(12)便唯一地决定出 s 相应的值.

以上两例的具体含义并不相同,但有一明显共同点:当一个变量在其变域内取定一个值之后,另一个与之相依的变量的值便由一种关系式随之确定.两个变量之间的这种依从关系就是函数关系,其准确的定义如下.

1-1 如何求解整式不等式

定义 1 设 x 与 y 是两个变量,D 是一非空数集.若对每个 $x \in D$,按某一确定的规则 f 总有唯一的数值 y 与之对应,则称 y 或 f 为 x 的函数,记作 $y=f(x)$;称 D 为此函数的**定义域**,而 x 与 y 分别称为函数 f 的**自变量**与**因变量**.

若对取定的 $x=x_0 \in D$,与 x_0 对应的因变量的值为 y_0,则称 y_0 为函数 $y=f(x)$ 在 x_0 处的函数值,记作 $f(x_0)$.通常简称"函数 $y=f(x)$"为"函数 $f(x)$"或"函数 f".函数 $f(x)$ 的函数值的全体组成如下数集

$$W = \{f(x) \mid x \in D\},$$

1-2 如何求解分式不等式

称 W 为 $f(x)$ 的**值域**.对于一个函数,选取什么字母来表示自变量与因变量,不是原则问题.例如函数 $y=f(x)$ 亦可写作 $y=f(t)$ 或 $z=f(t)$.

在实际问题中,函数的定义域由问题的实际意义确定.例如,在例 1 中,圆面积 S 是半径 r(r 为正数)的函数,定义域 $D=(0, +\infty)$;在例 2 中,下落路程 s 是时间 t(t 为非负)的函数,定义域 $D=[0, T]$.若 $f(x)$ 由某一表达式表示,并且不考虑其实际含义,则认定其定义域是使该表达式有意义的 x 之全体.例如,函数 $\sqrt{1-x}$ 与 $\lg x$ 的定义域分别为 $(-\infty, 1]$ 与 $(0, +\infty)$.若 D 是 $f(x)$ 的定义域,$I \subset D$(或 $x_0 \in D$),则说 $f(x)$ 在 I 上(或 x_0)有定义.

设函数 $y=f(x)$ 的定义域为 D. 任给 $x \in D, y=f(x)$ 是对应的函数值，则 (x,y) 是 xOy 平面上确定的一点. 当 x 遍取 D 中每个数值时，得到 xOy 平面上的一个点集
$$G = \{(x, f(x)) \mid x \in D\},$$
称 G 为函数 $f(x)$ 的**图形**（图 1-1）. 在很多情况下（但并非总是如此），$f(x)$ 的图形是一条平面曲线. 在这种情况下，也将图形 G 说成是"曲线 $y=f(x)$".

下面介绍一些函数的例子，这些函数在后面章节中将多次提到.

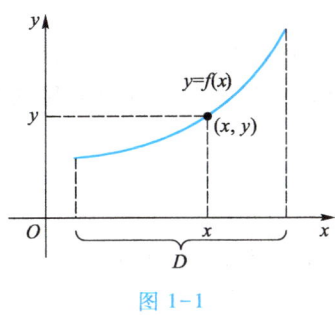

图 1-1

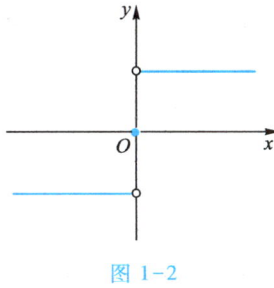

图 1-2

例 3 符号函数

$$f(x) = \begin{cases} 1, & x > 0, \\ 0, & x = 0, \\ -1, & x < 0. \end{cases}$$

这个函数通常记作 $\text{sgn } x$, 它的定义域 $D = (-\infty, +\infty)$, 值域 $W = \{-1, 0, 1\}$, 图形如图 1-2.

例 4 取整函数

对任给实数 x, 以 $[x]$ 记不超过 x 的最大整数，如 $[\sqrt{2}] = 1, [-\pi] = -4, [0] = 0$. 称 $f(x) = [x]$ 为"取整函数"，它的定义域 $D = (-\infty, +\infty)$, 值域 W 是整数集，图形如图 1-3.

例 5 **Dirichlet**（狄利克雷）①函数

$$D(x) = \begin{cases} 1, & x \text{ 为有理数}, \\ 0, & x \text{ 为无理数}. \end{cases}$$

这个函数的定义域 $D = (-\infty, +\infty)$, 值域 $W = \{0, 1\}$, 其图形是分布于直线 $y = 0$ 与 $y = 1$ 上的无限个点构成的集合，无法实际画出来.

以上三例中的函数都没有单一的表达式，

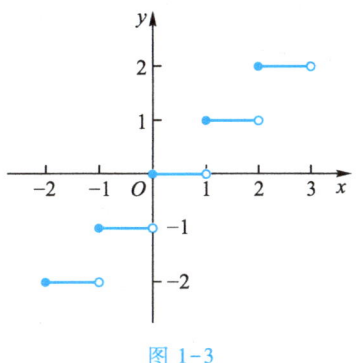

图 1-3

---

① Dirichlet, 1805—1859, 德国数学家.

1-3 你了解 Dirichlet 函数的这些性质吗

这与读者从初等数学中熟悉的那些函数(如 x^2, $\sin x$ 等)颇不相同.但这是很正常的现象,与函数定义没有任何矛盾之处.定义1中对函数 $f(x)$ 的表示形式没有任何特殊要求,甚至根本没有要求 $f(x)$ 能够用公式表示.像例3这样在不同区间上用不同式子给出的函数(称作"分段函数"),今后将多次用到.

1.1.4 函数的初等性质

下面考察函数的单调性、奇偶性、周期性与有界性,这些性质的描述都不涉及深入的数学知识,因此称为"初等性质".函数的初等性质有很明显的几何解释,因此容易理解与掌握.

定义 2 设函数 $f(x)$ 在区间 I 上有定义.

(i) 若 $\forall x, y \in I$,当 $x<y$ 时恒有 $f(x) \leqslant f(y)$(或恒有 $f(x) \geqslant f(y)$),则称 $f(x)$ 为 I 上的单调增(或单调减)函数.单调增与单调减函数统称为单调函数.

(ii) 若 $\forall x, y \in I$,当 $x<y$ 时恒有 $f(x)<f(y)$(或恒有 $f(x)>f(y)$),则称 $f(x)$ 为 I 上的严格单调增(或严格单调减)函数.

在几何上,$f(x)$ 单调增(或单调减)意味着:$f(x)$ 的图形沿 x 轴的正向渐升(或渐降),如图1-4所示.注意到这一点,就很容易结合图形判定一些熟知的函数的单调性.例如,$f(x)=x^2$ 在 $(-\infty, 0]$ 上严格单调减,在 $[0,+\infty)$ 上严格单调增,但在 $(-\infty,+\infty)$ 上不是单调函数.可见说到单调性时,应当指明所考虑的区间.

定义 3 设函数 $f(x)$ 的定义域 D 关于原点对称,即 $\forall x \in D$,有 $-x \in D$.

(i) 若 $\forall x \in D$,有 $f(-x)=-f(x)$,则称 $f(x)$ 为奇函数.

(ii) 若 $\forall x \in D$,有 $f(-x)=f(x)$,则称 $f(x)$ 为偶函数.

在几何上,$f(x)$ 是奇函数意味着其图形关于原点对称;$f(x)$ 是偶函数意味着其图形关于 y 轴对称(图1-5).由于有这种对称性,对奇(或偶)函数的研究只需在 $x \geqslant 0$ 的部分进行.

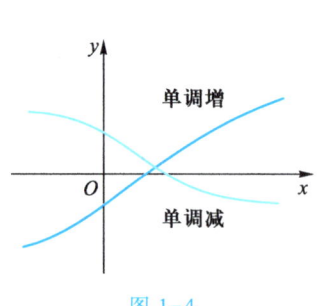

图 1-4

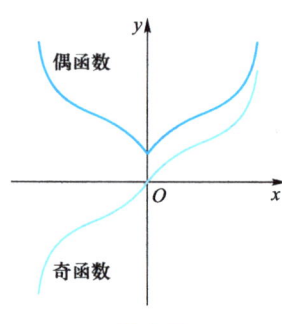

图 1-5

依据定义可直接验证以下函数
$$x, x^3, \sin x, x\sin^2 x, \operatorname{sgn} x$$
是 $(-\infty, +\infty)$ 上的奇函数；而
$$1, x^2, \cos x, x\sin x, D(x)$$
是 $(-\infty, +\infty)$ 上的偶函数，其中 $D(x)$ 是 Dirichlet 函数（见例 5）.

定义 4　设函数 $f(x)$ 的定义域为 D. 若存在正常数 T，使得 $\forall x\in D$，有 $x\pm T\in D$ 且 $f(x+T)=f(x)$，则称 $f(x)$ 为**周期函数**，并称 T 为 $f(x)$ 的一个周期.

若 T 是 $f(x)$ 的一个周期，则显然 $nT(n=1,2,\cdots)$ 都是 $f(x)$ 的周期，因此 $f(x)$ 有无限多个周期. 若 T 是 $f(x)$ 的最小周期，则称 T 为 $f(x)$ 的**基本周期**. 例如，函数
$$\sin x, \cos x, \tan(x/2)$$
以 2π 为基本周期；函数
$$\tan x, \cot x, \sin^2 x$$
以 π 为基本周期；而 Dirichlet 函数 $D(x)$ 没有基本周期，因为每个正有理数都是它的周期.

1-4　周期函数是否必有最小周期

在几何上，T 是 $f(x)$ 的周期意味着：$f(x)$ 的图形由它在区间 $[0,T]$ 或 $(0,T]$ 上的图形平移而成. 因此，只要在某个长为 T 的区间上研究 $f(x)$ 就够了（图 1-6）.

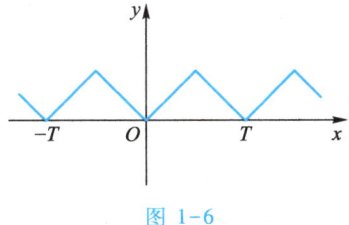

图 1-6

例 6　设 T 是函数 $f(x)$ 的基本周期，a,b 是常数，$a>0$. 证明 $p=\dfrac{T}{a}$ 是函数 $\varphi(x)=f(ax+b)$ 的基本周期.

证　设 D 是函数 $f(x)$ 的定义域，则函数 $\varphi(x)$ 的定义域便是 $D'=\{x:ax+b\in D\}$. $\forall x\in D'$，有 $x+\dfrac{T}{a}\in D'\left(a\left(x+\dfrac{T}{a}\right)+b=ax+b+T\in D\right)$，以及
$$\varphi\left(x+\frac{T}{a}\right)=f\left(a\left(x+\frac{T}{a}\right)+b\right)=f(ax+T+b)=f(ax+b)=\varphi(x),$$
故正数 T/a 是 $\varphi(x)$ 的周期. 为了证明 T/a 是 $\varphi(x)$ 的基本周期，现证明对 $\varphi(x)$

的任何周期 q 有 $q \geq T/a$ 或 $aq \geq T$. 由于 T 是 $f(x)$ 的基本周期, 因此只需证明 aq 是 $f(x)$ 的周期. $\forall x \in D$, 由于

$$f(x) = f\left(a\frac{x-b}{a}+b\right) = \varphi\left(\frac{x-b}{a}\right) = \varphi\left(\frac{x-b}{a}+q\right) = f\left(a\left(\frac{x-b}{a}+q\right)+b\right) = f(x+aq),$$

故有 $aq \geq T$, 从而 T/a 是 $\varphi(x)$ 的基本周期.

由于 $\sin x$ 与 $\tan x$ 的基本周期分别是 2π 与 π, 故由例 6 的结论得出: $\sin(ax+b)$ 以 $2\pi/a$ 为基本周期 ($a>0$); $\tan 2x$ 以 $\pi/2$ 为基本周期.

定义 5 设函数 $f(x)$ 在集合 D 上有定义. 若存在常数 B, 使得 $\forall x \in D: f(x) \leq B$ (或 $\forall x \in D: f(x) \geq B$), 则说 $f(x)$ 在 D 上有上界 (或有下界), 且称 B 为 $f(x)$ 在 D 上的一个<u>上界</u> (或<u>下界</u>). 若存在 $M>0$, 使得 $\forall x \in D: |f(x)| \leq M$, 则说 $f(x)$ 在 D 上<u>有界</u>, 并称 $f(x)$ 为 D 上的有界函数; 否则, 便说 $f(x)$ 在 D 上<u>无界</u>, 称 $f(x)$ 为 D 上的无界函数.

显然, $f(x)$ 在 D 上有界等价于它在 D 上既有上界又有下界. 在几何上, $f(x)$ 在 D 上有界意味着: $f(x)$ 在 D 上的图形介于某两条水平直线 $y=A$ 与 $y=B$ 之间 (图 1-7).

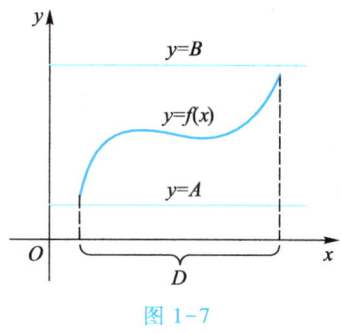

图 1-7

以下函数在 $(-\infty, +\infty)$ 上有界:

$$1/(1+x^2), \sin x, \cos x.$$

而以下函数在区间 $(0,1)$ 上无界:

$$1/x, 1/(1-x), \lg x, \cot x.$$

1.1.5 函数的一般概念

与读者在中学学到的 x^2, $\sin x$ 等特殊的函数概念相比, 定义 1 所给出的函数概念已有一定的一般性, 它能包括许多性质与形式各异的函数. 然而, 从应用上的需要来说, 定义 1 所给的函数概念仍显得过于狭隘, 不足以描述多种多样的变量之间的依从关系. 关键性的局限在于, 定义 1 中限定函数 $y=f(x)$ 的自变量 x 与因变量 y 都必须取实数值, 而这原不应是函数概念的本质所要求的. 函数的实际应用强烈地要求突破这一限制, 于是一个更一般的函数定义便应运而生.

定义 6 设 X, Y 是两个非空集合. 若对每个 $x \in X$, 按某一确定的规则 f 总有唯一的 $y \in Y$ 与 x 对应, 则称 f 是定义于 X 上而取值于 Y 中的映射, 称 y 是 x 在 f 下的像, 记作 $y=f(x)$, 称 X 为 f 的定义域, 称集合 $W=\{f(x) \mid x \in X\}$ 为 f 的值域.

通常以 $f:X\to Y$ 表示 f 是定义于 X 上取值于 Y 中的映射,有时也称 f 为"从 X 到 Y 的映射".

若限定 X 与 Y 为实数集,则此处定义的 $f:X\to Y$ 就是定义1中所述的函数. 由此可见,定义6是定义1的推广.定义6已有足够的一般性,它能包括现代数学中多种多样的函数概念,其中一些概念将在后续课程中陆续学到,下面举几个例子说明.

例 7 设 D 是 xOy 平面上的某个点集,$\mathbf{R}$ 记为全体实数,$f:D\to\mathbf{R}$ 是一函数,则 f 将每个点 $(x,y)\in D$ 对应一确定的实数 z,记作 $z=f(x,y)$,称这样的 f 为"二元函数".与此相区别,称定义1中所述的函数 $f(x)$ 为"一元函数".对二元函数的研究也要在本书中进行.

例 8 设 I 是一个区间,记 $\mathbf{R}^2$ 为 xOy 平面,$f:I\to\mathbf{R}^2$ 是一函数,则 f 将每个 $t\in I$ 对应一确定的点 $(x,y)\in\mathbf{R}^2$,记作 $(x(t),y(t))$.后面将看到,这样的 f 相当于一个"矢量函数",这种函数通常用来表示平面曲线,有很大的应用价值.

例 9 设 D 是复数平面 C 中的一个区域,则 $f:D\to C$ 将每个复数 $z\in D$ 对应一确定的复数 w,记作 $w=f(z)$,称这样的函数为复变量函数.研究该函数的微积分是复变函数论课程的主要内容.

以上几例表明,本书涉及的函数概念远比定义1所描述的函数概念丰富.不过,从下节开始直至本书上册结束,将限于考虑一元函数.毫无疑问,学习一元函数是研究其他形式函数的重要基础.

习题 1.1

1. 解下列不等式,用区间表示 x 的范围:
   (1) $x^2<9$;
   (2) $0<|x-2|<4$;
   (3) $|x+1|\geq 2$;
   (4) $1<|x-1|<2$;
   (5) $\left|\dfrac{x}{1+x}\right|>\dfrac{x}{1+x}$;
   (6) $|x-1|<|x+1|$.

2. 求下列函数的定义域 D 与值域 W:
   (1) $y=\sqrt{\sin\sqrt{x}}$;
   (2) $y=\sqrt{x-1}+\sqrt{1-x}+1$.

3. 判定以下函数的奇偶性:
   (1) $y=x-x^3$;
   (2) $y=x^2\operatorname{sgn} x$;
   (3) $y=\dfrac{1}{2}(a^x+a^{-x})$;
   (4) $y=\lg\dfrac{1-x}{1+x}$.

4. 证明:闭区间上的单调函数是有界函数.说明开区间上的单调函数不一定有界.

1-5 如何求解绝对值不等式

1-6 如何确定函数的定义域

5. 检验 $f(x)=\log_a(x+\sqrt{1+x^2})$ 的奇偶性($a>0$ 且 $a\neq 1$).

6. 判定以下函数的周期性:

(1) $y=\sin x^2$;　　　　　　　　(2) $y=\sin^2 x$;

(3) $y=[x]$;　　　　　　　　　　(4) $y=x-[x]$.

7. 设 $\forall x: f(x+\omega)=-f(x)$ 或 $\forall x: f(x+\omega)=1/f(x)$ ($\omega>0$). 证明: $f(x)$ 是以 2ω 为周期的周期函数.

8. 判定以下函数在所给区间上的单调性:

(1) $y=x+\dfrac{1}{x}$ ($0<x<2$);　　(2) $y=2^{-x}$ ($-\infty<x<0$).

9. 判定以下函数在所给区间上的有界性:

(1) $y=\dfrac{x}{x^2+1}$ ($|x|<+\infty$);　　(2) $y=\dfrac{x^2-1}{x^2+1}$ ($|x|<+\infty$);

(3) $y=\dfrac{1}{x}$ ($1<x<+\infty$);　　(4) $y=\begin{cases}1/x, & 0<x\leq 1,\\ 0, & x=0.\end{cases}$

§1.2　函数的运算·初等函数

由已知函数构成新函数的最基本的方法有三种:四则运算、复合与取反函数,下面分别讨论.

1.2.1　函数的四则运算

设 $f(x)$ 与 $g(x)$ 是分别定义于 D_1 与 D_2 上的函数,$D=D_1\cap D_2$ 非空. 在 D 上逐点对 f 与 g 的函数值作加、减、乘、除运算,得到四个函数:

$$f(x)\pm g(x), f(x)g(x) \text{ 与 } f(x)/g(x)$$

(对于后者假定 $g(x)\neq 0$),分别称它们为函数 $f(x)$ 与 $g(x)$ 的和、差、积与商,有时也简写作 $f\pm g, fg$ 与 f/g.

对于函数的四则运算,经常提出的一个问题是:若已知 f 与 g 具有某性质 P,问函数 $f\pm g, fg$ 与 f/g 是否亦具有性质 P? 以下就函数的单调性、奇偶性、周期性与有界性考虑这一问题.

例1　设 $f(x)$ 与 $g(x)$ 是区间 I 上的非负(即函数值大于或等于零)单调增函数,证明 $\varphi=fg$ 亦是 I 上的单调增函数.

证　若 $x,y\in I$, $x<y$,则

$$\varphi(x)=f(x)g(x)\leq f(x)g(y)\leq f(y)g(y)=\varphi(y),$$

可见 φ 在 I 上单调增.

例 2 设 f,g 是 $(-\infty,+\infty)$ 上的奇函数. 证明:在 $(-\infty,+\infty)$ 上 $f\pm g$ 是奇函数,fg 是偶函数.

证 $\forall x \in (-\infty,+\infty)$,有
$$f(-x)\pm g(-x)=-f(x)\mp g(x)=-[f(x)\pm g(x)],$$
$$f(-x)g(-x)=[-f(x)][-g(x)]=f(x)g(x),$$
这表明 $f\pm g$ 是奇函数,而 fg 是偶函数.

类似地可以证明:两个偶函数经四则运算之后仍是偶函数;而奇函数与偶函数的积或商是奇函数.

例 3 设 f,g 是 D 上的有界函数. 证明:$f\pm g$ 与 fg 亦是 D 上的有界函数.

证 由 f,g 有界推出,$\exists M,N>0$,使得 $\forall x \in D: |f(x)|\leq M,|g(x)|\leq N.$ 于是对任给 $x \in D$,有
$$|f(x)\pm g(x)|\leq|f(x)|+|g(x)|\leq M+N;$$
$$|f(x)g(x)|=|f(x)||g(x)|\leq MN,$$
这表明 $f\pm g$ 与 fg 在 D 上有界.

1.2.2 复合函数与反函数

对一个函数 f,下面分别以 D_f 与 W_f 记 f 的定义域与值域.

定义 1 给定函数 f 与 g,若 $W_g \subset D_f$,则称由
$$\varphi(x)=f(g(x)), \quad x \in D_g$$
所确定的函数 φ 为 f 与 g 的**复合函数**,也写作 $\varphi=f \circ g$(注意不要与乘积 fg 混淆!).

1-7 多层复合函数的定义域问题

定义 1 中条件 $W_g \subset D_f$ 是重要的,否则可能会对某些 $x \in D_g$,$f(g(x))$ 没有意义. 如果在条件 $W_g \subset D_f$ 不满足的情况下使用记号 $f(g(x))$,那么意味着将以 D_g 的某个子集 D(当 $x \in D$ 时,$g(x) \in D_f$)作为复合函数 $f(g(x))$ 的定义域. 例如,取 $f(x)=\sqrt{x}$,$g(x)=1-x^2$,尽管 $g(x)$ 在 $(-\infty,+\infty)$ 上有定义,但仅当 $|x| \leq 1$ 时,$f(g(x))=\sqrt{1-x^2}$ 有定义,此时,$f \circ g$ 的定义域为 $D=[-1,1]$.

定义 1 可扩充到多个函数复合的情况. 例如,设 $f(x)=\sqrt{x}$,$g(x)=1-x^2$,$h(x)=\sin x$,令 $\varphi=f \circ g \circ h$,则
$$\varphi(x)=\sqrt{1-\sin^2 x}=|\cos x|.$$
为了更清晰地表现复合函数的构成,通常引进辅助变量 u,v 来表示复合的顺序,如以上的 $\varphi(x)$ 可看作是由函数 $f(u)=\sqrt{u}$,$u=1-v^2$,$v=\sin x$ 依次复合而成,称这

样的 u,v 为中间变量.

例 4 设 $f(\sin x)=1+\cos 2x$,求 $f(x)$ ($|x|\leqslant 1$).

解 令 $t=\sin x$,则 $|t|\leqslant 1$,
$$f(t)=1+\cos 2x=2-2\sin^2 x=2-2t^2.$$
以 x 代 t(不代换也可以)得 $f(x)=2-2x^2$($|x|\leqslant 1$).

定义 2 设 $y=f(x)$ 是一函数.若 $\forall x,z\in D_f$,当 $x\neq z$ 时必有 $f(x)\neq f(z)$,即自变量取不同值时函数值亦不同,则称 f 为**可逆函数**.若 f 为可逆函数,则每个 $y\in W_f$ 对应唯一的 $x\in D_f$,使得 $f(x)=y$,记此 x 为 $f^{-1}(y)$,于是 f^{-1} 是以 W_f 为定义域、以 D_f 为值域的函数,称它为 f 的**反函数**.

从几何上看,可逆函数的图形与任何水平直线至多有一个交点.由定义 2,只有可逆函数才有反函数.若 f 有反函数 f^{-1},则 f 与 f^{-1} 的自变量与因变量恰好互换,定义域与值域亦恰好互换.若以 φ 记 f^{-1},则由定义 2 容易验证恒等式:
$$\varphi(f(x))=x,\quad x\in D_f; \tag{1}$$
$$f(\varphi(y))=y,\quad y\in W_f. \tag{2}$$
式(1),(2)成立亦是 φ 为 f 的反函数的特征性质.

设 $x=\varphi(y)$ 是 $y=f(x)$ 的反函数.在 f 的图形上任取一点 $(x_0,f(x_0))$,它关于直线 $y=x$ 的对称点为 $(f(x_0),x_0)$.后者可写成 $(y_0,\varphi(y_0))$ ($y_0=f(x_0)$);而点 $(y_0,\varphi(y_0))$ 在函数 $y=\varphi(x)$ 的图形上.这就得出:$y=f(x)$ 的图形与 $y=\varphi(x)$ 的图形关于直线 $y=x$ 对称.经常利用这一性质及函数图形来作反函数的图形(图 1-8).

$y=f(x)$ 的反函数 $x=\varphi(y)$ 可看作是关于 x 的方程 $f(x)-y=0$ 的解.这一观点有助于求出反函数的表达式.如 $y=x^3$ 的反函数是 $x=y^{1/3}$.

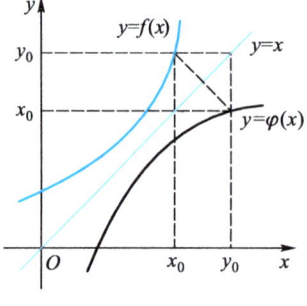

图 1-8

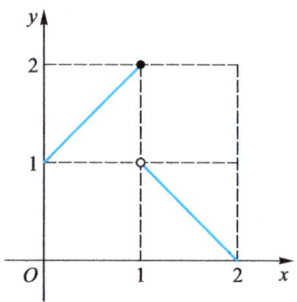

图 1-9

例 5 求 $f(x)=\begin{cases} x+1, & 0\leqslant x\leqslant 1,\\ 2-x, & 1<x\leqslant 2 \end{cases}$ 的反函数.

解 如图 1-9,任何水平直线不能与曲线 $y=f(x)$ 有两个交点,即不同的 x 值对应于不同的 y 值.故函数 $y=f(x)$ 是 $[0,2]$ 上的可逆函数,其反函数可分段计算如下:

$$x=f^{-1}(y)=\begin{cases} 2-y, & 0\leqslant y<1,\\ y-1, & 1\leqslant y\leqslant 2. \end{cases}$$

1-8 如何求函数的反函数

显然,严格单调函数为可逆函数,因而有反函数,经常以此来判定反函数的存在.但例 5 说明,可逆函数不一定是严格单调函数.

1.2.3 初等函数

所谓"初等函数",就是由常数与 **基本初等函数** $x^\alpha, a^x(a>0$ 且 $a\neq 1), \log_a x$ $(a>0$ 且 $a\neq 1), \sin x, \arcsin x$ 等经有限次四则运算与复合构成并可用一个式子表示的函数.读者对基本初等函数已有所熟悉,今将有关知识综述于下,以供今后学习中查用.

1° 幂函数 x^α

当 α 为正整数时,x^α 的定义域为 $(-\infty,+\infty)$;当 $\alpha=1/n,n$ 为正奇数时,$x^\alpha=\sqrt[n]{x}$ 是奇函数,定义域与值域都是 $(-\infty,+\infty)$;当 $\alpha=1/n,n$ 为正偶数时,$x^\alpha=\sqrt[n]{x}$ 的定义域与值域都是 $[0,+\infty)$;当 $\alpha=n/m, m, n$ 是正整数时,$x^\alpha=(\sqrt[m]{x})^n$;当 α 是负有理数时,$x^\alpha=1/x^{-\alpha}(x\neq 0)$;约定 $x^0=1$;若 α 是无理数,则 x^α 的定义域为 $(0,+\infty)$,且 $x^\alpha=a^{\alpha\log_a x}, a(\neq 1)$ 是任何正常数.当 $\alpha=2,1/3,-1/2$ 时 x^α 的图形绘于图 1-10(a) 中.

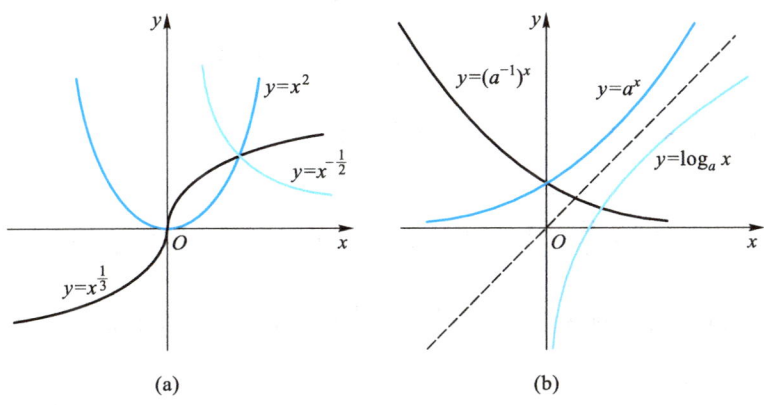

图 1-10

2° 指数函数 a^x

设 a 为常数，$a>0$ 且 $a\neq 1$，则 a^x 在 $(-\infty,+\infty)$ 上有定义. 因 $a^x=(a^{-1})^{-x}$，故 a^x 的图形与 $(a^{-1})^x$ 的图形关于 y 轴对称（图 1-10(b)），因此只需考虑 $a>1$ 的情况. 当 $a>1$ 时，a^x 在 $(-\infty,+\infty)$ 上严格单调增. 其次，a^x 处处为正，且满足恒等式

$$a^{x+z}=a^x a^z. \tag{3}$$

3° 对数函数 $\log_a x$

设 $a>0$ 且 $a\neq 1$，则 a^x 在 $(-\infty,+\infty)$ 上严格单调，且值域为 $(0,+\infty)$，故其反函数存在，记作 $\log_a x$，它就是以 a 为底的对数函数，其定义域与值域分别为 $(0,+\infty)$ 与 $(-\infty,+\infty)$，当 $a>1$ 时图形如图 1-10(b)，且满足以下恒等式：

$$\log_a(xz)=\log_a x+\log_a z \ (x,z>0). \tag{4}$$

4° 正弦函数 $\sin x$

$\sin x$ 是以 2π 为周期的奇函数，其定义域与值域分别为 $(-\infty,+\infty)$ 与 $[-1,1]$；它在 $[-\pi/2,\pi/2]$ 上严格单调增，在 $[\pi/2,3\pi/2]$ 上严格单调减.

其余三角函数都可由 $\sin x$ 通过复合与四则运算得到：

$$\cos x=\sin\left(x+\frac{\pi}{2}\right) \quad （余弦）;$$

$$\tan x=\frac{\sin x}{\cos x},x\neq n\pi+\frac{\pi}{2} \quad （正切）;$$

$$\cot x=\frac{\cos x}{\sin x},x\neq n\pi \quad （余切）;$$

$$\sec x=\frac{1}{\cos x},x\neq n\pi+\frac{\pi}{2} \quad （正割）;$$

$$\csc x=\frac{1}{\sin x},x\neq n\pi \quad （余割）.$$

$\sin x$，$\cos x$，$\tan x$ 与 $\cot x$ 的图形见图 1-11.

5° 反三角函数

因 $y=\sin x$ 在 $\left[-\frac{\pi}{2},\frac{\pi}{2}\right]$ 上严格单调增，故有反函数，即反正弦函数 $\arcsin x$，它的定义域与值域分别为 $[-1,1]$ 与 $\left[-\frac{\pi}{2},\frac{\pi}{2}\right]$. 其余反三角函数都可通过 $\arcsin x$ 得出：

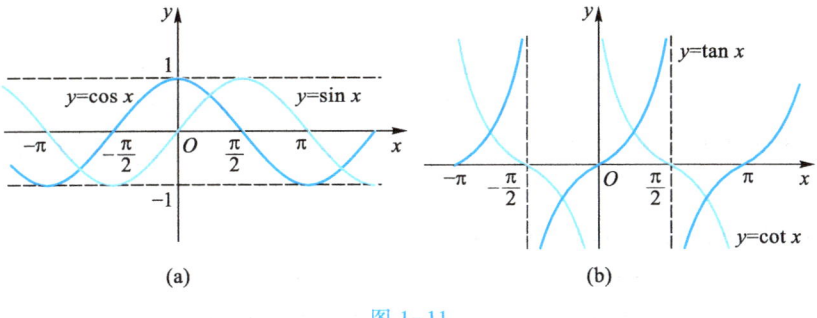

图 1-11

$$\arccos x = \frac{\pi}{2} - \arcsin x, \qquad |x| \leq 1 \,(\text{反余弦}); \tag{5}$$

$$\arctan x = \arcsin \frac{x}{\sqrt{1+x^2}}, \qquad |x| < +\infty \,(\text{反正切}); \tag{6}$$

$$\operatorname{arccot} x = \frac{\pi}{2} - \arctan x, \qquad |x| < +\infty \,(\text{反余切}). \tag{7}$$

四个反三角函数的图形绘于图 1-12 中.

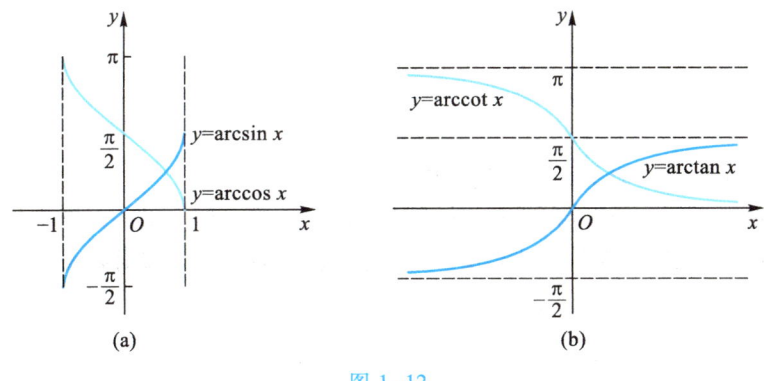

图 1-12

最后,简单介绍与三角函数有许多相似之处的 双曲函数,它们在科学与工程中广为应用.取一个特殊的常数 $e = 2.718\cdots$(参看 2.1.5),以 e 为底定义指数函数 e^x 与对数函数 $\log_e x$(记作 $\ln x$,称为 自然对数).与三角函数对应的四种双曲函数定义为:

$$\sinh x = (e^x - e^{-x})/2 \quad (双曲正弦); \tag{8}$$

$$\cosh x = (e^x + e^{-x})/2 \quad (双曲余弦); \tag{9}$$

$$\tanh x = \sinh x / \cosh x \quad (双曲正切); \tag{10}$$

$$\coth x = 1/\tanh x \quad (双曲余切). \tag{11}$$

这些函数的图形见图 1-13. 容易看出, $\sinh x$, $\tanh x$ 与 $\coth x$ 是奇函数, 而 $\cosh x$ 是偶函数; 在 $(0, +\infty)$ 上, $\sinh x$, $\cosh x$ 与 $\tanh x$ 严格单调增, 而 $\coth x$ 严格单调减. 利用定义式 (8)—(11) 可推出恒等式:

$$\sinh(x \pm y) = \sinh x \cosh y \pm \cosh x \sinh y; \tag{12}$$

$$\cosh(x \pm y) = \cosh x \cosh y \pm \sinh x \sinh y; \tag{13}$$

$$\sinh 2x = 2\sinh x \cosh x, \cosh 2x = 2\cosh^2 x - 1; \tag{14}$$

$$\cosh^2 x - \sinh^2 x = 1. \tag{15}$$

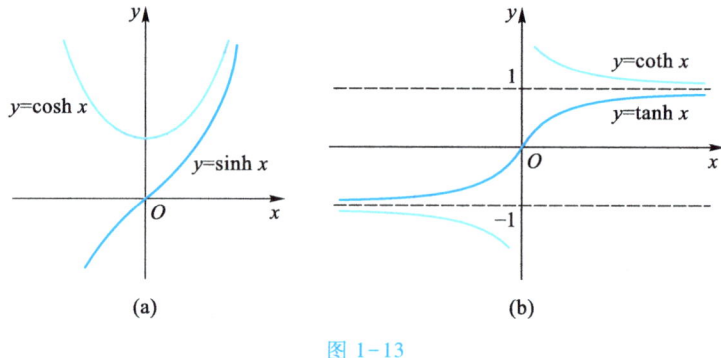

图 1-13

这些恒等式非常类似于三角函数的相应恒等式.

函数 $\sinh x$, $\cosh x$ 与 $\tanh x$ 的反函数分别记作 $\operatorname{arsh} x$, $\operatorname{arch} x$ 与 $\operatorname{arth} x$, 依次称为反双曲正弦, 反双曲余弦与反双曲正切, 它们都可用对数函数表出:

$$\operatorname{arsh} x = \ln(x + \sqrt{x^2 + 1}) \quad (|x| < +\infty); \tag{16}$$

$$\operatorname{arch} x = \ln(x + \sqrt{x^2 - 1}) \quad (x \geq 1); \tag{17}$$

$$\operatorname{arth} x = \frac{1}{2} \ln \frac{1+x}{1-x} \quad (|x| < 1). \tag{18}$$

这三个函数的图形如图 1-14:

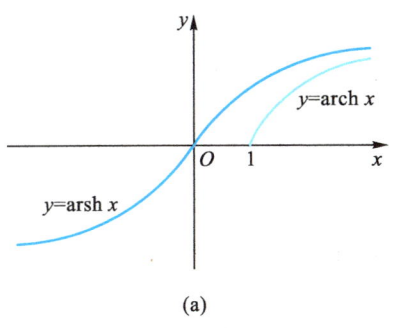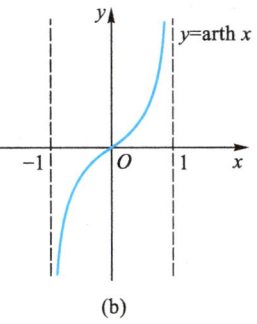

图 1-14

习题 1.2

1. 指明下列函数由哪几个基本初等函数复合而成：
(1) $y=3^{2\sin x}$；　　　　　(2) $y=3^{\sin 2x}$；
(3) $y=\tan \lg 2x$；　　　　　(4) $y=(\arccos 2^x)^2$.

2. 求 $\operatorname{sgn}(x-1)$ 及 $\operatorname{sgn}(x^2-1)$.

3. 设 $\varphi(x+1)=\begin{cases} x^2, & 0\leqslant x\leqslant 1, \\ 2x, & 1<x\leqslant 2, \end{cases}$ 求 $\varphi(x)$.

4. 设 $f(x)=\dfrac{1}{1-x}$，求 $f\circ f, f\circ f\circ f$.

5. 设 $f(x)=\begin{cases} \sin x, & 0\leqslant x<1, \\ 1+x^2, & 1\leqslant x\leqslant 2, \end{cases}$ 求 $f(1), f(\pi/2), f(\pi/4)$.

6. 设 $f(x)=\begin{cases} 1+x, & x<0, \\ 1, & x\geqslant 0, \end{cases}$ 求 $f(f(x))$.

7. 设 $f(x+x^{-1})=x^2+x^{-2}$，求 $f(x)$.

8. 求下列函数的反函数：
(1) $y=(2^x+1)/2^x$；　　　　(2) $y=1+\lg(x+2)$；
(3) $y=\begin{cases} x, & x\in[0,1] \text{为有理数}, \\ 1-x, & x\in[0,1] \text{为无理数}. \end{cases}$

9. 设一矩形面积为 a，试将周长 s 表示为宽 x 的函数.

10. 某商品供给量 Q 与价格 P 的函数关系为 $Q=a+bC^P$. 已知当 $P=2$ 时 $Q=30$；$P=3$ 时 $Q=50$；$P=4$ 时 $Q=90$. 求函数 $Q=Q(P)$.

11. 某化肥厂生产某产品 1 000 t，定价为每吨 130 元，订购量在 700 t 以内按定价核算，超过 700 t 的部分按定价的 9 折核算，求订购量 x 与订购金额 y 的函数关系.

1-9 如何求分段函数的复合函数

12. 设 x,y 为任意实数，记号 $\max\{x,y\}$（或 $\min\{x,y\}$）表示 x,y 中最大（或最小）的一个. 证明
$$\max\{x,y\} = \frac{x+y+|x-y|}{2}, \quad \min\{x,y\} = \frac{x+y-|x-y|}{2}.$$

13. 已知函数 $y=f(x)$ 的图形，作下列各函数的图形：

(1) $y=-f(x)$；　　　　(2) $y=f(-x)$；

(3) $y=f(x-x_0)$；　　　(4) $y=y_0+f(x)$.

14. 设 $f(x)=ax+b$，且 $f(-1)=2, f(2)=-3$，求 $f(x)$.

15. 设 $f(x)=x+1, g(x)=x-2$，试解方程
$$|f(x)+g(x)| = |f(x)|+|g(x)|.$$

第二章

极限与连续性

读者将要在本课程中学习到的微积分学,其基本内容分为三大部分:微分学、积分学与无穷级数,三者都建立在极限概念的基础上.因此,有关极限的概念、理论与方法,自然成为微积分学的理论基石.本章介绍数列极限与函数极限的定义、性质及基本计算方法.在最后一节利用极限概念讨论函数的连续性.关于连续函数的一些结论,对于以后各章的学习都是很重要的.

§2.1 数列的极限

2.1.1 引例

在科学中,经常遇到用一个变量无限地逼近某个常量的问题.以下是几个典型例子.

问题 1(自由落体的速度) 自由落体在时间 t 内所经过的路程 $s(t)=gt^2/2$, g 是重力加速度.试求落体在时刻 t_0 的速度 v_0.

首先算出落体在 t_0 到 t 这段时间内的平均速度 $\bar{v}$:

$$\bar{v}=\frac{1}{2}\cdot\frac{gt^2-gt_0^2}{t-t_0}=gt_0+\frac{g}{2}(t-t_0).$$

可见,$\bar{v}$ 是 t 的函数,t 愈接近于 t_0,$\bar{v}$ 就愈接近 gt_0.于是可以认为 $v_0=gt_0$.

问题 2(抛物线所界面积) 抛物线 $y=x^2$ 与直线 $y=0$,$x=1$ 围成曲边图形 D,试求其面积 S.

因为初等几何中没有计算上述面积 S 的现成公式,故采用如下逼近方法:将区间 $[0,1]$ 等分为 n 小段,在小区间 $\left[\dfrac{k-1}{n},\dfrac{k}{n}\right]$ 上作一高为 $(k/n)^2$ 的矩形,$k=1$, $2,\cdots,n$(图 2-1).所有这些矩形的面积之和为

$$S_n = \frac{1}{n}\left[\left(\frac{1}{n}\right)^2 + \left(\frac{2}{n}\right)^2 + \cdots + \left(\frac{n}{n}\right)^2\right]$$

$$= \frac{1^2 + 2^2 + \cdots + n^2}{n^3}$$

$$= \frac{n(n+1)(2n+1)}{6n^3}$$

$$= \frac{1}{3} + \frac{1}{2n} + \frac{1}{6n^2}.$$

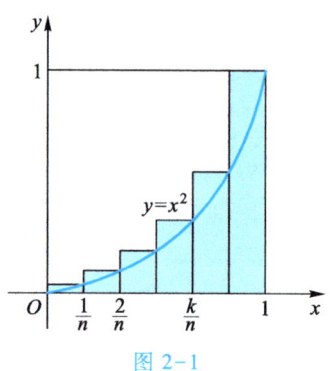

图 2-1

直观上,n 越大,S_n 就越接近于所要求的面积 S.

另一方面,当 n 无限增大时,$\frac{1}{2n}$ 与 $\frac{1}{6n^2}$ 无限地变小,越来越接近于 0,因而 S_n 无限地趋近于 $\frac{1}{3}$.于是可以认为,$\frac{1}{3}$ 就是所要求的面积 S.

问题 3(无穷等比级数的和) 设 $|r|<1$,试求无限多项 $r^n (n=0,1,2,\cdots)$ 相加的和 S:

$$S = 1 + r + r^2 + \cdots + r^n + \cdots.$$

如同前两个问题一样,采用逼近方法.令

$$S_n = 1 + r + r^2 + \cdots + r^{n-1},$$

则可算出

$$S_n = \frac{1-r^n}{1-r} = \frac{1}{1-r} - \frac{r^n}{1-r}.$$

因 $|r|<1$,故当 n 无限增大时,r^n 无限地趋近于零,因而 S_n 无限地趋近于 $1/(1-r)$.于是可以认为,$1/(1-r)$ 就是所要求的和 S.

以上三个问题的表述与直观含义虽然比较简单,但它们实质上已包含了微积分学的基本问题.只要将问题 1—3 加以适当延伸与拓广,便可得出导数、积分与无穷级数的基本概念,正是它们构成了微积分学的主要概念.

在上面问题 1—3 的讨论中,都使用了类似的"逼近方法",且似乎获得了问题的答案.以后将看到,这些答案都是正确的.但是这里所用的推理缺乏严格的依据,因而不能令人信服.为了将所用的"逼近方法"改进得严谨可靠,需要关于"极限"的准确概念,这正是本章所要详细介绍的.

问题 2 与 3 都涉及随 n 变化的一列数 $S_1, S_2, \cdots, S_n, \cdots$,这便引申出了"数列极限"问题.与此不同,问题 1 引申出的是"函数极限"问题.这两类问题将分别在本节与下节中予以考虑.鉴于数列较易处理且更具直观性,我们将主要对数列研讨其极限理论,然后将有关的概念、结论与方法自然地推广到函数极限.

2.1.2 数列概念

以正整数作下标编号,顺次排列的一列实数
$$x_1, x_2, \cdots, x_n, \cdots \tag{1}$$
称为实数列,简称**数列**或**序列**,记作 $\{x_n\}_{n=1}^{\infty}$,或简写作 $\{x_n\}$.称(1)中每个数为数列的项,称 x_n 为通项,x_1 为首项(有时也以其他整数为首项下标,例如考虑数列 $x_0, x_1, \cdots$ 或 $x_2, x_3, \cdots$ 等).

以下是几个常见的数列:

$$1, \frac{1}{2}, \cdots, \frac{1}{n}, \cdots \quad (调和数列); \tag{2}$$

$$a, ar, \cdots, ar^n, \cdots, \; a \neq 0 \quad (等比数列); \tag{3}$$

$$c, c, \cdots, c, \cdots \quad (常数列); \tag{4}$$

$$1, -1, \cdots, (-1)^{n-1}, \cdots \quad (摆动数列). \tag{5}$$

在实数轴上描出点 $x_1, x_2, \cdots, x_n, \cdots$,便得到数列 $\{x_n\}$ 的一个图示(图 2-2),它有助于直观地理解有关数列的概念与结论.

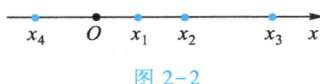

图 2-2

与函数情形类似,对数列亦可定义"有界性"与"单调性"的概念(参考 1.1.4).

定义 1 设 $\{x_n\}$ 是一数列.若有常数 b,使得 $\forall n \geq 1: x_n \leq b$(或 $\forall n \geq 1: x_n \geq b$),则说 $\{x_n\}$ 有上界(或有下界),且称 b 为 $\{x_n\}$ 的一个上界(或下界).若存在正数 M,使得 $\forall n \geq 1: |x_n| \leq M$,则称 $\{x_n\}$ 为**有界数列**;称非有界的数列为**无界数列**.

直观上,b 是数列 $\{x_n\}$ 的上界意味着,每个 x_n 均位于区间 $(-\infty, b]$ 内;a 是 $\{x_n\}$ 的下界意味着,每个 x_n 均位于区间 $[a, +\infty)$ 内;$\{x_n\}$ 有界意味着,每个 x_n 均位于某个有限区间内.显然,$\{x_n\}$ 有界的充要条件是它同时有上界和下界.

容易看出,数列(2),(4),(5)都有界;数列(3)在 $|r| \leq 1$ 时有界,在 $|r| > 1$ 时无界.

定义 2 设 $\{x_n\}$ 是一数列.若 $\forall n \geq 1: x_n \leq x_{n+1}$(或 $\forall n \geq 1: x_n < x_{n+1}$),则称 $\{x_n\}$ 为单调增(或严格单调增)数列.类似地可定义单调减(或严格单调减)数列.单调增与单调减数列合称为**单调数列**.

直接看出,数列(2)是严格单调减数列;数列(4)既单调增又单调减;数列(5)不是单调数列.

2.1.3 数列极限的定义

首先考察以下数列:

$$1, -\frac{1}{2}, \frac{1}{3}, \cdots, \frac{(-1)^{n-1}}{n}, \cdots; \tag{6}$$

$$2, \frac{3}{2}, \frac{4}{3}, \cdots, \frac{n+1}{n}, \cdots; \tag{7}$$

$$1, \frac{3}{2}, \frac{5}{3}, \cdots, \frac{2n-1}{n}, \cdots. \tag{8}$$

这些数列的通项 x_n 的变化形态各不相同:(6)中正负项交替出现;(7)的通项单调递减;(8)的通项单调递增.但三个数列有一共同特点:当 n 无限增大时,通项 x_n 表现出无限趋近于某常数的变化趋势,这个常数依次为 0,1,2.例如,当 $n=100$ 时,(6)—(8)中的 x_n 依次为 $-0.01, 1.01, 1.99$.我们将以上事实表述为:当 $n \to \infty$(读作 n 趋于无穷大)时,x_n 趋于其极限(分别为 0,1,2).

直观上看来,以上说法似乎行得通.但仔细分析就会发现它在逻辑上是不完整的.它既未指明"极限"一词的准确含义,亦未说明"趋于"极限意味着什么.如果以"无限接近"来解释"趋于",则同样需指明什么叫"无限接近".由此可见,必须以一种逻辑上完全明确的语言来取代"无限接近"这类不准确的日常语言.为寻求一种严格的逻辑语言,微积分学的先行者们艰苦探索达数百年之久.这一难题终于为德国数学家 Weierstrass(魏尔斯特拉斯)①在 19 世纪中叶解决,他首先运用"ε-N 语言"给出了严格的极限定义:

定义 3 设 $\{x_n\}$ 是一数列,a 是一常数.若对任给正数 ε,总存在自然数 N,使得对任何大于 N 的自然数 n,都有 $|x_n - a| < \varepsilon$,则说当 $n \to \infty$ 时 x_n 收敛于(或趋于)a,且称 a 为数列 $\{x_n\}$ 的**极限**(或简单地说"a 是 x_n 的极限"),记作

$$\lim_{n \to \infty} x_n = a \quad \text{或} \quad x_n \to a \, (n \to \infty).$$

当 $\{x_n\}$ 收敛于某极限时,称它为**收敛数列**;称不收敛的数列为**发散数列**.

利用逻辑符号 $\forall, \exists$(参看 1.1.1),可将极限的定义表述成一简短式子,即 $x_n \to a$ 意味着

$$\forall \varepsilon > 0, \exists N > 0, \forall n > N : |x_n - a| < \varepsilon. \tag{9}$$

本章中还将多次利用类似于式(9)的"逻辑式",读者应尽快熟悉并习惯这种式

---

① Weierstrass,1815—1897,德国数学家.

子的用法.

现在根据定义 3 来考察几个数列的极限问题.其要点是由给定的 $\varepsilon>0$,寻求 N,使式(9)成立.

例 1 证明常数列(4)以 c 为极限.

证 令 $x_n=c(n\geqslant 1)$,则 $|x_n-c|=0(n\geqslant 1)$.故 $\forall \varepsilon>0$,取 $N=1$(或其他自然数),则当 $n>N$ 时,便有 $|x_n-c|=0<\varepsilon$.由定义 3,这表明 $x_n\to c(n\to\infty)$.

例 2 设 α 是正常数,证明 $\lim\limits_{n\to\infty} n^{-\alpha}=0$.

证 $\forall \varepsilon>0$,要使 $|n^{-\alpha}-0|<\varepsilon$,即 $n^{-\alpha}<\varepsilon$,只要 $n>\varepsilon^{-1/\alpha}$ 即可.故令 $N=[\varepsilon^{-1/\alpha}]$ ($[x]$ 记不超过 x 的最大整数,见 §1.1 例 4),则当 $n>N$ 时有

$$|n^{-\alpha}-0|=n^{-\alpha}<\varepsilon.$$

由定义 3,这表明 $n^{-\alpha}\to 0(n\to\infty)$.

例 3 设 $a>1$,证明 $\lim\limits_{n\to\infty}\sqrt[n]{a}=1$.

证 由均值不等式得

$$\sqrt[n]{a}=\sqrt[n]{a\cdot 1\cdots 1}<\frac{a+n-1}{n}=1+\frac{a-1}{n},$$

故

$$0<\sqrt[n]{a}-1<\frac{a-1}{n},$$

2-1 均值不等式在极限问题中的应用

于是 $\forall \varepsilon>0$,要使 $\dfrac{a-1}{n}<\varepsilon$,即 $n>\dfrac{a-1}{\varepsilon}$,可令 $N=[(a-1)/\varepsilon]$,则当 $n>N$ 时,有

$$\left|\sqrt[n]{a}-1\right|<\frac{a-1}{n}<\varepsilon,$$

这表明 $\sqrt[n]{a}\to 1(n\to\infty)$.

有了以上几例的初步体验之后,现在仔细分析一下"ε-N 语言"中 ε 与 N 的作用.ε 是任给的正数,它用来表示 x_n 与 a 的接近程度.可以限定 $\varepsilon<1$,但对 ε 与零的接近程度不能作任何限制,即 ε 可以任意小,但一经取定后,可把它看成一定值.N 通常与 ε 有关,且一般随着 ε 的缩小而增大,但并非由 ε 唯一决定.对一个具体的数列 $\{x_n\}$,当 ε 给定时,要找出使式(9)成立的 N 往往不容易.因此,直接利用定义 3 来判定 $x_n\to a(n\to\infty)$ 是不方便的,后面将给出种种更实用的方法.

定义 3 中所用的"ε-N 语言"虽有准确严谨的优点,但写起来繁琐且不够直观.在不引起误解的情况下,常采用等价的省略式说法.为此我们作以下约定:

约定 用"当 n 充分大时,x_n 满足某条件"或"某项之后,x_n 满足某条件"表示:$\exists N>0$,$\forall n>N$,x_n 满足某条件.

其次注意到,$|x_n-a|<\varepsilon\Leftrightarrow a-\varepsilon<x_n<a+\varepsilon$.因此从几何上看,$x_n\to a(n\to\infty)$ 意

味着:
$$\forall \varepsilon > 0, \text{当 } n \text{ 充分大时}, x_n \text{ 进入区间} (a-\varepsilon, a+\varepsilon) \text{内}.$$
这一直观解释将有助于理解有关极限的一些结论.

以下定理给出了收敛数列的最基本的性质.

定理 1 设 $\{x_n\}$ 是一收敛数列.则 $\{x_n\}$ 为有界数列且有唯一极限.

证 设 x_n 收敛于某个数 a,则对任何正数 ε,不妨设 $\varepsilon = 1$,$\exists N > 0, \forall n > N$: $x_n \in (a-1, a+1)$.可见,$x_n(n > N)$ 是有界的.又由于
$$x_1, x_2, \cdots, x_N$$
是有限个实数,也能找到一个有限区间包含它们,故 $x_n(1 \leq n \leq N)$ 也是有界的.综合起来即知,$\{x_n\}$ 有界.

再证极限的唯一性,即若 a, b 都是 $\{x_n\}$ 的极限,则 $a = b$.否则,不妨设 $a < b$,对于 $\varepsilon_0 = (b-a)/3$,根据极限定义知,当 n 充分大时,x_n 既位于区间 $(a-\varepsilon_0, a+\varepsilon_0)$ 内又位于 $(b-\varepsilon_0, b+\varepsilon_0)$ 内.但是上述两区间不相交,这就得出矛盾.可见 $\{x_n\}$ 的极限是唯一的. □

由定理 1 推出,**无界数列必发散**.这样,我们可立即断言,数列
$$1, -2, \cdots, (-1)^{n-1}n, \cdots$$
与
$$\sqrt{1}, \sqrt{2}, \cdots, \sqrt{n}, \cdots$$
是发散的.但须注意,有界数列并不一定就收敛.例如,有界数列 $\{(-1)^n\}$ 就是发散的(参看例 10).

2.1.4 数列极限的性质

极限的基本性质可分为两组,其中第一组涉及**极限的四则运算**,由等式表达(见定理 2);第二组涉及极限的比较,由不等式表达(见定理 3, 4).这些性质是微积分学中许多重要结论的基础,在后面各章中将被反复用到.

定理 2 设 $\lim_{n\to\infty} x_n = a$, $\lim_{n\to\infty} y_n = b$, α, β 为常数,则成立

Ⅰ. 线性规则: $\lim_{n\to\infty}(\alpha x_n + \beta y_n) = \alpha \lim_{n\to\infty} x_n + \beta \lim_{n\to\infty} y_n$.

Ⅱ. 积规则: $\lim_{n\to\infty} x_n y_n = \lim_{n\to\infty} x_n \lim_{n\to\infty} y_n$.

Ⅲ. 商规则: $\lim_{n\to\infty} x_n / y_n = \lim_{n\to\infty} x_n / \lim_{n\to\infty} y_n \ (b \neq 0)$.

证 规则 Ⅰ 是易证的,只证规则 Ⅱ, Ⅲ.

由定理 1,数列 $\{x_n\}$ 有界,即有 $M > 0$,使得 $\forall n \geq 1: |x_n| \leq M$.再由 $x_n \to a, y_n \to b \ (n \to \infty)$ 知,$\forall \varepsilon > 0, \exists N > 0, \forall n > N: |x_n - a| < \varepsilon$,

2-2 你会正确使用极限的和规则吗

$|y_n-b|<\varepsilon$. 于是当 $n>N$ 时, 有
$$|x_n y_n - ab| = |x_n(y_n-b) + (x_n-a)b|$$
$$\leqslant |x_n||y_n-b| + |x_n-a||b|$$
$$<(M+|b|)\varepsilon.$$

这表明 $x_n y_n \to ab (n\to\infty)$ (注意, $(M+|b|)\varepsilon$ 如同 ε 一样是任意正数!). 可见规则 Ⅱ 成立.

设 $b\neq 0$, 下面证 $1/y_n \to 1/b (n\to\infty)$ (由此结合规则 Ⅱ 显然可得出规则 Ⅲ). 因为 $y_n \to b \neq 0 (n\to\infty)$, 故 $\forall \varepsilon>0$ (不妨设 $\varepsilon < \frac{|b|}{2}$), $\exists N>0, \forall n>N: |y_n-b|<\varepsilon$, 于是
$$|y_n| = |b+y_n-b| \geqslant |b| - |y_n-b|$$
$$> |b| - \varepsilon > |b| - \frac{|b|}{2} = \frac{|b|}{2},$$

故
$$\left|\frac{1}{y_n} - \frac{1}{b}\right| = \frac{|y_n-b|}{|y_n||b|} < \frac{2\varepsilon}{b^2}.$$

这表明 $1/y_n \to 1/b (n\to\infty)$. □

2-3 你会正确使用极限的积规则吗

规则 Ⅰ (或 Ⅱ) 显然可推广到任意有限个加项 (或因子) 的情况. 将规则 Ⅰ—Ⅲ 综合起来得出以下结论: 若 $x_n \to a, y_n \to b, \cdots, u_n \to q (n\to\infty)$, z_n 由 $x_n, y_n, \cdots, u_n$ 通过四则运算得到, 则 $\{z_n\}$ 收敛且其极限 l 由 $a, b, \cdots, q$ 经同样的四则运算得到 (只要运算中不出现分母为零的情况). 利用这一结论, 可以简化许多极限计算. 试看一例.

例 4 求 $l = \lim\limits_{n\to\infty} \dfrac{\sqrt[n]{2}(n^2+n)}{2n^2+3}$.

解 应用定理 2, 依以下演算步骤得出:
$$l = \lim_{n\to\infty} \frac{\sqrt[n]{2}(1+n^{-1})}{2+3n^{-2}} = \frac{\lim\limits_{n\to\infty}\sqrt[n]{2}(1+\lim\limits_{n\to\infty}n^{-1})}{2+3\lim\limits_{n\to\infty}n^{-2}}$$
$$= \frac{1\times(1+0)}{2+3\times 0} = \frac{1}{2},$$

其中用到了例 1—3 的结论.

定理 3 设 $x_n \to a, y_n \to b (n\to\infty)$. 若 $a<b$, 则当 n 充分大时 $x_n<y_n$. 特别地, 取 x_n 为常数列 $\{a\}$ (或 y_n 为常数列 $\{b\}$) 得出: 若 $a<\lim\limits_{n\to\infty} y_n$ (或 $\lim\limits_{n\to\infty} x_n<b$), 则当 n 充

分大时 $a<y_n$（或 $x_n<b$）．

证 由 $a<b$ 推出 $\varepsilon_0=(b-a)/2>0$．对此 ε_0，当 n 充分大时有 $|x_n-a|<\varepsilon_0$，$|y_n-b|<\varepsilon_0$．于是
$$x_n<a+\varepsilon_0=(a+b)/2=b-\varepsilon_0<y_n. \qquad \square$$

定理 3 可简单地表成：
$$\lim_{n\to\infty}x_n<\lim_{n\to\infty}y_n \Rightarrow x_n<y_n(n\text{ 充分大}).$$

一个与之"对偶"的结果是：
$$x_n\leqslant y_n(n\text{ 充分大}) \Rightarrow \lim_{n\to\infty}x_n\leqslant \lim_{n\to\infty}y_n,$$

这可看作"不等式两边取极限的规则"，它的准确表述是：

定理 4 设 $x_n\to a$, $y_n\to b(n\to\infty)$．若当 n 充分大时 $x_n\leqslant y_n$，则 $a\leqslant b$．特别地，取 x_n 为常数列 $\{a\}$（或 y_n 为常数列 $\{b\}$）得出：若当 n 充分大时 $a\leqslant y_n$（或 $x_n\leqslant b$），则 $a\leqslant \lim_{n\to\infty}y_n$（或 $\lim_{n\to\infty}x_n\leqslant b$）．

证 采用反证法．设当 n 充分大时 $x_n\leqslant y_n$，但 $a>b$．则由定理 3 得出，对充分大的 n 有 $x_n>y_n$，这与假定矛盾，故 $a\leqslant b$． $\qquad \square$

值得注意的是，与定理 3 不同，定理 4 中处处使用 $\leqslant$，而不能用 $<$．即使 $x_n<y_n$（$\forall n\geqslant 1$），也未必有 $\lim_{n\to\infty}x_n<\lim_{n\to\infty}y_n$．例如，尽管 $\sqrt[n]{2}<\sqrt[n]{3}$（$\forall n\geqslant 1$），但 $\lim_{n\to\infty}\sqrt[n]{2}=\lim_{n\to\infty}\sqrt[n]{3}=1$（见例 3）．

定理 3 与定理 4 为应用极限证明不等式提供了依据．试看下例．

例 5 证明：当 n 充分大时 $\dfrac{100}{n^2+1}<\dfrac{1}{n\sqrt[n]{100}}$．

证 令 $x_n=100n\sqrt[n]{100}/(n^2+1)$，则只要证对充分大的 n，有 $x_n<1$．因为
$$\lim_{n\to\infty}x_n=\lim_{n\to\infty}\frac{100n^{-1}\sqrt[n]{100}}{1+n^{-2}}=\frac{100\times 0\times 1}{1+0}=0<1,$$

故由定理 3 得证．

有趣的是，对上例中的 x_n，有 $x_1=5\,000$, $x_2=400$, $x_3=139$, $\cdots$．若不计算极限，而仅凭对最初几项的观察，是难以断定"n 充分大时 $x_n<1$"（事实上还可以说当 n 充分大时 $x_n<0.1$ 等）的．上例也说明，$x_n\to 0(n\to\infty)$ 绝不意味着"x_n 都很小"．

定理 3 与定理 4 的一个最重要的推论是：

极限的保号性 设 $x_n\to a(n\to\infty)$．

（i）若 $a\neq 0$，则当 n 充分大时 x_n 与 a 同号．

（ii）若当 n 充分大时 $x_n\geqslant 0$（或 $x_n\leqslant 0$），则 $a\geqslant 0$（或 $a\leqslant 0$）．

今后将多次用到以上结论．

2.1.5 收敛判别法

在极限理论中,判定一数列是否收敛具有重要的意义.首先,明确一数列收敛是计算其极限的前提.其次,一旦已判定某数列收敛,往往就有(准确或近似地)计算其极限的方法.

下面介绍两个常用的收敛判别法.

定理 5(夹逼原理) 设 $\lim\limits_{n\to\infty} a_n = \lim\limits_{n\to\infty} b_n = l$,且当 n 充分大时 $a_n \leqslant x_n \leqslant b_n$,则 $\lim\limits_{n\to\infty} x_n = l$.

证 $\forall \varepsilon > 0$,依题意知,当 n 充分大时 a_n, b_n 均落于区间 $(l-\varepsilon, l+\varepsilon)$,且 $a_n \leqslant x_n \leqslant b_n$,故 $x_n \in (l-\varepsilon, l+\varepsilon)$.这表明 $x_n \to l(n\to\infty)$. □

对一给定的数列 $\{x_n\}$,为应用定理 5 求 $\lim\limits_{n\to\infty} x_n$,通常使用如下的"放大-缩小法":将 x_n 适当放大成 b_n,同时将 x_n 适当缩小成 a_n,使之便于验证 $\lim\limits_{n\to\infty} a_n = \lim\limits_{n\to\infty} b_n = l$,从而得出 $\lim\limits_{n\to\infty} x_n = l$.

例 6 求 $l = \lim\limits_{n\to\infty} \sqrt[n]{2^n + 3^n}$.

解 用"放大-缩小法"得出不等式:
$$3 = \sqrt[n]{3^n} < \sqrt[n]{2^n + 3^n} < \sqrt[n]{3^n + 3^n} = 3\sqrt[n]{2}.$$
因 $\sqrt[n]{2} \to 1(n\to\infty)$,故由定理 5 得 $l = 3$.

在 2.1.3 中曾提到,有界数列不一定收敛.但以下定理指出,有界的单调数列必定收敛.因此,对单调数列来说,有界性与收敛性是等价的.

定理 6(单调有界收敛原理) 单调有界数列必收敛.

此定理的证明已超出本课程要求的范围,从略.

由定理 6,为判定一单调数列 $\{x_n\}$ 是否收敛,只需判定它是否有界,后者相对来说要容易些.显然,单调增数列有界等价于它有上界;单调减数列有界等价于它有下界.

下面用定理 6 来研究一个著名的极限问题.

例 7 设 $x_n = \left(1 + \dfrac{1}{n}\right)^n (n \geqslant 1)$,证明 $\{x_n\}$ 收敛.

证 由均值不等式
$$\sqrt[m]{a_1 a_2 \cdots a_m} \leqslant (a_1 + a_2 + \cdots + a_m)/m$$
(其中 $a_i \geqslant 0, 1 \leqslant i \leqslant m$)推出

$$x_n = 1 \cdot \left(1+\frac{1}{n}\right) \cdots \left(1+\frac{1}{n}\right)$$

$$\leq \left\{\frac{1}{n+1}\left[1+\left(1+\frac{1}{n}\right)+\cdots+\left(1+\frac{1}{n}\right)\right]\right\}^{n+1}$$

$$= \left(\frac{n+2}{n+1}\right)^{n+1} = x_{n+1} \quad (n \geq 1),$$

可见 $\{x_n\}$ 单调增. 其次, 由均值不等式得

$$\frac{x_n}{4} = \left(1+\frac{1}{n}\right)^n \times \frac{1}{2} \times \frac{1}{2} \leq \left[\frac{n\left(1+\frac{1}{n}\right)+\frac{1}{2}+\frac{1}{2}}{n+2}\right]^{n+2} = 1,$$

因此 $x_n \leq 4 (n \geq 1)$, 可见数列 $\{x_n\}$ 有上界. 于是由定理 6 知 $\{x_n\}$ 收敛.

以 e 记上例中 $\{x_n\}$ 的极限, 即

$$e = \lim_{n \to \infty} \left(1+\frac{1}{n}\right)^n. \tag{10}$$

可以证明, e 是一个无理数, 它的值为

$$e = 2.718\ 281\ 828\ 459\cdots$$

如同数 π 一样, e 是数学中最重要的常数之一. e 的重要性在于, 以 e 为底的指数函数 e^x 与以 e 为底的对数函数 $\log_e x$ (记作 $\ln x$, 称为自然对数) 具有特别良好的分析性质. 这些性质将在以后各章中陆续介绍.

例 8 设 $x_1 = \sqrt{2}, x_{n+1} = \sqrt{2+x_n} \ (n \geq 1)$, 研究极限 $\lim\limits_{n \to \infty} x_n$.

解 首先由 $x_n = \sqrt{2+\sqrt{2+\cdots+\sqrt{2}}}$ (具有 n 个 2) 易得数列 $x_n \geq \sqrt{2}$ 且单调增. 又由 $x_{n+1}^2 = 2+x_n$, 得

$$x_{n+1} = \frac{2}{x_{n+1}} + \frac{x_n}{x_{n+1}} < \frac{2}{x_1} + 1 = \sqrt{2} + 1,$$

故数列 $\{x_n\}$ 有上界. 于是由定理 6 知数列 $\{x_n\}$ 收敛, 以 l 记其极限.

在等式 $x_{n+1}^2 = 2+x_n$ 两边令 $n \to \infty$ 取极限得 $l^2 = 2+l$. 由此解出 $l = 2$ 或 -1. 但由于 $x_n \geq \sqrt{2} \ (\forall n \geq 1)$ 及定理 4 有 $l \geq \sqrt{2}$, 故只能是 $l = 2$.

上面所研究的数列是所谓"迭代序列"的简单例子. 一般地, 给定适当的函数 $f(x)$ 及"初值" x_1, 定义

$$x_{n+1} = f(x_n), \ n = 1, 2, \cdots, \tag{11}$$

就得到一个迭代序列 $\{x_n\}$. 关于迭代序列收敛性的研究在理论与应用上都有极

大的重要性.

*2.1.6 子列·上(下)确界

给定数列 $\{x_n\}$,从中任意地选取无限项,按原来的顺序组成数列

$$x_{n_1}, x_{n_2}, \cdots, x_{n_k}, \cdots, \qquad (12)$$

称(12)为数列 $\{x_n\}$ 的一个**子列**,其中 n_k 是 x_{n_k} 在原数列中的序号,而 k 则是 x_{n_k} 在数列(12)中的序号.显然,$\{x_n\}$ 就是自己的子列.其次,

$$x_1, x_3, \cdots, x_{2n-1}, \cdots$$

与

$$x_2, x_4, \cdots, x_{2n}, \cdots$$

都是 $\{x_n\}$ 的子列,分别称为"奇数项子列"与"偶数项子列".

子列概念的重要性基于以下定理.

定理 7 数列 $\{x_n\}$ 收敛于 a 的充要条件是它的任何子列都收敛于 a.

证 设 $x_n \to a(n \to \infty)$,$\{x_{n_k}\}$ 是 $\{x_n\}$ 的一个子列.$\forall \varepsilon > 0$,$\exists N$,当 $n > N$ 时有 $|x_n - a| < \varepsilon$.因此若 $k \geq N$,则 $n_k > N$(注意 $n_k \geq k$),故 $|x_{n_k} - a| < \varepsilon$,这表明 $x_{n_k} \to a(k \to \infty)$.由于 $\{x_n\}$ 是自身的一个子列,故充分性成立. □

2-4 子列保留原数列的哪些性质

由定理 7 推知:若 $\{x_n\}$ 有一子列发散,或者有两个收敛子列的极限不相等,则 $\{x_n\}$ 必发散.这一结果常用来判定数列发散.

为行文简便,今后将收敛性与发散性并称为**敛散性**.

例 9 判定数列 $\{x_n\}$ 的敛散性,若(i)$x_n = n^{(-1)^n}$;(ii)$x_n = (-1)^n$.

解 (i)$\{x_n\}$ 的偶数项子列

$$2, 4, 6, \cdots, 2n, \cdots$$

无界,从而发散,于是 $\{x_n\}$ 发散.

(ii)$\{x_n\}$ 的奇数项子列与偶数项子列分别收敛于 -1 与 1,因此 $\{x_n\}$ 发散.

例 10 设 $\{x_n\}$ 的奇数项子列与偶数项子列都收敛于 a,证明 $x_n \to a(n \to \infty)$.

证 因 $x_{2k-1} \to a(k \to \infty)$,$x_{2k} \to a(k \to \infty)$,故 $\forall \varepsilon > 0$,$\exists K > 0$,当 $k > K$ 时 x_{2k-1} 与 x_{2k} 均位于 $(a-\varepsilon, a+\varepsilon)$ 内.令 $N = 2K$,则 $\forall n > N$:x_n 位于 $(a-\varepsilon, a+\varepsilon)$ 内,这表明 $x_n \to a(n \to \infty)$.

下面引进关于实数集的一个重要概念.

定义 4 设 A 是一非空实数集,β 是一实数.若 $\forall x \in A$:$x \leq \beta(x \geq \beta)$,则称 β 为 A 的一个上(下)界.若 β 是 A 的上(下)界,且 $\forall \alpha < \beta$,$\exists x \in A$:$x > \alpha$($\forall \alpha > \beta$,

$\exists x \in A: x < \alpha$),则称 β 为 A 的<u>上确界</u>(<u>下确界</u>),记作 sup A(inf A).

实际上,sup A 就是 A 的最小上界,而 inf A 是 A 的最大下界.下面不加证明地引述关于上(下)确界的基本定理.

<u>定理 8</u>(确界存在定理) 非空且有上(下)界的实数集必有上(下)确界.

当 A 无上界时,约定 sup $A = +\infty$;当 A 无下界时,约定 inf $A = -\infty$.将这一约定与定理 8 结合起来得出:任何非空实数集 A 均有上确界与下确界,且 $-\infty \leq \inf A \leq \sup A \leq +\infty$.其次,$A$ 无上界意味着 $\forall \alpha < +\infty$,$\exists x \in A: x > \alpha$.将这一点与定义 4 结合起来得出:

$\beta(-\infty < \beta \leq +\infty)$ 是 A 的上确界意味着如下两条件满足:

(i) $\forall x \in A: x \leq \beta$,

(ii) $\forall \alpha < \beta$,$\exists x \in A: x > \alpha$.

对下确界可作类似刻画.

<u>例 11</u> 设 $A = \left\{1, \dfrac{1}{2}, \cdots, \dfrac{1}{n}, \cdots\right\}$,$B = \left\{1, -\dfrac{1}{2}, 3, -\dfrac{1}{4}, \cdots\right\}$,$C = \{\ln(1/n) \mid n = 1, 2, \cdots\}$,则 sup $A = 1$,inf $A = 0$;sup $B = +\infty$,inf $B = -1/2$;sup $C = 0$,inf $C = -\infty$.

习题 2.1

1. 填表.当第一行所列结论对数列 $\{a_n\}$ 成立时,请在相应的方格中打"√",否则打"×".

$\{a_n\}$	有上界	有下界	有 界	单调增	单调减
$\left\{-\dfrac{n}{n+1}\right\}$					
$\left\{\dfrac{1-2^{n-1}}{2^n}\right\}$					
$\{(-1)^n n\}$					
$\{\sin n\}$					
$\left\{\dfrac{2n-7}{2n+2}\right\}$					

2. 设 $a_n = (3n+2)/(n+1)$.

(1) 求 $|a_1 - 3|$,$|a_{10} - 3|$,$|a_{100} - 3|$,$|a_n - 3|$ 的值;

(2) 求 N,使 $\forall n > N$,有 $|a_n - 3| < 10^{-4}$;

(3) 求 N, 使 $\forall n>N$, 有 $|a_n-3|<\varepsilon(\varepsilon>0)$.

3. 判定下列表达式可否作为 $\lim\limits_{n\to\infty} x_n = a$ 的定义：

(1) $\forall \varepsilon>0, \exists N, \forall n>N: |x_n-a|<k\varepsilon$ (k 为正常数)；

(2) $\forall \varepsilon \in (0,1), \exists N, \forall n>N: |x_n-a| \leqslant \varepsilon$；

(3) $\forall \varepsilon = 1/k$ (k 为正整数), $\exists N, \forall n>N: |x_n-a|<\varepsilon$；

(4) $\forall N, \exists \varepsilon>0, \forall n>N: |x_n-a|<\varepsilon$.

4. 用极限定义证明：

(1) $\lim\limits_{n\to\infty} \dfrac{3n+1}{2n-1} = \dfrac{3}{2}$； (2) $\lim\limits_{n\to\infty} \sqrt{n^2+a^2}/n = 1$ ($a \neq 0$).

5. 求下列数列的极限：

(1) $\lim\limits_{n\to\infty} \dfrac{n^2+n-1}{(n-1)^2}$； (2) $\lim\limits_{n\to\infty} \dfrac{\sqrt[3]{n^2+n}}{n+2}$；

(3) $\lim\limits_{n\to\infty} (\sqrt{n^2+n}-n)$； (4) $\lim\limits_{n\to\infty} \dfrac{\sqrt{n+1}-\sqrt{n}}{\sqrt{n+2}-\sqrt{n}}$；

(5) $\lim\limits_{n\to\infty} \left(\dfrac{1}{1 \cdot 3} + \dfrac{1}{3 \cdot 5} + \cdots + \dfrac{1}{(2n-1)(2n+1)} \right)$.

6. 利用夹逼原理计算下列极限：

(1) $\lim\limits_{n\to\infty} \dfrac{1}{n^2} (\sqrt{n^2+1} + \sqrt{n^2+2} + \cdots + \sqrt{n^2+n})$；

(2) $\lim\limits_{n\to\infty} \sqrt[n]{a^n+b^n}$ ($0<a<b$).

7. 求证 $\lim\limits_{n\to\infty} x_n$ 存在并求其值, 若

(1) 已知 $x_1=1, x_n = 1 + \dfrac{x_{n-1}}{1+x_{n-1}}$ ($n>1$)；

(2) 已知 $x_1=\sqrt{2}, x_n = \sqrt{2x_{n-1}}$ ($n>1$).

8. 求下列数列的极限：

(1) $\lim\limits_{n\to\infty} \left(1+\dfrac{2}{n}\right)^n$； (2) $\lim\limits_{n\to\infty} \left(\dfrac{n+2}{n+1}\right)^n$.

9. 求 $\lim\limits_{n\to\infty} \dfrac{a^n}{1+a^n}$ ($a \geqslant 0$).

2-5 重排数列保留原数列的哪些性质

§2.2 函数的极限

2.2.1 函数极限的定义

依照函数的一般观点(1.1.5), 每个数列 $\{x_n\}$ 可看作是定义在自然数集

上的一个实函数:$x_n=f(n)$($n=1,2,\cdots$).相应地,可将$\lim\limits_{n\to\infty}x_n$说成是"当自变量$n$趋向$\infty$时函数$f(n)$的极限".这就自然地启示出以下问题:对于某个区间$[a,+\infty)$上的函数$f(x)$,能否考虑当$x\to+\infty$时$f(x)$的极限?以下定义显然是由上节定义3改编过来的,其中所用的"ε-X语言"正是"ε-N语言"的翻版.

定义1 设$f(x)$在区间$[a,+\infty)$上有定义,l是一常数.若

$$\forall\varepsilon>0,\exists X>a,\forall x>X:|f(x)-l|<\varepsilon, \tag{1}$$

则说当$x\to+\infty$时$f(x)$收敛于(或趋于)l,称l为当$x\to+\infty$时$f(x)$的极限,记作

$$\lim_{x\to+\infty}f(x)=l \quad 或 \quad f(x)\to l\;(x\to+\infty),$$

有时也简写作$f(+\infty)=l$.

注意逻辑式(1)正好与§2.1(9)对应.因

$$|f(x)-l|<\varepsilon\Leftrightarrow l-\varepsilon<f(x)<l+\varepsilon,$$

故在几何上式(1)意味着:$\forall\varepsilon>0,\exists X>a$,在$(X,+\infty)$上曲线$y=f(x)$介于水平直线$y=l-\varepsilon$与$y=l+\varepsilon$之间(图2-3).

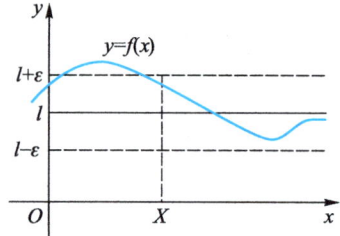

图2-3

2-6 取整函数的极限

例1 若$f(x)\equiv c$,则显然$\lim\limits_{x\to+\infty}f(x)=c$(参照§2.1例1).

例2 设α是正常数,证明$\lim\limits_{x\to+\infty}x^{-\alpha}=0$(参照§2.1例2).

证 $\forall\varepsilon>0$,由$x^{-\alpha}<\varepsilon$得$x>\varepsilon^{-1/\alpha}$.故令$X=\varepsilon^{-1/\alpha}$,则当$x>X$时,有

$$|x^{-\alpha}-0|=x^{-\alpha}<\varepsilon.$$

由定义1,这表明$x^{-\alpha}\to 0\,(x\to+\infty)$.

类比于定义1,可定义$\lim\limits_{x\to-\infty}f(x)$如下:

定义2 设$f(x)$在区间$(-\infty,a]$上有定义,l是一常数.若

$$\forall\varepsilon>0,\exists X<a,\forall x<X:|f(x)-l|<\varepsilon, \tag{2}$$

则说当$x\to-\infty$时$f(x)$收敛于(或趋于)l,称l为当$x\to-\infty$时$f(x)$的极限,记作

$$\lim_{x\to-\infty}f(x)=l \quad 或 \quad f(x)\to l(x\to-\infty),$$

有时也简写作$f(-\infty)=l$.

若当$x\to+\infty$与$x\to-\infty$均有$f(x)\to l$,则说当$x\to\infty$时$f(x)$收敛于l,记作

$$\lim_{x\to\infty}f(x)=l \quad 或 \quad f(x)\to l(x\to\infty).$$

这显然等价于

$$\forall \varepsilon>0, \exists X>0, 当|x|>X 时, 有|f(x)-l|<\varepsilon.$$

例 3 设 $a>1$, 证明 $\lim\limits_{x\to-\infty} a^x = 0$.

证 $\forall \varepsilon>0$, 由 $|a^x-0| = a^x < \varepsilon$ 得 $x<\log_a \varepsilon$, 故令 $X=\log_a \varepsilon$, 则当 $x<X$ 时,
$$|a^x-0| = a^x < \varepsilon.$$

由定义 2, 这表明 $a^x \to 0 (x \to -\infty)$.

下面转向考虑当 x 趋向某点 a 时 $f(x)$ 的极限. 为行文方便, 引入几个术语与记号. $\forall r>0$, 称区间 $(a-r, a+r)$ 为 a 的一个 邻域, 记作 $N(a,r)$; 从 $N(a,r)$ 中去掉点 a 后记作 $\overset{\circ}{N}(a,r)$, 称为 a 的 去心邻域. 分别称 $(a-r,a]$ 与 $[a,a+r)$ 为 a 的 左邻域 与 右邻域. 约定说 "在 a 邻近" 意指 "在某个 $N(a,r)$ 上"; "在 a 左侧邻近" 意指 "在 a 的某个左邻域上", 等等.

今将定义 2 中的 "ε-X 语言" 换成 "ε-δ 语言", 给出如下的

定义 3 设 l 是一常数.

(i) 设 $f(x)$ 在区间 (a,b) 上有定义. 若
$$\forall \varepsilon>0, \exists \delta>0, \forall x\in(a,a+\delta): |f(x)-l|<\varepsilon, \tag{3}$$
则说当 x 从右侧趋于 a 时 $f(x)$ 收敛于(或趋于) l, 称 l 为 $f(x)$ 在点 a 的 右极限, 记作
$$\lim_{x\to a^+} f(x) = l \quad 或 \quad f(x) \to l(x\to a^+),$$
也简写作 $f(a^+) = l$.

(ii) 设 $f(x)$ 在某个区间 (c,a) 上有定义. 若
$$\forall \varepsilon>0, \exists \delta>0, \forall x\in(a-\delta,a): |f(x)-l|<\varepsilon, \tag{4}$$
则说当 x 从左侧趋于 a 时 $f(x)$ 收敛于(或趋于) l, 称 l 为 $f(x)$ 在点 a 的 左极限, 记作
$$\lim_{x\to a^-} f(x) = l \quad 或 \quad f(x) \to l(x\to a^-),$$
也简写作 $f(a^-) = l$.

(iii) 设 $f(x)$ 在 a 的某个去心邻域上有定义. 若
$$\forall \varepsilon>0, \exists \delta>0, \forall x\in \overset{\circ}{N}(a,\delta): |f(x)-l|<\varepsilon, \tag{5}$$
则说当 x 趋于 a 时 $f(x)$ 收敛于(或趋于) l, 称 l 为当 $x\to a$ 时 $f(x)$ 的 极限, 记作
$$\lim_{x\to a} f(x) = l \quad 或 \quad f(x) \to l(x\to a).$$

如果有常数 l 使得 $\lim\limits_{x\to a} f(x) = l$, 则说 极限 $\lim\limits_{x\to a} f(x)$ 存在. 类似的说法适合于左极限与右极限.

比较定义 3 中的 (i)—(iii) 直接看出: $\lim\limits_{x\to a} f(x) = l \Leftrightarrow f(a^+) = f(a^-) = l$. 因此, 当

$f(a^+)$ 与 $f(a^-)$ 之一不存在或两者存在但不相等时,$\lim_{x\to a}f(x)$ 不存在.

例 4 研究极限 $\lim_{x\to 0}|x|/x$.

解 令 $f(x)=|x|/x$,则当 $x>0$ 时 $f(x)=1$,因此 $f(0^+)=1$.类似地得出 $f(0^-)=-1$,可见 $\lim_{x\to 0}f(x)$ 不存在.

综合定义 1—3,得到六种类型的函数极限:

$$\lim_{x\to +\infty}f(x),\quad \lim_{x\to -\infty}f(x),\quad \lim_{x\to \infty}f(x); \\ \lim_{x\to a^+}f(x),\quad \lim_{x\to a^-}f(x),\quad \lim_{x\to a}f(x), \tag{6}$$

其中 $\lim_{x\to\infty}f(x)$ 与 $\lim_{x\to a}f(x)$ 是"双侧极限",其余四个是"单侧极限".所有这些极限具有本质上相同的性质,仅仅在表达形式上略有差异.为便于统一处理,约定以 $\lim f(x)$ 泛指(6)中任一种极限.当然,在同一问题中,自变量的变化过程应当明确且一致(例如同为 $x\to +\infty$,或同为 $x\to a$,等等).在不便统一表达时(如下面的定理 2),我们就针对一种情形(如 $x\to a$)示范,其余情形由读者自己通过类比得出.

与 §2.1 定理 1 相应的结果是以下两个定理,其证明是类似的,故予省略.

定理 1(极限的唯一性) 若 $\lim f(x)$ 存在,则其极限是唯一的.

定理 2(局部有界性) 若当 $x\to a$ 时 $f(x)$ 收敛,则 $f(x)$ 在 a 的某个去心邻域上有界.

以下定理沟通了函数极限与数列极限的关系.

定理 3 $\lim_{x\to a}f(x)=l$ 的充要条件是:在 a 的某去心邻域 $\mathring{N}(a,r)$ 内,任何收敛于 a 的数列 $\{x_n\}$ 有 $f(x_n)\to l\,(n\to\infty)$.

证 设 $f(x)\to l\,(x\to a)$,$x_n\to a\,(n\to\infty)$,$x_n\neq a$.故 $\forall\varepsilon>0$,$\exists\delta>0$,$\forall x\in\mathring{N}(a,\delta)$,有 $|f(x)-l|<\varepsilon$.而由 $x_n\to a$ 推出当 n 充分大时 $x_n\in\mathring{N}(a,\delta)$,因此 $|f(x_n)-l|<\varepsilon$,这表明 $f(x_n)\to l\,(n\to\infty)$.

反之,若当 $x\to a$ 时 $f(x)$ 不收敛于 l,则式(5)不成立,于是 $\exists\varepsilon_0>0$,对 $\delta_n=1/n$,有 $x_n\in\mathring{N}(a,\delta_n)$,使得 $|f(x_n)-l|\geq\varepsilon_0$,$n=1,2,\cdots$.显然 $x_n\to a$ 且 $x_n\neq a$,但 $\{f(x_n)\}$ 不收敛于 l.这表明若对任何 $x_n\to a\,(x_n\neq a)$ 有 $f(x_n)\to l$,则必有 $f(x)\to l\,(x\to a)$. □

由定理 3,若有 $x_n\to a\,(x_n\neq a)$ 使 $\{f(x_n)\}$ 发散,或者有 $x_n\to a$,$y_n\to a\,(x_n\neq a\neq y_n)$,使 $\{f(x_n)\}$ 与 $\{f(y_n)\}$ 收敛于不同极限,则 $\lim_{x\to a}f(x)$ 必不存在.这一结论常用来判定函数极限不存在.

例 5 证明 $\lim\limits_{x\to 0}\sin(1/x)$ 不存在.

证 取 $x_n = 1/(2n\pi)$, $y_n = 1/\left(2n\pi + \dfrac{\pi}{2}\right)$ $(n=1,2,\cdots)$, 则 $x_n, y_n \neq 0$, $x_n \to 0$, $y_n \to 0$ $(n \to \infty)$. 因

$$\sin(1/x_n) = \sin 2n\pi \to 0 \ (n \to \infty);$$

$$\sin(1/y_n) = \sin\left(2n\pi + \dfrac{\pi}{2}\right) \to 1 \ (n \to \infty),$$

故由定理 3 知 $\lim\limits_{x\to 0}\sin(1/x)$ 不存在.

2.2.2 函数极限的性质

2.1.4 中关于数列极限性质的定理 2—4 可自然地推广到函数极限. 下面仅写出推广后的结论,而将完全类似的证明略去.

以下设 u, v, f 是 x 的函数.

定理 4 设 α, β 是常数,$\lim u$ 与 $\lim v$ 均存在,则成立

Ⅰ. 线性规则 $\lim(\alpha u + \beta v) = \alpha \lim u + \beta \lim v.$

Ⅱ. 积规则 $\lim uv = \lim u \lim v.$

Ⅲ. 商规则 $\lim(u/v) = \lim u / \lim v \ (\lim v \neq 0).$

定理 5 设 $\lim\limits_{x\to a} u(x) = A$, $\lim\limits_{x\to a} v(x) = B$. 若 $A < B$,则在 a 的某个去心邻域 $\mathring{N}(a,r)$ 内 $u(x) < v(x)$.

特别地,若 $\lim\limits_{x\to a} f(x) < l$(或 $\lim\limits_{x\to a} f(x) > l$),则在某个 $\mathring{N}(a,r)$ 内 $f(x) < l$(或 $f(x) > l$).

定理 6 设 $\lim\limits_{x\to a} u(x) = A$, $\lim\limits_{x\to a} v(x) = B$. 若在 a 的某个去心邻域 $\mathring{N}(a,r)$ 内 $u(x) \leqslant v(x)$,则 $A \leqslant B$.

特别地,若在某个 $\mathring{N}(a,r)$ 内 $f(x) \leqslant l$(或 $f(x) \geqslant l$),则 $\lim\limits_{x\to a} f(x) \leqslant l$(或 $\lim\limits_{x\to a} f(x) \geqslant l$).

同样由定理 5,6 推出:

极限的保号性   设 $\lim\limits_{x\to a} f(x) = l.$

(i) 若 $l \neq 0$,则在 a 的某个去心邻域内 $f(x)$ 与 l 同号.

(ii) 若在 a 的某个去心邻域内 $f(x) \geqslant 0$(或 $f(x) \leqslant 0$),则 $l \geqslant 0$(或 $l \leqslant 0$).

定理 4—6 的应用将频繁地出现于后面各章节中,此处仅举两个应用定理 4 的例题.

例 6 求 $l = \lim\limits_{x \to 3} \dfrac{x^2 - 2x - 3}{x^3 - x^2 - 9x + 9}$.

解 综合运用定理 4 中的规则 Ⅰ—Ⅲ 得：

$$l = \lim_{x \to 3} \frac{(x+1)(x-3)}{(x+3)(x-1)(x-3)}$$

$$= \lim_{x \to 3} \frac{x+1}{(x+3)(x-1)}$$

$$= \frac{\lim\limits_{x \to 3} x + \lim\limits_{x \to 3} 1}{\lim\limits_{x \to 3}(x+3)\lim\limits_{x \to 3}(x-1)}$$

$$= \frac{3+1}{(3+3)(3-1)} = \frac{1}{3}.$$

例 7 求 $l = \lim\limits_{x \to +\infty} \dfrac{a_0 x^n + a_1 x^{n-1} + \cdots + a_n}{b_0 x^m + b_1 x^{m-1} + \cdots + b_m}\ (a_0 b_0 \neq 0, n \leqslant m)$.

解 利用定理 4 及例 2 的结果得：

$$l = \lim_{x \to +\infty} \frac{a_0 + a_1 x^{-1} + \cdots + a_n x^{-n}}{x^{m-n}(b_0 + b_1 x^{-1} + \cdots + b_m x^{-m})}$$

$$= \frac{a_0}{b_0} \lim_{x \to +\infty} \frac{1}{x^{m-n}} = \begin{cases} 0, & n < m, \\ a_0/b_0, & n = m. \end{cases}$$

定理 7(复合函数的极限) 设 $\lim\limits_{x \to a} f(x) = l$, $u(t)$ 与 $f(u(t))$ 在 $t = \tau$ 的某个去心邻域内有定义，且 $u(t) \neq a$, $u(t) \to a\ (t \to \tau)$，则

$$\lim_{t \to \tau} f(u(t)) = \lim_{x \to a} f(x). \tag{7}$$

证 $\forall \varepsilon > 0$，由于 $f(x) \to l\ (x \to a)$，故 $\exists \delta > 0$，使当 $x \in \mathring{N}(a, \delta)$ 时 $|f(x) - l| < \varepsilon$. 另一方面，由于 $u(t) \to a\ (t \to \tau)$，故 $\exists \sigma > 0$，使当 $t \in \mathring{N}(\tau, \sigma)$ 时有 $|u(t) - a| < \delta$，即 $u(t) \in \mathring{N}(a, \delta)$（注意 $u(t) \neq a$），从而 $|f(u(t)) - l| < \varepsilon$. 这表明 $f(u(t)) \to l\ (t \to \tau)$. □

定理 7 为极限计算中广泛应用的"变量代换法"提供了依据. 实际上，式 (7) 就是计算极限的变量代换公式. 在式 (7) 中，通过变量代换 $x = u(t)$，将极限 $\lim\limits_{t \to \tau} f(u(t))$ 转化成了极限 $\lim\limits_{x \to a} f(x)$，后者很可能较易计算. 注意运用公式 (7) 时，无需单独验证极限 $\lim\limits_{x \to a} f(x)$ 的存在性，因其存在与否会随计算过程自动显示.

例8 求 $l = \lim\limits_{x \to \pi/2} \dfrac{\cos^2 x}{2 - \sin x - \sin^2 x}$.

解 作代换 $t = \sin x$, 当 $x \to \pi/2$ 时 $t \to 1$, 于是由定理7有

$$l = \lim_{t \to 1} \frac{1 - t^2}{2 - t - t^2}$$
$$= \lim_{t \to 1} \frac{(t-1)(t+1)}{(t-1)(t+2)}$$
$$= \lim_{t \to 1} \frac{t+1}{t+2} = \frac{2}{3}.$$

例9 求 $l = \lim\limits_{x \to 0} \dfrac{\sqrt[n]{1+x} - 1}{x}$, n 是正整数.

解 当 $n = 1$ 时直接可得 $l = 1$. 下面设 $n \geq 2$, 作代换 $y = \sqrt[n]{1+x}$, 则 $x = y^n - 1$. 由于 $y^n - 1 = (y-1)(y^{n-1} + y^{n-2} + \cdots + 1)$, 故从

$$|y - 1| = \left| \frac{y^n - 1}{y^{n-1} + y^{n-2} + \cdots + 1} \right| \leq |x|$$

推出, 当 $x \to 0$ 时 $y \to 1$. 于是由定理7有

$$l = \lim_{y \to 1} \frac{y - 1}{y^n - 1} = \lim_{y \to 1} \frac{1}{y^{n-1} + y^{n-2} + \cdots + 1} = \frac{1}{n}.$$

注意所得结果也适用于 $n = 1$.

2.2.3 两个重要极限

首先不加证明地写出 2.1.5 中两个收敛判别法的以下推广.

定理8(夹逼原理) 设 $\lim\limits_{x \to a} f(x) = \lim\limits_{x \to a} g(x) = l$, 且在 a 的某个去心邻域内有 $f(x) \leq h(x) \leq g(x)$, 则 $\lim\limits_{x \to a} h(x) = l$.

定理9(单调有界收敛原理) 若 $f(x)$ 在区间 I 上单调有界, 则 $f(x)$ 在区间端点的单侧极限存在(若 $I = (a, +\infty)$, 则 $f(x)$ 在"端点" $+\infty$ 的单侧极限理解为 $\lim\limits_{x \to +\infty} f(x)$, 余类推).

例10 设变量 u 收敛于 a, 证明 $|u|$ 收敛于 $|a|$.

证 由不等式 $||u| - |a|| \leq |u - a|$ 及夹逼原理得知, 当 $u \to a$ 时有 $|u - a| \to 0$, 从而 $||u| - |a|| \to 0$, 故结论成立.

注意, 以上结论的反命题不成立, 例如 $x_n = (-1)^n$ 不收敛, 但 $|x_n| = 1$ 收敛.

现在利用上述收敛判别法来研究两个重要极限. 首先证明

$$\lim_{x \to 0} \frac{\sin x}{x} = 1. \tag{8}$$

如图 2-4,在半径为 1 的圆内取圆心角为 x 的扇形 AOB, $0 < x < \pi/2$,则此扇形的面积为 $x/2$. 其次,$\triangle AOB$ 的面积为 $\frac{1}{2}\sin x$,直角三角形 AOC 的面积为 $\frac{1}{2}\tan x$. 显然

$$\frac{1}{2}\sin x < \frac{x}{2} < \frac{1}{2}\tan x,$$

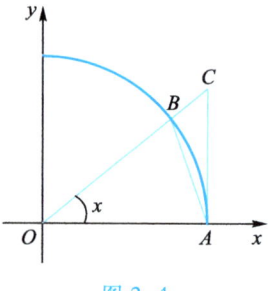

图 2-4

这推出

$$\cos x < \frac{\sin x}{x} < 1. \tag{9}$$

以 $x/2$ 代 x,从 $\sin x < x$ 推出 $\sin(x/2) < x/2$. 因此

$$0 < 1 - \cos x = 2\sin^2\left(\frac{x}{2}\right) \leq 2\left(\frac{x}{2}\right)^2 = \frac{x^2}{2}.$$

于是用定理 8 得 $1 - \cos x \to 0 (x \to 0^+)$,从而 $\cos x \to 1 (x \to 0^+)$. 注意到式(9),再用定理 8 得

$$\lim_{x \to 0^+} \frac{\sin x}{x} = 1.$$

因 $\frac{\sin x}{x}$ 是偶函数,故同样有 $\lim_{x \to 0^-} \frac{\sin x}{x} = 1$,因此式(8)成立.

通过套用极限(8),可计算一系列涉及三角函数的极限.

例 11 求以下函数的极限 $l = \lim_{x \to 0} f(x)$:

(1) $f(x) = \frac{\sin \alpha x}{\sin \beta x}, \alpha\beta \neq 0$;

(2) $f(x) = \frac{\tan x}{x}$;

(3) $f(x) = \frac{1 - \cos x}{x^2}$.

解 (1) $l = \lim_{x \to 0} \frac{\sin \alpha x}{\alpha x} \cdot \frac{\beta x}{\sin \beta x} \cdot \frac{\alpha}{\beta} = \frac{\alpha}{\beta}$.

(2) $l = \lim_{x \to 0} \frac{\sin x}{x} \cdot \frac{1}{\cos x} = 1.$

(3) $l = \lim\limits_{x \to 0} \left[\dfrac{\sin(x/2)}{x/2}\right]^2 \cdot \dfrac{1}{2} = \dfrac{1}{2}.$

例 12 求 $l = \lim\limits_{x \to \pi/4} \dfrac{\sin x - \cos x}{x - (\pi/4)}.$

解 作代换 $y = x - (\pi/4)$，则

$$\sin x - \cos x = \sqrt{2} \sin\left(x - \dfrac{\pi}{4}\right) = \sqrt{2} \sin y,$$

故

$$l = \lim_{y \to 0} \dfrac{\sqrt{2} \sin y}{y} = \sqrt{2}.$$

现在转向证明第二个重要极限

$$\lim_{x \to \infty} \left(1 + \dfrac{1}{x}\right)^x = e, \tag{10}$$

其中 e 见 §2.1(10). 以 $[x]$ 记不超过 x 的最大整数. 当 $x \geq 1$ 时, 有

$$\left(1 + \dfrac{1}{[x]+1}\right)^{[x]} \leq \left(1 + \dfrac{1}{x}\right)^x \leq \left(1 + \dfrac{1}{[x]}\right)^{[x]+1}. \tag{11}$$

当 $x \to +\infty$ 时, 显然 $[x] \to +\infty$, 故利用 §2.1(10) 得

$$\lim_{x \to +\infty} \left(1 + \dfrac{1}{[x]+1}\right)^{[x]} = \lim_{x \to +\infty} \left(1 + \dfrac{1}{[x]+1}\right)^{[x]+1} \bigg/ \left(1 + \dfrac{1}{[x]+1}\right) = e;$$

$$\lim_{x \to +\infty} \left(1 + \dfrac{1}{[x]}\right)^{[x]+1} = \lim_{x \to +\infty} \left(1 + \dfrac{1}{[x]}\right)^{[x]} \left(1 + \dfrac{1}{[x]}\right) = e.$$

于是依据式(11)用夹逼原理得

$$\lim_{x \to +\infty} \left(1 + \dfrac{1}{x}\right)^x = e.$$

当 $x \to -\infty$ 时, 用代换 $x = -y - 1$ 算得

$$\lim_{x \to -\infty} \left(1 + \dfrac{1}{x}\right)^x = \lim_{y \to +\infty} \left(1 - \dfrac{1}{y+1}\right)^{-y-1}$$

$$= \lim_{y \to +\infty} \left(1 + \dfrac{1}{y}\right)^y \left(1 + \dfrac{1}{y}\right) = e.$$

综合起来即得式(10). 注意式(10)可等价地写成

$$\lim_{x \to 0} (1+x)^{1/x} = e. \tag{12}$$

通过套用极限(10)或(12), 可计算一系列涉及幂指数式的极限.

例 13 求以下函数的极限 $l = \lim\limits_{x \to \infty} f(x)$：

(1) $f(x)=\left(1+\dfrac{n}{x}\right)^x$; (2) $f(x)=\left(1+\dfrac{1}{x}\right)^{nx}$;

(3) $f(x)=\left(\dfrac{1+x}{2+x}\right)^x$; (4) $f(x)=\left(\dfrac{x^2+1}{x^2-1}\right)^{x^2}$.

解 (1) $l=\lim\limits_{x\to\infty}\left[\left(1+\dfrac{n}{x}\right)^{x/n}\right]^n=\left[\lim\limits_{x\to\infty}\left(1+\dfrac{n}{x}\right)^{x/n}\right]^n=\mathrm{e}^n$.

(2) $l=\lim\limits_{x\to\infty}\left[\left(1+\dfrac{1}{x}\right)^x\right]^n=\left[\lim\limits_{x\to\infty}\left(1+\dfrac{1}{x}\right)^x\right]^n=\mathrm{e}^n$.

(3) 分解 $\dfrac{1+x}{2+x}=1-\dfrac{1}{2+x}$, 然后套用式(10):

$$l=\lim_{x\to\infty}\left(1-\dfrac{1}{2+x}\right)^{2+x}\left(1-\dfrac{1}{2+x}\right)^{-2}$$

$$=\left[\lim_{x\to\infty}\left(1-\dfrac{1}{2+x}\right)^{-2-x}\right]^{-1}=\mathrm{e}^{-1}.$$

(4) 作代换 $y=x^2$, 然后套用式(10):

$$l=\lim_{y\to\infty}\left(\dfrac{y+1}{y-1}\right)^y$$

$$=\lim_{y\to\infty}\left(1+\dfrac{2}{y-1}\right)^{y-1}\left(1+\dfrac{2}{y-1}\right)$$

$$=\left[\lim_{y\to\infty}\left(1+\dfrac{2}{y-1}\right)^{(y-1)/2}\right]^2=\mathrm{e}^2.$$

例 14 求以下函数的极限 $l=\lim\limits_{x\to 0}f(x)$:

(1) $f(x)=(1+nx)^{1/x}$; (2) $f(x)=\left(\dfrac{1+x}{1+2x}\right)^{1/x}$;

(3) $f(x)=(\cos^2 x)^{1/\sin^2 x}$.

解 (1) $l=\lim\limits_{x\to 0}\left[(1+nx)^{1/nx}\right]^n=\left[\lim\limits_{x\to 0}(1+nx)^{1/nx}\right]^n=\mathrm{e}^n$.

(2) 作分解 $f(x)=(1+x)^{1/x}(1+2x)^{-1/x}$, 然后套用式(12):

$$l=\lim_{x\to 0}(1+x)^{1/x}\Big/\lim_{x\to 0}(1+2x)^{1/x}$$

$$=\mathrm{e}/\mathrm{e}^2=\mathrm{e}^{-1}.$$

(3) 作代换 $y=\sin^2 x$, 然后套用式(12):

$$l=\lim_{y\to 0}(1-y)^{1/y}=\left[\lim_{y\to 0}(1-y)^{-1/y}\right]^{-1}=\mathrm{e}^{-1}.$$

习题 2.2

1. 用定义证明下列极限式：

(1) $\lim\limits_{x\to 1}\dfrac{x^3-1}{x-1}=3$；

(2) $\lim\limits_{x\to +\infty}(\sqrt{x+1}-\sqrt{x})=0$；

(3) $\lim\limits_{x\to a}\dfrac{1}{x}=\dfrac{1}{a}\ (a\neq 0)$；

(4) $\lim\limits_{x\to 0^-}\dfrac{1}{1+\mathrm{e}^{1/x}}=1$.

2. 若 $\lim\limits_{x\to a}f(x)=A\,(A>0)$，证明：存在 $\delta>0$，当 $0<|x-a|<\delta$ 时，有 $A/2<f(x)<3A/2$.

3. 计算下列极限：

(1) $\lim\limits_{x\to\infty}\dfrac{\sqrt[3]{1+mx}-1}{x}\ (m>0)$；

(2) $\lim\limits_{x\to 1}\left(\dfrac{1}{x-1}-\dfrac{2}{x^2-1}\right)$；

(3) $\lim\limits_{x\to 0}\dfrac{(1+mx)^n-(1+nx)^m}{x^2}\ (m\neq n\ 均为自然数)$；

(4) $\lim\limits_{x\to 1}\dfrac{x+x^2+\cdots+x^n-n}{x-1}$；

(5) $\lim\limits_{x\to 0}x^2/\sin^2\dfrac{x}{3}$；

(6) $\lim\limits_{x\to 0}\dfrac{\tan x-\sin x}{\sin^3 x}$；

(7) $\lim\limits_{x\to 0}\dfrac{\sin(\alpha+x)-\sin(\alpha-x)}{x}$；

(8) $\lim\limits_{x\to\pi^+}\dfrac{\sqrt{1+\cos x}}{\sin x}$；

(9) $\lim\limits_{x\to 0}2\dfrac{\arctan x}{3x}$；

(10) $\lim\limits_{x\to +\infty}(\sin\sqrt{x+1}-\sin\sqrt{x})$；

(11) $\lim\limits_{x\to\infty}\left(\dfrac{x-2}{x}\right)^{x+2}$；

(12) $\lim\limits_{x\to\pi/2}(1+\cos x)^{3\sec x}$.

4. 确定下列极限式中的参数 a,b：

(1) $\lim\limits_{x\to\infty}\left(\dfrac{x^2+1}{x+1}-ax-b\right)=\dfrac{1}{2}$；

(2) $\lim\limits_{x\to 1}\dfrac{\sin^2(x-1)}{x^2+ax+b}=1$.

5. 若 $\lim\limits_{x\to a}f(x)=A>0$，证明 $\lim\limits_{x\to a}\sqrt{f(x)}=\sqrt{A}$.

6. 函数 $f(x)=\begin{cases}(1+x)^{1/x}, & x>0,\\ \dfrac{\sqrt{1+x}-1}{ax}, & x<0\ (a\neq 0)\end{cases}$ 在 $x=0$ 点是否收敛？若收敛，其极限值是多少？

§2.3 无穷小量与无穷大量

本节约定用 x 表示自变量,u,v,w 等表示 x 的函数,$\lim u$ 泛指上节(6)中任一种极限.也可以将 $\lim u$ 理解为数列极限(此时自然将 u 看作数列).因此本节的概念与结论同时适用于数列极限与各种函数极限.如同在上节中一样,凡不便统一表达的地方,只针对某一特殊情况表述,而让读者自己通过类比得出其他情况下的结论.

2.3.1 无穷小量及其运算

定义 1 若 $\lim u = 0$,则称 u 为该极限过程中的无穷小量,或简称无穷小.

简言之,无穷小量就是以零为极限的变量.例如,以下变量在所给极限过程中皆为无穷小量:

$$x^2, \sin x, \tan x \ (x \to 0);$$
$$\sqrt{x}, \sqrt{e^x - 1}, 1/\ln x \ (x \to 0^+);$$
$$1/x, e^{-x}, 1/\ln x \ (x \to +\infty);$$
$$1/n, \sqrt{n+1} - \sqrt{n} \ (n \to \infty).$$

首先,在说及无穷小量时务必指明其极限过程.例如,不能无条件地说"$1/x$ 是无穷小量".因为当 $x \to \infty$ 时,$1/x$ 为无穷小,而当 $x \to 0$ 时 $1/x$ 就不是无穷小.其次,不可将无穷小量与"很小的量"混为一谈.除恒等于零的量以外,任何常量都不能视为无穷小量.

无穷小量的重要性见以下定理.

定理 1 $\lim u = l \Leftrightarrow u = l + \alpha$,其中 α 为同一极限过程中的无穷小量.

证 令 $\alpha = u - l$,则 $u = l + \alpha$.显然,$\lim u = l \Leftrightarrow \lim(u - l) = 0 \Leftrightarrow \alpha$ 为无穷小量. □

定理 1 表明,判定 $\lim u = l$ 的问题可转化为判定 u 能否表为 l 与一无穷小量之和的问题.例如,由分解式

$$x_n = \frac{2n^2 + 3}{n^2 + 1} = 2 + \frac{1}{n^2 + 1}$$

立即得出 $x_n \to 2 \ (n \to \infty)$.极限概念可用无穷小量刻画这一事实还有重大的理论意义,它表明可以用无穷小量概念作为出发点,系统地展开微积分学的理论.微积分学的开创者们当初正是以这种方式阐述微分与积分概念的,以致在历史上曾经将微积分学称为"无穷小量分析".即使在今天,无穷小量概念仍然起着重要作用.不过,在本书中,主要运用极限的语言来表述微积分学的基本概念,有时也

§2.3 无穷小量与无穷大量 43

利用无穷小量在运算与记号方面所特有的便利来处理一些问题.

无穷小量的优点主要基于由以下定理所表达的运算性质.

定理 2 任意有限个无穷小量的和与积仍为无穷小量;有界量与无穷小量之积是无穷小量.

证 前一结论直接由极限的运算性质(§2.1 定理 2,§2.2 定理 4)推出.今就数列的情况证后一结论.设数列 $\{x_n\}$ 与 $\{y_n\}$ 分别为有界量与无穷小量,故 $\exists M>0$,使得 $\forall n \geq 1:|x_n| \leq M$,且 $\forall \varepsilon>0, \exists N>0$,使当 $n>N$ 时有 $|y_n|<\varepsilon/M$.于是当 $n>N$ 时,有

$$|x_n y_n| \leq M|y_n| < M \cdot \frac{\varepsilon}{M} = \varepsilon,$$

可见 $x_n y_n \to 0 (n \to \infty)$,即 $x_n y_n$ 是无穷小量. □

依据定理 2,可判定以下变量是所给极限过程中的无穷小量:

$$\frac{1}{n}+\frac{1}{\sqrt{n}}, \frac{1}{n \ln n}, \frac{\sin n}{n} \quad (n \to \infty);$$

$$x+\sin x, x\sin x, x\cos x \quad (x \to 0);$$

$$\frac{1}{x}+e^{-x}, \frac{1}{x}e^{-x}, e^{-x}\sin x \quad (x \to +\infty).$$

2.3.2 无穷小量的比较

在同一极限过程中,不同的无穷小量趋于零的过程或方式可能有所不同.例如,当 $x \to 0$ 时,对同样大小的 $x(0<|x|<1)$,x^4 会比 x^2 更小;$\ln(1+x)$ 是单调地趋于零,而 $x\sin\frac{1}{x}$ 则是以振荡的方式趋于零.以下首先介绍无穷小量之间的一套比较原则,然后使用基本无穷小量来描写无穷小量的阶数和主部.由于无穷小量的运算和变量极限的运算是紧密联系的,故可以得出一些简化变量极限的规则.

为表达简便,引入在微积分学中普遍采用的"o 记号".本书约定

$$u = o(v) \Leftrightarrow \lim(u/v) = 0; \tag{1}$$

$$u = w + o(v) \Leftrightarrow u - w = o(v). \tag{2}$$

例如,因

$$\lim_{x \to 0} \frac{\sin^2 x}{x} = 0,$$

故依(1)有 $\sin^2 x = o(x)(x \to 0)$.注意,此处注明"$x \to 0$"是重要的.

记号 $u = o(v)$ 有时会引起一些误解,因此有必要作点说明.我们强调,$u = $

$o(v)$ 除了表示 $\lim(u/v)=0$ 之外,别无意义.因此不可将 $u=o(v)$ 当作通常的等式处理,否则将导致错误.例如,不能由 $u=o(v)$ 推出 $u-o(v)=0$ 或 $o(v)=u$;也不能由 $u=o(v)$ 与 $w=o(v)$ 推出 $u=w$!

因为常要对含 o 记号的式子进行运算,故下面汇集有关的规则以备应用:

(i) $o(u)\pm o(u)=o(u)$;

(ii) $o(u)o(v)=o(uv)$;

(iii) $c\cdot o(u)=o(u)$(c 为常数), $u\cdot o(v)=o(uv)$;

(iv) $o(o(u))=o(u)$.

以 $o(o(u))=o(u)$ 为例解释并证明如下.此式表示,若 $v=o(u),w=o(v)$,则 $w=o(u)$.用极限表示,这就是:

$$\lim\frac{v}{u}=\lim\frac{w}{v}=0\Rightarrow\lim\frac{w}{u}=\lim\frac{v}{u}\lim\frac{w}{v}=0.$$

现在利用 o 记号给出无穷小量的比较原则.

定义 2 设 u,v 是同一极限过程中的无穷小量.若 $u=o(v)$,则说 u 是 v 的**高阶无穷小**,或说 v 是 u 的低阶无穷小;若 $\lim(u/v)=l(l\neq 0)$,则说 u 与 v 是**同阶无穷小**;若 $\lim(u/v)=1$,则说 u 与 v 是**等价无穷小**,记作 $u\sim v$.

例如,当 $x\to 0$ 时,x^4 便是 x^2 的高阶无穷小,x 与 $\sin x$ 是等价无穷小,而 x 与 $\sin 3x$ 是同阶无穷小.注意,当 $x\to 0$ 时,定义 2 无法对 $x\sin\frac{1}{x}$ 与 x 给出比较.

作为表达无穷小量之间的等价关系的记号"$\sim$"十分有用.一方面由于同阶关系也可以表示为等价关系,例如 $\lim\frac{u}{v}=k(k\neq 0)\Leftrightarrow u\sim kv$.因此,可将 §2.2 中例 9 和例 11 中的一些极限式表为

$$\sin x\sim x\sim\tan x\,(x\to 0);\tag{3}$$

$$1-\cos x\sim x^2/2\,(x\to 0);\tag{4}$$

$$\sqrt[n]{1+x}-1\sim x/n\,(x\to 0).\tag{5}$$

另一方面,它也类似于等号、不等号,满足以下一些运算法则.

首先,等价关系可以转换为恒等关系,从而大大有利于变量问题的处理.

定理 3 设在某个极限过程中,u,v 为无穷小量.则

$$u\sim v\Leftrightarrow u=v+o(v).$$

证 $u\sim v\Leftrightarrow\lim\dfrac{u}{v}=1\Leftrightarrow\lim\dfrac{u-v}{v}=0$

$\Leftrightarrow u-v=o(v)\Leftrightarrow u=v+o(v).$ □

于是,式(6)可以写成 $\sqrt[n]{1+x}-1=\dfrac{x}{n}+o(x)(x\to 0)$ 或 $\sqrt[n]{1+x}=1+\dfrac{x}{n}+o(x)(x\to 0)$.

其次,等价关系经过和或积运算之后,遵循以下规则.

定理 4 设在某个极限过程中,$u,v,\bar{u},\bar{v}$ 为无穷小量,$u\sim\bar{u},v\sim\bar{v},w$ 是收敛于非零实数 a 的变量.则有

(i) $wu\sim au, uv\sim\bar{u}\bar{v}$;

(ii) 若 $v=o(u)$,则 $u+v\sim u$;

(iii) 若 u 与 v 是同阶无穷小,且 $\dfrac{v}{u}\to l\neq -1$,则 $u+v\sim\bar{u}+\bar{v}$.

证 直接由定义可以证明(i),(ii).下面来证(iii).

由 $\lim\dfrac{v}{u}=l$,得

$$\lim\dfrac{\bar{v}}{u}=\lim\dfrac{\bar{v}}{v}\lim\dfrac{v}{u}=l,$$

故

$$\lim\dfrac{u+v}{\bar{u}+\bar{v}}=\lim\dfrac{1+v/u}{\bar{u}/u+\bar{v}/u}=\dfrac{1+l}{1+l}=1\quad(l\neq -1);$$

这说明在所给条件下,$u+v\sim\bar{u}+\bar{v}$. □

于是,当 $x\to 0$ 时,借助已有结果,可推出以下等价关系

$$\sin x\cdot\tan x\sim x^2, \dfrac{3+x}{\cos x}\cdot(\sqrt{1+x}-1)\sim\dfrac{3}{2}x,$$

$$\sin x+x^3\sim\sin x\sim x,\sin x-3x\sim x-3x=-2x.$$

以下定理有利于简化极限运算.

定理 5 (等价替换原理) 若 $u\sim v$,则

$$\lim uw=\lim vw; \qquad (6)$$

$$\lim(w/u)=\lim(w/v), \qquad (7)$$

只要等式一端的极限存在.

2-7 用等价替换法求极限

证 以证式(7)为例:设其右端极限存在,则

$$\lim uw=\lim\dfrac{u}{v}\lim vw=\lim vw.$$ □

公式(7)(或(8))的价值在于:用等价无穷小 v 替换 u 之后,极限的计算可能大为简化.试看下面的例子.

2-8 不当使用等价替换法的问题

例 1 求 $l=\lim\limits_{x\to 0}\dfrac{x+\sin^2 x}{\sqrt{1+x}-1}$.

解 因 $\sin^2 x=o(x)(x\to 0)$,故由定理 4 有 $x+\sin^2 x\sim x(x\to 0)$.其

次，由式(6)有 $\sqrt{1+x}-1 \sim x/2$ $(x\to 0)$. 于是由定理 5 有

$$l = \lim_{x\to 0}\frac{x}{x/2}=2.$$

例 2 求 $l = \lim\limits_{x\to 0}\dfrac{\tan x - \sin x}{\sin x^3}$.

解 多次运用等价替换原理：

$$l = \lim_{x\to 0}\frac{\tan x - \sin x}{x^3} \quad (\sin x^3 \sim x^3)$$

$$= \lim_{x\to 0}\frac{(1-\cos x)\sin x}{x^3 \cos x}$$

$$= \lim_{x\to 0}\frac{x(x^2/2)}{x^3 \cos x} \quad \left(\sin x \sim x, 1-\cos x \sim \frac{x^2}{2}\right)$$

$$= \lim_{x\to 0}\frac{1}{2\cos x} = \frac{1}{2}.$$

必须注意，如果被替换的不是函数的因子，则可能导致错误. 例如 $x\to 0$ 时 $f(x)=x+x^2 \sim x$，若用 x 替换 $f(x)$，则有

$$\lim_{x\to 0}\frac{f(x)-x+x^2}{x^2} = \lim_{x\to 0}\frac{x-x+x^2}{x^2}=1,$$

但事实上，

$$\lim_{x\to 0}\frac{f(x)-x+x^2}{x^2} = \lim_{x\to 0}\frac{x+x^2-x+x^2}{x^2}=2.$$

以下考虑使用基本无穷小量来描写无穷小量的阶数和主部.

2-9 如何确定无穷小的主部(上)

2-10 如何确定无穷小的主部(中)

定义 3 当 $x\to a$ 时，称 $x-a$ 为基本无穷小，当 $x\to\infty$ 时，称 $\dfrac{1}{x}$ 为基本无穷小. 若 $u \sim cv^k (c\neq 0, k>0)$，$v$ 为基本无穷小，则称 u 是关于 v 的 k 阶无穷小，k 是其 阶数，cv^k 为 u 的 主部.

于是，当 $x\to 0$ 时，$\sin x$ 与 $\sqrt[n]{1+x}-1$ 是关于 x 的一阶无穷小，其主部分别为 x 与 x/n；$1-\cos x$ 是关于 x 的二阶无穷小，其主部为 $x^2/2$.

例 3 设 $u = \sqrt[m]{1+x}\sqrt[n]{1-x}-1 (m\neq n)$. 求当 $x\to 0$ 时，u 的主部及它关于 x 的阶数.

解 由 $\sqrt[m]{1+x}-1 \sim x/m$ $(x\to 0)$ 与定理 3，有

$$\sqrt[m]{1+x}-1=\frac{x}{m}+o\left(\frac{x}{m}\right) \quad \text{或} \quad \sqrt[m]{1+x}=1+\frac{x}{m}+o(x).$$

同理 $\sqrt[n]{1-x}=1-\frac{x}{n}+o(x)$. 于是

$$\begin{aligned} u &= \left[1+\frac{x}{m}+o(x)\right]\left[1-\frac{x}{n}+o(x)\right]-1 \\ &= \left(\frac{1}{m}-\frac{1}{n}\right)x-\frac{1}{mn}x^2+o(x)+o(x)+\frac{x}{m}o(x)-\frac{x}{n}o(x)+o(x)o(x) \\ &= \left(\frac{1}{m}-\frac{1}{n}\right)x+o(x), \end{aligned}$$

2-11 如何确定无穷小的主部(下)

其中用到了前面列举的关于 o 记号的运算规则. 由所得结果看出, u 的主部是 $\left(\frac{1}{m}-\frac{1}{n}\right)x$, 阶数为 1.

例 4 设 $u=2x/(x^2+1)$, 求当 $x\to+\infty$ 时 u 关于无穷小 $1/x$ 的主部与阶数.

解 因当 $x\to+\infty$ 时有 $\dfrac{x^2}{x^2+1}\to 1$, 故由定理 4:

$$u=\frac{2}{x}\cdot\frac{x^2}{x^2+1}\sim\frac{2}{x},$$

因此 u 关于 $1/x$ 的主部是 $2/x$, 阶数是 1.

2.3.3 无穷大量

从字面上看, 无穷大量似乎是无穷小量的对立面, 会被理解成"越来越大的量", 但并非如此. 下面以数列为例给出其定义, 其中用到由"ε-N 语言"改造过来的"M-N 语言".

定义 4 设 $\{x_n\}$ 是一数列. 若

$$\forall M>0, \exists N>0, \forall n>N: x_n>M, \tag{8}$$

2-12 无穷大数列和无界数列的差别

则说当 $n\to\infty$ 时 x_n 为正无穷大量(简称正无穷大), 或说当 $n\to\infty$ 时 x_n 趋于 $+\infty$, 记作

$$\lim_{n\to\infty} x_n=+\infty \quad \text{或} \quad x_n\to+\infty \;(n\to\infty).$$

若 $-x_n$ 为正无穷大, 则称 x_n 为负无穷大, 或说当 $n\to\infty$ 时 x_n 趋于 $-\infty$, 记作

$$\lim_{n\to\infty} x_n=-\infty \quad \text{或} \quad x_n\to-\infty \;(n\to\infty).$$

若 $|x_n|$ 为正无穷大, 则称 x_n 为无穷大量.

只要将如上的"M-N 语言"中的 N 适当改换, 即可描述其他形式的无穷大量.例如,改用"$M\text{-}\delta$ 语言"得出:设 $f(x)$ 在某个 $\mathring{N}(a,r)$ 内有定义,若
$$\forall M>0, \exists \delta>0, \forall x\in \mathring{N}(a,\delta):f(x)>M, \tag{9}$$
则说当 $x\to a$ 时 $f(x)$ 为正无穷大量;或者说,当 $x\to a$ 时 $f(x)$ 趋于 $+\infty$,记作
$$\lim_{x\to a}f(x)=+\infty \quad \text{或} \quad f(x)\to +\infty\ (x\to a).$$
其他情况可由类比得出,不再一一列举.

若以 $1/\varepsilon$ 代替式(9)中的 M,则 $x_n>M$ 相当于 $1/x_n<\varepsilon$.这与极限定义联系起来,直接得出无穷大量与无穷小量的以下关系.

定理 6 若 $u\neq 0$,则 u 是无穷大量 $\Leftrightarrow 1/u$ 是无穷小量;若 $u>0$(或 $u<0$),则 u 是正无穷大(或负无穷大)$\Leftrightarrow 1/u$ 是无穷小.

利用定理 6,可直接从已知的无穷小量的例子获得许多无穷大量的例子.例如,以下各量是所给极限过程中的正无穷大:
$$n^2,\ \ln n,\ e^n \quad (n\to \infty);$$
$$x^2,\ \ln x,\ e^x \quad (x\to +\infty);$$
$$1/x,\ -\ln x,\ 1/(e^x-1) \quad (x\to 0^+).$$
负无穷大的例子可以举出:
$$-n^2,\ \ln(1/n),\ -e^n \quad (n\to \infty);$$
$$1/x,\ \ln|x|,\ \cot x \quad (x\to 0^-).$$

直接由定义 4 看出,无穷大量必定无界,但无界量却不一定是无穷大量.例如,数列 $\{n^{(-1)^n}\}$ 显然无界(参看 §2.1 例 10),但它不是无穷大.

由于引进了形如 $\lim u=\pm\infty$ 的写法,原来仅限于表示有限极限的记号"$\lim$"的意义放宽了.这可能引起混乱,因此有必要作点说明.一方面,从应用上的需要来看,容许极限为 $\pm\infty$ 是必要的,否则会带来诸多不便.实际上,现代数学已经普遍接受了承认"无穷极限"的观点.另一方面,有限极限(即§2.1 与§2.2 中定义的极限)与无穷极限确有本质区别,因此在使用过程中仍须注意区分,以免发生谬误.基于以上两方面的考虑,我们作以下约定:

约定 今后若写出极限式 $l=\lim u$ 而未加说明,则总意味着 $-\infty\leq l\leq +\infty$.但区分两种情况:

(i) 若 $-\infty<l<+\infty$,则说 u 收敛于 l 或趋于 l.

(ii) 若 $l=\pm\infty$,则说 u 趋于 $\pm\infty$ 或发散到 $\pm\infty$,但不可说"u 收敛于 $\pm\infty$"!

如同无穷小量一样,无穷大量之间亦可进行比较.以下定义与定义 2 恰相对应.

定义 5 设 u,v 是同一极限过程中的无穷大量.若 $u=o(v)$(记号依(1)),则

说 u 是 v 的低阶无穷大,或说 v 是 u 的高阶无穷大;若 $\lim\dfrac{u}{v}=l(l\neq 0)$,则说 u 与 v 是同阶无穷大;特别地,若 $\lim\dfrac{u}{v}=1$,则说 u,v 是等价无穷大,记作 $u\sim v$.

利用 $u/v=v^{-1}/u^{-1}(uv\neq 0)$ 容易证明:

定理 7 设 u,v 是无穷大且 $uv\neq 0$,则

(i) u 是 v 的高阶无穷大 $\Leftrightarrow 1/u$ 是 $1/v$ 的高阶无穷小.

(ii) u 与 v 是同阶无穷大 $\Leftrightarrow 1/u$ 与 $1/v$ 是同阶无穷小.

利用定理7,可将无穷大的比较转化为无穷小的比较.例如,注意到当 $x\to 0$ 时 x^2 是 x 的高阶无穷小,$\sin 2x$ 与 x 是同阶无穷小,立即得出:当 $x\to 0$ 时,$1/x^2$ 是 $1/x$ 的高阶无穷大,而 $1/\sin 2x$ 与 $1/x$ 是同阶无穷大.

习题 2.3

1. 填空.在"____"内填入高阶、低阶、同阶或等价等词:

(1) 当 $x\to 0$ 时,$x^4+\sin x$ 是 x 的____无穷小;

(2) $x\to\infty$ 时,$x^4+\sin x$ 是 x 的____无穷大;

(3) $x\to 0$ 时,$1-\cos 2x$ 是 x^3 的____无穷小;

(4) $x\to 0$ 时,$(1+x)^m-1$ 是 x 的____无穷小(m 为正整数).

2. 当 $x\to 0$ 时,决定下列无穷小量关于 x 的阶数及其主部:

(1) x^3+2x^2; (2) $\sqrt{x}-\sqrt{x/(x+1)}$;

(3) $\tan x-\sin x$; (4) $1-2\cos(x+\pi/3)$; (5) $\sqrt[3]{\cos x}-1$.

3. 求下列极限:

(1) $\lim\limits_{x\to 0}x\sin\dfrac{1}{x}$; (2) $\lim\limits_{x\to 0}\dfrac{\sin x^n}{\sin^m x}$($m,n$ 为正整数);

(3) $\lim\limits_{x\to 0}\dfrac{\arcsin x}{\sin 2x}$; (4) $\lim\limits_{x\to 0^+}\dfrac{1-\sqrt{\cos x}}{1-\cos\sqrt{x}}$;

(5) $\lim\limits_{x\to 0}\dfrac{\arctan 2x}{\sqrt{1+x}-1}$.

4. 求下列无穷极限:

(1) $\lim\limits_{x\to\infty}\sqrt{x^2}$; (2) $\lim\limits_{x\to 0^+}\ln x$; (3) $\lim\limits_{x\to +\infty}\ln x$;

(4) $\lim\limits_{x\to 0^+}e^{1/x}$; (5) $\lim\limits_{x\to 0^-}\cot x$.

§2.4　函数的连续性

2.4.1　连续与间断

"连续"与"间断"广泛出现于各类现象中:物体的位移、气温的升降、物价的涨跌、人口的增减以及建筑物的断裂、爆炸、坍塌,等等.自然与社会现象中的连续性,在数学上通常体现为函数的连续性.连续的本质在于变化的稳定性,即自变量的微小变化(Δx 很小)仅引起因变量的微小变化(Δy 亦很小).与此相反,间断则意味着稳定性的破坏,即自变量的微小变化导致因变量的剧烈改变.当然,这里所谓"微小"与"剧烈"变化的确切含义尚待说明,这得借助于极限概念.

定义 1　设 $f(x)$ 在点 x_0 的某邻域内有定义.若

$$\lim_{x \to x_0} f(x) = f(x_0), \tag{1}$$

2-13 仅有一个连续(可导)点的函数

则说 $f(x)$ 在点 x_0 <u>连续</u>,并称 x_0 为 $f(x)$ 的一个连续点.若 $f(x)$ 在某个 $\mathring{N}(x_0)$ 上有定义,则当 x_0 不是 $f(x)$ 的连续点时,称 x_0 为 $f(x)$ 的<u>间断点</u>,或说 $f(x)$ 在 x_0 间断.若 $f(x)$ 在区间 (a,b) 内每点连续,则说 $f(x)$ 在 (a,b) 内连续.

若令 $\Delta x = x - x_0$,$\Delta y = f(x) - f(x_0)$,则式(1)等价于

$$\Delta y \to 0 (\Delta x \to 0).$$

这正意味着前面所说的:自变量的微小变化仅引起因变量的微小变化.将式(1)与极限定义(§2.2(5))结合起来,得到"$f(x)$ 在 x_0 连续"的"$\varepsilon\text{-}\delta$ 刻画"如下:

$$\forall \varepsilon > 0, \exists \delta > 0, \forall x \in N(x_0, \delta): |f(x) - f(x_0)| < \varepsilon. \tag{2}$$

连续与间断具有很明显的几何解释.若 $f(x)$ 连续,则其图形是一条连续不断的曲线;若 $f(x)$ 在某点 x_0 间断,则曲线 $y = f(x)$ 在点 $(x_0, f(x_0))$ 发生断裂.图 2-5 所表示的函数 $f(x)$ 在 (a,b) 内有三个间断点:x_1, x_2, x_3.在这些点处 $f(x)$ 的图形形态各异,但其共同点是曲线 $y = f(x)$ 在这些点处出现"断裂".

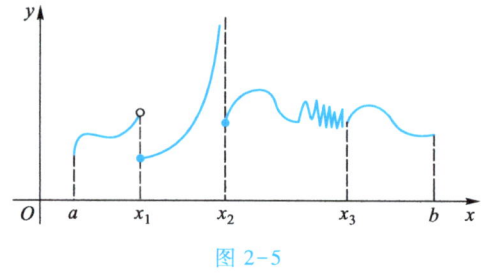

图 2-5

利用单侧极限可以定义**单侧连续**的概念.

定义 2 若 $f(x)$ 在某区间 $[a,b]$ 上有定义,且 $f(a^+)=f(a)$,则说 $f(x)$ 在点 a **右连续**.类似地可定义**左连续**.若 $f(x)$ 在区间 $[a,b]$ 上有定义,在 (a,b) 内连续,在点 a 右连续,在点 b 左连续,则说 $f(x)$ 在区间 $[a,b]$ 上连续.类似地可规定 $f(x)$ 在 $[a,b)$ 或 $(a,b]$ 上连续的含义.

若 $f(x)$ 在点 x_0 的某邻域内有定义,则由定义 2 及左、右极限与极限的关系得出:

$f(x)$ 在 x_0 连续的充要条件是 $f(x)$ 在 x_0 既左连续又右连续.

例 1 设 $f(x)=(x^3+x)/|x|$ $(x\neq 0)$,$f(0)=0$,研究 $f(x)$ 的连续性.

解 当 $x>0$ 时,$f(x)=x^2+1$ 显然连续.因 $f(x)$ 为奇函数,故它在 $(-\infty,0)$ 内亦连续.因
$$f(0^+)=\lim_{x\to 0^+}(x^2+1)=1;$$
类似地,$f(0^-)=-1$,故 $f(x)$ 在 $x=0$ 处左、右皆不连续,即 $f(x)$ 在 $x=0$ 处间断(见图 2-6).

定义 3 若极限 $l=\lim_{x\to x_0}f(x)$ 存在,但 $f(x_0)\neq l$ 或 $f(x_0)$ 无定义,则称 x_0 为 $f(x)$ 的**可去间断点**(重新定义 $f(x_0)=l$ 后即消去间断).若 $f(x_0^-)$ 与 $f(x_0^+)$ 皆存在但不相等,则称 x_0 为 $f(x)$ 的**跳跃间断点**,称 $f(x_0^+)-f(x_0^-)$ 为 $f(x)$ 在 x_0 处的跃度.以上两种间断点合称为**第一类间断点**;称非第一类的间断点为**第二类间断点**.

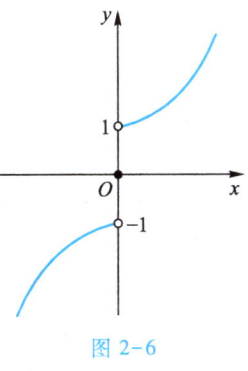

图 2-6

例 1 中的函数显然以 $x=0$ 为第一类间断点.$f(x)=1/x$ 以 $x=0$ 为第二类间断点.

例 2 研究 $f(x)=x\sin(1/x)$ 在 $x=0$ 的间断类型.

解 因为 $x\to 0$ 时 $\sin(1/x)$ 是有界量,故 $f(x)\to 0$ $(x\to 0)$.但 $f(0)$ 无定义,故 $x=0$ 是 $f(x)$ 的可去间断点(见图 2-7).

例 3 设 $f(x)=\begin{cases}x^2+1, & x>0,\\ 2x+b, & x<0\end{cases}$ (图 2-8).要消去 $f(x)$ 在 $x=0$ 处的间断,应如何选取 b 与定义 $f(0)$?

解 直接看出,$f(0^+)=1$,$f(0^-)=b$.故要消去间断必须定义 $f(0)=f(0^+)=f(0^-)$,即 $b=1$,$f(0)=1$.

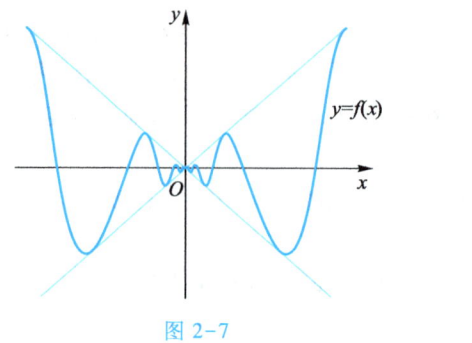
图 2-7

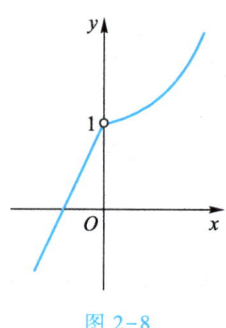
图 2-8

2.4.2 连续函数的运算·初等函数的连续性

由定义 1 及关于极限的四则运算规则(§2.2 定理 4)直接推出：

定理 1 若 $f(x)$ 与 $g(x)$ 在点 x_0(或区间 I 上)连续,则 $f(x)\pm g(x)$ 与 $f(x)g(x)$ 均在点 x_0(或 I 上)连续；当 $g(x_0)\neq 0$(或在 I 上 $g(x)\neq 0$)时,$f(x)/g(x)$ 亦在 x_0(或 I 上)连续.

由复合函数极限的性质(§2.2 定理 7)直接推出：

定理 2 若 $g(f(x))$ 在 x_0 的某邻域内有定义,$f(x)$ 与 $g(y)$ 分别在 x_0 与 $y_0=f(x_0)$ 连续,则 $g(f(x))$ 在 x_0 连续.

关于反函数的连续性,不加证明地引述以下结果.

定理 3 设 $f(x)$ 是区间 I 上严格单调增(减)的连续函数,则 $f(x)$ 的值域是一区间 J,$f(x)$ 的反函数是 J 上严格单调增(减)的连续函数.

定理 1—3 的结论可综述为：连续函数的和差积商(分母不为零)与复合函数是连续函数；严格单调的连续函数的反函数是严格单调的连续函数.

现在利用上述结论来研究初等函数的连续性.

1° 指数函数的连续性.

首先考虑函数 e^x 的连续性.注意到 $\lim\limits_{x\to 0} e^x = 1$,这是因为：$\forall \varepsilon > 0$,不妨设 $\varepsilon < 1$,令
$$\delta = \min\{-\ln(1-\varepsilon), \ln(1+\varepsilon)\},$$
则当 $|x|<\delta$ 时 $1-\varepsilon < e^x < 1+\varepsilon$,即 $|e^x - 1| < \varepsilon$.

进而由
$$\lim_{y\to x} e^y = \lim_{y\to x} e^x e^{y-x} = e^x \lim_{t\to 0} e^t = e^x$$
得出 e^x 处处连续.若 $a>0$ 且 $a\neq 1$,则由定理 2 知指数函数 $a^x = e^{x\ln a}$ 在 $(-\infty, +\infty)$ 上连续.

2° 三角函数的连续性.

任给实数 x, y，有

$$|\sin x - \sin y| = \left|2\sin\frac{x-y}{2}\cos\frac{x+y}{2}\right|$$

$$\leqslant 2\left|\sin\frac{x-y}{2}\right| \leqslant |x-y|. \tag{3}$$

这推出 $\sin y \to \sin x \,(y \to x)$，可见 $\sin x$ 在 $(-\infty, +\infty)$ 上连续. 进而由定理 1，2 知 $\cos x = \sin\left(x+\frac{\pi}{2}\right)$，$\tan x = \sin x / \cos x$ 与 $\cot x = \tan\left(\frac{\pi}{2}-x\right)$ 在各自的定义域上连续.

3° 利用已得结论及定理 3 知，对数函数与反三角函数在各自的定义域上连续.

4° 幂函数的连续性. 直接由定理 1 知 x^n 在 $(-\infty, +\infty)$ 上连续；若 n 为偶 (奇) 数，则由定理 3 知 $\sqrt[n]{x}$ 在 $[0, +\infty)$（在 $(-\infty, +\infty)$ 上）连续；若 α 是任意实数，则由 $x^\alpha = e^{\alpha \ln x}$ 及定理 2 知 x^α 在 $(0, +\infty)$ 内连续.

因初等函数是由基本初等函数经有限次四则运算与复合而得的函数，故由已得结论及定理 1—3 得出：**初等函数在其有定义的任何区间上连续**.

在 f 连续的条件下，求复合函数极限的公式（§2.2(7)）可改写成

$$\lim f(u(x)) = f(\lim u(x)). \tag{4}$$

形式上，式(4)意味着符号"lim"与"f"可以互换. 因此利用初等函数的连续性与公式(4)，可解决一系列极限计算问题.

例 4 证明以下极限式：

$$\lim_{x\to 0}\frac{\ln(1+x)}{x} = 1; \tag{5}$$

$$\lim_{x\to 0}\frac{a^x - 1}{x} = \ln a \quad (a>0 \text{ 且 } a \neq 1); \tag{6}$$

$$\lim_{x\to 0}\frac{(1+x)^\alpha - 1}{x} = \alpha. \tag{7}$$

证 利用 §2.2(12) 及 $\ln x$ 的连续性得

$$\lim_{x\to 0}\frac{\ln(1+x)}{x} = \lim_{x\to 0}\ln(1+x)^{1/x}$$

$$= \ln\left[\lim_{x\to 0}(1+x)^{1/x}\right] = \ln e = 1.$$

令 $y = a^x - 1$，则 $x = \ln(1+y)/\ln a$，于是用已得的式(5)有

$$\lim_{x\to 0}\frac{a^x - 1}{x} = \lim_{y\to 0}\frac{y\ln a}{\ln(1+y)} = \ln a.$$

为证式(7)，可设 $\alpha \neq 0$（$\alpha = 0$ 时结论明显成立），于是

$$\lim_{x\to 0}\frac{(1+x)^\alpha - 1}{x} = \lim_{x\to 0}\frac{e^{\alpha\ln(1+x)}-1}{x}$$
$$= \lim_{x\to 0}\frac{e^{\alpha\ln(1+x)}-1}{\alpha\ln(1+x)}\cdot\frac{\alpha\ln(1+x)}{x}=\alpha.$$

式(5)—(7)是要经常用到的标准极限,它们可写成以下形式:

$$\ln(1+x)\sim x \ 或 \ \ln(1+x) = x + o(x) \quad (x\to 0); \tag{8}$$
$$a^x - 1 \sim x\ln a \ 或 \ a^x = 1 + x\ln a + o(x) \quad (x\to 0, a>0 \ 且 \ a\neq 1); \tag{9}$$
$$(1+x)^\alpha - 1 \sim \alpha x \ 或 \ (1+x)^\alpha = 1 + \alpha x + o(x) \quad (x\to 0, \alpha \neq 0). \tag{10}$$

例 5 求 $l = \lim\limits_{x\to 0}\dfrac{\ln\cos ax}{\ln\cos bx}\ (b\neq 0)$.

解 当 $x\to 0$ 时,由式(8)与 §2.3(5)有
$$\ln\cos ax \sim \cos ax - 1 \sim -(ax)^2/2.$$
同理 $\ln\cos bx \sim -(bx)^2/2$,于是由等价替换原理有
$$l = \lim_{x\to 0}\frac{-(ax)^2/2}{-(bx)^2/2} = \frac{a^2}{b^2}.$$

例 6 求 $l = \lim\limits_{x\to 0}(a^{x^2}-b^{x^2})/(a^x-b^x)^2\ (a,b>0, a\neq b)$.

解 由式(9)有
$$a^x - b^x = [1+x\ln a + o(x)] - [1+x\ln b + o(x)]$$
$$= x\ln(a/b) + o(x) \sim x\ln(a/b),$$
以 x^2 代 x 得 $a^{x^2} - b^{x^2} \sim x^2\ln(a/b)$. 于是
$$l = \lim_{x\to 0}\frac{x^2\ln(a/b)}{x^2\ln^2(a/b)} = \frac{1}{\ln(a/b)}.$$

例 7 求 $l = \lim\limits_{x\to 0}\dfrac{(1+x)^\alpha - (1-x)^\alpha}{x}, \alpha$ 是常数.

解 当 $\alpha\neq 0$ 时,由式(10)有
$$(1+x)^\alpha - (1-x)^\alpha = [1+\alpha x + o(x)] - [1-\alpha x + o(x)]$$
$$= 2\alpha x + o(x) \sim 2\alpha x,$$
于是 $l = 2\alpha$.

当 $\alpha = 0$ 时,直接代入知 $l = 0$.

2.4.3 闭区间上连续函数的性质

本小节不加证明地介绍闭区间上连续函数的两个重要性质:最值性质与介值性质,它们是许多重要理论的基础,后面要多次用到.

定义 4 设函数 $f(x)$ 在区间 I 上有定义.若存在 $x_0 \in I$,使得 $\forall x \in I: f(x) \leq$

$f(x_0)$（或 $f(x) \geq f(x_0)$），则称 $f(x_0)$ 为 $f(x)$ 在 I 上的最大（或最小）值，记作 $\max_{x \in I} f(x)$（或 $\min_{x \in I} f(x)$）.最大值与最小值合称为最值.

定理 4（最值定理） 闭区间上的连续函数必有最大值与最小值，从而是有界函数.

举一个应用定理 4 的简单例子.

例 8 设曲线 C 与直线 L 分别由方程 $y = \sqrt{1-x^2}$（$|x| \leq 1$）与 $2x + 3y = 6$ 给出.证明曲线 C 上存在距离 L 最近与最远的点（见图 2-9）.

证 由平面解析几何知，C 上任一点 (x, y) 到 L 上的距离为
$$\rho = |2x + 3y - 6| / \sqrt{13}.$$
以 $y = \sqrt{1-x^2}$ 代入得
$$\rho(x) = |2x + 3\sqrt{1-x^2} - 6| / \sqrt{13} \quad (|x| \leq 1).$$
因 $\rho(x)$ 在 $[-1, 1]$ 上连续，故由定理 4 知它在 $[-1, 1]$ 上必有最大值与最小值，这表明 C 上有距离 L 最远与最近的点.

定理 4 中"闭区间上的连续函数"这一条件是重要的.例如，函数
$$f(x) = \begin{cases} 1 - |x - 1|, & x \neq 1, \\ 0, & x = 1 \end{cases}$$
在 $[0, 2]$ 上无最大值，正是由它在 $x = 1$ 间断所致.另一方面，尽管 $f(x)$ 在区间 $[0, 1)$ 上连续，但它在 $[0, 1)$ 上无最大值（见图 2-10）.

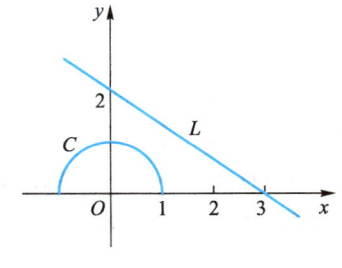

图 2-9

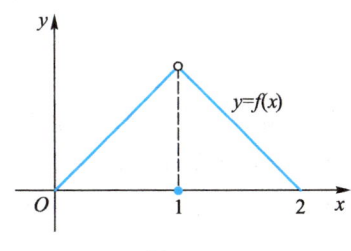

图 2-10

定理 5（介值定理） 若 $f(x)$ 在区间 $[a, b]$ 上连续，则对介于但不等于 $f(a)$ 与 $f(b)$ 之间的任一实数 C，必存在 $\xi \in (a, b)$，使 $f(\xi) = C$.

在几何上，定理 5 的结论意味着：若 C 介于 $f(a)$ 与 $f(b)$ 之间，则水平直线 $y = C$ 必交曲线 $y = f(x)$ 于某点 (ξ, C)（$a < \xi < b$）.$f(x)$ 连续这一条件是重要的.例如，对图 2-11 所示的函数 $f(x)$，尽管 C 介于 $f(b)$ 与 $f(c)$ 之间，但直线 $y = C$ 恰从曲线 $y = f(x)$ 的间断处穿过而不与曲线相交，因此定理 5 的结论在区间 $[b, c]$ 上不成立.

例9 设 $f(x)$ 在 $[a,b]$ 上连续, $\alpha, \beta > 0$. 证明存在 $\xi \in [a,b]$, 使得
$$\alpha f(a) + \beta f(b) = (\alpha + \beta) f(\xi).$$

证 不妨设 $f(a) < f(b)$（若 $f(a) > f(b)$, 可类似证明; 若 $f(a) = f(b)$, 则取 $\xi = a$). 令
$$C = [\alpha f(a) + \beta f(b)]/(\alpha + \beta),$$
易验知 $f(a) < C < f(b)$. 于是由定理 5 有 $\xi \in (a,b)$, 使 $f(\xi) = C$, 这直接得出所要证的等式.

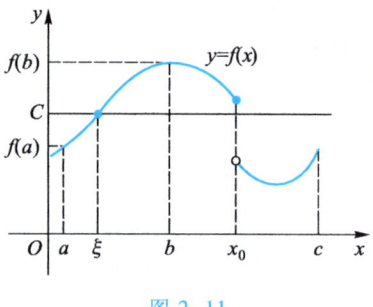

图 2-11

在定理 5 中, 若 $f(a)f(b) < 0$, 取 $C = 0$, 则得出存在 $\xi \in (a,b)$, 使 $f(\xi) = 0$. 这表明: 连续函数在函数值异号的两点之间必有零点. 这一事实常被用来判定方程根的存在性.

例10 证明方程 $x^5 - 3x = 1$ 在区间 $(1,2)$ 内有根.

证 令 $f(x) = x^5 - 3x - 1$, 则 $f(x)$ 在 $[1,2]$ 上连续, $f(1) = -3 < 0, f(2) = 25 > 0$. 于是由定理 5 知有 $\xi \in (1,2)$, 使 $f(\xi) = 0$, ξ 即原方程的根.

*2.4.4 一致连续性

在一些函数理论问题中, 需要一种比连续性更强的概念. 即所谓一致连续.

先回忆 $f(x)$ 在区间 I 上连续的 ε-δ 语言定义:
$$\forall \varepsilon > 0, \forall x \in I, \exists \delta > 0, \forall y \in N(x, \delta): |f(y) - f(x)| < \varepsilon,$$
其中 δ 不仅依赖于 ε, 也依赖于 x, 因此可记 δ 为 $\delta(\varepsilon, x)$. 现在的问题是, 能否找到一个只依赖于 ε 的 $\delta(\varepsilon) > 0$ 使得上面的定义式仍成立. 一个自然的想法是取 $\{\delta(\varepsilon, x) \mid x \in I\}$ 中的最小的一个. 但无穷数集并不一定存在最小的一个数, 因此, 若函数 f 如上构造的数集 $\{\delta(\varepsilon, x) \mid x \in I\}$ 中有最小数 $\delta(\varepsilon)$, 则 f 便可能具备更特别的性质. 归纳起来即有:

定义 5 设 $f(x)$ 在区间 I 上有定义. 若 $\forall \varepsilon > 0, \exists \delta(\varepsilon) > 0, \forall x, y \in I, |x - y| < \delta$, 有 $|f(x) - f(y)| < \varepsilon$, 则说 $f(x)$ 在区间 I 上一致连续.

例11 证明 $f(x) = \sin x$ 在 $(-\infty, +\infty)$ 上一致连续.

证 任给 $x, y \in (-\infty, +\infty)$, 由不等式 (3) 有 $|\sin x - \sin y| \leq |x - y|$. 因此, 对任给 $\varepsilon > 0$, 取 $\delta = \varepsilon$, 当 $|x - y| < \delta$ 时, 有 $|\sin x - \sin y| < \varepsilon$. 这表明 $\sin x$ 在 $(-\infty, +\infty)$ 上一致连续.

例12 证明 $f(x) = x^2$ 在 $(-\infty, +\infty)$ 上非一致连续.

证 若 x^2 在 $(-\infty, +\infty)$ 上一致连续,则对 $\varepsilon=1$,存在 $\delta>0$,使得当 $|x-y|<\delta$ 时恒有 $|x^2-y^2|<1$. 今取 $x_n=\sqrt{n+1}, y_n=\sqrt{n}$,则当 n 充分大时,有

$$|x_n-y_n|=\frac{1}{\sqrt{n+1}+\sqrt{n}}<\delta,$$

但 $|x_n^2-y_n^2|=1$,得出矛盾.

以上提到的连续而非一致连续的函数,是在非闭区间上考虑的. 这并非偶然. 以下定理表明,在闭区间上不会出现这种情况.

定理 6 闭区间上的连续函数必一致连续.

此定理的证明已超出本课程要求的范围,从略.

例 13 设 $f(x)$ 在 $[a,b]$ 上连续. 证明: $\forall \varepsilon>0, \exists N>0$, 当 $n>N$ 时,若 $a=x_0<x_1<\cdots<x_n=b$ 是等分区间 $[a,b]$ 的点,则 $|f(x_i)-f(x_{i-1})|<\varepsilon (1\leqslant i\leqslant n)$.

证 由定理 6, $f(x)$ 在 $[a,b]$ 上一致连续. $\forall \varepsilon>0$,取 $\delta>0$,使当 $x,y\in[a,b]$, $|x-y|<\delta$ 时 $|f(x)-f(y)|<\varepsilon$. 令 $N=1+[(b-a)/\delta]$,则当 $n>N, x_i$ 如题设时,有

$$|x_i-x_{i-1}|=\frac{b-a}{n}<\frac{b-a}{N}\leqslant\delta,$$

从而 $|f(x_i)-f(x_{i-1})|<\varepsilon \ (1\leqslant i\leqslant n)$.

习题 2.4

1. 指出下列函数的连续区间:
   (1) $f(x)=1/(x^3-x^2-2x)$; (2) $f(x)=(x-1)/(x^2-x^3)$;
   (3) $f(x)=\begin{cases}\sin x/|x|, & x\neq 0,\\ 0, & x=0.\end{cases}$

2. 求出下列函数的间断点,指出间断点的类型并写出理由:
   (1) $f(x)=\sqrt{|x|}\sin(1/x)$; (2) $f(x)=\dfrac{x^2-x}{|x|(x^2-1)}$;
   (3) $f(x)=\begin{cases}2x+3, & x<-1,\\ 0, & x=-1,\\ 1/x, & -1<x<0,\\ \sin x, & x>0;\end{cases}$ (4) $f(x)=\lim\limits_{n\to\infty}\dfrac{nx}{nx^2+1}$.

3. a 为何值时,下列函数在其定义域内连续?
   (1) $f(x)=\begin{cases}ax^2, & 0\leqslant x\leqslant 2,\\ 2x-1, & 2<x\leqslant 4;\end{cases}$
   (2) $f(x)=\begin{cases}\dfrac{\sqrt{1+x}-\sqrt{1-x}}{x}, & -1\leqslant x<0,\\ a\mathrm{e}^x, & x\geqslant 0.\end{cases}$

4. 求下列极限：

(1) $\lim\limits_{x\to 0}\left[\dfrac{\ln(\cos^2 x+\sqrt{1-x^2})}{e^x+\sin 2x}+(1+x)^x\right]$；

(2) $\lim\limits_{x\to a^+}\dfrac{\sqrt{x}-\sqrt{a}+\sqrt{x-a}}{\sqrt{x^2-a^2}}\ (a>0)$；

(3) $\lim\limits_{x\to 1}\cos\dfrac{x^2-1}{x-1}$；

(4) $\lim\limits_{x\to a}\dfrac{\ln x-\ln a}{x-a}\ (a>0)$；

(5) $\lim\limits_{x\to y}\dfrac{a^x-a^y}{x-y}\ (a>0\ 且\ a\ne 1)$；

(6) $\lim\limits_{x\to 1}(1-x)\log_x 2$；

(7) $\lim\limits_{x\to \pi/2}\left(2\cos^2\dfrac{x}{2}\right)^{3\sec x}$；

(8) $\lim\limits_{x\to 1}(2-x)^{\tan(\pi x/2)}$.

2-14 如何计算幂指型变量的极限

5. 求证下列方程在给定区间上至少有一根：

(1) $x2^x=1, 0\leqslant x\leqslant 1$；

(2) $x^3+px+q=0\ (p>0),\ -\infty<x<+\infty$；

(3) $x=a\sin x+b\ (a>0,b>0), 0\leqslant x\leqslant a+b$.

6. 设 $f(x)$ 在 $[0,2a]$ 上连续，$f(0)=f(2a)$，$f(a)\ne f(0)$，求证至少存在一个 $\xi\in(0,a)$，使得 $f(\xi)=f(\xi+a)$.

7. 设 $f(x)$ 在 (a,b) 上连续，$f(a^+),f(b^-)$ 存在，求证 $f(x)$ 在 (a,b) 上有界.

8. 若 $f(x)$ 在 $[a,b]$ 上连续且 $f(x)\ne 0(\forall x\in [a,b])$，求证 $f(x)$ 在 $[a,b]$ 上保持定号.

9. 设 $f(x)$ 在 $[a,+\infty)$ 上连续，且 $\lim\limits_{x\to +\infty}f(x)=A\ (a,A\ 均为实数)$，求证 $f(x)$ 在 $[a,+\infty)$ 上有界.

第三章

导数与微分

在科学与实际生活中,经常遇到以下问题:(A)求给定函数 y 相对于自变量 x 的变化率;(B)当自变量 x 发生微小变化时,求函数 y 的改变量的近似值.这两个问题分别引出导数与微分概念,它们构成微分学的基本概念.本章以极限概念为基础,引进导数与微分的定义,建立导数与微分的计算方法,同时以实例说明它们的某些简单应用.

§3.1 导数概念

3.1.1 切线问题与速度问题

在微积分学发展史上,切线问题与速度问题是导致微分学基本概念的两个典型问题.

切线问题 给定平面曲线 $C:y=f(x)$,设 $M_0(x_0,y_0)$ 是 C 上一点,求曲线 C 在点 M_0 的切线.

此处面对的问题是双重的:既要给出"切线"的严格定义,又要给出其求法.下面我们按照以下途径解决:在曲线 C 上另取一点 $M(x_0+\Delta x, y_0+\Delta y)$(图 3-1),作"割线"$M_0M$,其方程为

$$y-y_0=\frac{\Delta y}{\Delta x}(x-x_0). \qquad (1)$$

直观上,M 愈靠近 M_0,M_0M 在点 M_0 附近就愈贴近曲线 C.若当 $\Delta x\to 0$ 时割线 M_0M 有一极限位置 M_0T,则 M_0T 是一过 M_0 的直线,其斜率就是极限

$$k=\lim_{\Delta x\to 0}\frac{\Delta y}{\Delta x}=\lim_{\Delta x\to 0}\frac{f(x_0+\Delta x)-f(x_0)}{\Delta x}. \qquad (2)$$

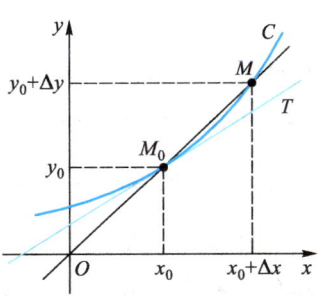

图 3-1

自然地,我们就称直线 M_0T 为 C 在点 M_0 的切

线.当 k 为常数时,切线 M_0T 的方程是
$$y-y_0=k(x-x_0). \tag{3}$$
当 $k=\pm\infty$ 时, M_0T 的方程是 $x=x_0$,此时切线是一垂直于 x 轴的直线.由此可见,求曲线 C 在点 M_0 处的切线归于计算极限(2).

速度问题 设一质点做直线运动,它所经过的路程 s 是时间 t 的函数: $s=s(t)$.求质点在确定时刻 t_0 的瞬时速度.

我们按照解切线问题的思路考虑:任取接近 t_0 的时刻 $t_0+\Delta t$,令 $\Delta s=s(t_0+\Delta t)-s(t_0)$,则 $\bar{v}=\dfrac{\Delta s}{\Delta t}$ 是质点在时间段 $[t_0,t_0+\Delta t]$(或 $[t_0+\Delta t,t_0]$)内的平均速度.显然, Δt 愈小,就愈有理由将 $\bar{v}$ 当作质点在时刻 t_0 的瞬时速度.因此,我们将质点在时刻 t_0 的"瞬时速度" $v(t_0)$ 定义为
$$v(t_0)=\lim_{\Delta t\to 0}\frac{\Delta s}{\Delta t}=\lim_{\Delta t\to 0}\frac{s(t_0+\Delta t)-s(t_0)}{\Delta t}, \tag{4}$$
只要上式中的极限存在.这样,求瞬时速度便归于计算极限(4).从数学上看,极限(4)与(2)显然属于同一类型.

3.1.2 导数的定义

由于切线问题、速度问题以及其他领域内的许多问题,例如,人口增长率、细胞的繁殖速度以及经济学中的边际成本、边际利润等均导致形如式(2)或式(4)的极限,因此有必要对此类极限作系统的考察.

3-1 几对容易混淆的导数记号

定义1 设 $y=f(x)$ 是定义在区间 (a,b) 内的函数, $x_0\in(a,b)$.任给非零实数 Δx,当 $x_0+\Delta x\in(a,b)$ 时,令 $\Delta y=f(x_0+\Delta x)-f(x_0)$.若极限 $l=\lim\limits_{\Delta x\to 0}\dfrac{\Delta y}{\Delta x}$ 存在,则称函数 $y=f(x)$ 在点 x_0 处**可导**,并称 l 为 $f(x)$ 在点 x_0 的**导数**,记作 $f'(x_0)$ 或 $y'(x_0)$,即
$$f'(x_0)=\lim_{\Delta x\to 0}\frac{f(x_0+\Delta x)-f(x_0)}{\Delta x}. \tag{5}$$

如果极限 l 不存在,就说函数 $y=f(x)$ 在 x_0 处**不可导**;如果不可导的原因是由于 $l=\pm\infty$,也往往说函数 $y=f(x)$ 在 x_0 处的导数为无穷大,记作 $f'(x_0)=\pm\infty$.

定义1中的 $\Delta x,\Delta y$ 分别称为 x,y 的增量或改变量,它们都可正可负. $\dfrac{\Delta y}{\Delta x}$ 刻画了在区间 $[x_0,x_0+\Delta x]$ 或 $[x_0+\Delta x,x_0]$ 上 y 相对于 x 的"平均变化率",而 $y'(x_0)$ 则是在点 x_0 处 y 相对于 x 的"变化率".注意记号 Δx 应看作一个整体而不是" Δ 与 x 之积".这一记号有某些优点(参看§3.3),且已成为传统记号.不过,

以其他字母表示增量 Δx 亦无不可. 例如, 若令 $h=\Delta x, x=x_0+h$, 则式(5)可改写成:

$$f'(x_0)=\lim_{h\to 0}\frac{f(x_0+h)-f(x_0)}{h}=\lim_{x\to x_0}\frac{f(x)-f(x_0)}{x-x_0}. \tag{6}$$

利用定义 1, 现在可将切线问题的结论重述如下: 若函数 $y=f(x)$ 在 x_0 处可导, 则曲线 $y=f(x)$ 在点 $(x_0, f(x_0))$ 有切线, 其斜率为 $f'(x_0)$; 由直线的点斜式方程, 可写出其切线方程为

$$y-f(x_0)=f'(x_0)(x-x_0); \tag{7}$$

若 $f'(x_0)=\pm\infty$, 则曲线 $y=f(x)$ 在点 $(x_0, f(x_0))$ 有垂直于 x 轴的切线, 其方程为 $x=x_0$.

称过切点且与切线垂直的直线为曲线的**法线**. 与式(7)对照, 曲线 $y=f(x)$ 在点 $(x_0, f(x_0))$ 的法线方程为

$$y-f(x_0)=-\frac{1}{f'(x_0)}(x-x_0). \tag{8}$$

当 $f'(x_0)=0$ 与 $f'(x_0)=\pm\infty$ 时, 应分别将方程(8)改写成 $x=x_0$ 与 $y=f(x_0)$.

类似地, 关于速度问题的结论可简述为: 做直线运动的质点的瞬时速度 v 是路程 s 对时间 t 的导数, 即 $v=s'(t)$.

若 $y=f(x)$ 在区间 (a,b) 内每点可导, 则说 $f(x)$**在区间(a,b)内可导**, 此时 $f'(x)$ 是定义在 (a,b) 内的函数, 称为 $f(x)$ 的**导函数**, 通常简称为导数, 记作 f' 或 y'.

定义 1 不仅刻画了概念的内涵, 同时也给出了求导数的方法. 利用定义求导数, 一般包含以下三个步骤:

(1) 求函数的增量 $\Delta y=f(x+\Delta x)-f(x)$;

(2) 求平均变化率 $\dfrac{\Delta y}{\Delta x}=\dfrac{f(x+\Delta x)-f(x)}{\Delta x}$ 并化简;

(3) 求极限 $\lim\limits_{\Delta x\to 0}\dfrac{\Delta y}{\Delta x}$.

当我们对上述步骤熟悉后, 中间的过程便可以省略.

例 1 设 $y=C, C$ 为常数, 求 y'.

解 因对任何实数 x, 有

$$\Delta y=y(x+\Delta x)-y(x)=C-C=0,$$

故 $\dfrac{\Delta y}{\Delta x}=0$, 从而 $y'=0$.

3-2 这些初等函数的导数要依据定义求

例2 设 $y=x^n$,n 为自然数,求 y'.

解 对任何实数 x,参照式(6),有
$$\Delta y=(x+h)^n-x^n=nx^{n-1}h+C_n^2 x^{n-2}h^2+\cdots+C_n^n h^n,$$

故
$$\frac{\Delta y}{h}=nx^{n-1}+C_n^2 x^{n-2}h+\cdots+C_n^n h^{n-1},$$

从而
$$y'=\lim_{h\to 0}\frac{\Delta y}{h}=nx^{n-1}.$$

例3 设 $y=\sin x$,求 y'.

解 对任何实数 x,利用正弦的"和差化积"公式,有
$$\Delta y=\sin(x+h)-\sin x=2\sin\frac{h}{2}\cos\left(x+\frac{h}{2}\right),$$

故
$$\frac{\Delta y}{h}=\frac{2}{h}\sin\frac{h}{2}\cos\left(x+\frac{h}{2}\right),$$

从而
$$y'=\lim_{h\to 0}\frac{\Delta y}{h}=\cos x.$$

例4 求 $(e^x)'$ 与 $(\ln x)'$.

解 由公式(6),并用 §2.4 例4后的等价代换公式(8),(9),有
$$(e^x)'=\lim_{h\to 0}\frac{1}{h}(e^{x+h}-e^x)=\lim_{h\to 0}e^x\frac{e^h-1}{h}=e^x \quad (-\infty<x<+\infty);$$
$$(\ln x)'=\lim_{h\to 0}\frac{1}{h}[\ln(x+h)-\ln x]=\lim_{h\to 0}\frac{1}{h}\ln\left(1+\frac{h}{x}\right)=\frac{1}{x} \quad (x>0).$$

例5 设 $y=\sqrt[3]{x}$,求 y'.

解 若 $x\neq 0$,则依公式(6)与 §2.3(6),有
$$y'=\lim_{h\to 0}\frac{1}{h}(\sqrt[3]{x+h}-\sqrt[3]{x})$$
$$=\lim_{h\to 0}\frac{\sqrt[3]{x}}{h}\left(\sqrt[3]{1+\frac{h}{x}}-1\right)=\lim_{h\to 0}\frac{\sqrt[3]{x}}{h}\cdot\frac{h}{3x}=\frac{1}{3\sqrt[3]{x^2}}.$$

若 $x=0$,则
$$y'(0)=\lim_{h\to 0}\frac{\sqrt[3]{h}}{h}=\lim_{h\to 0}\frac{1}{\sqrt[3]{h^2}}=+\infty.$$

从图 3-2 看出,曲线 $y=\sqrt[3]{x}$ 在原点以 y 轴为切线,这正好与 $y'(0)=+\infty$ 相合.

例 6 求曲线 $y=\sqrt{x}$ $(x>0)$ 的切线和法线与 x 轴的交点.

解 任给 $x_0>0$，类似于例 5 的解法可算出 $y'(x_0)=\dfrac{1}{2\sqrt{x_0}}$. 于是依式（7），（8）得出曲线 $y=\sqrt{x}$ 在点 $(x_0,\sqrt{x_0})$ 的切线方程与法线方程分别为

$$y-\sqrt{x_0}=\dfrac{1}{2\sqrt{x_0}}(x-x_0),$$

与

$$y-\sqrt{x_0}=-2\sqrt{x_0}(x-x_0).$$

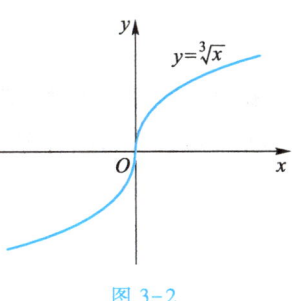

图 3-2

在以上两式中令 $y=0$ 分别得出 $x=-x_0$ 与 $x=x_0+\dfrac{1}{2}$. 因此，所述切线和法线与 x 轴的交点分别为 $(-x_0,0)$ 与 $\left(x_0+\dfrac{1}{2},0\right)$.

例 7 设 $f(x)=\begin{cases}x\sin\dfrac{1}{x}, & x\neq 0,\\ 0, & x=0,\end{cases}$ 讨论 $f(x)$ 在 $x=0$ 处的连续性与可导性.

解 当 $x\to 0$ 时，因 $\sin\dfrac{1}{x}$ 有界，故

$$\lim_{x\to 0}f(x)=0=f(0),$$

可见 $f(x)$ 在 $x=0$ 处连续. 其次，当 $\Delta x\to 0$ 时，极限

$$\lim_{\Delta x\to 0}\dfrac{f(0+\Delta x)-f(0)}{\Delta x}=\lim_{\Delta x\to 0}\sin\dfrac{1}{\Delta x}$$

不存在，故 $f(x)$ 在 $x=0$ 处不可导.

3-3 在一点连续但不可导的三个例子

上例表明，$f(x)$ 在其连续点处不一定可导. 但 $f(x)$ 在其可导点处一定连续.

定理 1 若 $f(x)$ 在点 x_0 可导，则 $f(x)$ 在点 x_0 连续.

证 令 $\Delta y=f(x_0+\Delta x)-f(x_0)$，则

$$\lim_{\Delta x\to 0}\Delta y=\lim_{\Delta x\to 0}\dfrac{\Delta y}{\Delta x}\lim_{\Delta x\to 0}\Delta x=f'(x_0)\cdot 0=0,$$

故 $\lim\limits_{x\to x_0}(f(x)-f(x_0))=0$.

这表明 $f(x)$ 在点 x_0 连续.

3-4 计算分段函数在分段点的导数

□

3.1.3 单侧导数

在导数的定义式(5)中,需要$f(x)$在x_0的某个邻域有定义.如果$f(x)$仅在x_0的左邻域或右邻域有定义,该如何考虑$f(x)$在x_0的导数呢?

定义 2 若$f(x)$在点x_0的某个右邻域$[x_0,b)$上有定义,且极限
$$l = \lim_{\Delta x \to 0^+} \frac{f(x_0+\Delta x)-f(x_0)}{\Delta x}$$
存在,则称$f(x)$在点x_0 右可导,并称l为$f(x)$在点x_0的 右导数,记作$f'_+(x_0)$,即
$$f'_+(x_0) = \lim_{\Delta x \to 0^+} \frac{f(x_0+\Delta x)-f(x_0)}{\Delta x} = \lim_{x \to x_0^+} \frac{f(x)-f(x_0)}{x-x_0}. \tag{9}$$

类似地,只要下式中的极限存在,则称$f(x)$在x_0 左可导,并称
$$f'_-(x_0) = \lim_{\Delta x \to 0^-} \frac{f(x_0+\Delta x)-f(x_0)}{\Delta x} = \lim_{x \to x_0^-} \frac{f(x)-f(x_0)}{x-x_0} \tag{10}$$
为$f(x)$在点x_0的 左导数.

若$f(x)$在闭区间$[a,b]$上有定义,在(a,b)内可导,在点a右可导,在点b左可导,则说$f(x)$ 在$[a,b]$上可导.

比较定义 1 与定义 2 看出,$f'(x_0)$存在的充要条件是:$f'_+(x_0)$与$f'_-(x_0)$均存在且相等.这一事实常用来判定函数在一点的可导性,尤其是判定分段定义的函数在分界点处的可导性.

例 8 研究函数$f(x) = |x|$在$x=0$处的可导性.

解 由公式(9)有
$$f'_+(0) = \lim_{\Delta x \to 0^+} \frac{|0+\Delta x|-0}{\Delta x} = 1;$$
而依公式(10)有$f'_-(0) = -1$.可见$f'_+(0) \neq f'_-(0)$,因而$f(x)$在$x=0$不可导.

例 9 设$f(x) = \begin{cases} x^3, & x<0, \\ x^2, & x \geq 0, \end{cases}$ 研究$f(x)$在$x=0$的可导性.

解 注意$f(0)=0$,于是
$$f'_+(0) = \lim_{h \to 0^+} \frac{f(h)}{h} = \lim_{h \to 0^+} h = 0;$$
$$f'_-(0) = \lim_{h \to 0^-} \frac{f(h)}{h} = \lim_{h \to 0^-} h^2 = 0.$$
可见$f'(0)=0$,$f(x)$在$x=0$可导.

例 10 设$f(x) = \sqrt{1-x^2}$,求$f'_-(1)$.

解 注意到 $f(1)=0$,由公式(10)有

$$f'_-(1) = \lim_{x \to 1^-} \frac{f(x)}{x-1}$$

$$= -\lim_{x \to 1^-} \sqrt{\frac{1+x}{1-x}} = -\infty.$$

注意此例中 $f(x)$ ($|x| \leq 1$) 的图形是半径为 1 的半圆周,它在点 $(1,0)$ 处有垂直于 y 轴的切线 $x=1$.

习题 3.1

1. 求下列函数在指定点处的导数:

(1) $f(x) = \begin{cases} \sqrt{x}, & 0 \leq x < 1, \\ (x+1)/2, & x \geq 1, \end{cases}$ $x=1$;

(2) $f(x) = \begin{cases} x, & x \leq 0, \\ \sin x, & x > 0, \end{cases}$ $x=0$.

3-5 如何由恒等关系式确定导函数

2. 高为 h、半径为 r 的正圆锥的体积 $V = \frac{1}{3}\pi r^2 h$.

(1) 若高为常量,求体积关于半径的变化率;

(2) 若半径是常量,求体积关于高的变化率;

(3) 若半径是常量,求高关于体积的变化率.

3. 设 $a \neq 0$, $f'(a) = 2$,分别在以下条件下求 $f'(-a)$.

(1) $f(x)$ 是偶函数;

(2) $f(x)$ 是奇函数.

4. 设 $f'(x)$ 存在,求 $\lim\limits_{h \to 0} \dfrac{f(x+\alpha h)-f(x-\beta h)}{h}$.

5. 函数 $f(x)$ 在 $x=a$ 处可导,证明:

$$\lim_{x \to a} \frac{x^2 f(a) - a^2 f(x)}{x-a} = 2af(a) - a^2 f'(a).$$

6. 若 $f(x) = \begin{cases} g(x)\cos\dfrac{1}{x}, & x \neq 0, \\ 0, & x = 0, \end{cases}$ 且 $g(0)=0, g'(0)=0$,求 $f'(0)$.

3-6 导函数连续的涵义及其推论

7. 设 $f(x) = \begin{cases} \dfrac{x^2}{2}, & x \leq 2, \\ ax+b, & x > 2, \end{cases}$ 且 $f(x)$ 在 $x=2$ 处可导,求 a 与 b 的值.

8. 设曲线方程为 $y = \dfrac{1}{3}x^3 - x^2 + 2$,试求:

(1) 在点(3,2)处曲线的切线与法线的方程;

(2) 使曲线的切线平行于 x 轴的切点;

(3) 使曲线的切线平行于第二象限角平分线的切点.

9. 证明曲线 $y=x^2+2x-3$ 和 $y=x^2-\dfrac{9}{4}x+\dfrac{5}{4}$ 在它们交点处的切线互相垂直.

10. 求下列曲线在指定点处的法线方程:

(1) $y=x^2,(-1,1)$;　　(2) $y=2x-3,(-1,-5)$;

(3) $y=\sin x,(0,0)$.

§3.2　导数的计算

为使导数概念成为一个有效的工具,必须有计算导数的简便方法.除了少数简单情形之外,直接用定义计算导数并不可取.合理的方法是:首先建立几条"基本求导规则",然后利用这些规则将较复杂的函数的求导转化为某些简单函数的求导,对于后者可利用现成的导数公式与基本求导规则.

3.2.1　基本求导规则

定理 1　设 u,v,f 是可导函数,其中 u,v 定义在同一区间 I 上,$f(u(x))$ 有意义,则有以下规则:

Ⅰ．线性规则:$(\alpha u+\beta v)'=\alpha u'+\beta v'$,$\alpha,\beta$ 为常数.

Ⅱ．积规则:$(uv)'=u'v+uv'$.

Ⅲ．商规则:$(u/v)'=(u'v-uv')/v^2(v\neq 0)$.

Ⅳ．链规则(复合函数求导规则):
$$[f(u(x))]'=f'(u(x))u'(x).$$

证　取定 $x\in I$,设 $x+\Delta x\in I$,令 $\Delta u=u(x+\Delta x)-u(x)$,$\Delta v=v(x+\Delta x)-v(x)$.设 $y=\alpha u+\beta v$,则

$$\dfrac{\Delta y}{\Delta x}=\dfrac{y(x+\Delta x)-y(x)}{\Delta x}$$

$$=\dfrac{\alpha u(x+\Delta x)+\beta v(x+\Delta x)-\alpha u(x)-\beta v(x)}{\Delta x}$$

$$=\alpha\dfrac{\Delta u}{\Delta x}+\beta\dfrac{\Delta v}{\Delta x},$$

在上式两边令 $\Delta x\to 0$,得 $y'(x)=\alpha u'(x)+\beta v'(x)$.故规则 Ⅰ 成立.

又设 $y=uv$,则

$$\frac{\Delta y}{\Delta x} = \frac{y(x+\Delta x) - y(x)}{\Delta x} = \frac{u(x+\Delta x)v(x+\Delta x) - u(x)v(x)}{\Delta x}$$

$$= \frac{u(x+\Delta x)v(x+\Delta x) - u(x)v(x+\Delta x) + u(x)v(x+\Delta x) - u(x)v(x)}{\Delta x}$$

$$= \frac{\Delta u}{\Delta x} v(x+\Delta x) + u(x) \frac{\Delta v}{\Delta x}.$$

在上式两边令 $\Delta x \to 0$（注意 v 连续），得 $y'(x) = u'(x)v(x) + u(x)v'(x)$. 可见规则 Ⅱ 成立. 利用规则 Ⅱ 得出

$$\left(\frac{u}{v}\right)' = \left(u \cdot \frac{1}{v}\right)' = \frac{u'}{v} + u\left(\frac{1}{v}\right)' = \frac{1}{v^2}\left[u'v + uv^2\left(\frac{1}{v}\right)'\right].$$

可见为证规则 Ⅲ，只需证当 $v(x) \neq 0$ 时，有

$$\left[\frac{1}{v(x)}\right]' = -\frac{v'(x)}{v^2(x)}.$$

而这可由以下计算得出：

$$\left[\frac{1}{v(x)}\right]' = \lim_{\Delta x \to 0} \frac{1}{\Delta x}\left[\frac{1}{v(x+\Delta x)} - \frac{1}{v(x)}\right] = \lim_{\Delta x \to 0} \frac{1}{\Delta x}\left[\frac{-\Delta v}{v(x+\Delta x)v(x)}\right]$$

$$= -\lim_{\Delta x \to 0} \frac{\Delta v}{\Delta x} \lim_{\Delta x \to 0} \frac{1}{v(x+\Delta x)v(x)} = \frac{-v'(x)}{v^2(x)}.$$

为证规则 Ⅳ，令 $z = f(u(x))$, $\Delta z = f(u(x+\Delta x)) - f(u(x))$,

$$\alpha = \begin{cases} \dfrac{\Delta z}{\Delta u} - f'(u(x)), & \Delta u \neq 0, \\ 0, & \Delta u = 0. \end{cases} \tag{1}$$

因 $\Delta z = f(u(x) + \Delta u) - f(u(x))$, $\lim\limits_{\Delta x \to 0} \Delta u = 0$, 故从式(1)得出 $\lim\limits_{\Delta x \to 0} \alpha = 0$, 且

$$\Delta z = f'(u(x))\Delta u + \alpha \Delta u \tag{2}$$

（注意当 $\Delta u = 0$ 时式(2)两边同时为零）. 于是

$$[f(u(x))]' = \lim_{\Delta x \to 0} \frac{\Delta z}{\Delta x} = \lim_{\Delta x \to 0}\left[f'(u(x))\frac{\Delta u}{\Delta x} + \alpha \frac{\Delta u}{\Delta x}\right]$$

$$= f'(u(x))u'(x). \qquad \square$$

注 规则 Ⅰ，Ⅱ 可推广为更一般的公式：

$$\left(\sum_{i=1}^{n} \alpha_i u_i\right)' = \sum_{i=1}^{n} \alpha_i u_i';$$

$$(u_1 u_2 \cdots u_n)' = u_1' u_2 \cdots u_n + u_1 u_2' \cdots u_n + \cdots + u_1 u_2 \cdots u_n',$$

其中 $u_i(1\leqslant i\leqslant n)$ 是同一区间上的可导函数, $\alpha_i(1\leqslant i\leqslant n)$ 是常数. 规则Ⅳ可推广到含多层中间变量的情况. 例如设 $y=f(u(v(x)))$, f,u,v 可导, 则
$$y'=f'(u(v(x)))u'(v(x))v'(x).$$

利用求导规则Ⅰ—Ⅳ及上节例1—4, 可较容易地求出更多初等函数的导数.

例1 求 $(\cos x)'$, $(\tan x)'$ 与 $(\cot x)'$.

解 因 $\cos x=\sin\left(x+\dfrac{\pi}{2}\right)$, 故用链规则得
$$(\cos x)'=\left[\sin\left(x+\dfrac{\pi}{2}\right)\right]'=\cos\left(x+\dfrac{\pi}{2}\right)=-\sin x.$$

用已得结果及商规则, 得
$$(\tan x)'=\left(\dfrac{\sin x}{\cos x}\right)'=\dfrac{\cos^2 x-\sin x(-\sin x)}{\cos^2 x}=\dfrac{1}{\cos^2 x}.$$

利用 $\cot x=\tan\left(\dfrac{\pi}{2}-x\right)$ 并用链规则得
$$(\cot x)'=-\dfrac{1}{\sin^2 x}.$$

类似可得 $(\sec x)'=\sec x\tan x$, $(\csc x)'=-\csc x\cot x$.

例2 设 $a>0$ 且 $a\neq 1$, 求 $(a^x)'$ 与 $(\log_a x)'$.

解 利用上节例4结论及规则Ⅰ和Ⅳ, 有
$$(a^x)'=(e^{x\ln a})'=e^{x\ln a}\ln a=a^x\ln a\ (-\infty<x<+\infty);$$
$$(\log_a x)'=\left(\dfrac{\ln x}{\ln a}\right)'=\dfrac{1}{x\ln a}\ (x>0).$$

例3 求 $(\sinh x)'$, $(\cosh x)'$ 与 $(\tanh x)'$.

解 因 $(e^x)'=e^x$, $(e^{-x})'=-e^{-x}$, 故
$$(\sinh x)'=\left(\dfrac{e^x-e^{-x}}{2}\right)'=\dfrac{e^x+e^{-x}}{2}=\cosh x.$$

类似地可得 $(\cosh x)'=\sinh x$. 然后用商规则得
$$(\tanh x)'=\left(\dfrac{\sinh x}{\cosh x}\right)'=\dfrac{\cosh^2 x-\sinh^2 x}{\cosh^2 x}=\dfrac{1}{\cosh^2 x}.$$

例4 设 $y=e^{\sin x}$, 求 y'.

解 令 $u=\sin x$, 则 $y=e^u$. 于是由链规则有
$$y'=y'(u)u'(x)=e^u\cos x=e^{\sin x}\cos x.$$

注意, 在上例中 $[y(u(x))]'=e^{\sin x}\cos x$, $y'(u(x))=e^{\sin x}$, 前者是

$y(u(x))$ 对 x 的导数,后者则是 y 对 u 的导数在点 $u=u(x)$ 的值,二者并不相同. 在使用链规则时应特别注意这种差别,当中间变量较多时尤应小心.

例5 设 $y=\tan\cos e^{x^2}$,求 y'.

解 令 $w=x^2, v=e^w, u=\cos v$,则 $y=\tan u$.于是由链规则有
$$y'=y'(u)u'(v)v'(w)w'(x)$$
$$=-2xe^{x^2}\sin e^{x^2}\sec^2(\cos e^{x^2}).$$

对链规则一旦熟练掌握,就不必再如上面那样写出中间变量.

设函数 $y=y(x)$ 取正值且可导,则由链规则有 $(\ln y)'=\dfrac{y'}{y}$.由此得到公式:
$$y'=y(\ln y)'. \tag{3}$$

利用公式(3)计算 y' 的方法称为**对数求导法**.当 y 是幂指数式或连乘积,从而 $\ln y$ 较 y 易于求导时,应用对数求导法比较合适.

例6 设 $y=x^\alpha(x>0)$,α 是实常数,求 y'.

解 直接用公式(3)得
$$y'=y(\alpha\ln x)'=\alpha y/x=\alpha x^{\alpha-1}\quad(x>0).$$

注 若 $|\alpha|=n/m$,m,n 为自然数且 m 是奇数,则易验证对任何 $x\neq 0$ 有 $(x^\alpha)'=\alpha x^{\alpha-1}$.

例7 设 $y=x^{\sin x}(x>0)$,求 y'.

解 由公式(3)有
$$y'=y(\sin x\ln x)'=x^{\sin x}\left(\cos x\ln x+\frac{\sin x}{x}\right).$$

例8 设 $y=\sqrt{\dfrac{(x-1)(x-2)}{(x-3)(x-4)}}$,求 y'.

解 当 $x>4$ 时,用对数求导法得
$$y'=y\cdot\frac{1}{2}[\ln(x-1)+\ln(x-2)-\ln(x-3)-\ln(x-4)]'$$
$$=\frac{1}{2}\sqrt{\frac{(x-1)(x-2)}{(x-3)(x-4)}}\left(\frac{1}{x-1}+\frac{1}{x-2}-\frac{1}{x-3}-\frac{1}{x-4}\right).$$

当 $x<1$ 时, $\qquad y=\sqrt{\dfrac{(1-x)(2-x)}{(3-x)(4-x)}}$;

当 $2<x<3$ 时, $\qquad y=\sqrt{\dfrac{(x-1)(x-2)}{(3-x)(4-x)}}$;

用同样的方法可得与 $x>4$ 时相同的结果.

3.2.2 反函数的导数·导数表

定理 2 设 $x=f(y)$ 在区间 J 上有定义、严格单调、可导且 $f'(y)\neq 0$. 若 $y=g(x)$ 定义于区间 I 上且是 $x=f(y)$ 的反函数，则 $g(x)$ 在 I 上可导，且

$$g'(x)=\frac{1}{f'(y)}. \tag{4}$$

证 由条件可知 $g(x)$ 在 I 上严格单调、连续（§2.4 定理 3）. 任取 $x\in I$, 设 $\Delta x\neq 0, x+\Delta x\in I$, 由 $y=g(x)$ 的严格单调性可知

$$\Delta y=g(x+\Delta x)-g(x)\neq 0,$$

于是

$$\frac{\Delta y}{\Delta x}=\frac{1}{\frac{\Delta x}{\Delta y}},$$

因为 $y=g(x)$ 连续，故 $\Delta x\to 0$ 时，$\Delta y\to 0$. 于是

$$g'(x)=\lim_{\Delta x\to 0}\frac{\Delta y}{\Delta x}=\lim_{\Delta y\to 0}\frac{1}{\frac{\Delta x}{\Delta y}}=\frac{1}{f'(y)}. \qquad\square$$

例 9 设 $y=\arcsin x\ (|x|<1)$，求 y'.

解 $y=\arcsin x$ 是 $x=\sin y\ (|y|<\pi/2)$ 的反函数. 因 $f(y)=\sin y$ 在 $(-\pi/2,\pi/2)$ 上可导且 $f'(y)=\cos y\neq 0$，故由公式 (4) 有

$$y'=\frac{1}{f'(y)}=\frac{1}{\cos y}=\frac{1}{\sqrt{1-\sin^2 y}}=\frac{1}{\sqrt{1-x^2}}.$$

类似地可求得：

$$(\arccos x)'=-1/\sqrt{1-x^2}\ (|x|<1);$$
$$(\arctan x)'=1/(1+x^2)\ (-\infty<x<+\infty);$$
$$(\mathrm{arccot}\, x)'=-1/(1+x^2)\ (-\infty<x<+\infty).$$

至此，我们已求出所有基本初等函数的导数，今将所得结果汇成下表以备查用.

1° $(C)'=0, C$ 是常数.

2° $(x^\alpha)'=\alpha x^{\alpha-1}\ (x>0)$，$\alpha$ 是实常数.

3° $(a^x)'=a^x\ln a\ (a>0\ \text{且}\ a\neq 1)$； $(\mathrm{e}^x)'=\mathrm{e}^x$.

4° $(\log_a x)'=1/(x\ln a)\ (a>0\ \text{且}\ a\neq 1)$； $(\ln x)'=1/x$.

5° $(\sin x)'=\cos x$； $(\cos x)'=-\sin x$.

6° $(\tan x)'=\dfrac{1}{\cos^2 x}$； $(\cot x)'=-\dfrac{1}{\sin^2 x}$.

7° $(\sec x)' = \sec x \tan x;\quad (\csc x)' = -\csc x \cot x.$

8° $(\arcsin x)' = 1/\sqrt{1-x^2} = -(\arccos x)'\ (|x|<1).$

9° $(\arctan x)' = 1/(1+x^2) = -(\text{arccot } x)'.$

利用以上导数表及求导规则 I—IV,原则上可计算任何初等函数的导数. 但为使计算尽可能简便,选用求导规则时应有一定的灵活性,以下举例加以说明.

例 10 设 $y = (x^5 + 2\sqrt{x} + 1)/x^3$,求 y'.

解 注意到 $y = x^2 + 2x^{-5/2} + x^{-3}$,用线性规则得
$$y' = 2x - 5x^{-7/2} - 3x^{-4}\ (x>0).$$

若用商规则解上题,则
$$y' = x^{-6}[x^3(x^5 + 2\sqrt{x} + 1)' - 3x^2(x^5 + 2\sqrt{x} + 1)]$$
$$= x^{-6}\left[x^3\left(5x^4 + \frac{1}{\sqrt{x}}\right) - 3x^7 - 6x^2\sqrt{x} - 3x^2\right]$$
$$= 2x - 5x^{-7/2} - 3x^{-4}\ (x>0),$$

后一算法明显地较前一算法更繁.

例 11 设 $y = \sqrt{e^{1/x}\sqrt{x\sqrt{\sin x}}}\ (0<x<\pi)$,求 y'.

解 用对数求导法:
$$y' = y\{\ln[e^{1/2x} x^{1/4} (\sin x)^{1/8}]\}'$$
$$= y\left(\frac{1}{2x} + \frac{1}{4}\ln x + \frac{1}{8}\ln \sin x\right)'$$
$$= y\left(-\frac{1}{2x^2} + \frac{1}{4x} + \frac{1}{8}\cot x\right)$$
$$= \sqrt{e^{1/x}\sqrt{x\sqrt{\sin x}}}\left(\frac{1}{4x} - \frac{1}{2x^2} + \frac{1}{8}\cot x\right).$$

如果改用链规则:
$$y' = \left(e^{1/x}\sqrt{x\sqrt{\sin x}}\right)' \bigg/ 2\sqrt{e^{1/x}\sqrt{x\sqrt{\sin x}}} = \cdots,$$

计算便十分复杂.

3.2.3 相关变化率

若变量 y, u 等之间有某种相关性,则其变化率之间亦有某种相关性. 例如,定理 1 中的链规则可表成
$$y'_x = y'_u u'_x, \tag{5}$$

其中 $y=y(u(x))$，$y(u)$ 与 $u(x)$ 皆为可导函数.公式(5)刻画了变化率 y'_x, y'_u 及 u'_x 的相关性,若其中任意两个为已知,则可求出余下的一个.在实际问题中,常用公式(5)求未知的变化率.

例 12　设以 50 cm³/s 的速率给一气球充气.若气球内气压保持为常值且气球保持为球形,问气球半径为 5 cm 时半径增加的速率是多少?

解　分别以 V, r 记气球的体积与半径,则 V 与 r 都是时间 t 的函数,且 $V=\frac{4}{3}\pi r^3$,于是 $V'_r = 4\pi r^2$.以此代入与式(5)相当的等式

$$V'_t = V'_r \, r'_t,$$

得

$$r'_t = \frac{V'_t}{V'_r} = \frac{50}{4\pi r^2}.$$

再以 $r=5$ 代入得 $r'_t = \frac{1}{2\pi} \approx 0.159$ cm/s,即当气球半径为 5 cm 时,半径的增长速率为 0.159 cm/s.

注意解上例时并未求出 r 关于 t 的表达式.

例 13　一正圆锥体容器的底半径为 4 m,高为 10 m,以 5 m³/min 的速度向其中注水,问水深 5 m 时水面上升的速度是多少?（如图 3-3,正圆锥的底面是一圆,其高线通过底面圆心）

解　分别以 h, r 记水深与水面半径,以 V 记水的体积.h, r, V 皆为时间 t 的函数,且

$$V = \frac{\pi}{3}[4^2 \times 10 - r^2(10-h)],$$

由相似三角形的性质有

$$\frac{r}{4} = \frac{10-h}{10}.$$

以上两等式两边分别对 t 求导得

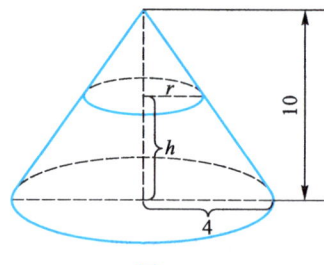

图 3-3

$$V'_t = \frac{\pi}{3}[2rr'_t(h-10) + r^2 h'_t];$$

$$10 r'_t = -4 h'_t.$$

以 $V'_t = 5, h = 5, r = 4(10-h)/10 = 2$ 代入,然后消去 r'_t,得 $h'_t = 5/4\pi \approx 0.398$ m/min,即水深 5 m 时,水面上升的速度为 0.398 m/min.

习题 3.2

1. 求下列函数的导数：

(1) $y=(x^2+1)^3(x^3+1)^{-2}$；

(2) $y=\sin^3 t+\cos^3 t$；

(3) $y=\dfrac{x}{1+x^2}$；

(4) $y=\dfrac{x}{1-\cos x}$；

(5) $y=x\tan x-\cot x$；

(6) $y=\dfrac{1-x^3}{\sqrt{x}}$；

(7) $y=\dfrac{2}{x^3-1}$；

(8) $y=x\ln x$；

(9) $y=\dfrac{x^2+x-1}{x^3+1}$；

(10) $y=x^{5/2}+\dfrac{\cos x}{x}$；

(11) $y=x^{-n}\ln x$；

(12) $y=\dfrac{\sin t}{1+\cos t}$；

(13) $y=x\sin x\ln x$；

(14) $y=\dfrac{1-\ln x}{1+\ln x}$.

2. 证明奇函数的导数是偶函数，偶函数的导数是奇函数.

3. 设函数 $f(x)$ 满足条件：对任何 x，有 $f(1+x)=2f(x)$，且 $f'(0)$ 存在，$f'(0)=c$ (c 为已知常数). 证明 $f'(1)$ 存在，且求其值.

4. 设 $f(x)=\dfrac{x^3}{3}+\dfrac{x^2}{2}-2x$，求出 x，使

(1) $f'(x)=0$； (2) $f'(x)=10$.

5. 曲线 $y=x^3+x-2$ 上哪一点的切线与直线 $y=4x-1$ 平行？

6. 求下列函数的导数：

(1) $y=\sin(\cos x)$；

(2) $y=\sqrt{x+\sqrt{x+\sqrt{x}}}$；

(3) $y=\sqrt{v+\sqrt{v}}$；

(4) $y=\dfrac{x^2}{\arctan x^2}$；

(5) $y=[\sin(\tan x)]^{1/4}$；

(6) $y=\sin^2 x\cdot\sin x^2$；

(7) $y=2^{\frac{x}{\ln x}}$；

(8) $y=\sqrt[3]{\dfrac{1}{1+x^2}}$；

(9) $y=\ln(\ln(\ln x))$；

(10) $y=\dfrac{1+\sin^2 x}{\cos x^2}$.

3-7 导数的周期性与奇偶性

7. 设 $y=\ln\sqrt{\dfrac{e^{4x}}{e^{4x}+1}}$，求 y' 及 $y'(0)$.

8. 设 $f(x)$ 满足 $af(x)+bf\left(\dfrac{1}{x}\right)=\dfrac{c}{x}$，式中 a,b,c 都是常数，且 $|a|\neq|b|$，求 $f'(x)$.

9. 设 $f(x)=x^3, g(x)=f(x^2)$,求 $g'(x)$ 及 $f'(x^2)$.

10. 设 $g(x)=\begin{cases} x^2\cos\dfrac{1}{x}, & x\neq 0, \\ 0, & x=0, \end{cases}$ 又 $f(x)$ 在 $x=0$ 处可导,求 $[f(g(x))]'\big|_{x=0}$.

11. 求下列函数的导数:

(1) $y=x^{1/x}$; (2) $y=(\sin x)^{\cos x}+(\cos x)^{\sin x}$;

(3) $y=(1+x^2)^{\sin x}$; (4) $y=\arcsin\sqrt{\sin x}$;

(5) $y=\sin 2^x$; (6) $y=\dfrac{1-x}{1+x}\exp\sqrt{x}$.

12. 求解下列相关变化率问题:

(1) 飞机在高 h m 处飞行速度为 a m/s,位于航线正下方的地面有一探照灯跟踪飞机.问探照灯应以怎样的角速度转动能照到飞机?

(2) 一盏 5 m 高的路灯,照在一个距灯 3 m 远、从 5 m 高处落下的小球上,球的影子沿地面移动,求当球离地面 3 m 高时影子移动的速率.

§3.3 微分

3.3.1 微分概念

在 3.1.2 中,通过分析 Δy 与 Δx 的商的极限,引出了重要的导数概念. 本小节则将通过分析 Δx 与 Δy 之间的关系引出一个比较抽象但是却同样重要的概念——微分.

首先看一个具体例子.如图 3-4,边长为 x_0 的正方形金属板,由于受热,边长增加了 Δx,从而其面积 S 获得增量 ΔS:

$$\Delta S=(x_0+\Delta x)^2-x_0^2=2x_0\Delta x+(\Delta x)^2.$$

从上式可以看出,ΔS 分成两部分,第一部分 $2x_0\Delta x$ 是 Δx 的线性函数,即图中带有阴影的两个矩形面积之和,而第二部分 $(\Delta x)^2$ 在图中是以 Δx 为边长的小正方形的面积,因 Δx 很小,故 $(\Delta x)^2$ 比 Δx 更小,故可认为

$$\Delta S\approx 2x_0\Delta x.$$

上述例子引出如下一般问题:给定函数 $y=f(x)$,当 x 获得增量 Δx(Δx 可正可负)时,y 的相应的增量 Δy 能否写成

$$\Delta y=A\Delta x+o(\Delta x) \quad\quad (1)$$

(其中 A 与 Δx 无关)? 若式(1)成立,则有近似

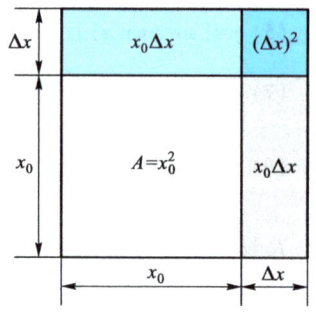

图 3-4

公式
$$\Delta y \approx A\Delta x.$$
此公式右端是 Δx 的线性函数,这对于 Δy 的计算与估计都是有利的,由此引入定义 1.

定义 1 设函数 $y=f(x)$ 在点 x_0 的某个邻域内有定义. 若存在与 Δx 无关的常数 A,使
$$\Delta y = A\Delta x + o(\Delta x)$$
成立,则说 $f(x)$ 在点 x_0 可微,且称 $A\Delta x$ 为 y 或 $f(x)$ 在 x_0 处的微分,记作 dy 或 $df(x_0)$,即
$$dy = df(x_0) = A\Delta x. \tag{2}$$

3-8 导数与微分的比较

结合式(1),(2)得 $\Delta y = dy + o(\Delta x)$,因此当 $A \neq 0$ 时,也称 dy 为 Δy 的"线性主部"(参照§2.3 定义 3).

"可微"与"可导"有以下关系.

定理 1 设 $y=f(x)$ 在 x_0 的某邻域内有定义,则 $f(x)$ 在 x_0 可微的充要条件是 $f(x)$ 在 x_0 可导,且当 $f(x)$ 在 x_0 可微时,有
$$dy = f'(x_0)\Delta x. \tag{3}$$

证 令 $\Delta y = f(x_0 + \Delta x) - f(x_0)$. 若 $f(x)$ 在 x_0 可微,则有常数 A 使得式(1)成立. 于是
$$\lim_{\Delta x \to 0} \frac{\Delta y}{\Delta x} = \lim_{\Delta x \to 0}\left[A + \frac{o(\Delta x)}{\Delta x}\right] = A.$$
这表明 $f'(x_0) = A$,因此 $f(x)$ 在 x_0 可导且式(3)成立.

反之,若 $f(x)$ 在 x_0 可导,令 $A = f'(x_0)$,则由 $\lim\limits_{\Delta x \to 0}\dfrac{\Delta y}{\Delta x} = A$ 得
$$\lim_{\Delta x \to 0}\left(\frac{\Delta y}{\Delta x} - A\right) = \lim_{\Delta x \to 0}\frac{\Delta y - A\Delta x}{\Delta x} = 0,$$
因此
$$\Delta y - A\Delta x = o(\Delta x),$$
即
$$\Delta y = A\Delta x + o(\Delta x).$$
这表明式(1)成立,因此 $f(x)$ 在 x_0 可微. □

鉴于定理 1 的结论,通常称可导函数为可微函数.

为了对微分有比较直观的了解,我们来说明微分的几何意义.

设 $f(x)$ 是可微函数,在直角坐标系中,$f(x)$ 的图形是一条曲线. 对于某一固定的 x_0,曲线上有一个确定点 $M(x_0, y_0)$. 当自变量 x_0 有微小增量 Δx 时,得到曲线上另一点 $N(x_0 + \Delta x, y_0 + \Delta y)$. 从图 3-5 可知:
$$MQ = \Delta x, QN = \Delta y.$$

过 M 点作曲线的切线,它的倾角为 α,则
$$QP = MQ \cdot \tan\alpha = \Delta x \cdot f'(x_0),$$
即 $\mathrm{d}y = QP.$

由此可见,当 Δy 是曲线 $y=f(x)$ 在点 M 的纵坐标的增量时,$\mathrm{d}y$ 就是曲线的切线在点 M 的纵坐标的相应增量,当 $|\Delta x|$ 很小时,$|\Delta y - \mathrm{d}y|$ 比 $|\Delta x|$ 小得多.

约定记 Δx 为 $\mathrm{d}x$(作此规定的理由是:若 $y=x$,则 $\mathrm{d}y = \mathrm{d}x = x'\Delta x = \Delta x$),则式(3)可写成:

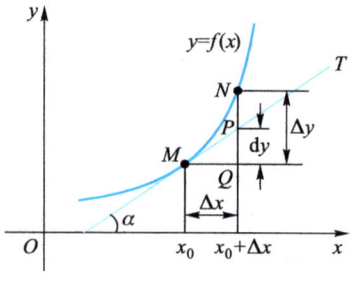

图 3-5

$$\mathrm{d}y = \mathrm{d}f(x_0) = f'(x_0)\mathrm{d}x. \tag{4}$$

若 $f(x)$ 在区间 I 内可导,则对每点 $x \in I$,由定理 1 有
$$\mathrm{d}y = \mathrm{d}f(x) = f'(x)\mathrm{d}x. \tag{5}$$
由式(5)又得到
$$f'(x) = \frac{\mathrm{d}y}{\mathrm{d}x} = \frac{\mathrm{d}f(x)}{\mathrm{d}x}. \tag{6}$$

以上两式说明导数与微分可相互表示:$\mathrm{d}f(x)$ 与 $f'(x)$ 只相差一个因子 $\mathrm{d}x$. 因此,计算微分与计算导数的方法实质上是相同的,二者并称为微分法;而关于导数与微分的理论及其应用则称为微分学.

公式(6)表明,导数 $f'(x)$ 是函数微分 $\mathrm{d}y$ 与自变量微分 $\mathrm{d}x$ 之商,因此也称导数为"微商". 将导数解释为微商并采用记号 $\frac{\mathrm{d}y}{\mathrm{d}x}$ 是 Leibniz(莱布尼茨)首倡的. $\frac{\mathrm{d}y}{\mathrm{d}x}$ 是一个极富启发性的记号,它使得许多微分学公式获得十分自然的解释. 例如,链规则与反函数求导规则可分别写成

$$\frac{\mathrm{d}y}{\mathrm{d}x} = \frac{\mathrm{d}y}{\mathrm{d}u}\frac{\mathrm{d}u}{\mathrm{d}x} \quad 与 \quad \frac{\mathrm{d}y}{\mathrm{d}x} = \left(\frac{\mathrm{d}x}{\mathrm{d}y}\right)^{-1}. \tag{7}$$

从微分的角度来看,这些等式不过是关于微分的代数恒等式.

3.3.2 微分的计算

上段已经指出,微分计算可归结为导数计算. 实际上,所有求导规则与导数公式都可改写成相应的微分规则和微分公式.

基本微分规则(以下 u, v, f 为可微函数,$y = f(u(x))$):

Ⅰ. **线性规则**:$\mathrm{d}(\alpha u + \beta v) = \alpha \mathrm{d}u + \beta \mathrm{d}v, \alpha, \beta$ 为常数.

Ⅱ. **积规则**:$\mathrm{d}(uv) = v\mathrm{d}u + u\mathrm{d}v.$

Ⅲ. 商规则：$d\left(\dfrac{u}{v}\right)=\dfrac{v\mathrm{d}u-u\mathrm{d}v}{v^2}\ (v\neq 0)$.

Ⅳ. 链规则：$\mathrm{d}y=f'(u)\mathrm{d}u$.

链规则推导如下：

设 $y=f(u)$ 及 $u=u(x)$ 都可微，则复合函数 $y=f(u(x))$ 的微分为
$$\mathrm{d}y=[f(u(x))]'\mathrm{d}x=f'(u(x))u'(x)\mathrm{d}x.$$

由于 $u'(x)\mathrm{d}x=\mathrm{d}u$，所以复合函数 $y=f(u(x))$ 的微分也可以写成
$$\mathrm{d}y=f'(u)\mathrm{d}u.$$

由此得出以下结论：

一阶微分形式不变性 设 $y=f(u)$ 是可微函数，则无论 u 是自变量或者是中间变量，都有 $\mathrm{d}y=f'(u)\mathrm{d}u$.

微分规则和求导规则统称为微分规则.

微分表（与导数表对照）：

$1°\ \mathrm{d}C=0$，C 是常数.

$2°\ \mathrm{d}(u^\alpha)=\alpha u^{\alpha-1}\mathrm{d}u\,(u>0)$，$\alpha$ 是常数.

$3°\ \mathrm{d}(a^u)=a^u\ln a\,\mathrm{d}u\,(a>0\ 且\ a\neq 1)$；$\mathrm{d}(\mathrm{e}^u)=\mathrm{e}^u\mathrm{d}u$.

$4°\ \mathrm{d}(\log_a u)=\dfrac{1}{u\ln a}\mathrm{d}u\,(a>0\ 且\ a\neq 1)$；$\mathrm{d}(\ln u)=\dfrac{1}{u}\mathrm{d}u$.

$5°\ \mathrm{d}(\sin u)=\cos u\,\mathrm{d}u$；$\mathrm{d}(\cos u)=-\sin u\,\mathrm{d}u$.

$6°\ \mathrm{d}(\tan u)=\sec^2 u\,\mathrm{d}u$；$\mathrm{d}(\cot u)=-\csc^2 u\,\mathrm{d}u$.

$7°\ \mathrm{d}(\sec u)=\sec u\tan u\,\mathrm{d}u$；$\mathrm{d}(\csc u)=-\csc u\cot u\,\mathrm{d}u$.

$8°\ \mathrm{d}(\arcsin u)=\dfrac{1}{\sqrt{1-u^2}}\mathrm{d}u=-\mathrm{d}(\arccos u)$.

$9°\ \mathrm{d}(\arctan u)=\dfrac{1}{1+u^2}\mathrm{d}u=-\mathrm{d}(\operatorname{arccot} u)$.

值得注意的是，由一阶微分形式的不变性，以上公式中的 u 既可以是自变量，也可以是某个自变量的可微函数．与此不同的是，相对应的导数表中的变量必须是自变量.

例1 设 $y=x^2\ln x\,(x>0)$，求 $\mathrm{d}y$.

解 用微分规则Ⅱ：
$$\begin{aligned}\mathrm{d}y&=\mathrm{d}(x^2)\ln x+x^2\mathrm{d}\ln x\\ &=2x\ln x\,\mathrm{d}x+x\,\mathrm{d}x\\ &=x(2\ln x+1)\mathrm{d}x.\end{aligned}$$

当然,亦可先求出 $y' = 2x\ln x + x$,然后用公式 $dy = y'dx$ 得出同样的结果.

例 2 设 $y = \ln(x + \sqrt{1+x^2})$,求 dy.

解 用微分规则 IV 与 I:

$$dy = \frac{d(x+\sqrt{1+x^2})}{x+\sqrt{1+x^2}} = \frac{dx + d\sqrt{1+x^2}}{x+\sqrt{1+x^2}}$$

$$= \frac{dx + \dfrac{xdx}{\sqrt{1+x^2}}}{x+\sqrt{1+x^2}} = \frac{dx}{\sqrt{1+x^2}}.$$

注意以上结果表明

$$[\ln(x+\sqrt{1+x^2})]' = \frac{1}{\sqrt{1+x^2}}.$$

可见,通过计算微分也可得出导数.

例 3 设 $y = [\sin(x^2 + e^{2x} + 1)]^2$,求 dy.

解 多次用链规则得(令 $u = x^2 + e^{2x} + 1$)

$$dy = 2\sin u \, d\sin u = 2\sin u \cos u \, du$$

$$= \sin(2x^2 + 2e^{2x} + 2) \cdot (2x + 2e^{2x})dx.$$

3.3.3 微分的应用

前面说过,若 $y = f(x)$ 在 x_0 处的导数 $f'(x_0) \neq 0$,且 $|\Delta x|$ 很小时,则有

$$\Delta y \approx dy = f'(x_0)\Delta x.$$

这个式子也可以写成

$$f(x_0 + \Delta x) - f(x_0) \approx f'(x_0)\Delta x, \tag{8}$$

或

$$f(x_0 + \Delta x) \approx f(x_0) + f'(x_0)\Delta x. \tag{9}$$

令 $x = x_0 + \Delta x$,则式(9)可改写成

$$f(x) \approx f(x_0) + f'(x_0)(x - x_0). \tag{10}$$

如果 $f(x_0)$ 与 $f'(x_0)$ 都容易计算,那么可利用式(8)来近似计算 Δy,利用式(9)来近似计算 $f(x_0 + \Delta x)$,或利用式(10)来近似计算 $f(x)$.

上述近似计算的实质是用关于 x 的线性函数 $f(x_0) + f'(x_0)(x - x_0)$ 来近似函数 $f(x)$. 其几何意义就是,在 x_0 的附近,可用曲线 $y = f(x)$ 在点 $(x_0, f(x_0))$ 处的切线近似代替该曲线,尽管这种近似代替的精度不是很高,但因其形式简单而被广泛应用.

分别以 0 和 x 替换 x_0 和 Δx,则得到形式上更简单的近似公式:
$$f(x) \approx f(0) + f'(0)x, \tag{11}$$
其中 f 在 $x_0 = 0$ 可微,$|x|$ 充分小.公式(11)是一系列简易近似公式的来源.例如,分别取 $f(x)$ 为 $(1+x)^\alpha$ (α 是实常数),e^x,$\ln(1+x)$,$\sin x$ 便得到以下近似公式($|x|$ 充分小):

$$(1+x)^\alpha \approx 1 + \alpha x; \tag{12}$$
$$e^x \approx 1 + x; \tag{13}$$
$$\ln(1+x) \approx x; \tag{14}$$
$$\sin x \approx x. \tag{15}$$

例 4 求 $\sqrt[5]{30}$ 的近似值.

解 对照式(12)来变换 $\sqrt[5]{30}$:
$$\sqrt[5]{30} = (2^5 - 2)^{1/5} = 2\left(1 - \frac{1}{16}\right)^{1/5}.$$

取 $x = -1/16$,$\alpha = 1/5$,得
$$\sqrt[5]{30} \approx 2\left(1 - \frac{1}{5} \cdot \frac{1}{16}\right) = 1.975.$$

实际上,$\sqrt[5]{30} = 1.974\,35\cdots$.

例 5 求 $\sin 46°$ 的近似值.

解 用公式(9):取 $f(x) = \sin x$,$x_0 = \pi/4$,$\Delta x = \pi/180$,得
$$\sin 46° \approx \sin\frac{\pi}{4} + \cos\frac{\pi}{4} \cdot \frac{\pi}{180}$$
$$= \frac{\sqrt{2}}{2}\left(1 + \frac{\pi}{180}\right) \approx 0.719\,4.$$

查表得 $\sin 46° \approx 0.719\,33$.

以上几例表明,当 $|\Delta x|$(或 $|x|$)较小时,近似公式是比较有效的.

微分的另一重要应用是用于误差估计.设用公式 $y = f(x)$ 从 x 计算 y,因输入数据 x 出现误差 Δx 而导致计算结果出现误差 Δy.由式(8)有
$$|\Delta y| \approx |f'(x)\Delta x| \tag{16}$$

与
$$\left|\frac{\Delta y}{y}\right| \approx \left|\frac{f'(x)\Delta x}{f(x)}\right|, \tag{17}$$

分别称 $|\Delta y|$ 与 $|\Delta y/y|$ 为 y 的**绝对误差**与**相对误差**.若已知 $|\Delta x| \leq \delta_x$,则依式

(16),(17) 可以认为

$$|\Delta y| \leq |f'(x)|\delta_x \quad \text{与} \quad \left|\frac{\Delta y}{y}\right| \leq \left|\frac{f'(x)}{f(x)}\right|\delta_x,$$

分别称 $|f'(x)|\delta_x$ 与 $|f'(x)/f(x)|\delta_x$ 为 y 的绝对误差界与相对误差界.

例 6 设一立方体边长为 (4.2 ± 0.01) m,估计体积 V 的绝对误差与相对误差.

解 令 $V = x^3, \delta_x = 0.01$,取 $x = 4.2$ 得

$$|\Delta V| \leq |V'(x)|\delta_x = 3 \times 4.2^2 \times 0.01 = 0.529\,2;$$

$$\left|\frac{\Delta V}{V}\right| \leq \left|\frac{V'(x)}{V(x)}\right|\delta_x = \frac{3 \times 0.01}{4.2} \approx 0.714\%.$$

可见 V 的绝对误差界与相对误差界分别为 $0.529\,2$ m^3 与 0.714%.

习题 3.3

1. 求下列函数的微分:
(1) $y = \tan^2 x$;　　　　(2) $y = 5^{\ln \tan x}$;
(3) $y = 2^{-1/\cos x}$;　　　(4) $y = \cos x^2$;
(5) $y = x^{5x}$;　　　　　　(6) $y = \arctan e^x$.

2. 利用微分代替增量,计算下列近似值:
(1) $\arctan 1.02$;　(2) $\arctan 0.97$;　(3) $\sqrt[3]{1.02}$;
(4) $\cos 151°$;　(5) $\sin 29°$.

3. 有一个半径为 5 cm 的金属球,其表面要镀一层镍,厚度为 0.05 cm,估计需要多少镍(镍的密度为 8.902 g/cm^3)?

§3.4　隐函数及用参数表示的函数的微分法

3.4.1　隐函数的微分法

给定含变量 x, y 的方程

$$F(x, y) = 0, \tag{1}$$

自然提出以下问题:

(A) 方程(1)是否确定 y 为 x 的函数? 即是否存在函数 $y = y(x)$,使得以下恒等式成立:

$$F(x, y(x)) = 0? \tag{2}$$

当这样的 $y(x)$ 存在时,称它为由方程(1)确定的隐函数.隐函数的存在条件将在 §9.2 中给出.

(B)若已知 $y=y(x)$ 是由方程(1)所确定的隐函数,如何求出 y'? 此问题的解法如下:在恒等式(2)两边对 x 求导,便得到一个含 y' 的恒等式,从中即可解出 y'.具体作法由下面的例题示明.

例 1 设 $y=y(x)$ 由方程 $xy-e^x+e^y=0$ 确定,求 y'.

解 将方程两边对 x 求导(注意应视 y 为 x 的函数),得到含 y' 的方程
$$y+xy'-e^x+y'e^y=0,$$
由此解得 $y'=(e^x-y)/(e^y+x)$.

例 2 设 $y=y(x)$ 由方程 $x^4-y^4-\sin y-1=0$ 确定,$y(1)=0$,求 $y'(1)$.

解 将方程两边对 x 求导,得
$$4x^3-4y^3y'-y'\cos y=0.$$
以 $x=1,y=0$ 代入得 $4-y'(1)=0$,故得 $y'(1)=4$.

用求微分的方法亦可计算隐函数的导数,作法如下:设 $y=y(x)$ 由方程(1)确定,将方程(1)两边微分,得到一个含 dy 的方程,从中解出 dy,则由 $y'=dy/dx$ 得出 y'.

例 3 设 $y=y(x)$ 由方程 $\arctan\dfrac{y}{x}=\ln\sqrt{x^2+y^2}$ 确定,求 y'.

解 方程两边同时求微分,得
$$\frac{xdy-ydx}{x^2}\bigg/\left(1+\frac{y^2}{x^2}\right)=\frac{xdx+ydy}{x^2+y^2},$$
即
$$xdy-ydx=xdx+ydy.$$
由此解出
$$dy=\frac{x+y}{x-y}dx,$$
故得 $y'=\dfrac{x+y}{x-y}$.

上述取微分的方法的好处在于:对方程 $F(x,y)=0$ 两边求微分时可将 x,y 同等看待,不必像求导数那样担心由于未区分自变量与因变量而导致错误.

若平面曲线 C 由方程 $F(x,y)=0$ 给定,则用前述的方法算出 y',即可求得 C 在其上任一点处的切线与法线方程(参看 3.1.2).

例 4 求曲线 $x^3+y^3=3xy$ 在点 $\left(\dfrac{3}{2},\dfrac{3}{2}\right)$ 的切线方程.

解 将方程两边对 x 求导,得
$$3x^2+3y^2y'=3y+3xy'.$$
以 $x=y=\dfrac{3}{2}$ 代入后解出 $y'\left(\dfrac{3}{2}\right)=-1$,故所求切线方程为
$$y-\dfrac{3}{2}=-\left(x-\dfrac{3}{2}\right),\quad 即\quad x+y=3.$$

例 5 求原点到椭圆 $\dfrac{x^2}{a^2}+\dfrac{y^2}{b^2}=1$ 的法线的距离 d (图 3-6).

解 于椭圆方程两边对 x 求导得 $b^2x+a^2yy'=0$,由此解出 $-\dfrac{1}{y'}=\dfrac{a^2y}{b^2x}$. 于是椭圆在点 (x,y) 的法线为
$$Y-y=\dfrac{a^2y}{b^2x}(X-x), \tag{3}$$

其中 (X,Y) 是法线上的动点坐标. 将方程(3)化为法式:
$$\dfrac{a^2yX-b^2xY-(a^2-b^2)xy}{\sqrt{a^4y^2+b^4x^2}}=0,$$

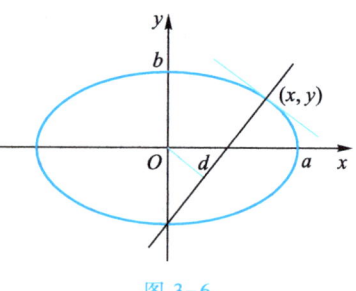

图 3-6

故求得原点到法线的距离
$$d=\left|(a^2-b^2)xy\right|\Big/\sqrt{a^4y^2+b^4x^2}.$$

3.4.2 用参数表示的函数的微分法

设函数 $y=y(x)$ 由含参数 t 的方程组
$$x=x(t),\ y=y(t)\quad (t\in I) \tag{4}$$
确定,I 是某个区间. 若 $x(t)$ 与 $y(t)$ 均可导且 $x'(t)\neq 0$,则 $\mathrm{d}x=x'(t)\mathrm{d}t,\mathrm{d}y=y'(t)\mathrm{d}t$,二者相除得
$$y'_x=\dfrac{\mathrm{d}y}{\mathrm{d}x}=\dfrac{y'(t)}{x'(t)}=\dfrac{y'_t}{x'_t}, \tag{5}$$

此即由参数方程(4)表示的函数 $y=y(x)$ 的求导公式. 注意将 y 对 x 的导数表为 $\mathrm{d}y/\mathrm{d}x$ 或 y'_x 的原因在于:若表为 y' 或 $y'(x)$,则容易与 $y'(t)$ 混淆.

用参数表示的函数在几何与物理问题中较为常见.

例 6 设 $y=y(x)$ 由方程 $x=a\cos t, y=b\sin t$ ($0<t<\pi$) 确定,a,b 为常数,

求 dy/dx.

解 直接用公式(5)得

$$\frac{dy}{dx} = \frac{b\cos t}{-a\sin t} = -\frac{b}{a}\cot t \quad (0<t<\pi).$$

注意到方程 $x=a\cos t, y=b\sin t$ $(0<t<\pi)$ 所表示的平面曲线就是上半椭圆 $\frac{x^2}{a^2} + \frac{y^2}{b^2} = 1, y>0$, 而 dy/dx 正是上半椭圆的切线斜率.

例 7 设一抛射体运动轨道表示为方程

$$x = at, \quad y = bt - \frac{1}{2}gt^2,$$

t 表示时间. 求抛射体的运动速度的大小与方向.

解 速度的水平分量与垂直分量分别为

$$x'(t) = a \quad \text{与} \quad y'(t) = b - gt,$$

因此, 速度的大小为

$$v = \sqrt{x'(t)^2 + y'(t)^2} = \sqrt{a^2 + (b-gt)^2}.$$

速度的方向是其水平分量与垂直分量的合成方向, 它与轨道的切线方向一致. 设 α 是切线的倾角, 则速度方向决定于

$$\tan \alpha = \frac{dy}{dx} = \frac{b-gt}{a}.$$

例 8 设**摆线**由方程 $x = a(t-\sin t), y = a(1-\cos t)$ $(0<t<2\pi)$ 给定(图 3-7), a 是正常数, 求曲线在 $t = \pi/2$ 处的切线方程.

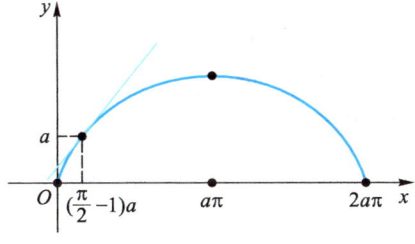

图 3-7

解 首先依公式(5)求出

$$\frac{dy}{dx} = \frac{a\sin t}{a(1-\cos t)} = \cot \frac{t}{2}.$$

由此得到
$$\left.\frac{dy}{dx}\right|_{t=\pi/2} = \cot\frac{\pi}{4} = 1.$$

因 $t=\dfrac{\pi}{2}$ 时 $x=a\left(\dfrac{\pi}{2}-1\right), y=a$, 故所求切线方程为
$$y-a = x - a\left(\frac{\pi}{2}-1\right), \quad \text{即} \quad x-y = a\left(\frac{\pi}{2}-2\right).$$

设在极坐标系中函数关系由方程 $r=r(\theta)$ 给定, 其中 r,θ 分别为点 (x,y) 的**极径**与**极角**, 即
$$x = r\cos\theta, \quad y = r\sin\theta, \tag{6}$$
其中 $r \geq 0$. 以 $r=r(\theta)$ 代入式 (6), 即得以 θ 为参数的方程
$$x = r(\theta)\cos\theta, \quad y = r(\theta)\sin\theta. \tag{7}$$
然后应用公式 (5)(以 θ 换 t), 便可求得 dy/dx.

以极坐标方程表示的函数常见于几何问题中.

例 9 设 $y=y(x)$ 由极坐标方程 $r=e^\theta$ 确定, 求 dy/dx.

解 注意 $r'_\theta = r$, 于是结合式 (5), (7) 有
$$\frac{dy}{dx} = \frac{(r\sin\theta)'_\theta}{(r\cos\theta)'_\theta} = \frac{r'_\theta\sin\theta + r\cos\theta}{r'_\theta\cos\theta - r\sin\theta}$$
$$= \frac{\cos\theta+\sin\theta}{\cos\theta-\sin\theta} \left(\theta \neq n\pi + \frac{\pi}{4}\right).$$

所得的 dy/dx 便是**对数螺线** $r=e^\theta$ 的切线斜率.

例 10 求曲线 $r=4\sin 2\theta$ 在 $\theta=\pi/4$ 处的切线方程 (图 3-8).

解 由 $\begin{cases} x=r(\theta)\cos\theta = 4\sin 2\theta\cos\theta, \\ y=r(\theta)\sin\theta = 4\sin 2\theta\sin\theta \end{cases}$ 得
$$\frac{dy}{dx} = \frac{y'(\theta)}{x'(\theta)} = \frac{2\cos 2\theta\sin\theta + \sin 2\theta\cos\theta}{2\cos 2\theta\cos\theta - \sin 2\theta\sin\theta}.$$

于是 $\left.\dfrac{dy}{dx}\right|_{\theta=\pi/4} = -1$. 因为 $\theta=\pi/4$ 时 $r=4, x=y=2\sqrt{2}$, 故所求切线方程为
$$y-2\sqrt{2} = -(x-2\sqrt{2}),$$
即
$$x+y = 4\sqrt{2}.$$

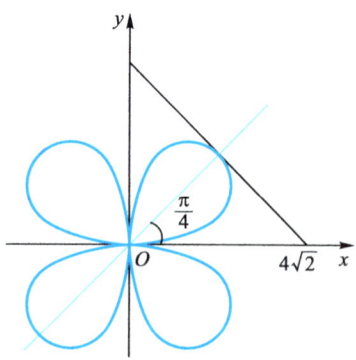

图 3-8

习题 3.4

1. 求下列方程所确定的隐函数 y 关于 x 的导数或在给定点处的导数值：

(1) $x^4+y^4=18xy$, $(3,3)$；

(2) $x^2+y^2=1$, $(0,1)$；

(3) $x^2+4xy-y^2=8xy/(x^2+y^2)$, $(-1,-1)$；

(4) $\sin y/(y^2+1)=3x$；

(5) $\sin(\cos y)=x^{1/7}$.

2. 设 $\arcsin x \cdot \ln y - e^{2x} + \tan y = 0$，求 $\left.\dfrac{dy}{dx}\right|_{x=0,y=\frac{\pi}{4}}$.

3. 计算下列各题：

(1) $\begin{cases} x=\ln(1+t^2), \\ y=t-\arctan t, \end{cases}$ 求 $\dfrac{dy}{dx}$；   (2) $\begin{cases} x=a\cos^2 t, \\ y=a\sin^2 t, \end{cases}$ 求 $\dfrac{dy}{dx}$；

(3) $\begin{cases} x=a(t-\sin t), \\ y=a(1-\cos t), \end{cases}$ 求 $\dfrac{dy}{dx}$；

(4) $\begin{cases} x=e^t\sin t, \\ y=e^t\cos t, \end{cases}$ 求当 $t=\dfrac{\pi}{3}$ 时，$\dfrac{dy}{dx}$ 的值.

3-9 参变量函数一阶导数求法归纳

§3.5 高阶导数

3.5.1 高阶导数概念

设 $y=f(x)$ 是区间 I 上的可导函数，$x_0 \in I$. 若导函数 $f'(x)$ 在点 x_0 可导（当 x_0 是 I 的端点时，可导意指单侧可导，下同），则称 $f'(x)$ 在 x_0 的导数为 $f(x)$ 在 x_0 处的二阶导数，记作

$$f''(x_0) \text{ 或 } y''(x_0), \left.\dfrac{d^2y}{dx^2}\right|_{x=x_0},$$

即

$$f''(x_0)=\lim_{x\to x_0}\dfrac{f'(x)-f'(x_0)}{x-x_0},$$

且说 $f(x)$ 在 x_0 二次可导. 当 $f(x)$ 在 I 中每点二次可导时说 $f(x)$ 在 I 上二次可导. 一般地，若 $f(x)$ 在 I 中 $n-1$ 次可导 $(n>1)$，$n-1$ 阶导数 $f^{(n-1)}(x)$ 在 I 上（或点 x_0）可导，则说 $f(x)$ 在 I 上（或点 x_0）n 次或 n 阶可导，且定义 $f(x)$ 的 n 阶导数

$f^{(n)}(x)$ 为

$$y^{(n)} = f^{(n)}(x) = \frac{\mathrm{d}}{\mathrm{d}x} f^{(n-1)}(x). \tag{1}$$

为记号统一起见,约定 $y^{(0)} = y, y^{(1)} = y', y^{(2)} = y'', y^{(3)} = y'''$.二阶及二阶以上的导数统称为**高阶导数**;称 y' 为一阶导数.

正如"一阶导数是函数的变化率"一样,可以说二阶导数是"变化率的变化率".例如,对 3.1.1 中所述的路程函数 $s(t)$, $s''(t)$ 是质点运动的"速度的速度",即物理学中所说的"加速度".

3.5.2 高阶导数的计算

高阶导数计算问题可分为两类:

1. 求指定阶的导数 $y^{(n)}$ (n 已具体给定)

当 n 不太大时,通常依"逐次求导法"计算,即相继求出 $y', y'', \cdots$,直至求出 $y^{(n)}$.

例 1 设 $y = e^x \ln x \ (x > 0)$,求 y'''.

解 利用 $(e^x)' = e^x$, $(\ln x)' = 1/x$,有

$$y' = e^x \ln x + \frac{1}{x} e^x = e^x \left(\ln x + \frac{1}{x} \right);$$

$$y'' = e^x \left(\ln x + \frac{2}{x} - \frac{1}{x^2} \right);$$

$$y''' = e^x \left(\ln x + \frac{3}{x} - \frac{3}{x^2} + \frac{2}{x^3} \right).$$

例 2 设 f 二次可导且 $f' \neq 1$, $y = y(x)$ 由方程 $y = f(x+y)$ 确定,求 y''.

解 方程两边对 x 求导,得

$$y' = f'(x+y)(1+y').$$

由此解出(注意 $f'(x+y) \neq 1$)

$$y' = \frac{f'(x+y)}{[1 - f'(x+y)]}.$$

利用上式再求导,得

$$y'' = \frac{(1+y')(1-f')f'' + (1+y')f'f''}{(1-f')^2}$$

$$= \frac{(1+y')f''}{(1-f')^2},$$

其中 f' 是 $f'(x+y)$ 的简写,f'' 同理.再代入 y' 便得

$$y''=\frac{f''(x+y)}{[1-f'(x+y)]^3}.$$

例 3 设 $y=y(x)$ 由参数方程 $\begin{cases} x=2t-t^2 \\ y=3t-t^3 \end{cases}$,($t\neq 1$)确定,求 $\dfrac{d^2y}{dx^2}$.

解 先算出

$$\frac{dy}{dx}=\frac{y'_t}{x'_t}=\frac{3-3t^2}{2-2t}=\frac{3}{2}(1+t),$$

然后利用等式

$$\frac{d^2y}{dx^2}=\frac{d}{dx}\left(\frac{dy}{dx}\right)=\frac{d}{dt}\left(\frac{dy}{dx}\right)\Big/\left(\frac{dx}{dt}\right) \qquad (2)$$

3-10 参变量函数二阶导数求法归纳

得

$$\frac{d^2y}{dx^2}=\frac{1}{2-2t}\frac{d}{dt}\left[\frac{3}{2}(1+t)\right]=\frac{3}{4(1-t)} \quad (t\neq 1).$$

一般地,设 $y=y(x)$ 由参数方程 $\begin{cases} x=x(t) \\ y=y(t) \end{cases}$ 确定,则有

$$\frac{d^2y}{dx^2}=\frac{x'(t)y''(t)-x''(t)y'(t)}{x'(t)^3}. \qquad (3)$$

例 4 设 $y=y(x)$ 由极坐标方程 $r=e^\theta$ 确定,求 $\dfrac{d^2y}{dx^2}$.

解 上节例 9 已求得

$$\frac{dy}{dx}=\frac{\cos\theta+\sin\theta}{\cos\theta-\sin\theta},$$

于是依(2)(以 θ 代 t)有

$$\frac{d^2y}{dx^2}=d\left(\frac{\cos\theta+\sin\theta}{\cos\theta-\sin\theta}\right)\Big/dx$$

$$=\frac{(\cos\theta-\sin\theta)^2+(\cos\theta+\sin\theta)^2}{(\cos\theta-\sin\theta)^2}\frac{1}{e^\theta(\cos\theta-\sin\theta)}$$

$$=\frac{2}{e^\theta(\cos\theta-\sin\theta)^3}.$$

2. 求任意阶导数 $y^{(n)}$(n 是任意自然数)

此问题仅对较简单的函数 y 才易解决.首先,可用数学归纳法建立一些基本公式.

例 5 证明以下 n 阶导数公式：

$$(x^m)^{(n)} = \begin{cases} m(m-1)\cdots(m-n+1)x^{m-n}, & n<m, \\ m!, & n=m, \\ 0, & n>m; \end{cases} \quad (4)$$

$$\left(\frac{1}{x}\right)^{(n)} = \frac{(-1)^n n!}{x^{n+1}} \quad (x \neq 0); \quad (5)$$

$$(a^x)^{(n)} = a^x \ln^n a \quad (a>0 \text{ 且 } a \neq 1), (e^x)^{(n)} = e^x; \quad (6)$$

$$(\sin x)^{(n)} = \sin\left(x + \frac{n\pi}{2}\right); \quad (7)$$

$$(\cos x)^{(n)} = \cos\left(x + \frac{n\pi}{2}\right). \quad (8)$$

证 只证式(7)，其他各式的证明是类似的. 当 $n=1$ 时式(7)显然正确. 假定式(7)对 $n=k$ 成立，则当 $n=k+1$ 时有

$$(\sin x)^{(n)} = \left[\sin\left(x + \frac{k\pi}{2}\right)\right]'$$

$$= \cos\left(x + \frac{k\pi}{2}\right) = \sin\left(x + \frac{k\pi}{2} + \frac{\pi}{2}\right)$$

$$= \sin\left(x + \frac{(k+1)\pi}{2}\right) = \sin\left(x + \frac{n\pi}{2}\right). \quad \square$$

可见式(7)对任何自然数 n 成立.

其次，可建立如下求高阶导数的规则：

Ⅰ. **线性规则**：$(\alpha u + \beta v)^{(n)} = \alpha u^{(n)} + \beta v^{(n)}$.

Ⅱ. **Leibniz(莱布尼茨)**[①]**规则**：$(uv)^{(n)} = \sum_{k=0}^{n} C_n^k u^{(n-k)} v^{(k)}$.

Ⅲ. **线性代换规则**：$[f(ax+b)]^{(n)} = a^n f^{(n)}(ax+b)$.

以上规则中 u,v,f 是 n 次可导函数，u,v 定义在同一区间上，α,β,a,b 是常数. 这些规则都不难用数学归纳法证明. 利用规则Ⅰ—Ⅲ并结合公式(4)—(8)，可求得许多函数的 n 阶导数，以下举例说明.

例 6 设 $y = \dfrac{3x}{2x^2+x-1}$，求 $y^{(n)}$.

解 首先作分解

---

① Leibniz，1646—1716，德国数学家.

$$y = \frac{1}{x+1} + \frac{1}{2x-1}.$$

然后用公式(5)及规则 I,III 得

$$y^{(n)} = \left(\frac{1}{x+1}\right)^{(n)} + \left(\frac{1}{2x-1}\right)^{(n)}$$

$$= \frac{(-1)^n n!}{(x+1)^{n+1}} + \frac{(-2)^n n!}{(2x-1)^{n+1}}.$$

一般地,有

$$\left(\frac{1}{ax+b}\right)^{(n)} = \frac{(-1)^n a^n n!}{(ax+b)^{n+1}}.$$

例 7 设 $y = \ln(x^2 + x - 2)$,求 $y^{(n)}$.

解 $y' = \dfrac{2x+1}{x^2+x-2} = \dfrac{1}{x-1} + \dfrac{1}{x+2}.$

用例 6 的解法得出

$$y^{(n)} = \left(\frac{1}{x-1}\right)^{(n-1)} + \left(\frac{1}{x+2}\right)^{(n-1)}$$

$$= \frac{(-1)^{n-1}(n-1)!}{(x-1)^n} + \frac{(-1)^{n-1}(n-1)!}{(x+2)^n}.$$

例 8 设 $y = \sin^2 x$,求 $y^{(n)}$ ($n \geq 1$).

解 因 $\sin^2 x = \dfrac{1-\cos 2x}{2}$,故可用公式(8):

$$y^{(n)} = -\frac{1}{2}(\cos 2x)^{(n)}$$

$$= -2^{n-1}\cos\left(2x + \frac{n\pi}{2}\right).$$

当 $y = uv$,u, v 是 x^k,e^x,$\sin x$,$\cos x$ 这类简单函数时,用 Leibniz 规则是有效的.

例 9 设 $y = x\sin x$,求 $y^{(n)}$.

解 注意到 $x^{(k)} = 0$ ($k > 1$),故由 Leibniz 规则有

$$y^{(n)} = x(\sin x)^{(n)} + C_n^1(\sin x)^{(n-1)}$$

$$= x\sin\left(x + \frac{n\pi}{2}\right) - n\cos\left(x + \frac{n\pi}{2}\right).$$

如果问题仅需求指定阶导数 $y^{(n)}$,但 n 很大,则亦宜用规则 I—III 及公式(4)—(7).

例 10 设 $y=\dfrac{x^2}{1-x}$,求 $y^{(100)}$.

解 因 $x^2=(x-1)(x+1)+1$,故
$$y=-x-1-\dfrac{1}{x-1}.$$

于是
$$y^{(100)}=-\left(\dfrac{1}{x-1}\right)^{(100)}=-\dfrac{100!}{(x-1)^{101}}.$$

例 11 设 $y=\dfrac{e^x}{x}$,求 $y^{(100)}$.

解 用 Leibniz 规则并注意 $(e^x)^{(k)}=e^x$:

$$\begin{aligned}
y^{(100)} &= \sum_{k=0}^{100} C_{100}^k (e^x)^{(100-k)} \left(\dfrac{1}{x}\right)^{(k)} \\
&= e^x \sum_{k=0}^{100} C_{100}^k \dfrac{(-1)^k k!}{x^{k+1}} \\
&= e^x \sum_{k=0}^{100} \dfrac{100!}{(100-k)!} \dfrac{(-1)^k}{x^{k+1}}.
\end{aligned}$$

例 12 设 $y=(x+1)(x+2)\cdots(x+100)$,求 $y^{(99)}(0),y^{(100)}$.

解 因 $y=x^{100}+(1+2+\cdots+100)x^{99}+\cdots$,故
$$y^{(99)}=100!x+5\,050\times 99!,\quad y^{(99)}(0)=5\,050\times 99!;$$
$$y^{(100)}=100!.$$

习题 3.5

1. 求下列函数的二阶导数:

   (1) $y=\ln(1-x^2)$;　　　(2) $y=\ln\ln x$;

   (3) $y=\sin^4 x-\cos^4 x$;　(4) $y=xe^{x^2}$;

   (5) $y=x^x$;　　　　　　(6) $y=f(e^x)$ (f 二次可微).

2. 对下列方程所确定的函数 $y=y(x)$,求 $\dfrac{d^2 y}{dx^2}$:

   (1) $\dfrac{x^2}{a^2}+\dfrac{y^2}{b^2}=1$;　(2) $e^y+xy=e$.

3. 对下列参数方程所确定的函数 $y=y(x)$,求 $\dfrac{d^2 y}{dx^2}$:

(1) $\begin{cases} x = a\cos\theta, \\ y = b\sin\theta; \end{cases}$ (2) $\begin{cases} x = a\cos^3\theta, \\ y = a\sin^3\theta; \end{cases}$

(3) $\begin{cases} x = \varphi(t), \\ y = \psi(t), \end{cases}$ $\varphi(t), \psi(t)$ 二次可微,且 $\varphi'(t) \neq 0$.

4. 求下列函数的 n 阶导数:

(1) $y(x) = \dfrac{x^2}{x-1}$; (2) $f(x) = \dfrac{1}{x^2-1}$; (3) $f(x) = \dfrac{1-x}{1+x}$;

(4) $f(x) = \sin^2 x$; (5) $f(x) = x\mathrm{e}^x$.

5. 已知 $y = \arctan x$,对 $(1+x^2)y' = 1$ 使用 Leibniz 规则,证明 y 满足方程
$$(1+x^2)y^{(n+1)} + 2nxy^{(n)} + n(n-1)y^{(n-1)} = 0.$$

6. 设 $y = f(x)$ 有反函数 $x = \varphi(y)$,$f'(x)$ 与 $f''(x)$ 存在且 $f'(x) \neq 0$.

证明: $\varphi''(y) = -\dfrac{f''(x)}{[f'(x)]^3}.$

7. 假定 $f(x) = \begin{cases} \mathrm{e}^x, & x < 0, \\ ax^2 + bx + c, & x \geq 0, \end{cases}$ 且 $f''(0)$ 存在,试确定系数 a, b 和 c 的值.

第四章

微分中值定理·应用

作为函数变化率的导数,准确地刻画了函数的变化动态,因此自然成为研究函数的一个有力工具.本章的目标就是用导数来研究函数,主要课题是:求函数的极限;用多项式近似函数;函数的单调性与凸性;函数的极值等.为使上述问题的研究有一坚实的理论基础,本章开头一节建立了微分中值定理,而在第三节中建立了中值定理的高阶拓广——Taylor 定理,这些定理构成微分学的主要理论基础.

§4.1 微分中值定理

本节介绍三个微分中值定理及其初步应用.这些定理有明显的几何解释,且相互之间有很强的内在联系.

本节涉及的函数 $f(x), g(x)$ 均定义在区间 $[a,b]$ 上,$a<b$.

4.1.1 Rolle 定理

定义 1 设 $x_0 \in (a,b)$.若存在 x_0 的一个邻域 $U = N(x_0, \delta)$,使得 $\forall x \in U: f(x) \leq f(x_0)$(或 $\forall x \in U: f(x) \geq f(x_0)$),则称 $f(x_0)$ 为 $f(x)$ 的局部极大值(或局部极小值),简称极大值(或极小值);称 x_0 为 $f(x)$ 的极大值点(或极小值点).极大值与极小值统称为**极值**;极大值点与极小值点统称为**极值点**.

依据定义,区间 $[a,b]$ 的端点不能成为函数的极值点.因此,函数的最值点不一定是函数的极值点(图 4-1 中的 $x=a$),反过来,函数的极值点也不一定是函数的最值点(图 4-1 中的 $x=x_0$).当然,一个点可以既是极值点,又是最值点(图 4-1 中的 $x=x_1$).此外,极大值有可能比极小值要小(图 4-1 中的 $f(x_0)$ 与图 4-1 标出 x_2 点).

图 4-1 表明,在极值点处曲线 $y=f(x)$ 有水平切线.下面证明,对开区间上的可导函数来说这是普遍规律.

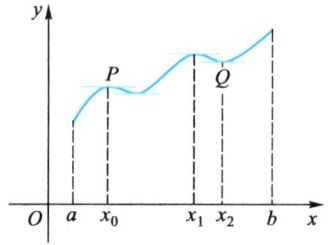

图 4-1

定理 1（Fermat（费马）① 定理） 若 $f(x)$ 在极值点 $x_0 \in (a,b)$ 可导，则 $f'(x_0) = 0$.

证 不妨设 x_0 是极大值点，于是当 $|h|$ 充分小时 $f(x_0+h) \leqslant f(x_0)$. 因此由极限的保号性有
$$f'(x_0) = f'_+(x_0) = \lim_{h \to 0^+} \frac{f(x_0+h) - f(x_0)}{h} \leqslant 0,$$
此处用到 f 在 x_0 的可导性. 类似地有 $f'(x_0) = f'_-(x_0) \geqslant 0$, 故 $f'(x_0) = 0$. □

定理 1 的意义在于将函数 $f(x)$ 的某个性质刻画为导数 $f'(x)$ 的某个条件，从而为用导数研究函数的动态开辟了道路. 通常，将使得 $f'(x) = 0$ 的点 $x = x_0$ 称为 $f(x)$ 的<u>驻点</u>. 下面的三个中值定理正是以定理 1 为基础，进一步建立函数与其导数之间的联系. 这些结果为以下几节<u>中导数的应用</u>奠定了理论基础.

定理 2（Rolle（罗尔）② 定理） 设 $f(x)$ 在 $[a,b]$ 上连续，在 (a,b) 内可导且 $f(a) = f(b)$，则存在 $\xi \in (a,b)$，使得 $f'(\xi) = 0$.

定理结论意味着：曲线 $y = f(x)$ 必在某点 $(\xi, f(\xi))$ $(a < \xi < b)$ 有水平切线（图 4-2），这就使人联想到用定理 1.

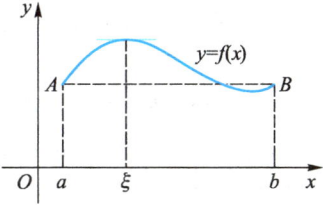

图 4-2

证 因 $f(x)$ 在 $[a,b]$ 上连续，故它在 $[a,b]$ 上必取得最大值 M 与最小值 m（§2.4 定理 4）. 若 $M = m$，则 $f(x)$ 为常数，定理结论自然成立. 若 $M \neq m$，则由于 $f(a) = f(b)$，$f(x)$ 必在 (a,b) 内取得 M 或 m. 不妨设 $f(x)$ 在某点 $\xi \in (a,b)$ 取得 M，则 $f(\xi) = M$ 是极大值，于是由定理 1 有 $f'(\xi) = 0$. □

Rolle 定理是有关"（微分）中值问题"的最基本的结论. 所谓<u>中值问题</u>，是在一定条件下推断存在"中值" $\xi \in (a,b)$，使得含 ξ 的某个等式成立. Rolle 定理是解中值问题的有力工具之一，下面看一例子.

例 1 设 $f(x), g(x)$ 在 $[a,b]$ 上连续，在 (a,b) 内可导，证明存在 $\xi \in (a,b)$，使得
$$f'(\xi)[g(b) - g(\xi)] = g'(\xi)[f(\xi) - f(a)].$$

证 所要证等式可写成
$$\{[f(x) - f(a)][g(b) - g(x)]\}'_{x=\xi} = 0.$$
为用 Rolle 定理，自然应作辅助函数
$$F(x) = [f(x) - f(a)][g(b) - g(x)].$$

4-1 如何用 Rolle 定理求证方程根问题

---

① Fermat, 1601—1665, 法国律师和业余数学家.
② Rolle, 1652—1719, 法国数学家.

$F(x)$ 在 $[a,b]$ 上连续,在 (a,b) 内可导,$F(a)=F(b)=0$.于是由定理 2 有 $\xi\in(a,b):$ $F'(\xi)=0$,命题得证.

Rolle 定理的另一重要应用是用来判定方程的根的存在性.事实上,Rolle 定理的结论就相当于"方程 $f'(x)=0$ 在 (a,b) 内有根".特别地,由 Rolle 定理得出:若 $f(x)$ 可导,则方程 $f(x)=0$ 的两个根之间必存在方程 $f'(x)=0$ 的根.试看下面的例子.

例 2 设 $f(x)=(x-1)(x^2-5x+6)$.证明方程 $f'(x)=0$ 在区间 $(1,2)$ 与 $(2,3)$ 内有根.

证 直接验知 $f(1)=f(2)=f(3)=0$.于是由 Rolle 定理知有 $\xi\in(1,2),\eta\in(2,3):f'(\xi)=f'(\eta)=0,\xi,\eta$ 就是方程 $f'(x)=0$ 的根.

例 3 设实数 $a_0,a_1,\cdots,a_n$ 满足 $a_0+\dfrac{a_1}{2}+\cdots+\dfrac{a_n}{n+1}=0$.证明方程 $a_0+a_1x+\cdots+a_nx^n=0$ 在区间 $(0,1)$ 内至少有一根.

证 令 $f(x)=a_0x+\dfrac{a_1}{2}x^2+\cdots+\dfrac{a_n}{n+1}x^{n+1}$,则 $f(0)=f(1)=0$.于是由 Rolle 定理有 $\xi\in(0,1):f'(\xi)=0,\xi$ 就是所给方程的根.

反复使用 Rolle 定理可得以下结论:若 $f(x)$ 在区间 (a,b) 内 $n-1$ 次可微,$a<x_1<x_2<\cdots<x_n<b,f(x_i)=0(1\leqslant i\leqslant n)$,则方程 $f'(x)=0$ 在 (a,b) 内至少有 $n-1$ 个根;方程 $f''(x)=0$ 在 (a,b) 内至少有 $n-2$ 个根,$\cdots$,方程 $f^{(n-1)}(x)=0$ 在 (a,b) 内至少有一个根.

4.1.2 Lagrange 中值定理

将图 4-2 中的图形旋转一个角度,曲线 $y=f(x)$ 在 $x=\xi$ 处的切线就不再是水平直线,其斜率为 $[f(b)-f(a)]/(b-a)$,但仍然平行于弦 AB(图 4-3),根据这一事实,有以下定理:

定理 3(Lagrange(拉格朗日)①中值定理) 设 $f(x)$ 在 $[a,b]$ 上连续,在 (a,b) 内可微,则存在 $\xi\in(a,b)$,使得

$$f'(\xi)=\frac{f(b)-f(a)}{b-a}. \qquad (1)$$

证 所要证的式(1)可改写成

$$f'(\xi)(b-a)-[f(b)-f(a)]=0,$$

或

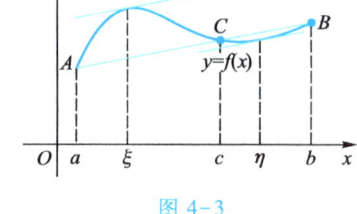

图 4-3

---

① Lagrange,1736—1813,法国数学家.

$$\{f(x)(b-a)-x[f(b)-f(a)]\}'_{x=\xi}=0.$$

因此作辅助函数
$$F(x)=f(x)(b-a)-x[f(b)-f(a)].$$

因 $F(x)$ 在 $[a,b]$ 上连续，在 (a,b) 内可微，且 $F(a)=F(b)=bf(a)-af(b)$，故由定理 2 有 $\xi\in(a,b):F'(\xi)=0$，此即所要证的式(1). □

通常称式(1)为 **Lagrange 中值公式**（ξ 为"中值"）. 应用上，经常使用式(1) 的以下等价形式：

$$f(b)-f(a)=f'(\xi)(b-a); \tag{2}$$

$$f(b)=f(a)+f'(\xi)(b-a); \tag{3}$$

$$f(b)=f(a)+f'(a+\theta(b-a))(b-a) \quad (0<\theta<1). \tag{4}$$

注意式(1)—(4)亦适用于 $a>b$ 的情况，只要 $f(x)$ 在 $[b,a]$ 上满足定理 3 的条件.

Lagrange 中值定理是微分学的中心结果之一，它有许多重要应用. 首先，由它直接推出：

定理 4 设 $f(x),g(x)$ 在某区间 I 上可导.

(i) 若 $f'(x)\equiv 0(x\in I)$，则在 I 上 $f(x)$ 为常数.

(ii) 若 $f'(x)\equiv g'(x)(x\in I)$，则在 I 上 $f(x)=g(x)+$ 常数.

证 (i) 任取 $a,b\in I$，由式(3)有 $f(b)=f(a)$，因此 $f(x)$ 为常数. 将(i)的结论用到 $f(x)-g(x)$ 得出(ii). □

其次，如同 Rolle 定理一样，Lagrange 中值定理也是解中值问题的重要工具. 试看两例.

例 4 设 $0<a<b$，证明：存在 $\xi,\eta\in(a,b)$，使得
$$2\xi\eta\ln(b/a)=b^2-a^2.$$

分析 所要证的等式可改写成：
$$\frac{\ln b-\ln a}{1/\xi}=\frac{b^2-a^2}{2\eta},$$

或
$$\frac{f(b)-f(a)}{f'(\xi)}=\frac{g(b)-g(a)}{g'(\eta)},$$

其中 $f(x)=\ln x,g(x)=x^2$. 由此可见，只要分别对 $f(x)$ 与 $g(x)$ 在 $[a,b]$ 上应用定理 3，便知所要求的"中值" ξ,η 存在.

以下是同时应用定理 2 与定理 3 解"中值问题"的例子.

例 5 设 $f(x)$ 在 $[a,b]$ 上两次可导，连接两点 $A(a,f(a))$ 与 $B(b,f(b))$ 的弦 AB 与曲线 $y=f(x)$ 交于点 $C(c,f(c))$，$a<c<b$（见图 4-3）. 证明存在 $\beta\in(a,b)$，使得 $f''(\beta)=0$.

证 分别在 $[a,c]$ 与 $[c,b]$ 上应用定理 3 得出 $\xi\in(a,c)$ 与 $\eta\in(c,b)$，使得

$$f'(\xi) = \frac{f(c)-f(a)}{c-a}, \quad f'(\eta) = \frac{f(b)-f(c)}{b-c}.$$

由 A,C,B 三点共线得 $f'(\xi)=f'(\eta)$. 在 $[\xi,\eta]$ 上对 $f'(x)$ 应用定理 2, 得 $\beta \in (\xi,\eta)$, 使 $f''(\beta)=0$, 显然 $\beta \in (a,b)$.

Lagrange 中值定理的另一重要应用是证明不等式. 若已知 $A<f'(x)<B(a<x<b)$, 则由式 (2) 直接推出

$$A(b-a) < f(b)-f(a) < B(b-a). \tag{5}$$

若已知 $|f'(x)| \leq M(a<x<b)$, 则由式 (2) 推出

$$|f(b)-f(a)| \leq M(b-a). \tag{6}$$

在 $f(a), f(b)$ 不易计算, 而 $f'(x)$ 容易估计的情况下, 利用不等式 (5), (6) 是很有价值的. 试看两例.

例 6 证明 $\dfrac{1}{n+1} < \ln\left(1+\dfrac{1}{n}\right) < \dfrac{1}{n} \ (n \geq 1)$.

证 注意到 $\ln\left(1+\dfrac{1}{n}\right) = \ln(n+1) - \ln n$, 所要证的不等式属于式 (5) 的类型. 于是令 $f(x) = \ln x$, 依式 (2) 有

$$\ln\left(1+\frac{1}{n}\right) = f(n+1) - f(n)$$
$$= f'(\xi) = 1/\xi \quad (n<\xi<n+1).$$

由此可以看出所要证的不等式成立.

例 7 证明 $|\arctan x - \arctan y| \leq |x-y|$.

证 令 $f(t) = \arctan t$, 依式 (2) 有

$$|\arctan x - \arctan y| = |f(x)-f(y)| = |f'(\xi)(x-y)| = \frac{|x-y|}{1+\xi^2} \leq |x-y|.$$

4.1.3 Cauchy 中值定理

Lagrange 中值定理可推广成如下更一般的 Cauchy (柯西)[①] 中值定理.

定理 5 (Cauchy 中值定理) 设 $f(x)$ 与 $g(x)$ 在 $[a,b]$ 上连续, 在 (a,b) 内可导且 $g'(x) \neq 0$, 则存在 $\xi \in (a,b)$, 使得

$$\frac{f(b)-f(a)}{g(b)-g(a)} = \frac{f'(\xi)}{g'(\xi)}. \tag{7}$$

[①] Cauchy, 1789—1857, 法国数学家.

证 要证的式(7)可改写成

$$f'(\xi)[g(b)-g(a)] = g'(\xi)[f(b)-f(a)], \quad (8)$$

或

$$\{f(x)[g(b)-g(a)] - g(x)[f(b)-f(a)]\}'_{x=\xi} = 0.$$

为应用 Rolle 定理,作辅助函数

$$F(x) = f(x)[g(b)-g(a)] - g(x)[f(b)-f(a)].$$

因 $F(x)$ 在 $[a,b]$ 上连续,在 (a,b) 内可导,$F(a) = f(a)g(b) - f(b)g(a) = F(b)$,故由 Rolle 定理便有 $\xi \in (a,b): F'(\xi) = 0$,由此得出式(8).由条件 $g'(x) \neq 0 (a < x < b)$ 得出 $g'(\xi) \neq 0, g(a) \neq g(b)$.于是由式(8)推出式(7). □

至此,本节所要建立的三个中值定理都已得出,现在来总结一下.若取 $g(x) = x$,则从定理 5 得出定理 3;若令 $f(a) = f(b)$,则从定理 3 得出定理 2;另一方面,定理 3 和定理 5 的证明都是依据定理 2.这就表明,三个中值定理虽然形式各异,但在逻辑上是等价的.

上述三个中值定理都要求所涉及的函数在 $[a,b]$ 上连续,在 (a,b) 内可导,而定理 2 与定理 5 还分别要求附加条件 $f(a) = f(b)$ 与 $g'(x) \neq 0$.容易举例说明(见本节后习题),当这些条件不完全满足时,定理的结论可能不成立,也可能成立.这表明定理的各项条件是重要的(因而应注意验证),但不是必要的.

例 8 设 $0 < a < b$,证明:存在 $\xi \in (a,b)$,使得 $2\xi^2 \ln \dfrac{b}{a} = b^2 - a^2$.

证 所要证的等式可改写成

$$\frac{b^2 - a^2}{\ln b - \ln a} = \frac{2\xi}{1/\xi},$$

取 $f(x) = x^2, g(x) = \ln x$,对 $f(x)$ 与 $g(x)$ 在 $[a,b]$ 上应用定理 5 即得所要证的结论.

注 对比例 4 看出,Cauchy 中值定理较 Lagrange 中值定理具有更强的效用.以下是同时应用定理 3 和定理 5 的例子.

例 9 设 $0 < a < b$, $f(x)$ 在 $[a,b]$ 上连续,在 (a,b) 内可导.证明:存在 $\xi, \eta \in (a,b)$,使得 $f'(\xi) = \dfrac{a+b}{2\eta} f'(\eta)$.

证 所要证等式中的 $\dfrac{f'(\eta)}{2\eta}$ 正是式(7)右端的形式,取 $g(x) = x^2$,对 $f(x)$ 与 $g(x)$ 在 $[a,b]$ 上应用定理 5,存在 $\eta \in (a,b)$,使得

$$\frac{f(b) - f(a)}{b^2 - a^2} = \frac{f'(\eta)}{2\eta},$$

两边乘 $a+b$,并对 $f(x)$ 在 $[a,b]$ 上应用定理 3,存在 $\xi \in (a,b)$,使得

$$f'(\xi)=\frac{f(b)-f(a)}{b-a}=\frac{(b+a)f'(\eta)}{2\eta},$$

得证.

习题 4.1

1. 在区间 $[1,2]$ 上对函数 $f(x)=x^4$ 求 Lagrange 中值定理中的 ξ.

2. 在区间 $[1,2]$ 上对函数 $f(x)=x^4$, $g(x)=x^2$ 求 Cauchy 中值定理中的 ξ.

3. 已知函数 $f(x)$ 在 $[0,1]$ 上连续,在 $(0,1)$ 内可导,且 $f(1)=0$. 求证在 $(0,1)$ 内至少存在一点 ξ, 使得 $f'(\xi)=-f(\xi)/\xi$.

4. 证明: 若 $a^2-3b<0$, 则实系数方程 $x^3+ax^2+bx+c=0$ 只有唯一的实根.

5. 证明下列不等式:

(1) $nb^{n-1}(a-b)<a^n-b^n<na^{n-1}(a-b),a>b>0,n>1$;

(2) $(a-b)/a<\ln(a/b)<(a-b)/b, 0<b<a$;

(3) $x/(1+x)<\ln(1+x)<x, x>0$;

(4) $(\alpha-\beta)\sec^2\beta \leq \tan\alpha-\tan\beta \leq (\alpha-\beta)\sec^2\alpha, 0<\beta<\alpha<\pi/2$;

(5) $|\sin x - \sin y| \leq |x-y|$;

(6) $\dfrac{a^{1/(n+1)}}{(n+1)^2} < \dfrac{a^{1/n}-a^{1/(n+1)}}{\ln a} < \dfrac{a^{1/n}}{n^2}, a>1, n\geq 1$.

6. 在区间 $[a,b]$ 上,对 $f(x)=px^2+qx+r(p\neq 0)$ 求 Lagrange 中值定理中的 ξ,并作出几何解释.

7. 设 $f(x)$ 定义于 $[0,c]$ 上, $f'(x)$ 存在且单调下降, $f(0)=0$, 应用 Lagrange 中值定理证明: 对于 $0\leq a\leq b\leq a+b\leq c$, 恒有 $f(a+b)\leq f(a)+f(b)$.

8. 设 (i) $f'(x)$ 在 $[a,b]$ 上连续; (ii) $f''(x)$ 在 (a,b) 内存在; (iii) $f(a)=f(b)=0$; (iv) 在 (a,b) 中存在 c 使 $f(c)>0$. 求证在 (a,b) 中存在 ξ 使 $f''(\xi)<0$.

9. 设 $f(x)$ 在 $[a,+\infty)$ 上连续,当 $x>a$ 时, $f'(x)>k>0$, 其中 k 为常数. 证明: 如果 $f(a)<0$, 那么方程 $f(x)=0$ 在 $\left[a, a-\dfrac{f(a)}{k}\right]$ 上有且仅有一个实根.

10. 若函数 $f(x)$ 在 $(-\infty,+\infty)$ 上有 $f'(x)=f(x)$, 且 $f(0)=1$, 证明 $f(x)=e^x$.

*11. 设 f,g,h 在 $[a,b]$ 上连续, 在 (a,b) 内可导. 证明在 (a,b) 中至少存在一点 ξ, 使

$$\begin{vmatrix} f'(\xi) & g'(\xi) & h'(\xi) \\ f(a) & g(a) & h(a) \\ f(b) & g(b) & h(b) \end{vmatrix} = 0.$$

由此推出 Lagrange 中值定理和 Cauchy 中值定理.

12. 若 $f(x)$ 在 $[a,b]$ 上连续, 在 (a,b) 内可导 $(a>0)$, 证明在 (a,b) 内至少存在一点 ξ, 使 $2\xi[f(b)-f(a)]=(b^2-a^2)f'(\xi)$ 成立.

13. 如果 $x_1 x_2 > 0$, 试证在 x_1 与 x_2 之间存在一点 ξ, 使得 $x_1 e^{x_2} - x_2 e^{x_1} = (1-\xi)e^{\xi}(x_1-x_2)$.

*14. 设 f 在 $x=0$ 邻近有 n 阶导数,且 $f(0)=f'(0)=\cdots=f^{(n-1)}(0)=0$,试证 $\dfrac{f(x)}{x^n}=\dfrac{f^{(n)}(\theta x)}{n!}$, $0<\theta<1$.

15. 设 $f(x)=\alpha x^2-(\alpha-1)x$,研究 $f'(x)=0$ 在区间 $(0,1)$ 内有解的条件.所得结论是否与 Rolle 定理矛盾?

16. 设 $f(x)=x^2+\beta x, g(x)=x^3, a=-1, b=1$.说明:当 $\beta=0$ 时不存在 $\xi\in(a,b)$ 使式(7)成立;当 $\beta=1$ 时存在 $\xi\in(a,b)$ 使式(7)成立.

§4.2　L'Hospital 法则

若当 $x\to a$ 时 $f(x)$ 与 $g(x)$ 均为无穷小(或均为无穷大),则称

$$\lim_{x\to a}\frac{f(x)}{g(x)} \tag{1}$$

为 $\dfrac{0}{0}\left(\text{或}\dfrac{\infty}{\infty}\right)$ 型未定型.式(1)中的 $x\to a$ 可换成 $x\to a^+$,或 $x\to a^-$, $x\to+\infty$, $x\to-\infty$,等等.类似地可规定未定型 $0\cdot\infty$, $\infty-\infty$, 1^∞, ∞^0, 0^0 等的意义.本节利用微分中值定理建立计算未定型的 L'Hospital 法则.

4.2.1　未定型 $\dfrac{0}{0}$ 与 $\dfrac{\infty}{\infty}$

L'Hospital(洛必达)①法则　设当 $x\to a^+$ 时,$f(x)$ 与 $g(x)$ 均为无穷小(或均为无穷大),且存在 $b>a$,使 $f(x), g(x)$ 在 (a,b) 内可导,$g'(x)\neq 0$,则公式

$$\lim_{x\to a^+}\frac{f(x)}{g(x)}=\lim_{x\to a^+}\frac{f'(x)}{g'(x)}, \tag{2}$$

在上式右端极限为有限或无穷大时成立.将式(2)中的极限过程 $x\to a^+$ 换成 $x\to a^-$ 或 $x\to a$, $x\to+\infty$, $x\to-\infty$(其他条件亦作相应变动),结论仍成立.

证　为简便起见,仅考虑

$$\lim_{x\to a^+}f(x)=\lim_{x\to a^+}g(x)=0$$

的情况.因为函数在一点的极限与函数在该点的函数值无关,故不妨设 $f(a)=g(a)=0$,使得 $f(x), g(x)$ 在 $[a,b]$ 上连续.任给 $x\in(a,b)$,在 $[a,x]$ 上对 $f(t)$ 与 $g(t)$ 应用 Cauchy 中值定理,得

$$\frac{f(x)}{g(x)}=\frac{f(x)-f(a)}{g(x)-g(a)}=\frac{f'(\xi)}{g'(\xi)},$$

---

① L'Hospital, 1661—1704, 法国数学家.

其中 $\xi \in (a,x)$ 与 x 有关. 因为当 $x \to a^+$ 时 $\xi \to a^+$, 故在上式两端取极限得出式(2). □

在很多场合, L'Hospital 法则是一种非常有效的极限计算法. 它的有力之处在于: $\dfrac{f'(x)}{g'(x)}$ 往往较 $\dfrac{f(x)}{g(x)}$ 简单(当然也不是绝对如此), 因而公式(2)右端的极限更易计算.

在应用 L'Hospital 法则时, "式(2)右端极限为有限或无穷大"这一条件是否满足会随着计算过程自动显示, 一般无需单独验证. 至于法则所要求的其他条件, 原则上是需要验证的. 不过, 在容易直接看出的情况下, 常将条件的验证略去.

4-2 使用洛必达法则的几个要点

4-3 不当使用洛必达法则的案例

例1 求 $l = \lim\limits_{x \to 0} \dfrac{x^2}{e^x - \cos x}$.

解 这是 $\dfrac{0}{0}$ 型, 由 L'Hospital 法则得

$$l = \lim_{x \to 0} \dfrac{2x}{e^x + \sin x} = 0.$$

例2 求 $l = \lim\limits_{x \to +\infty} \dfrac{\ln x}{x^r} \ (r > 0)$.

解 这是 $\dfrac{\infty}{\infty}$ 型, 同样由 L'Hospital 法则有

$$l = \lim_{x \to +\infty} \dfrac{x^{-1}}{rx^{r-1}} = \lim_{x \to +\infty} \dfrac{1}{rx^r} = 0.$$

例3 求 $l = \lim\limits_{x \to +\infty} \dfrac{x^n}{a^x} \ (a > 1, n \geq 1)$.

解 这也是 $\dfrac{\infty}{\infty}$ 型. 因 $\dfrac{x^n}{a^x} = \left(\dfrac{x}{a^{x/n}}\right)^n$, 故

$$l = \left(\lim_{x \to +\infty} \dfrac{x}{a^{x/n}}\right)^n = \left(\lim_{x \to +\infty} \dfrac{1}{n^{-1} a^{x/n} \ln a}\right)^n = 0.$$

以上两例表明, 无论 $r > 0$ 多么小, n 多么大, 当 $x \to +\infty$ 时, x^r 是 $\ln x$ 的高阶无穷大, a^x 是 x^n 的高阶无穷大. 由此可见, 当 $x \to +\infty$ 时, 与 x 相比, $\ln x$ 增长很慢, 而 a^x 增长很快.

例4 求 $l = \lim\limits_{x \to 1^+} \dfrac{\sqrt{x^2 - 1}}{x \ln x}$.

解 这是一个 $\dfrac{0}{0}$ 型. 由公式(2)有

$$l = \lim_{x \to 1^+} \frac{x}{\sqrt{x^2-1}(\ln x + 1)} = +\infty.$$

如果式(2)右端的极限仍为 $\dfrac{0}{0}$ 或 $\dfrac{\infty}{\infty}$ 型,则可考虑重复应用 L'Hospital 法则.

例 5 求 $l = \lim\limits_{x \to 1} \dfrac{x - 1 - x \ln x}{(x-1) \ln x}$.

解 相继两次应用 L'Hospital 法则:
$$l = \lim_{x \to 1} \frac{-\ln x}{\ln x + 1 - x^{-1}} = \lim_{x \to 1} \frac{-x^{-1}}{x^{-1} + x^{-2}} = -\frac{1}{2}.$$

应用 L'Hospital 法则之前,应尽可能用各种方法(如极限值为非零常数的因式先算及等价无穷小替换)简化算式.

例 6 求 $l = \lim\limits_{x \to 0} \dfrac{e^{\tan x} - e^x}{x^3}$.

解 简化后再用公式(2):
$$l = \lim_{x \to 0} \frac{e^x(e^{\tan x - x} - 1)}{x^3}$$
$$= \lim_{x \to 0} \frac{e^{\tan x - x} - 1}{x^3} \quad (\text{因式 } e^x \to 1)$$
$$= \lim_{x \to 0} \frac{\tan x - x}{x^3} \quad (e^{\tan x - x} - 1 \sim \tan x - x)$$
$$= \lim_{x \to 0} \frac{\sec^2 x - 1}{3x^2} = \lim_{x \to 0} \frac{\tan^2 x}{3x^2} = \frac{1}{3} \quad (\tan^2 x \sim x^2).$$

例 7 求 $l = \lim\limits_{x \to 0} \dfrac{e^{-\frac{1}{x^2}}}{x}$.

解 $\lim\limits_{x \to 0} \dfrac{e^{-\frac{1}{x^2}}}{x} = \lim\limits_{y \to \infty} \dfrac{y}{e^{y^2}} \quad \left(\text{令 } y = \dfrac{1}{x}\right)$
$$= \lim_{y \to \infty} \frac{1}{2y e^{y^2}} = 0.$$

注 此题若直接用公式(2),则会使得分母中 x 的次数增高,从而导致得不出结果.

若式(2)右端之极限不存在,则 L'Hospital 法则失效,而原极限可能存在,也可能不存在.

例 8 求 $l = \lim\limits_{x \to +\infty} \dfrac{x - \sin x}{x + \sin x}$.

解 因 $\lim\limits_{x\to+\infty}\dfrac{1-\cos x}{1+\cos x}$ 不存在,故不能用 L'Hospital 法则.不过,分子、分母同除以 x 得

$$l=\lim_{x\to+\infty}\dfrac{1-\dfrac{\sin x}{x}}{1+\dfrac{\sin x}{x}}=1.$$

当所求极限不属于 $\dfrac{0}{0}$ 型或 $\dfrac{\infty}{\infty}$ 型时,不可应用公式(2),否则可能会导致错误的结果.见下例.

例 9 求 $l=\lim\limits_{x\to 0}\dfrac{\cos x}{x^2}$.

解 因 $x\to 0$ 时 $\cos x\to 1$,故所求极限不属于 $\dfrac{0}{0}$ 型与 $\dfrac{\infty}{\infty}$ 型,直接看出 $l=+\infty$. 若误用 L'Hospital 法则,则会得出以下错误结果:

$$l=\lim_{x\to 0}\dfrac{-\sin x}{2x}=-\dfrac{1}{2}.$$

4.2.2 其他未定型

$0\cdot\infty$, $\infty-\infty$, 1^∞, ∞^0 与 0^0 等未定型,可转化为 $\dfrac{0}{0}$ 型与 $\dfrac{\infty}{\infty}$ 型,然后应用 L'Hospital 法则计算.

对于 $0\cdot\infty$ 型,通常利用 $uv=\dfrac{u}{v^{-1}}$ 将其化为 $\dfrac{0}{0}$ 型或 $\dfrac{\infty}{\infty}$ 型.

例 10 求 $l=\lim\limits_{x\to 0^+}x^\alpha\ln x\,(\alpha>0)$.

解 这是一个 $0\cdot\infty$ 型,化为 $\dfrac{\infty}{\infty}$ 型计算:

$$l=\lim_{x\to 0^+}\dfrac{\ln x}{x^{-\alpha}}=\lim_{x\to 0^+}\dfrac{x^{-1}}{-\alpha x^{-\alpha-1}}=0.$$

若极限 $\lim\limits_{x\to a}[f(x)-g(x)]$ 是一个 $\infty-\infty$ 型,则通常应将 $f(x)-g(x)$ 化为一个分式,将原极限转化为 $\dfrac{0}{0}$ 型或 $\dfrac{\infty}{\infty}$ 型.

例 11 求 $l=\lim\limits_{x\to\pi/2}\left(x\tan x-\dfrac{\pi}{2}\sec x\right)$.

解 这是一个 $\infty - \infty$ 型,它可转化为 $\dfrac{0}{0}$ 型:

$$l = \lim_{x \to \pi/2} \dfrac{2x\sin x - \pi}{2\cos x}$$

$$= \lim_{x \to \pi/2} \dfrac{2\sin x + 2x\cos x}{-2\sin x} = -1.$$

对于未定型 1^∞, ∞^0 与 0^0, 通常利用公式

$$\lim u^v = e^{\lim v \ln u} \qquad (3)$$

化成 $0 \cdot \infty$ 型计算,其中对未定型 1^∞,还可以进一步化作

$$\lim u^v = e^{\lim v(u-1)} \qquad (4)$$

来计算,因为 $u \to 1$ 时, $\ln u = \ln(1 + u - 1) \sim u - 1$.

例 12 求 $l = \lim\limits_{x \to 0} \left(\dfrac{\cos x}{\cosh x} \right)^{1/x^2}$.

解 这是一个 1^∞ 型.用式(3)转换,因为

$$\lim_{x \to 0} \dfrac{1}{x^2} \ln \dfrac{\cos x}{\cosh x} = \lim_{x \to 0} \dfrac{\ln \cos x - \ln \cosh x}{x^2}$$

$$= \lim_{x \to 0} \dfrac{-\tan x - \tanh x}{2x}$$

$$= -\lim_{x \to 0} \dfrac{1}{2} \left(\dfrac{1}{\cos^2 x} + \dfrac{1}{\cosh^2 x} \right) = -1,$$

故有 $l = e^{-1}$.

例 13 求 $l = \lim\limits_{x \to \infty} \left(\sin \dfrac{2}{x^2} + \cos \dfrac{1}{x} \right)^{1/\sin^2(1/x)}$.

解 这是一个 1^∞ 型.用式(4)转换.因为

$$\lim_{x \to \infty} \dfrac{1}{\sin^2(1/x)} \left(\sin \dfrac{2}{x^2} + \cos \dfrac{1}{x} - 1 \right)$$

$$= \lim_{t \to 0} \dfrac{1}{\sin^2 t} (\sin 2t^2 + \cos t - 1) \quad \left(\text{令 } t = \dfrac{1}{x} \right)$$

$$= \lim_{t \to 0} \dfrac{1}{t^2} \left(2t^2 - \dfrac{1}{2} t^2 \right) \quad \left(\sin t \sim t, 1 - \cos t \sim \dfrac{1}{2} t^2 \right)$$

$$= \lim_{t \to 0} \dfrac{1}{t^2} \cdot \dfrac{3}{2} t^2 = \dfrac{3}{2},$$

故有 $l = e^{3/2}$.

例 14 求 $l = \lim\limits_{x \to 0^+} \left(\dfrac{1}{x} \right)^{\sin x}$.

解 这是一个 ∞^0 型. 因

$$\lim_{x\to 0^+}\sin x \ln\frac{1}{x} = -\lim_{x\to 0^+}\frac{\ln x}{(\sin x)^{-1}}$$

$$= \lim_{x\to 0^+}\frac{x^{-1}}{(\sin x)^{-2}\cos x} = 0,$$

故由公式(3)有 $l = e^0 = 1$.

例 15 求 $l = \lim\limits_{x\to 0^+} x^{\ln(1+x)}$.

解 这是一个 0^0 型. 因 $\ln(1+x) \sim x$, 故

$$\lim_{x\to 0^+}\ln(1+x)\ln x = \lim_{x\to 0^+} x\ln x = 0 \quad (例 10 中取 \alpha=1),$$

所以由公式(3)有 $l = e^0 = 1$.

习题 4.2

求下列极限:

1. $\lim\limits_{x\to 0}\dfrac{1-\cos 2x}{1-\cos 3x}$.

2. $\lim\limits_{x\to 0}\dfrac{\arcsin x}{x}$.

3. $\lim\limits_{x\to a}\dfrac{x^m - a^m}{x^n - a^n}$.

4. $\lim\limits_{x\to 0}\dfrac{\ln(e^x + x)}{x}$.

5. $\lim\limits_{x\to (\pi/2)^-}\dfrac{\ln(\cos x)}{\tan x}$.

6. $\lim\limits_{x\to 0^+}\dfrac{e^{1/x}}{\ln x}$.

7. $\lim\limits_{x\to 0}\dfrac{e^{x^2}-1}{\cos x - 1}$.

8. $\lim\limits_{x\to \pi/2}\dfrac{\ln(\sin x)}{(\pi - 2x)^2}$.

9. $\lim\limits_{x\to 1}(1-x)\tan\dfrac{\pi}{2}x$.

10. $\lim\limits_{x\to a}\dfrac{\sin x - \sin a}{x-a}$.

11. $\lim\limits_{x\to \infty} x(e^{1/x}-1)$.

12. $\lim\limits_{x\to 0} x\cot 2x$.

13. $\lim\limits_{x\to 0}\left(\dfrac{1}{x} - \dfrac{1}{e^x - 1}\right)$.

14. $\lim\limits_{x\to 1}\left(\dfrac{2}{x^2 - 1} - \dfrac{1}{x-1}\right)$.

15. $\lim\limits_{x\to 0} x^2 e^{1/x^2}$.

16. $\lim\limits_{x\to 0}\left(\dfrac{\sin x}{x}\right)^{1/x^2}$.

17. $\lim\limits_{x\to (\pi/2)^-}(\tan x)^{2x-\pi}$.

18. $\lim\limits_{x\to 0^+}\dfrac{\ln x}{\ln(e^x - 1)}$.

19. $\lim\limits_{x\to 0^+} x^{\sin x}$.

20. $\lim\limits_{x\to +\infty}\left(\dfrac{2}{\pi}\arctan x\right)^x$.

21. $\lim\limits_{x\to 0}\dfrac{x^2 \sin(1/x)}{\sin x}$.

22. $\lim\limits_{x\to 0^+}\dfrac{e^{-1/x}}{x}$.

23. 设 $f(0) = 0, f'(0) = 1, f''(0) = 2$, 求 $\lim\limits_{x\to 0}\dfrac{f(x)-x}{x^2}$.

§4.3 Taylor 公式

无论从理论分析或从数值计算的角度考虑,多项式都是理想的函数.因为多项式中只有加、减、乘三种初等运算.本节致力于解决以下问题:给定满足一定条件的函数 $f(x)$,求一个 n 次多项式 $T_n(x)$,以它近似替代 $f(x)$,并且给出误差 $R_n(x)=f(x)-T_n(x)$ 的表达式.

4.3.1 Taylor 定理

在§3.3 中我们得到,如果函数在 x_0 处可导,则有
$$f(x)=f(x_0)+f'(x_0)(x-x_0)+o(x-x_0), \tag{1}$$
由此产生了一个近似计算公式
$$f(x)\approx f(x_0)+f'(x_0)(x-x_0). \tag{2}$$
其误差(下面称为 余项)为 $R_1(x)=o(x-x_0)$.

可以看出,一次多项式 $T_1(x)=f(x_0)+f'(x_0)(x-x_0)$ 与 $f(x)$ 在 x_0 处不仅函数值相等,而且一阶导数值也相等,即
$$T_1^{(k)}(x_0)=f^{(k)}(x_0), k=0,1.$$

近似计算公式(2)主要有以下不足:

(i) 只适用于 $|x-x_0|$ 很小的情况,且精度不够高;

(ii) 余项没有用函数式表示,不便于误差的分析和估计.

为了提高近似程度,一个自然的想法是,将一次多项式
$$T_1(x)=f(x_0)+f'(x_0)(x-x_0)$$
发展为一个 n 次($n>1$)多项式
$$T_n(x)=a_0+a_1(x-x_0)+a_2(x-x_0)^2+\cdots+a_n(x-x_0)^n, \tag{3}$$
并且要求 $T_n(x)$ 与 $f(x)$ 有更多的共性:在 x_0 处的函数值以及直到 n 阶的导数值保持与 $f(x)$ 一致,即
$$T_n^{(k)}(x_0)=f^{(k)}(x_0), \quad k=0,1,2,\cdots,n. \tag{4}$$
在式(3)两边对 x 求 k 阶导数后用 $x=x_0$ 代入,得
$$T_n^{(k)}(x_0)=k!a_k, \quad k=0,1,2,\cdots,n,$$
注意 $0!=1$,$T_n^{(0)}(x_0)=T_n(x_0)=a_0$,再利用式(4),便有
$$a_k=\frac{f^{(k)}(x_0)}{k!}, \quad k=0,1,2,\cdots,n.$$
因此,当 $f(x)$ 在 x_0 处有直到 n 阶的导数时,其 n 次近似多项式就是
$$T_n(x)=f(x_0)+f'(x_0)(x-x_0)+\frac{1}{2!}f''(x_0)(x-x_0)^2+\cdots+\frac{1}{n!}f^{(n)}(x_0)(x-x_0)^n.$$

于是,记 n **阶余项** $R_n(x)=f(x)-T_n(x)$,则只要证明 $R_n(x)=o((x-x_0)^n)$,下面的公式

$$f(x)=f(x_0)+f'(x_0)(x-x_0)+\frac{1}{2!}f''(x_0)(x-x_0)^2+\cdots+$$

$$\frac{1}{n!}f^{(n)}(x_0)(x-x_0)^n+R_n(x)$$

便是式(1)的推广.

为了估计 $R_n(x)$,首先注意到

$$R_n^{(k)}(x_0)=f^{(k)}(x_0)-T_n^{(k)}(x_0)=0,\quad k=0,1,2,\cdots,n,$$

接着连续运用 $n-1$ 次 L'Hospital 法则后再依据导数的定义得出:

$$\lim_{x\to x_0}\frac{R_n(x)}{(x-x_0)^n}=\lim_{x\to x_0}\frac{R_n'(x)}{n(x-x_0)^{n-1}}=\cdots$$

$$=\lim_{x\to x_0}\frac{R_n^{(n-1)}(x)}{n!\,(x-x_0)}=\lim_{x\to x_0}\frac{R_n^{(n-1)}(x)-R_n^{(n-1)}(x_0)}{n!\,(x-x_0)}$$

$$=\frac{R_n^{(n)}(x_0)}{n!}=0.$$

这表明当 $x\to x_0$ 时,$R_n(x)=o((x-x_0)^n)$.

为了得到 $R_n(x)$ 的定量表述,需要进一步假设 $f(x)$ 在区间 $[x_0,x]$(或 $[x,x_0]$)上有直到 $n+1$ 阶的导数.对函数 $R_n(x)$ 与 $Q(x)=(x-x_0)^{n+1}$ 连续运用 $n+1$ 次 Cauchy 中值定理并注意到 $R_n^{(n+1)}(x)=f^{(n+1)}(x)$,得出

$$\frac{R_n(x)}{Q(x)}=\frac{R_n(x)-R_n(x_0)}{Q(x)-Q(x_0)}=\frac{R_n'(\xi_1)}{Q'(\xi_1)}=\frac{R_n'(\xi_1)-R_n'(x_0)}{Q'(\xi_1)-Q'(x_0)}$$

$$=\frac{R_n''(\xi_2)}{Q''(\xi_2)}=\cdots=\frac{R_n^{(n)}(\xi_n)}{Q^{(n)}(\xi_n)}=\frac{R_n^{(n)}(\xi_n)-R_n^{(n)}(x_0)}{Q^{(n)}(\xi_n)-Q^{(n)}(x_0)}$$

$$=\frac{R_n^{(n+1)}(\xi)}{Q^{(n+1)}(\xi)}=\frac{f^{(n+1)}(\xi)}{(n+1)!},$$

其中 $\xi_1,\xi_2,\cdots,\xi_n,\xi$ 介于 x_0 与 x 之间,于是得到

$$R_n(x)=\frac{f^{(n+1)}(\xi)}{(n+1)!}(x-x_0)^{n+1}.$$

总结以上分析可以得出如下结论:

Taylor(泰勒)[①]定理 (1) 设 $f(x)$ 在点 x_0 处有直到 n 阶的导数,则有

---

① Taylor,1685—1731,英国数学家.

$$f(x) = \sum_{k=0}^{n} \frac{f^{(k)}(x_0)}{k!}(x-x_0)^k + o((x-x_0)^n); \quad (5)$$

(2) 设 $f(x)$ 在某个区间 I 上有直到 $n+1$ 阶的导数,则对任何 $x_0, x \in I$,存在介于 x_0, x 之间的 ξ,使得

$$f(x) = \sum_{k=0}^{n} \frac{f^{(k)}(x_0)}{k!}(x-x_0)^k + \frac{f^{(n+1)}(\xi)}{(n+1)!}(x-x_0)^{n+1}. \quad (6)$$

式(5)与式(6)均称为 $f(x)$ 在 x_0 处的 n 阶 **Taylor 公式**,式(5)与式(6)的余项分别称为 **Peano(佩亚诺)**[①]**余项** 与 **Lagrange 余项**. 称多项式

$$T_n(x) = \sum_{k=0}^{n} \frac{f^{(k)}(x_0)}{k!}(x-x_0)^k$$

为 $f(x)$ 在 x_0 处的 n 阶 **Taylor 多项式**.

注 若取 $x_0 = 0$,则式(5)与式(6)分别变成

$$f(x) = \sum_{k=0}^{n} \frac{f^{(k)}(0)}{k!}x^k + o(x^n), \quad (7)$$

$$f(x) = \sum_{k=0}^{n} \frac{f^{(k)}(0)}{k!}x^k + \frac{f^{(n+1)}(\xi)}{(n+1)!}x^{n+1}, \quad (8)$$

也称式(7)与式(8)为 **Maclaurin(麦克劳林)**[②]**公式**.

为了方便余项的表述和估计,常将中值 ξ 写成 $\xi = x_0 + \theta(x-x_0)$ ($0 < \theta < 1$),则式(6)与式(8)中的 Lagrange 余项可分别写成

$$R_n(x) = \frac{f^{(n+1)}(x_0 + \theta(x-x_0))}{(n+1)!}(x-x_0)^{n+1}, \quad (9)$$

$$R_n(x) = \frac{f^{(n+1)}(\theta x)}{(n+1)!}x^{n+1}. \quad (10)$$

在式(6)中取 $n = 0, 1$ 便得到常用的零阶与一阶 Taylor 公式:

$$f(x) = f(x_0) + f'(\xi)(x-x_0), \quad (11)$$

$$f(x) = f(x_0) + f'(x_0)(x-x_0) + \frac{1}{2}f''(\xi)(x-x_0)^2, \quad (12)$$

其中 ξ 介于 x_0 与 x 之间. 注意式(11)实际上就是 Lagrange 中值公式,可见 Taylor 公式是 Lagrange 中值公式的推广.

4.3.2 求 Taylor 公式的例子

首先,应用式(8)来推导几个基本初等函数的 **Maclaurin 公式**. 为了表述简

[①] Peano,1858—1932,意大利数学家.
[②] Maclaurin,1698—1746,法国数学家.

洁,余项采用含参数 θ 的式(10).

例1 求 $f(x)=e^x$ 的 n 阶 Maclaurin 公式.

解 因 $f^{(k)}(x)=e^x$,故 $f^{(k)}(0)=1(k=0,1,2,\cdots,n)$,
$$f^{(n+1)}(\theta x)=e^{\theta x},$$
把这些值代入式(8),便有
$$e^x = 1+x+\frac{x^2}{2!}+\cdots+\frac{x^n}{n!}+\frac{e^{\theta x}}{(n+1)!}x^{n+1} \quad (|x|<+\infty), \tag{13}$$
其中 $0<\theta<1$ 与 x 有关.

例2 求 $f(x)=\sin x$ 的 Maclaurin 公式.

解 因 $f^{(n)}(x)=\sin\left(x+n\cdot\frac{\pi}{2}\right)$,故 $f^{(n)}(0)=\sin\frac{n\pi}{2}$.

从而在原点的偶数阶导数 $f^{(2k)}(0)=0$,奇数阶导数 $f^{(2k+1)}(0)=(-1)^k(k=0,1,2,\cdots,n-1)$,并且
$$f^{(2n+1)}(\theta x)=\sin\left[\theta x+(2n+1)\frac{\pi}{2}\right]=(-1)^n\cos\theta x,$$
把这些值代入式(8),便得到 $\sin x$ 的 $2n$ 阶 Maclaurin 公式
$$\begin{aligned}\sin x &= x-\frac{1}{3!}x^3+\frac{1}{5!}x^5-\cdots+\frac{(-1)^{n-1}}{(2n-1)!}x^{2n-1}+\frac{(-1)^n\cos\theta x}{(2n+1)!}x^{2n+1}\\ &=\sum_{k=0}^{n-1}\frac{(-1)^k x^{2k+1}}{(2k+1)!}+\frac{(-1)^n\cos\theta x}{(2n+1)!}x^{2n+1},\end{aligned}\tag{14}$$
其中 $|x|<+\infty$,$0<\theta<1$.

注 由于上述 Taylor 多项式 $\sum_{k=0}^{n-1}(-1)^k\frac{x^{2k+1}}{(2k+1)!}$ 中 x 的最高次幂是 $2n-1$,故也可以称式(14)为 $2n-1$ 阶 Taylor 公式.

类似地,可以求得余弦函数的 Maclaurin 公式
$$\cos x = \sum_{k=0}^{n}\frac{(-1)^k x^{2k}}{(2k)!}+\frac{(-1)^{n+1}\cos\theta x}{(2n+2)!}x^{2n+2}, \tag{15}$$
其中 $|x|<+\infty$,$0<\theta<1$.

例3 求 $f(x)=\ln(x+1)$ 的 n 阶 Maclaurin 公式.

解 因 $f^{(k)}(x)=\dfrac{(-1)^{k-1}(k-1)!}{(1+x)^k}$,故
$$f^{(k)}(0)=(-1)^{k-1}(k-1)! \quad (1\leq k\leq n),$$
$$f^{(n+1)}(\theta x)=\frac{(-1)^n n!}{(1+\theta x)^{n+1}},$$

把这些值代入式(8),便有
$$\ln(1+x) = \sum_{k=1}^{n} \frac{(-1)^{k-1}}{k}x^k + \frac{(-1)^n x^{n+1}}{(n+1)(1+\theta x)^{n+1}}, \tag{16}$$
其中 $x>-1, 0<\theta<1$.

例 4 设 $f(x)=(1+x)^\alpha, \alpha \neq 0,1,2,\cdots$,求 $f(x)$ 的 n 阶 Maclaurin 公式.

解 对 $f(x)$ 逐次求导,得
$$f^{(k)}(x) = \alpha(\alpha-1)\cdots(\alpha-k+1)(1+x)^{\alpha-k} \quad (1 \leq k),$$
则 $f(0)=1, f^{(k)}(0)=\alpha(\alpha-1)\cdots(\alpha-k+1) \quad (1 \leq k \leq n)$,
$$f^{(n+1)}(\theta x) = \alpha(\alpha-1)\cdots(\alpha-n)(1+\theta x)^{\alpha-n-1}.$$
将这些值代入式(8),便有
$$(1+x)^\alpha = 1+\alpha x + \frac{\alpha(\alpha-1)}{2!}x^2 + \cdots + \frac{\alpha(\alpha-1)\cdots(\alpha-n+1)}{n!}x^n + \\ \frac{\alpha(\alpha-1)\cdots(\alpha-n)}{(n+1)!}(1+\theta x)^{\alpha-n-1}x^{n+1}, \tag{17}$$
其中 $0<\theta<1, x$ 的范围依 α 而定.

特别地,取 $\alpha=-1$,并以 $-x$ 代替 x,可从公式(17)得
$$\frac{1}{1-x} = 1+x+x^2+\cdots+x^n + \frac{x^{n+1}}{(1-\theta x)^{n+2}} \quad (x<1, 0<\theta<1).$$

对于该公式,常用的是其带 Peano 余项的如下形式:
$$\frac{1}{1-x} = 1+x+x^2+\cdots+x^n+o(x^n) \quad (x<1). \tag{18}$$

利用以上几个基本公式,便可以通过函数的运算来得到更多的 Taylor 公式,而不需要逐个计算 Taylor 多项式的系数,这样的方法称为间接法. 由于 Lagrange 余项的表述比较繁杂,故以下采用 Peano 余项.

例 5 求以下函数在 $x=0$ 处的带 Peano 余项的 n 阶 Taylor 公式.

(1) $f(x)=\sinh x, n=3$; (2) $f(x)=\dfrac{1}{x^2-3x-4}$;

(3) $f(x)=\ln\dfrac{1+x}{1-x}$; (4) $f(x)=\sin^2 x, n=4$.

4-4 间接法计算函数的 Taylor 公式

解 (1) 由公式(13),注意到 $o(x^3)-o(x^3)=o(x^3)$,
$$e^x = 1+x+\frac{x^2}{2!}+\frac{x^3}{3!}+o(x^3), \quad e^{-x} = 1-x+\frac{x^2}{2!}-\frac{x^3}{3!}+o(x^3).$$
于是 $\sinh x = \dfrac{e^x-e^{-x}}{2} = x+\dfrac{x^3}{3!}+o(x^3) \quad (|x|<+\infty)$.

注 如果将 e^x, e^{-x} 写成 4 阶 Taylor 公式,则得出的 $\sinh x$ 的三阶 Taylor 多项式与以上结果一样,但是余项会更精细,为 $o(x^4)$.

(2) 注意到 $f(x) = -\dfrac{1}{5}\dfrac{1}{1+x} - \dfrac{1}{20}\dfrac{1}{1-x/4}$,利用公式(18)得

$$\frac{1}{1+x} = \frac{1}{1-(-x)} = 1 - x + x^2 - \cdots + (-1)^n x^n + o(x^n) \ (x > -1);$$

$$\frac{1}{1-x/4} = 1 + \frac{x}{4} + \left(\frac{x}{4}\right)^2 + \cdots + \left(\frac{x}{4}\right)^n + o(x^n) \ \left(\left|\frac{x}{4}\right| < 1\right),$$

故 $\quad f(x) = -\dfrac{1}{5}\sum_{k=0}^{n}\left[(-1)^k + \dfrac{1}{4^{k+1}}\right]x^k + o(x^n) \quad (-1 < x < 4).$

(3) 因 $f(x) = \ln(1+x) - \ln(1-x)$,故由公式(16),得

$$f(x) = \sum_{k=1}^{n}\frac{(-1)^{k-1}}{k}x^k + o(x^n) - \left[\sum_{k=1}^{n}\frac{(-1)^{k-1}}{k}(-x)^k + o(x^n)\right]$$

$$= \sum_{k=1}^{n}\left[1 - (-1)^k\right]\frac{x^k}{k} + o(x^n) \ (-1 < x < 1).$$

(4) 因 $\sin^2 x = \dfrac{1 - \cos 2x}{2}$,由公式(15),可以求得

$$\cos 2x = 1 - \frac{1}{2!}(2x)^2 + \frac{1}{4!}(2x)^4 + o(x^5).$$

于是,$\sin^2 x = \dfrac{1}{2} - \dfrac{1}{2}\left[1 - \dfrac{1}{2!}(2x)^2 + \dfrac{1}{4!}(2x)^4 + o(x^5)\right]$

$$= x^2 - \frac{1}{3}x^4 + o(x^5) \ (|x| < +\infty).$$

4-5 如何计算函数在非零点的 Taylor 公式

以上计算的都是函数在 $x = 0$ 处的 Taylor 公式. 如果要计算 $f(x)$ 在非零点 x_0 处的 Taylor 公式,则既可以直接计算函数在 $x = x_0$ 处的各阶导数,然后依公式(6)写出公式,也可以通过换元 $t = x - x_0$,将问题转化为求函数 $f(t + x_0)$ 在 $t = 0$ 处的 Taylor 公式问题,后者可以利用已得出的公式. 详见下例.

例 6 求 $f(x) = \ln x$ 在 $x_0 = 2$ 处的带 Peano 余项的 n 阶 Taylor 公式.

解 换元 $t = x - 2$,将 $\ln x$ 改写成

$$\ln x = \ln(2 + t) = \ln 2 + \ln\left(1 + \frac{t}{2}\right),$$

然后套用公式(16),得

$$\ln x = \ln 2 + \sum_{k=1}^{n} \frac{(-1)^{k-1}}{k2^k} t^k + o(t^n)$$

$$= \ln 2 + \sum_{k=1}^{n} \frac{(-1)^{k-1}(x-2)^k}{k2^k} + o((x-2)^n) \quad (x>0).$$

例 7 求 $f(x) = \dfrac{1}{x}$ 在 $x_0 = -1$ 处的 n 阶 Taylor 公式.

解 换元 $t = x+1$，套用公式 (18)，

$$f(x) = \frac{1}{x+1-1} = -\frac{1}{1-t} = -(1+t+t^2+\cdots+t^n) + o(t^n)$$

$$= -[1+(x+1)+(x+1)^2+\cdots+(x+1)^n] + o((x+1)^n) \quad (x<0).$$

4.3.3 Taylor 公式的应用举例

Taylor 公式的思想在于使用简单的多项式来代替一般的函数，因而有利于改进许多函数问题的分析和计算，以下通过例题介绍几类常见应用.

1. 求函数的极限

求函数的极限的方法很多，例如 L'Hospital 法则、不等式估计、等价代换、等式变形以及等量代换，其中等量代换由于不需要任何条件而显得易于操作. Taylor 公式为等量替换提供了一系列公式.

4-6　如何用 Taylor 公式计算函数极限

例 8 设 $f(x) = \left[\dfrac{(1+x)^{\frac{1}{x}}}{e}\right]^{\frac{1}{x}}$，求 $l = \lim\limits_{x \to 0} f(x)$.

解 取对数，得 $\ln f(x) = \dfrac{1}{x}\left[\ln(1+x)^{\frac{1}{x}} - 1\right] = \dfrac{\ln(1+x) - x}{x^2}$,

由式 (16) 知 $\ln(1+x) = x - \dfrac{1}{2}x^2 + o(x^2)$,

所以 $$\lim_{x \to 0} \frac{\ln(1+x) - x}{x^2} = -\frac{1}{2},$$

故 $l = e^{-\frac{1}{2}}$.

例 9 设 $f(x) = \dfrac{\cos x - e^{-\frac{x^2}{2}}}{x^4}$，求 $l = \lim\limits_{x \to 0} f(x)$.

解 利用公式 (15) 及 (13)，得

$$\cos x = 1 - \frac{x^2}{2} + \frac{x^4}{24} + o(x^4), \quad e^{-\frac{x^2}{2}} = 1 - \frac{x^2}{2} + \frac{x^4}{8} + o(x^4),$$

故

$$l = \lim_{x \to 0} \frac{-\dfrac{1}{12}x^4 + o(x^4)}{x^4} = -\dfrac{1}{12}.$$

2. 求无穷小的主部

确定无穷小量的主部,可以使用因式分解、等价替换、极限计算等方法. 现在,如果能得到无穷小量 $u(x)$ $(x \to 0)$ 的 Taylor 多项式,则其非零的首项便是无穷小量 $u(x)$ 的主部.

例 10 设 $x \to 0$,确定无穷小量 $\cos x - e^{-\frac{x^2}{2}}$ 的主部.

解 由例 9,$\cos x - e^{-\frac{x^2}{2}} = -\dfrac{1}{12}x^4 + o(x^4)$,可见其主部为 $-\dfrac{1}{12}x^4$.

3. 求函数的高阶导数在某点的值

若已知 $f(x)$ 在 $x = x_0$ 处 n 次可导,且有

$$f(x) = a_0 + a_1(x - x_0) + a_2(x - x_0)^2 + \cdots + a_n(x - x_0)^n + o((x - x_0)^n),$$

则可推出 $a_k = \dfrac{1}{k!} f^{(k)}(x_0)$ $(k = 0, 1, 2, \cdots, n)$. 据此,可以借助 Taylor 多项式来求 $x = x_0$ 处函数的各阶导数的值.

例 11 设 $f(x)$ 在原点的邻域内二次可导,且

$$\lim_{x \to 0} \frac{\sin 3x + x f(x)}{x^3} = 0,$$

求 $f(0), f'(0), f''(0)$ 及 $\lim\limits_{x \to 0} \dfrac{3 + f(x)}{x^2}$.

解 由条件知,当 $x \to 0$ 时,$\sin 3x + x f(x) = o(x^3)$,由于 $\sin 3x = 3x - \dfrac{1}{6}(3x)^3 + o(x^3)$,故

$$f(x) = \frac{-\sin 3x + o(x^3)}{x} = \frac{-3x + \dfrac{1}{6}(3x)^3 + o(x^3)}{x}$$

$$= -3 + \frac{9}{2}x^2 + o(x^2),$$

于是对照 $f(x) = f(0) + f'(0)x + \dfrac{1}{2}f''(0)x^2 + o(x^2)$,得

$$f(0) = -3,\ f'(0) = 0,\ f''(0) = 9,$$

且

$$\lim_{x \to 0} \frac{3 + f(x)}{x^2} = \lim_{x \to 0} \frac{\dfrac{9}{2}x^2 + o(x^2)}{x^2} = \frac{9}{2}.$$

4. 证明不等式

通过展开点的选择和对 Lagrange 余项的估计,可以得出一些重要的函数不等式.

例 12 设 $f(x)$ 在 (a,b) 上二次可导,且 $f''(x) \geq 0$.证明:曲线 $y=f(x)$ 在其任何一条切线之上,即

$$f(x) \geq f(x_0) + f'(x_0)(x-x_0), \quad x_0, x \in (a,b).$$

证 任取 $x_0 \in (a,b)$,由一阶 Taylor 公式 (12) 得

$$f(x) = f(x_0) + f'(x_0)(x-x_0) + \frac{f''(\xi)}{2!}(x-x_0)^2.$$

去掉余项,即得所证不等式 $f(x) \geq f(x_0) + f'(x_0)(x-x_0)$.

4-7 如何用 Taylor 公式证明函数不等式

例 13 设 $f(x)$ 在 $[0,2]$ 上二次可导,且 $|f(x)| \leq 1$, $|f''(x)| \leq 1 (0 \leq x \leq 2)$.证明: $|f'(x)| \leq 2 (0 \leq x \leq 2)$.

证 任取 $x_0 \in [0,2]$.分别取 $x=2,0$,应用一阶 Taylor 公式 (12) 得

$$f(2) = f(x_0) + f'(x_0)(2-x_0) + \frac{f''(\xi)}{2!}(2-x_0)^2,$$

$$f(0) = f(x_0) + f'(x_0)(0-x_0) + \frac{f''(\eta)}{2!}(0-x_0)^2.$$

其中 $0 \leq \eta \leq x_0 \leq \xi \leq 2$.以上两式相减,得

$$f(2) - f(0) = 2f'(x_0) + \frac{1}{2}[f''(\xi)(2-x_0)^2 - f''(\eta)x_0^2].$$

于是

$$|f'(x_0)| = \left| \frac{f(2)-f(0)}{2} - \frac{1}{4}[f''(\xi)(2-x_0)^2 - f''(\eta)x_0^2] \right|$$

$$\leq 1 + \frac{1}{4}[(2-x_0)^2 + x_0^2]$$

$$= \frac{1}{2}(x_0-1)^2 + \frac{3}{2} \leq \frac{1}{2} + \frac{3}{2} = 2.$$

5. 近似计算

舍弃余项,便可以得到函数的近似计算公式.由于余项的定量表示式可以用来估计误差,因此能够对近似值的可靠性有明确的认识.

例 14 求无理数 e 的近似值.

解 由公式 (13)

$$e^x = 1 + x + \frac{x^2}{2!} + \cdots + \frac{x^n}{n!} + \frac{e^{\theta x}}{(n+1)!}x^{n+1}.$$

取 $x=1, n=10$,以 Taylor 多项式近似函数,得

$$e \approx 1+1+\frac{1}{2!}+\cdots+\frac{1}{10!} \approx 2.718\,282.$$

由于 $|R_{10}|=\dfrac{e^{\theta}}{11!}<\dfrac{e}{11!}<\dfrac{3}{11!}$,不超过 10^{-6},故前六位数字是可靠的.

例 15 求 $\sin 20°$ 的近似值.

解 在式(14)中取 $n=2$ 得

$$\sin x = x - \frac{x^3}{6} + \frac{x^5 \cos \theta x}{120}.$$

以 Taylor 多项式近似函数,并将 $x=20°=\dfrac{\pi}{9}$ 代入,得

$$\sin 20° \approx \frac{\pi}{9} - \frac{1}{6}\left(\frac{\pi}{9}\right)^3 \approx 0.341\,98.$$

由于 $|R_4(x)|=\dfrac{1}{120}\left(\dfrac{\pi}{9}\right)^5 \cos\dfrac{\theta\pi}{9} < \dfrac{1}{120}\left(\dfrac{\pi}{9}\right)^5 \approx 0.000\,043$,故其有效数值是 4 位.

习题 4.3

1. 求 $f(x)$ 在 $x_0=0$ 处的 n 阶 Taylor 多项式:
   (1) $f(x)=1/(1+2x)$; (2) $f(x)=\ln(1-2x)$; (3) $f(x)=e^{2x}$.

2. 按 $x-4$ 的乘幂展开函数 $f(x)=x^4-5x^3+x^2-3x+4$.

3. 求函数 $y=xe^x$ 的 n 阶 Maclaurin 展开式.

4. 求函数 $y=\cosh x$ 的 $2n$ 阶 Maclaurin 展开式.

5. 应用三阶 Taylor 公式求 $\sqrt[3]{30}$ 的近似值,并估计误差.

6. 应用五阶 Taylor 公式求 $\ln 1.2$ 的近似值,并估计误差.

7. 利用 Taylor 公式求下列极限:
   (1) $\lim\limits_{x\to 0}\dfrac{e^x \sin x - x(1+x)}{x^3}$; (2) $\lim\limits_{x\to +\infty}[x - x^2\ln(1+1/x)]$.

8. 设 $f''(x)$ 在点 a 的某邻域内连续,证明

$$\lim_{x\to 0}\frac{1}{x^2}[f(a+x)+f(a-x)-2f(a)]=f''(a).$$

*9. 设 $f^{(n+1)}(x)$ 在 a 的某邻域内连续,且 $f^{(n+1)}(a)\neq 0$. 若 $f(a+h)=\sum\limits_{k=0}^{n-1}\dfrac{f^{(k)}(a)}{k!}h^k+\dfrac{f^{(n)}(a+\theta h)}{n!}h^n$,$0<\theta<1$. 证明 $\lim\limits_{h\to 0}\theta=\dfrac{1}{n+1}$.

10. 若 $f(x)$ 在 $[a,b]$ 上有 n 阶导数,且 $f(a)=f(b)=f'(b)=f''(b)=\cdots=f^{(n-1)}(b)=0$,则在

(a,b) 内至少存在一点 ξ,使 $f^{(n)}(\xi)=0$.

§4.4 函数的单调性与凸性

本节设 $f(x)$ 在 $[a,b]$ 上有定义且连续.若 $f(x)$ 在 (a,b) 内一次或二次可导,则可用 $f'(x)$ 或 $f''(x)$ 的符号来刻画 $f(x)$ 的某些动态性质.这些性质对于函数的定性研究与作图都是很重要的.

4.4.1 单调性

若 $f(x)$ 在 (a,b) 内可导,$a\leqslant x<y\leqslant b$,则由 Lagrange 中值定理,有
$$f(y)-f(x)=f'(\xi)(y-x) \quad (x<\xi<y), \tag{1}$$
式(1)表明 $f(y)-f(x)$ 与 $f'(\xi)$ 同号,从而可以利用导数的符号来判定 $f(x)$ 的单调性.

定理 1 设 $f(x)$ 在 $[a,b]$ 上连续,在 (a,b) 内可导.

(i) $f(x)$ 在 $[a,b]$ 上单调增(或单调减)的充要条件是:在 (a,b) 内 $f'(x)\geqslant 0$(或 $f'(x)\leqslant 0$).

(ii) $f(x)$ 在 $[a,b]$ 上严格单调增(或严格单调减)的充要条件是:在 (a,b) 内 $f'(x)\geqslant 0$(或 $f'(x)\leqslant 0$),且使 $f'(x)=0$ 的点 x 不充满 (a,b) 的任何子区间(即 $f(x)$ 不会在某个子区间上为常数).

证 仅证明单调增情形.

(i) 对任何 $x,y\in(a,b)$,若 $f(x)$ 单调增,则当 $x\neq y$ 时,有 $\dfrac{f(y)-f(x)}{y-x}\geqslant 0$,于是,由函数极限的保号性,令 $y\to x$,便得
$$f'(x)=\lim_{y\to x}\frac{f(y)-f(x)}{y-x}\geqslant 0.$$

反之,若在 (a,b) 内 $f'(x)\geqslant 0$,则由式(1)看出 $f(x)$ 在 $[a,b]$ 上单调增.

(ii) 若 $f(x)$ 在 $[a,b]$ 上严格单调增,则由(i)知:在 (a,b) 内 $f'(x)\geqslant 0$;假设在某个子区间 (α,β) 上,$f'(x)=0$,则 $f(x)$ 在 (α,β) 上为常数,因而不是严格单调,与条件矛盾.故必要性成立.

反之,假设条件满足,则由(i)推知 $f(x)$ 单调增;如果 $f(x)$ 不严格单调增,即存在 $x_1<x_2$ 使 $f(x_1)=f(x_2)$,则结合单调增得出 $f(x)$ 在 $[x_1,x_2]$ 上为常数,这与条件矛盾.故充分性成立. □

从几何上看,函数 $f(x)$ 单调增(或单调减)对应于曲线 $y=f(x)$ 沿 x 轴正向渐升(或渐降).因此,定理 1 表明 $f'(x)$ 的符号反映了曲线 $y=f(x)$ 的升降走势.

例 1 证明数列 $\{n^2 e^{-n}\}$ $(n \geq 2)$ 单调减.

证 令 $f(x) = x^2 e^{-x}$,有
$$f'(x) = 2xe^{-x} - x^2 e^{-x} = xe^{-x}(2-x) \leq 0 \ (x \geq 2),$$
可见 $f(x)$ 在 $[2, +\infty)$ 上单调减,从而 $\{n^2 e^{-n}\}$ $(n \geq 2)$ 单调减.

例 2 研究函数 $f(x) = \sqrt{2x - x^2}$ 的单调性.

解 $f(x)$ 在 $[0, 2]$ 上连续,在 $(0, 2)$ 内 $f'(x) = \dfrac{1-x}{\sqrt{2x-x^2}}$.因在 $(0,1)$ 内 $f'(x) > 0$;在 $(1,2)$ 内 $f'(x) < 0$.因此,$f(x)$ 在 $[0,1]$ 上严格单调增;在 $[1,2]$ 上严格单调减(见图 4-4).

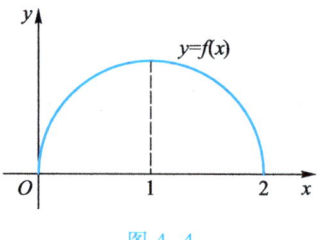

图 4-4

例 3 确定函数 $f(x) = \sqrt[3]{x^2}$ 的单调区间.

解 $f(x)$ 在 $(-\infty, +\infty)$ 内连续,且当 $x \neq 0$ 时,$f'(x) = \dfrac{2}{3\sqrt[3]{x}}$.因 $x < 0$ 时,$f'(x) < 0$;$x > 0$ 时,$f'(x) > 0$,所以 $f(x)$ 在 $(-\infty, 0]$ 上严格单调减;在 $[0, +\infty)$ 上严格单调增.

一般地,如果函数 $f(x)$ 在定义区间上连续,且除去有限个点外导数存在,那么只要用导数为零或不存在的点来划分 $f(x)$ 的定义区间,便能得到 $f(x)$ 的各个单调区间.

例 4 确定函数 $f(x) = 3x - x^3$ 的单调区间.

解 $f(x)$ 在 $(-\infty, +\infty)$ 内连续、可导,且
$$f'(x) = 3 - 3x^2 = 3(1-x)(1+x),$$
令 $f'(x) = 0$ 得 $x = \pm 1$.于是得到 $f(x)$ 的单调区间,分布如下表:

x	$(-\infty, -1)$	-1	$(-1, 1)$	1	$(1, +\infty)$
$f'(x)$	$-$	0	$+$	0	$-$
$f(x)$	严格单调减		严格单调增		严格单调减

4-8 如何用单调性证明函数不等式

由几何意义,函数的单调性描述了曲线 $y = f(x)$ 的升降分布,再结合一些特殊点,便可以确定曲线 $y = f(x)$ 的位置.这一思想可以用来证明一些函数不等式.详见下例.

例 5 证明:当 $x > 0$ 时,$\ln(1+x) > x - \dfrac{x^2}{2}$.

证 设 $f(x) = \ln(1+x) - x + \dfrac{x^2}{2}$,则 $f(x)$ 在 $[0, +\infty)$ 上连续,当

$x>0$ 时,有 $f'(x)=\dfrac{1}{1+x}-1+x=\dfrac{x^2}{1+x}>0$. 所以 $f(x)$ 在 $[0,+\infty)$ 上严格单调增,故当 $x>0$ 时, $f(x)>f(0)=0$,即 $\ln(1+x)>x-\dfrac{x^2}{2}$.

例 6 证明:当 $x>0$ 时, $x+\dfrac{1}{2}x^2>(x+1)\ln(1+x)$.

证 设 $f(x)=x+\dfrac{1}{2}x^2-(x+1)\ln(1+x)$,则 $f(x)$ 在 $[0,+\infty)$ 上连续,当 $x>0$ 时,有
$$f'(x)=1+x-1-\ln(1+x)=x-\ln(1+x),$$
为了确定导函数 $f'(x)$ 的符号,再求导,得
$$f''(x)=1-\dfrac{1}{1+x}=\dfrac{x}{1+x}>0.$$
这说明 $f'(x)$ 在 $[0,+\infty)$ 上严格单调增,因而 $f'(x)>f'(0)=0$,进而说明 $f(x)$ 在 $[0,+\infty)$ 上严格单调增,故 $f(x)>f(0)=0$,即
$$x+\dfrac{1}{2}x^2>(x+1)\ln(1+x)\ (x>0).$$

单调性的判定有利于证明形如 $f(b)>f(a)$ 的实数不等式.试看一例.

例 7 证明: $e^\pi>\pi^e$.

证 要证的不等式等价于 $\pi\ln e>e\ln\pi$,即 $\dfrac{\ln e}{e}>\dfrac{\ln \pi}{\pi}$.为此,设 $f(x)=\dfrac{\ln x}{x}$.由于 $f'(x)=\dfrac{1-\ln x}{x^2}<0\ (x>e)$,所以 $f(x)$ 在 $[e,+\infty)$ 上严格单调减,故 $\dfrac{\ln e}{e}>\dfrac{\ln \pi}{\pi}$,得证.

若 $f(x)$ 严格单调,则曲线 $y=f(x)$ 至多与 x 轴相交一次,从而方程 $f(x)=0$ 至多有一根.由此可以判定方程根的个数.

例 8 设 $0<a<\dfrac{1}{\sqrt{e}}$,证明方程 $ae^{ax}=x$ 在区间 $\left(0,\dfrac{1}{a}\right)$ 内有唯一根.

证 原方程等价于方程 $xe^{-ax}-a=0$,令 $f(x)=xe^{-ax}-a$,则 $f(0)=-a<0$, $f\left(\dfrac{1}{a}\right)=\dfrac{1}{ae}-a>0$.于是,由连续函数的介值定理,方程 $f(x)=0$ 在 $\left(0,\dfrac{1}{a}\right)$ 内至少有一根.

另一方面,由于在 $\left(0,\dfrac{1}{a}\right)$ 内, $f'(x)=e^{-ax}(1-ax)>0$,故 $f(x)$ 在 $\left(0,\dfrac{1}{a}\right)$ 上严格

单调增,因此原方程在 $\left(0, \dfrac{1}{a}\right)$ 内至多有一个根,综合即得.

4.4.2 凸性

函数 $f(x)$ "凸"的直观含义就是其图形为"凸曲线",基于此,可形成如下几何形式的定义.

定义 1 若连接曲线 $y=f(x)$ 上任意两点 A,B 的弦 AB 恒在曲线段 $\widehat{AB}$ 的上侧(或下侧),则称 $f(x)$ 为凹[①](或凸[②])函数(凹函数如图 4-5(a));而称曲线 $y=f(x)$ 为凹(或凸)曲线.

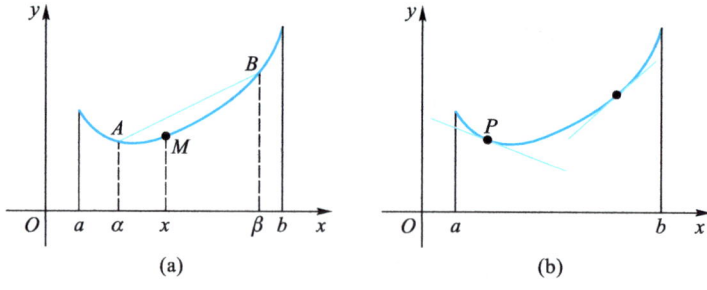

图 4-5

如图 4-5(a),由于 α,β 之间的任何点 x 可表示成
$$x=\alpha+t(\beta-\alpha)\ (0<t<1),$$
因此,弦 AB 的方程为
$$y=f(\alpha)+\dfrac{f(\beta)-f(\alpha)}{\beta-\alpha}(x-\alpha)$$
$$=f(\alpha)+\dfrac{f(\beta)-f(\alpha)}{\beta-\alpha}t(\beta-\alpha)$$
$$=(1-t)f(\alpha)+tf(\beta),$$
故定义 1 可写成代数形式:

定义 1′ 若对任何 $\alpha,\beta\in[a,b]\ (\alpha<\beta)$ 与 $t\in(0,1)$,有
$$f((1-t)\alpha+t\beta)\leqslant(1-t)f(\alpha)+tf(\beta), \tag{2}$$
则称 $f(x)$ 为 $[a,b]$ 上的凹函数.若将式(2)中的 $\leqslant$ 换成 $<$,则相应地改称"凹函数"为"严格凹函数".

---

① 一些教材中也称为下凸.
② 一些教材中也称为上凸.

若$-f(x)$为凹(或严格凹)函数,则称$f(x)$为凸(或严格凸)函数.

下面考虑用导数来刻画凹(或凸)曲线的特征.

如图 4-5(b)所示,当 x 增大时,点 P 的切线斜率 $k=f'(x)$ 亦随之增大,在 $f(x)$ 二次可导的条件下,这等价于 $f''(x)>0$,故有以下的刻画凸性的判别定理. 其证明较繁琐,在此略去.

定理 2 设 $f(x)$ 在 (a,b) 内二次可导, $f'(x)$ 在 $[a,b]$ 上连续.

(i) $f(x)$ 在 $[a,b]$ 上为凹(或凸)函数的充要条件是:在 (a,b) 内 $f''(x) \geq 0$ (或 $f''(x) \leq 0$).

(ii) $f(x)$ 在 $[a,b]$ 上严格凹(或严格凸)的充要条件是:在 (a,b) 内 $f''(x) \geq 0$ (或 $f''(x) \leq 0$),且使 $f''(x)=0$ 的点 x 不充满 (a,b) 的任何子区间.

例 9 讨论下列函数的凸性.

(1) $y=\ln x$; (2) $y=x^3$; (3) $y=1+\sqrt[3]{(x-2)^5}$.

解 (1) 因 $y'=\dfrac{1}{x}, y''=-\dfrac{1}{x^2}$,所以在 $y=\ln x$ 的定义域 $(0,+\infty)$ 内 $y''<0$,由定理 2 知 $y=\ln x$ 严格凸.

(2) 因 $y'=3x^2, y''=6x$,当 $x<0$ 时 $y''<0$;当 $x>0$ 时 $y''>0$,所以 $y=x^3$ 在 $(-\infty, 0]$ 内严格凸,在 $[0,+\infty)$ 内严格凹.

(3) 因 $y'=\dfrac{5}{3}(x-2)^{\frac{2}{3}}, y''=\dfrac{10}{9}(x-2)^{-\frac{1}{3}}(x \neq 2)$,当 $x<2$ 时 $y''<0$,当 $x>2$ 时 $y''>0$,所以 $y=1+\sqrt[3]{(x-2)^5}$ 在 $(-\infty, 2]$ 内严格凸,在 $[2,+\infty)$ 内严格凹.

类似于连续曲线的单调增弧段和单调减弧段的分界点(极值点)的重要性,函数的凸弧段和凹弧段的分界点也有特殊的意义.

定义 2 若 $f(x)$ 在连续点 x_0 的两侧凸性相反(一侧严格凸,另一侧严格凹),则称点 $(x_0, f(x_0))$ 为曲线 $y=f(x)$ 的拐点.

为行文简便,当 $(x_0, f(x_0))$ 为曲线 $y=f(x)$ 的拐点时,也说"x_0 是函数 $f(x)$ 的拐点".

若 $f(x)$ 在拐点 x_0 的某个邻域内二次可导,则由定理 2, $f'(x)$ 在 x_0 一侧单调增,在另一侧单调减,因而 x_0 是 $f'(x)$ 的极值点,由 Fermat 定理知 $f''(x_0)=0$,即有如下定理.

定理 3 设 $f(x)$ 是二次可导函数,若 x_0 是其拐点,则 $f''(x_0)=0$.

应当指出,条件 $f''(x_0)=0$ 不能保证 x_0 是 $f(x)$ 的拐点,例如,对函数 $f(x)=x^4$ 有 $f''(0)=0$,但 $f(x)$ 在整个定义区间 $(-\infty,+\infty)$ 内都是凹的, $x=0$ 不是其拐点. 此外, $f(x)$ 的二阶导数不存在的点也可能是它的拐点,如例 9(3)中的点 $x=2$.

综合以上分析，我们可以按下列步骤来求 $f(x)$ 的拐点：

（i）在所给区间 (a,b) 内，求出所有使 $f''(x)=0$ 的点以及使 $f''(x)$ 不存在的点；

（ii）对上述每点 x_0，考虑 $f''(x)$ 在其左、右两侧的符号，当符号相反时，x_0 是 $f(x)$ 的拐点.

例 10 求函数 $f(x)=(x-1)x^{\frac{2}{3}}$ 的拐点.

解 $f(x)$ 在 $(-\infty,+\infty)$ 内连续，当 $x\neq 0$ 时，

$$f'(x)=x^{\frac{2}{3}}+\frac{2}{3}(x-1)x^{-\frac{1}{3}},$$

$$f''(x)=\frac{4}{3}x^{-\frac{1}{3}}-\frac{2}{9}(x-1)x^{-\frac{4}{3}}=\frac{2}{9}x^{-\frac{4}{3}}(5x+1).$$

当 $x=-\frac{1}{5}$ 时 $f''(0)=0$，当 $x=0$ 时 $f''(x)$ 不存在，其符号和 $f(x)$ 的凸性分布如下表：

x	$\left(-\infty,-\frac{1}{5}\right)$	$-\frac{1}{5}$	$\left(-\frac{1}{5},0\right)$	0	$(0,+\infty)$
$f''(x)$	$-$		$+$		$+$
$f(x)$	凸		凹		凹

故 $x=-\frac{1}{5}$ 是 $f(x)$ 的一个拐点.

定理 4 若 $f(x)$ 在 x_0 的某邻域内三次可导，且 $f''(x_0)=0$. 而 $f'''(x_0)\neq 0$，则 x_0 是 $f(x)$ 的拐点.

证 由于在 x_0 附近

$$f''(x)-f''(x_0)=f'''(x_0)(x-x_0)+o((x-x_0)),$$

因此，$f''(x)$ 在 x_0 左侧与 $f'''(x_0)$ 异号，在 x_0 右侧与 $f'''(x_0)$ 同号，故 $f(x)$ 在 x_0 的两侧凸性相反，得证. □

例 11 设 $f(x)$ 满足方程 $f''(x)+[f'(x)]^2=x$，且 $f'(0)=0$. 证明：$x=0$ 是 $f(x)$ 的拐点.

证 由条件知 $f''(0)=0$. 由于 $f''(x)$ 存在，且

$$f''(x)=x-[f'(x)]^2,$$

上式右端可导，因此 $f'''(x)$ 存在，且 $f'''(x)=1-2f'(x)f''(x)$，从而 $f'''(0)=1\neq 0$. 由定理 4 知 $x=0$ 是 $f(x)$ 的拐点.

在式(2)中取 $t=\dfrac{1}{2}$，得

$$f\left(\dfrac{\alpha+\beta}{2}\right) \leqslant \dfrac{f(\alpha)+f(\beta)}{2}. \tag{3}$$

式(3)常用来证明某些不等式. 当 f 严格凹且 $\alpha\neq\beta$ 时，其中的 $\leqslant$ 可改为 $<$.

例 12 设 $x,y>0$，$x\neq y$，证明

$$(x+y)\ln\dfrac{x+y}{2} < x\ln x + y\ln y.$$

证 令 $f(x)=x\ln x\ (x>0)$，则要证的不等式可改写成

$$f\left(\dfrac{x+y}{2}\right) < \dfrac{1}{2}[f(x)+f(y)].$$

因此只需证明 $f(x)$ 在 $(0,+\infty)$ 内严格凹，而这由 $f''(x)=\dfrac{1}{x}>0\ (x>0)$ 及定理 2 可推出，得证.

4.4.3 函数作图

当一个函数的图形能够包含在一个确定的圆内时，称之为有界图形，例如椭圆；否则为无界图形，例如抛物线. 对有界图形，应当设法将其完整地绘制出来，但是对无界图形，就无法做到这一点. 对此，一个可行的补充措施便是，利用极限工具来得到图形在无穷远处的信息. 其中，渐近线是一个很好的表达方法.

定义 3 设 $d(P,L)$ 是曲线 $y=f(x)$ 上的点 $P(x,y)$ 与某条直线 L 的距离，若当点 $P(x,y)$ 趋于无穷远（即 $x^2+y^2\to+\infty$）时 $d(P,L)$ 趋于 0，则称直线 L 是曲线 $y=f(x)$ 的一条渐近线.

根据斜率的不同，渐近线分为水平渐近线，铅直渐近线和斜渐近线三种. 可以依据以下方法计算：

(1) 若 $\lim\limits_{x\to+\infty}f(x)=A$（或 $\lim\limits_{x\to-\infty}f(x)=A$），则直线 $y=A$ 是曲线的一条水平渐近线，因为当点 P 趋于无穷远时，$d(P,L)=|f(x)-A|$ 趋于 0.

(2) 若 $\lim\limits_{x\to a^+}f(x)=\infty$（或 $\lim\limits_{x\to a^-}f(x)=\infty$），则直线 $x=a$ 是曲线的一条铅直渐近线.

(3) 若 $\lim\limits_{x\to+\infty}\dfrac{f(x)}{x}=k\neq 0$，$\lim\limits_{x\to+\infty}(f(x)-kx)=$

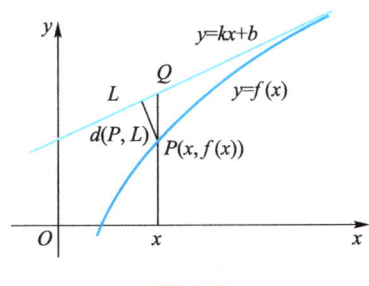

图 4-6

b,则直线 $y=kx+b$ 是曲线在 x 轴正向无穷远处的一条斜渐近线.因为当点 P 趋于无穷远时,$d(P,L)$ 与 $PQ=|f(x)-kx-b|$ 是同阶无穷小.将自变量变化过程换做 $x\to-\infty$ 时亦有类似的结果(如图 4-6).

前两小节用微分学方法研究了函数的单调性与凸性,所得结论有助于函数的作图.现将函数作图的程序概括如下:

$1°$ 确定所研究函数 $f(x)$ 的定义域并指出间断点.

$2°$ 判定 $f(x)$ 是否具有奇偶性、周期性与有界性.鉴于奇函数的图形关于原点对称,偶函数的图形关于 y 轴对称,对于奇函数或偶函数只需考虑 $x\geq 0$ 的图形;对于周期函数只需考虑在某一周期内的图形;若 $f(x)$ 有界,则可预先确定其图形介于某两条水平直线之间.

$3°$ 计算 $f'(x)$ 和 $f''(x)$,在定义域内求出它们的零点和不存在点.

$4°$ 按上述各点将定义区间分成若干部分区间,并列表讨论 $f'(x)$ 和 $f''(x)$ 的符号,确定图形的上升与下降、凹凸以及极值和拐点.

$5°$ 计算上述各点的函数值,适当补充某些特殊点(如与坐标轴的交点).

$6°$ 讨论图形是否有渐近线,从而了解图形在无穷远处的趋向.

$7°$ 描点作出函数的图形.

4-9 如何确定曲线的渐近线

例 13 作出函数 $f(x)=x+\dfrac{x}{x^2-1}$ 的图形.

解 $1°$ $f(x)$ 在 $x=\pm 1$ 以外的点有定义.

$2°$ $f(x)$ 是奇函数,故其图形关于原点对称.因此只关注 $[0,+\infty)$ 上 $f(x)$ 的特征.

$3°$ $f'(x)=\dfrac{x^2(x^2-3)}{(x^2-1)^2}$,$x=\sqrt{3}$ 时 $f'(x)=0$;$f''(x)=\dfrac{2x(x^2+3)}{(x^2-1)^3}$,$x=0$ 时 $f''(x)=0$.

$4°$ 列表如下:

x	0	(0,1)	1	$(1,\sqrt{3})$	$\sqrt{3}$	$(\sqrt{3},+\infty)$
$f'(x)$	0	−		−	0	+
$f''(x)$	0	−		+		+
图形	拐点	↘,凸	无定义	↘,凹	极小值	↗,凹

$5°$ $f(0)=0$,$f(\sqrt{3})=\dfrac{3\sqrt{3}}{2}$,$y=f(x)$ 在原点与 x 轴相切.

6° 因 $x \to 1^+$ 时 $f(x) \to +\infty$, $x \to 1^-$ 时 $f(x) \to -\infty$, 故 $x=1$ 是铅直渐近线. 其次, 因

$$\lim_{x \to +\infty} \frac{1}{x}\left(x + \frac{x}{x^2-1}\right) = 1, \quad \lim_{x \to +\infty}\left(x + \frac{x}{x^2-1} - x\right) = 0,$$

故 $y=x$ 是一条斜渐近线.

7° 综合上述分析作出图形(如图 4-7).

例 14 作出函数 $f(x) = \dfrac{1}{\sqrt{2\pi}} e^{-\frac{x^2}{2}}$ 的图形.

解 1° $f(x)$ 的定义域为 $(-\infty, +\infty)$.

2° $f(x)$ 是偶函数, 故其图形关于 y 轴对称.
因 $0 < f(x) < \dfrac{1}{\sqrt{2\pi}}$, 故 $f(x)$ 的图形介于 x 轴与水平线 $y = \dfrac{1}{\sqrt{2\pi}}$ 之间.

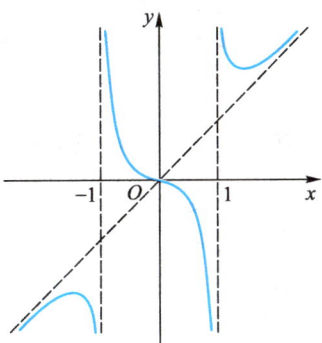

图 4-7

3° $f'(x) = -\dfrac{x}{\sqrt{2\pi}} e^{-\frac{x^2}{2}}$, $x=0$ 时 $f'(x)=0$, $f''(x) = \dfrac{x^2-1}{\sqrt{2\pi}} \cdot e^{-\frac{x^2}{2}}$, $x=1$ 时 $f''(x)=0$.

4° 列表如下:

x	0	(0,1)	1	$(1,+\infty)$
$f'(x)$	0	−	−	−
$f''(x)$		+	0	−
图形	极大值	↘, 凸	拐点	↘, 凹

5° $f(0) = \dfrac{1}{\sqrt{2\pi}}$, $f(1) = \dfrac{1}{\sqrt{2\pi e}}$, $y=f(x)$ 在 $x=0$ 处有水平切线.

6° 因 $\lim\limits_{x \to +\infty} f(x) = 0$, 故 $y=0$ 是水平渐近线.

7° 综合上述分析作出图形(如图 4-8).

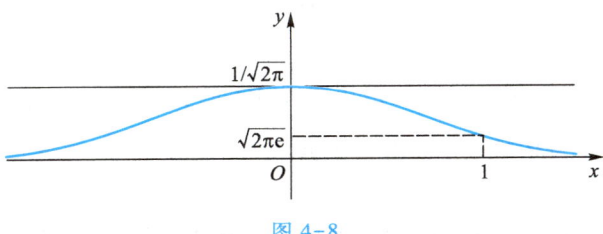

图 4-8

4.4.4 曲率

I 弧微分

作为曲率的预备知识,首先介绍弧微分的概念.

设函数 $f(x)$ 在区间 (a,b) 内具有连续导数. 在曲线 $y=f(x)$ 上取固定点 $M_0(x_0,y_0)$ 作为度量弧长的基点,并规定依 x 增大的方向作为曲线的正向. 对曲线上任一点 $M(x,y)$,规定有向弧段 $\widehat{M_0M}$ 的值 s(简称为弧)如下:s 的绝对值等于这弧段的长度,当有向弧段 $\widehat{M_0M}$ 的方向与曲线的正向一致时,$s>0$,相反时,$s<0$. 显然,s 是 x 的函数:$s=s(x)$,而且 $s(x)$ 是 x 的单调增加函数. 下面来求 $s(x)$ 的导数及微分.

设 $x,x+\Delta x$ 为 (a,b) 内两个邻近的点,它们在曲线 $y=f(x)$ 上的对应点为 M,M'(图 4-9),并设对应于 x 的增量为 Δx,弧 s 的增量为 Δs,用 $|MM'|$ 表示线段 MM' 的长,于是

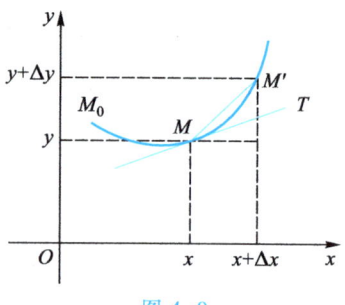

图 4-9

$$\frac{\Delta s}{\Delta x}=\frac{\widehat{MM'}}{\Delta x}=\frac{\widehat{MM'}}{|MM'|}\frac{|MM'|}{\Delta x}$$

$$=\frac{\widehat{MM'}}{|MM'|}\frac{\sqrt{(\Delta x)^2+(\Delta y)^2}}{\Delta x}$$

$$=\pm\frac{\widehat{MM'}}{|MM'|}\sqrt{1+\left(\frac{\Delta y}{\Delta x}\right)^2},$$

而

$$\lim_{\Delta x\to 0}\frac{\widehat{MM'}}{|MM'|}=\pm 1,\quad \lim_{\Delta x\to 0}\frac{\Delta y}{\Delta x}=y',$$

因此

$$\frac{\mathrm{d}s}{\mathrm{d}x}=\sqrt{1+y'^2},$$

或

$$\mathrm{d}s=\sqrt{1+y'^2}\,\mathrm{d}x. \tag{4}$$

这就是弧微分公式.

容易看出,当 $\Delta x>0$ 时,$\mathrm{d}s$ 便是切线段 MT 的长度. 上述推导说明,当 $\Delta x\to 0$ 时,$MT,\widehat{MM'}$ 以及 MM' 的长度是等价无穷小.

II 曲率及其计算公式

设曲线 C 由方程 $y=f(x)$ 给定,其中 $f(x)$ 具有一阶连续导数,M_0 是 C 上度量

弧长的基点.以 s 记 C 由基点到动点 $M(x,y)$ 对应的弧长,以 $\alpha\left(|\alpha|<\dfrac{\pi}{2}\right)$ 记 C 在点 M 处切线的倾角;C 上另一点 $N(x+\Delta x,y+\Delta y)$ 对应的弧长为 $s+\Delta s$,在点 N 处切线的倾角为 $\alpha+\Delta\alpha$(图 4-10).

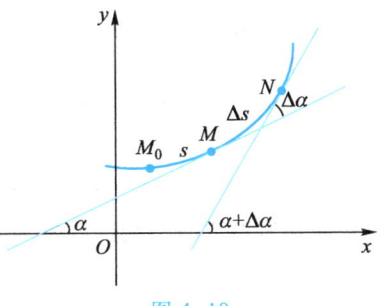

图 4-10

直观上看到,弧 $\overset{\frown}{MN}$ 的弯曲程度与 $|\Delta\alpha|$ 成正比、与 $|\Delta s|$ 成反比,称
$$\overline{K}=\left|\dfrac{\Delta\alpha}{\Delta s}\right|$$
为弧 $\overset{\frown}{MN}$ 的平均曲率.当以下极限存在时,称
$$K=\lim_{\Delta s\to 0}\left|\dfrac{\Delta\alpha}{\Delta s}\right|$$
为曲线 C 在点 M 处的曲率.

如果 $f(x)$ 二阶可导,由 $\tan\alpha=y'$,有 $\alpha=\arctan y'$,因此
$$d\alpha=\dfrac{y''dx}{1+y'^{2}}. \tag{5}$$

又由式(4)知道 $ds=\sqrt{1+y'^{2}}$ 以及 $\lim\limits_{\Delta s\to 0}\dfrac{\Delta\alpha}{\Delta s}=\dfrac{d\alpha}{ds}$,得到曲率的计算公式
$$K=\left|\dfrac{d\alpha}{ds}\right|=\dfrac{|y''|}{(1+y'^{2})^{3/2}}. \tag{6}$$

若曲线 C 由参数方程 $\begin{cases}x=x(t)\\ y=y(t)\end{cases}$ 给出,将 $y'_x=\dfrac{y'(t)}{x'(t)}$ 与 $y''_x=\dfrac{y''(t)x'(t)-y'(t)x''(t)}{(x'(t))^{3}}$ 代入式(6),得
$$K=\dfrac{|y''(t)x'(t)-y'(t)x''(t)|}{[x'^{2}(t)+y'^{2}(t)]^{3/2}}. \tag{7}$$

例 15 求椭圆 $\dfrac{x^{2}}{a^{2}}+\dfrac{y^{2}}{b^{2}}=1$ 的曲率.

解 方程 $b^{2}x^{2}+a^{2}y^{2}=a^{2}b^{2}$ 两边对 x 求导,得
$$y'=-\dfrac{b^{2}x}{a^{2}y},$$
进而有
$$y''=-\dfrac{b^{2}}{a^{2}}\dfrac{y-xy'}{y^{2}}=-\dfrac{b^{4}}{a^{2}y^{3}}.$$
代入式(6)得
$$K=\dfrac{a^{4}b^{4}}{(b^{4}x^{2}+a^{4}y^{2})^{3/2}}.$$

例 16 求 Archimedes(阿基米德)[①]螺线 $r=\theta(\theta\geqslant 0, r,\theta$ 是极坐标$)$ 的曲率 K(图4-11).

解 由直角坐标与极坐标的关系可得

$$\begin{cases} x=r\cos\theta=\theta\cos\theta, \\ y=r\sin\theta=\theta\sin\theta, \end{cases} (\theta\geqslant 0),$$

这是以 θ 为参数的曲线的参数方程. 计算得

$$x'(\theta)=\cos\theta-\theta\sin\theta,$$
$$y'(\theta)=\sin\theta+\theta\cos\theta;$$
$$x''(\theta)=-2\sin\theta-\theta\cos\theta,$$
$$y''(\theta)=2\cos\theta-\theta\sin\theta.$$

代入式(7)(但以 θ 换 t)得

$$K=\frac{2+\theta^2}{(1+\theta^2)^{3/2}}.$$

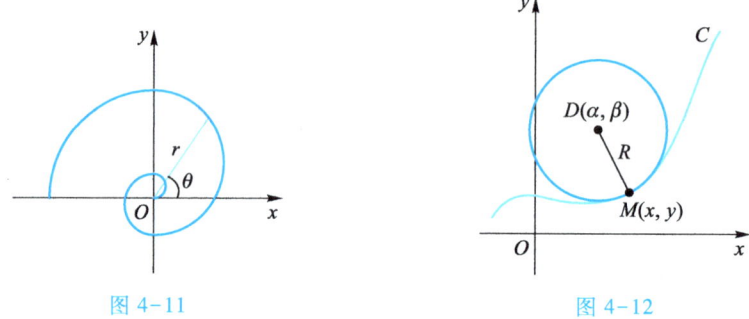

图 4-11   图 4-12

定义 4 设曲线 C 在点 $M(x,y)$ 的曲率 $K\neq 0$, 则称 $R=1/K$ 为 C 在点 M 的**曲率半径**. 过点 M 朝曲线的凹向引法线段 MD, 使线段 MD 之长为 R, 称 D 为 C 的**曲率中心**, 称以 D 为中心、以 R 为半径的圆为 C 在点 M 处的**曲率圆**(图4-12).

直观上, 曲线 C 在点 M 的弯曲程度与其曲率圆一样.

下面导出曲率中心 D 的坐标 (α,β) 的计算公式. 因 MD 的斜率为 $-\dfrac{1}{y'}$, 而 $|MD|=R$, 故得到方程组:

$$\begin{cases} \dfrac{\beta-y}{\alpha-x}=-\dfrac{1}{y'}, \\ (\beta-y)^2+(\alpha-x)^2=R^2. \end{cases}$$

[①] Archimedes, 公元前287—前212, 古希腊哲学家, 数学家.

由式(6)有 $R = \dfrac{(1+y'^2)^{3/2}}{|y''|}$. 因 $K \neq 0$, 故 $y'' \neq 0$. 从以上方程组解出

$$\beta - y = \pm \frac{1+y'^2}{y''}; \tag{8}$$

$$\alpha - x = \mp \frac{(1+y'^2)y'}{y''}. \tag{9}$$

因 D 在 C 的凹侧, 故当 $y'' > 0$ 时(C 凹), $\beta - y > 0$; 当 $y'' < 0$ 时, $\beta - y < 0$. 可见式(8)右端应取"+"号, 而式(9)右端应取"-"号. 于是有

$$\begin{cases} \alpha = x - \dfrac{y'(1+y'^2)}{y''}, \\ \beta = y + \dfrac{1+y'^2}{y''}. \end{cases} \tag{10}$$

例 17 求曲线 $xy = 1$ 在点 $(1,1)$ 处的曲率圆.

解 曲线方程为 $y = 1/x$, 于是

$$y' = -x^{-2}, \quad y'' = 2x^{-3}.$$

以 $x = y = 1$, $y'(1) = -1$, $y''(1) = 2$ 代入式(10)得 $\alpha = \beta = 2$, 故曲线在点 $(1,1)$ 的曲率中心为点 $(2,2)$. 因曲率圆必通过点 $(1,1)$, 故曲率半径 $R = \sqrt{2}$. 因此, 曲率圆的方程为(参考图 4-13)

$$(x-2)^2 + (y-2)^2 = 2.$$

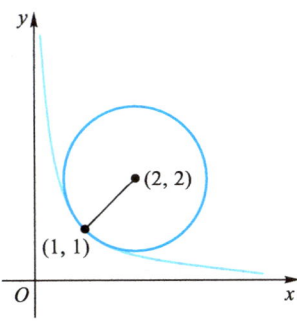

图 4-13

习题 4.4

1. 求下列函数的单调区间:

(1) $y = 2 + x - x^2$;

(2) $y = 2x/(1+x^2)$;

(3) $y = x + \sin x$;

(4) $y = \dfrac{x}{\ln x}$.

2. 证明不等式：

(1) $x < \tan x < \sec x \ (0 < x < \pi/2)$；

(2) $\dfrac{1}{x} - 4x^2 > -3 \quad (0 < x < 1)$；

(3) $(1+x)\ln(1+x) < e^x - 1 \ (x > 0)$；

(4) $\dfrac{x_1}{x_2} < \dfrac{\ln x_1}{\ln x_2} < \dfrac{x_2}{x_1} \quad (e < x_1 < x_2)$.

3. 设 $x > -1, 0 < \alpha < 1$，证明不等式 $(1+x)^\alpha \leqslant 1 + \alpha x$，且说明等号仅在 $x = 0$ 时成立.

4. 求下列函数图形的凹凸区间及拐点：

(1) $y = x^3 - 5x^2 + 3x - 5$；　　　　(2) $y = (x+1)^4 + e^x$；

(3) $y = x^4(12 \ln x - 7)$.

5. 求下列曲线的渐近线：

(1) $y = e^{1/x} - 1$；　　　　(2) $y = \dfrac{(x+1)^3}{(x-1)^2}$.

6. 作出下列函数的图形：

(1) $f(x) = x^3 - 6x^2 + 9x + 5$；　　　　(2) $f(x) = \dfrac{x}{1-x^2}$；

(3) $f(x) = \dfrac{x^2}{1+x}$；　　　　(4) $f(x) = \dfrac{1-2x}{x^2} + 1 \ (x > 0)$.

7. 求下列曲线在指定点处的曲率：

(1) $y = x^3$ 在点 $(1,1)$ 处；　　(2) $y = \sin x$ 在点 $(\pi/2, 1)$ 处.

8. 求曲线 $x = 4\sin t, y = 2\cos t$ 在 $t = \pi/6$ 处的曲率半径.

9. 曲线 $y = \ln x$ 上哪点的曲率半径最小？求出这最小的曲率半径.

10. 求曲线 $y = \ln x$ 与 x 轴交点处的曲率圆方程.

§4.5　极值问题

极值问题广泛出现于自然科学、工程技术以及社会生活中. 对于极值问题的研究已经十分深入,并形成了一系列与极值有关的数学分支(如最优化理论、变分学等). 然而,现代极值理论的基本思想实际上源于微分学的一些简单推论,本节将介绍其中最基本的内容.

4.5.1　极值条件

在 4.1.1 中已给出了极值的定义. 那么,对给定的函数及其定义域内的一点 x_0,要使 x_0 成为 $f(x)$ 的极值点,应满足什么条件？

Fermat 定理给出了可导函数取得极值的**必要条件**：可导函数的极值点必定

是它的驻点.

但是,驻点未必是极值点.例如,$x=0$ 是 $f(x)=x^3$ 的驻点,却不是极值点.此外,函数的极值也可能在它的导数不存在的点处取得,例如 $f(x)=|x|$ 在 $x=0$ 处不可导,但函数在该点取得极小值.因此,必须寻求判定驻点或不可导点为极值点的条件.

下面给出判定极值的两个充分条件.

定理 1(极值的第一充分条件) 设函数 $f(x)$ 在 x_0 处连续,且 $f'(x)$ 在 x_0 的某去心邻域 $\overset{\circ}{N}(x_0,r)$ 内存在.若在此邻域中 $f'(x)$ 在 x_0 的两侧异号,则 x_0 是 $f(x)$ 的极值点;当 $f'(x)$ 在 x_0 的两侧为左负右正(或左正右负)时,$f(x_0)$ 为极小值(或极大值).

证 只考虑极小值的情况.

若 $f'(x)$ 在 x_0 的两侧左负右正,由函数单调性的判定法,函数 $f(x)$ 在 x_0 的左侧邻近严格单调减,在 x_0 的右侧邻近严格单调增,又由于函数 $f(x)$ 在 x_0 处连续,因而存在 $r>0$,当 $x\in\overset{\circ}{N}(x_0,r)$ 时,恒有 $f(x)>f(x_0)$,所以 $f(x_0)$ 是 $f(x)$ 的一个极小值. □

例 1 求 $f(x)=(x-1)\sqrt[3]{x^2}$ 的极值点和极值.

解 $f(x)$ 在 $(-\infty,+\infty)$ 内连续,且

$$f'(x)=x^{\frac{2}{3}}+\frac{2}{3}(x-1)x^{-\frac{1}{3}}=\frac{5x-2}{3x^{1/3}}(x\neq 0),$$

$x=\dfrac{2}{5}$ 是 $f(x)$ 的驻点,而 $x=0$ 时,$f'(x)$ 不存在.其符号分布和函数 $f(x)$ 的特性如下表:

x	$(-\infty,0)$	0	$\left(0,\dfrac{2}{5}\right)$	$\dfrac{2}{5}$	$\left(\dfrac{2}{5},+\infty\right)$
$f'(x)$	+	不存在	−	0	+
$f(x)$	↗	极大值	↘	极小值	↗

因此,$x=0$ 和 $x=\dfrac{2}{5}$ 分别是 $f(x)$ 的极大值和极小值点,且极大值 $f(0)=0$,极小值 $f\left(\dfrac{2}{5}\right)=-\dfrac{3}{5}\sqrt[3]{\dfrac{4}{25}}$.

定理 2(极值的第二充分条件) 设 $f(x)$ 在 x_0 处二次可导,且 $f'(x_0)=0$,

$f''(x_0) \neq 0$. 若 $f''(x_0) > 0$(或 $f''(x_0) < 0$),则 $f(x_0)$ 是极小值(或极大值).

证 只考虑极小值的情况.

按二阶导数的定义

$$f''(x_0) = \lim_{x \to x_0} \frac{f'(x) - f'(x_0)}{x - x_0} = \lim_{x \to x_0} \frac{f'(x)}{x - x_0} > 0,$$

由函数极限的局部保号性知,当 x 邻近 x_0(但 $x \neq x_0$)时,有 $\frac{f'(x)}{x - x_0} > 0$. 这说明 $f'(x)$ 在 x_0 的某邻域内与 $x - x_0$ 同号,即 $f'(x)$ 在 x_0 的两侧左负右正. 由定理 1 知 $f(x)$ 在 x_0 处取得极小值. □

例 2 求 $f(x) = x^3 - 6x^2 + 9x + 3$ 的极值.

解 $f(x)$ 在 $(-\infty, +\infty)$ 内连续且二阶可导,有

$$f'(x) = 3x^2 - 12x + 9 = 3(x - 1)(x - 3),$$
$$f''(x) = 6x - 12,$$

因 $f'(1) = f'(3) = 0, f''(1) < 0 < f''(3)$,故由定理 2 得出 $f(1) = 7$ 是极大值, $f(3) = 3$ 是极小值.

例 3 求 $f(x) = 1 - x^4$ 的极值.

解 $f(x)$ 在 $(-\infty, +\infty)$ 内连续、可导,且 $f'(x) = -4x^3$,因此 $x = 0$ 是 $f(x)$ 的唯一驻点. 又 $f'(x)$ 在 $x = 0$ 两侧左正右负,故由定理 1, $f(0) = 1$ 是极大值.

注 对上例有 $f''(0) = 0$,因而无法用定理 2 判定.

例 4 设函数 $y = y(x)$ 由参数方程

$$\begin{cases} x = t - \sin t, \\ y = 1 - \cos t \end{cases} \quad (0 < t < 2\pi)$$

确定,求 $y(x)$ 的极值.

解 由 $\dfrac{dy}{dx} = \dfrac{\sin t}{1 - \cos t} = 0$ 得 $t = \pi$,因此 $x = \pi$ 是 $y(x)$ 的唯一驻点. 又从 $\dfrac{d^2 y}{dx^2} = -\dfrac{1}{(1 - \cos t)^2}$ 知在点 $x = \pi$ 处 $\dfrac{d^2 y}{dx^2} < 0$,故 $y(\pi) = 1 - \cos \pi = 2$ 是极大值.

例 5 设 $f(x) = \begin{cases} x^2 \left(\sin \dfrac{1}{x} + 2 \right), & x \neq 0, \\ 0, & x = 0, \end{cases}$ 求 $f(x)$ 的极值,并讨论 $f(x)$ 在极值点两侧的单调性.

解 容易看出,当 $x \neq 0$ 时,

$$f(x) - f(0) = x^2 \left(\sin \frac{1}{x} + 2 \right) > 0,$$

故 $x=0$ 是 $f(x)$ 的极小值点. 当 $x \neq 0$ 时,
$$f'(x) = 2x\left(\sin\frac{1}{x} + 2\right) - \cos\frac{1}{x}.$$
由于
$$f'\left(\frac{1}{k\pi}\right) = \frac{2}{k\pi}(\sin k\pi + 2) - \cos k\pi = \frac{4}{k\pi} - (-1)^k,$$
故当 $k=1,3,5,\cdots$ 时,$f'(x_k) > 0$;当 $k=2,4,6,\cdots$ 时,$f'(x_k) < 0$,可见 $f(x)$ 在 $x=0$ 右侧不单调. 类似地可以说明 $f(x)$ 在 $x=0$ 左侧的任何邻域内也不单调.

例 5 告诉我们,函数在其极值点两侧不一定单调.

4.5.2 最大值与最小值

首先考虑闭区间上的连续函数.

设 $f(x)$ 在 $[a,b]$ 上连续,则由闭区间上连续函数的性质知,$f(x)$ 在 $[a,b]$ 上可取得最大值 M 与最小值 m. 如果 $f(x)$ 在 (a,b) 内的不可导点和驻点为有限个,则可以依以下程序求 M 与 m:

(1) 求出 $f(x)$ 的所有驻点、不可微点,将这些点与 a,b 一起作为<u>受检点</u>.

(2) 设 $x_i (1 \leq i \leq n)$ 是受检点的全体,则
$$M = \max_{1 \leq i \leq n} f(x_i), \quad m = \min_{1 \leq i \leq n} f(x_i).$$
注意,以上解法无需考虑受检点是否为极值点.

例 6 求 $f(x) = x^3 - 3x^2 - 9x + 5$ 在 $[0,4]$ 上的最大值 M 与最小值 m.

解 因 $f'(x) = 3x^2 - 6x - 9 = 3(x-3)(x+1)$,故问题的受检点为 $x = 0,3,4$($x=-1$ 不在 $[0,4]$ 内,因而不在考虑之列). 算出 $f(0) = 5, f(3) = -22, f(4) = -15$,可见 $M = 5, m = -22$.

例 7 求 $f(x) = |(x-2)(5x-2)|$ 在 $\left[\frac{1}{5}, 2\right]$ 上的最大值 M 与最小值 m.

解 写出 $f(x)$ 的分段表达式:
$$f(x) = \begin{cases} (x-2)(5x-2), & \frac{1}{5} \leq x \leq \frac{2}{5}, \\ (x-2)(2-5x), & \frac{2}{5} < x \leq 2. \end{cases}$$

因此
$$f'(x) = \begin{cases} 10x - 12, & \frac{1}{5} \leq x < \frac{2}{5}, \\ 12 - 10x, & \frac{2}{5} < x < 2. \end{cases}$$

可见 $x=\dfrac{6}{5}$ 是指定区间内的驻点.分界点 $x=\dfrac{2}{5}$ 的可导性检验比较繁琐,不如直接纳入受检点集合.故连同端点,问题的受检点为四个:$\dfrac{1}{5},\dfrac{2}{5},\dfrac{6}{5},2$.比较这些点的函数值:$f\left(\dfrac{1}{5}\right)=\dfrac{9}{5},f\left(\dfrac{2}{5}\right)=0,f\left(\dfrac{6}{5}\right)=\dfrac{16}{5}$ 以及 $f(2)=0$,得出 $M=\dfrac{16}{5},m=0$.

其次考虑开区间 (a,b)(可以是无穷区间)上的连续函数.

必须指出,此时的函数不一定有最大值和最小值.例如 $f(x)=x$ 在定义域 $(-\infty,+\infty)$ 上没有最大值和最小值,$f(x)=x^2$ 在定义域 $(-\infty,+\infty)$ 上没有最大值,只有最小值.

如果能够通过 $f'(x)$ 的符号分布确定函数 $f(x)$ 的单调区间,则可以结合几何直观确定 $f(x)$ 是否有最大值或最小值,并且计算出来.详见下例.

例 8 求 $f(x)=x\mathrm{e}^{-nx}(n\geqslant 1)$ 在 $(0,+\infty)$ 上的最大值.

解 由 $f'(x)=\mathrm{e}^{-nx}(1-nx)$ 可知 $f(x)$ 在 $\left(0,\dfrac{1}{n}\right)$ 上单调增,在 $\left(\dfrac{1}{n},+\infty\right)$ 上单调减,故所求的最大值是 $f\left(\dfrac{1}{n}\right)=\dfrac{1}{n\mathrm{e}}$.

例 9 求 $f(x)=x^x$ 在 $(0,1)$ 上的最小值.

解 由 $f'(x)=x^x(\ln x+1)$ 可知 $f(x)$ 在 $\left(0,\dfrac{1}{\mathrm{e}}\right)$ 上单调减,在 $\left(\dfrac{1}{\mathrm{e}},1\right)$ 上单调增,故所求的最小值是 $f\left(\dfrac{1}{\mathrm{e}}\right)=\left(\dfrac{1}{\mathrm{e}}\right)^{\frac{1}{\mathrm{e}}}=0.6922\cdots$.

可通过求函数最大(或最小)值来证明某些不等式.

例 10 证明 $2^{1-p}\leqslant x^p+(1-x)^p\leqslant 1\ (p>1,0\leqslant x\leqslant 1)$.

证 这是闭区间上的问题.令 $f(x)=x^p+(1-x)^p$,则由
$$f'(x)=px^{p-1}-p(1-x)^{p-1}$$
得 $f(x)$ 在 $(0,1)$ 内的唯一驻点 $x=\dfrac{1}{2}$.因
$$f(0)=f(1)=1,\quad f\left(\dfrac{1}{2}\right)=2^{1-p}<1,$$
所以 $f(x)$ 在 $[0,1]$ 上有最大值 1,最小值 2^{1-p}.得证.

例 11 设 p,q 是大于 1 的常数,且 $\dfrac{1}{p}+\dfrac{1}{q}=1$,证明:对于任意 $x>0$,有 $\dfrac{1}{p}x^p+\dfrac{1}{q}\geqslant x$.

证 令 $f(x)=\dfrac{1}{p}x^p+\dfrac{1}{q}-x$.由 $f'(x)=x^{p-1}-1$ 可知 $f(x)$ 在 $(0,1)$ 上单调减,在

$(1,+\infty)$ 上单调增,故 $f(x)$ 在 $x=1$ 处取得最小值且最小值是 $f(1)=\dfrac{1}{p}+\dfrac{1}{q}-1=0$. 从而当 $x>0$ 时,有 $f(x)\geqslant f(1)=0$,即 $\dfrac{1}{p}x^p+\dfrac{1}{q}\geqslant x$.

4.5.3 应用问题

解关于极值的应用问题通常遵循以下步骤:适当设变量 x,将问题归结为求某个函数 $f(x)$ 在某区间 I 上的最大(小)值,或者求使 $f(x)$ 达到最大(小)值的点 x.上述的 $f(x)$ 称为"目标函数".

例 12(常数和——最大乘积问题) 将正数 s 分解为两正数之和,使其乘积最大.

解 设 $s=x+(s-x)$,$0<x<s$,则问题归结于求 $f(x)=x(s-x)$ 在 $(0,s)$ 上的最大值.因 $f'(x)=s-2x$,故 $x=\dfrac{s}{2}$ 是唯一驻点.

列表分析

x	$\left(0,\dfrac{s}{2}\right)$	$\dfrac{s}{2}$	$\left(\dfrac{s}{2},s\right)$
$f'(x)$	+	0	−
$f(x)$	↗		↘

得 $f\left(\dfrac{s}{2}\right)=\dfrac{s^2}{4}$ 是最大值,可见 $s=\dfrac{s}{2}+\dfrac{s}{2}$ 为所求分解,即:有定和的两个正数仅当彼此相等时其乘积最大.

例 13(常数积——最小和问题) 将正数 p 分解为两正数之积,使其和最小.

解 类似于例 12,问题归结于求 $f(x)=x+\dfrac{p}{x}$ 在 $(0,p)$ 上的最小值.因 $f'(x)=1-\dfrac{p}{x^2}$,故 $x=\sqrt{p}$ 是唯一驻点.

列表分析

x	$(0,\sqrt{p})$	$\sqrt{p}$	$(\sqrt{p},p)$
$f'(x)$	−	0	+
$f(x)$	↘		↗

得 $f(\sqrt{p}) = 2\sqrt{p}$ 是最小值,因此 $p = \sqrt{p} \cdot \sqrt{p}$ 为所求分解,即:有定积的两个正数仅当彼此相等时其和最小.

例 14 某房地产公司有 50 套公寓要出租.当租金定为每月 1 800 元时,公寓会全部租出去,当租金每月增加 100 元时,就有一套公寓租不出去,而租出去的房子每月需花费 200 元的整修维护费,试问房租定为多少时每月可获得最大收入?

解 设房租为每月 x 元($x > 1\ 800$).租出去的房子有 $50 - \left(\dfrac{x - 1\ 800}{100}\right)$ 套,每月总收入为

$$R(x) = (x - 200)\left(50 - \dfrac{x - 1\ 800}{100}\right) = (x - 200)\left(68 - \dfrac{x}{100}\right) \quad (x > 1\ 800),$$

于是,问题归结于求 $R(x) = (x - 200)\left(68 - \dfrac{x}{100}\right)$ 在 $x > 1\ 800$ 时的最大值.因

$$R'(x) = \left(68 - \dfrac{x}{100}\right) + (x - 200)\left(-\dfrac{1}{100}\right) = 70 - \dfrac{x}{50},$$

故 $x = 3\ 500$ 为唯一驻点,又 $R''(x) = -\dfrac{1}{50} < 0$,所以每套房租定为每月 3 500 元时可获得最大收入,且最大收入

$$R = (3\ 500 - 200)\left(68 - \dfrac{3\ 500}{100}\right) = 108\ 900\,(元).$$

需要指出的是,实际问题中,往往根据问题的性质就可以判定可导函数 $f(x)$ 确有最大(小)值,而且一定在定义区间内部取得.这时如果 $f(x)$ 在定义区间内部只有一个受检点 x_0,就可以判定 $f(x_0)$ 即为所求.

例 15 使用面积一定的材料作一容积最大的无上盖圆柱形桶,求其高 h 与底半径 r 的关系.

解 桶的容积 $V = \pi r^2 h$.因表面积 $S = \pi r^2 + 2\pi rh$ 为常数,解出

$$h = \dfrac{S - \pi r^2}{2\pi r},$$

代入 V 得

$$V = \pi r^2 \dfrac{S - \pi r^2}{2\pi r} = \dfrac{1}{2}r(S - \pi r^2).$$

于是,问题归结于求 $V(r) = r(S - \pi r^2)$ 在 $\left[0, \sqrt{\dfrac{S}{\pi}}\right]$ 上的最大值.因

$$V'(r) = S - 3\pi r^2,$$

故 $r=\sqrt{\dfrac{S}{3\pi}}$ 是唯一驻点,由实际问题的意义知 $V\left(\sqrt{\dfrac{S}{3\pi}}\right)$ 是最大值. 从 $r=\sqrt{\dfrac{S}{3\pi}}$ 与 $S=\pi r^2+2\pi rh$ 中消去 S 得 $r=h$.

例 16 若例 15 中桶的容积 V 一定,应如何选择尺寸才能使桶的用料最省?

解 从 $V=\pi r^2 h$ 与 $S=\pi r^2+2\pi rh$ 中消去 h,得

$$S=\pi r^2+\frac{2V}{r}, \quad 0<r<+\infty,$$

因

$$S'(r)=2\pi r-\frac{2V}{r^2}=\frac{2\pi}{r^2}\left(r^3-\frac{V}{\pi}\right),$$

故 $r=\sqrt[3]{\dfrac{V}{\pi}}$ 是唯一驻点,由实际问题的意义知 $S\left(\sqrt[3]{\dfrac{V}{\pi}}\right)$ 是最小值.

从 $r=\sqrt[3]{\dfrac{V}{\pi}}$ 与 $V=\pi r^2 h$ 中消去 V 得 $r=h$. 可见当 V 一定时,取 $r=h$ 用料最省.

习题 4.5

1. 设 $f(x)$ 满足 $3f(x)-f(1/x)=1/x, x\neq 0$. 求函数 $f(x)$ 的极值.

2. 设 $y=x^3+ax^2+bx+2$ 在 $x_1=1$ 和 $x_2=2$ 取得极值,试确定 a 与 b 的值,并证明 $y(x_1)$ 是极大值,$y(x_2)$ 是极小值.

3. 已知 $f(x)$ 在点 a 的邻域内有定义,且 $\lim\limits_{x\to a}[f(x)-f(a)]/(x-a)^2=c\neq 0$,试讨论 $f(x)$ 在 $x=a$ 处的极值情况.

4. 试证明:若函数 $y=ax^3+bx^2+cx+d$ 满足条件 $b^2-3ac<0$,则该函数没有极值.

5. 在数 $1,\sqrt{2},\sqrt[3]{3},\sqrt[4]{4},\cdots,\sqrt[n]{n},\cdots$ 中求出最大的一个数.

6. 研究函数 $y=\left(1+x+\dfrac{x^2}{2!}+\cdots+\dfrac{x^n}{n!}\right)e^{-x}$ (n 为自然数)的极值.

7. 设 $f(x)=nx(1-x)^n$ (n 为自然数),试求

(1) $f(x)$ 在 $0\leqslant x\leqslant 1$ 上的最大值 M_n; (2) $\lim\limits_{n\to\infty}M_n$.

8. 用极值方法证明:当 $|x|\leqslant 2$ 时,$|3x-x^3|\leqslant 2$.

9. 设 $f(x)$ 在 $[a,b]$ 上可微. 若 ξ 为 (a,b) 内一定点,$f(\xi)>0,(x-\xi)f'(x)\geqslant 0$,证明在 $[a,b]$ 上 $f(x)>0$.

10. 将一根细而坚硬挺直的管子从一个宽为 1 m 的走廊保持水平状态搬到同样宽且与前者成直角的走廊中,假设管子的直径忽略不计,求管子的最大长度.

11. 已知一半径为 r 的球,欲作一正圆锥与此球相切,试问锥底半径为何值时,该圆锥的体积最小?

12. 周长为 $2l$ 的等腰三角形,绕其底边旋转形成旋转体,求使所得旋转体积为最大的

等腰三角形.

13. 试在一半径为 R 的半圆内作一面积为最大的矩形.

14. 矿务局拟自点 A 掘一巷道到点 C,设 AB 长 600 m,BC 长 200 m,点 C 在点 B 的正下方,水平段 AB 是软土,掘进费为 5 元/m,水平以下是岩石,掘进费为 13 元/m,问怎样掘才使费用最省? 最省费用为多少元?

15. 某厂生产某种产品,每年销售量为 1 000 000 件,每批生产需准备费 1 000 元,而每件每年的库存费为 0.2 元,如果均匀销售,问一年内应分几批生产,才能使生产准备费与库存费之和 T 为最少?

第五章

不定积分

前面两章介绍了一元函数微分学,其基本问题是求已知函数的导数,并应用导数来研究函数.本章转入一元函数的积分学,所要研究的首要问题是微分学的逆问题:已知一个函数 $F(x)$ 的导数 $f(x)$,求出原函数 $F(x)$.求原函数的种种方法,构成"不定积分法",它们可看作是"反向"应用微分法的结果.因此,熟练掌握微分法,是学习本章的前提.

§5.1 不定积分概念

首先看两个实际问题,它们是 3.1.1 中所考虑的"切线问题"与"速度问题"的反问题.

例1 设曲线 $y=y(x)$ 在其上任一点 (x,y) 的切线斜率为 $2x$,求此曲线.

解 由题设条件有 $y'=2x$.注意到 $(x^2)'=2x$,故可取 $y=x^2$ 为问题的解.但对任何常数 C 都有 $(x^2+C)'=2x$,故曲线族 $y=x^2+C$ 中的任何一条都符合问题的要求.

例2 设一质点做直线运动,其速度公式为 $v=at+v_0$,a,v_0 是常数,t 表示时间.求质点所经过的路程 s 与时间 t 的关系.

解 由 §3.1,有 $s'(t)=at+v_0$.因而可直接看出 $\left(\dfrac{1}{2}at^2+v_0 t\right)'=at+v_0$,故如例1一样,可写出 $s(t)=\dfrac{1}{2}at^2+v_0 t+C$,$C$ 是任意常数.

以上两例都是已知一个函数的导数,求原来的函数.所得结果都含有一个不定的常数 C,为了确定 C,必须附加适当条件.例如,例1中若附加条件"曲线经过点 $(0,1)$",则以 $x=0$,$y=1$ 代入 $y=x^2+C$ 得出 $C=1$.例2中若附加条件"初始位移 $s(0)=s_0$",则以 $t=0$,$s(0)=s_0$ 代入 $s(t)=\dfrac{1}{2}at^2+v_0 t+C$ 得 $C=s_0$.

已知导数求原来函数的问题不仅对上述的曲线问题与路程问题有意义,而且广泛出现于科学的各个领域,因此提出以下概念.

定义 1 设 $F(x)$ 是区间 I 上的可导函数.若对任给的 $x \in I$,有
$$F'(x) = f(x) \quad \text{或} \quad dF(x) = f(x)dx,$$
则称 $F(x)$ 为 $f(x)$ 在 I 上的一个 原函数,或简单地说,$F(x)$ 是 $f(x)$ 的原函数.

若 $F(x)$ 是 $f(x)$ 的原函数,则对任意常数 C,$F(x)+C$ 显然亦是 $f(x)$ 的原函数.另一方面,若 $F(x)$ 与 $G(x)$ 皆为 $f(x)$ 的原函数,则由 §4.1 中定理 4 得出 $F(x)-G(x) =$ 常数.

定理 1 若 $F(x)$ 是 $f(x)$ 在区间 I 上的一个原函数,则 $f(x)$ 在 I 上的所有原函数可表示为 $F(x)+C$,C 取任意实数.

称上述的 $F(x)+C$ 为 $f(x)$ 的原函数的通式.当 C 遍取任意实数时,$F(x)+C$ 表出 $f(x)$ 的全体原函数;若取 C 为某特定实数,则得到 $f(x)$ 的一确定原函数.

定义 2 设 $F(x)$ 是 $f(x)$ 在区间 I 上的一个原函数,则称 $F(x)+C$ (C 取任意实数)为 $f(x)$ 的 不定积分(有时也简称为积分),记作 $\int f(x)dx$,即
$$\int f(x)dx = F(x) + C. \tag{1}$$

称 $\int$ 为积分号,$f(x)$ 为被积函数,x 为积分变量,$f(x)dx$ 为被积表达式,C 为积分常数.

从 $f(x)$ 到 $\int f(x)dx$ 的运算称为"求积分"或"积分运算",它显然是微分运算的逆运算.积分与微分的互逆关系表现于与式(1)等价的公式
$$\left[\int f(x)dx\right]' = f(x). \tag{2}$$

式(1)与式(2)也可分别写成
$$\int dF(x) = F(x) + C \quad \text{与} \quad d\int f(x)dx = f(x)dx. \tag{3}$$

对一个给定函数 $f(x)$,为求 $\int f(x)dx$,首先要解决的问题是:$f(x)$ 的原函数是否存在? 这由以下定理回答,定理的证明将在下一章给出.

定理 2 连续函数必有原函数.

接下来的问题是:若已知 $f(x)$ 连续,如何求出 $\int f(x)dx$? 这就是 积分法所要解决的问题,它将在下节中系统讨论.基本的思路是:首先直接求出一些较简单的初等函数的原函数,得出一个"基本积分表";然后建立若干积分规则,利用这些规则将要计算的积分转化为基本积分表中某些积分的组合.必须指出,即使

$f(x)$ 是初等函数,其原函数也未必是初等函数,如:e^{-x^2};$\sin(x^2)$;$\dfrac{\sin x}{x}$ 等.如果能将 $\int f(x)\mathrm{d}x$ 表示为初等函数,就说此积分是**可求积**的.

由微分与积分的互逆关系,每个微分公式**倒过来**用时就是一个积分公式.这样,由 3.2.2 中的**导数表**(或 3.3.2 中的微分表)直接得出以下**积分表**:

$1°\ \int 0\mathrm{d}x = C.$

$2°\ \int x^{\alpha}\mathrm{d}x = \dfrac{1}{\alpha+1}x^{\alpha+1} + C\ (\alpha \neq -1).$

$3°\ \int a^{x}\mathrm{d}x = \dfrac{a^{x}}{\ln a} + C\ (a>0\ \text{且}\ a\neq 1),\qquad \int e^{x}\mathrm{d}x = e^{x} + C.$

$4°\ \int \dfrac{\mathrm{d}x}{x} = \ln|x| + C\ (x \neq 0).$

$5°\ \int \cos x\mathrm{d}x = \sin x + C,\qquad \int \cosh x\mathrm{d}x = \sinh x + C.$

$6°\ \int \sin x\mathrm{d}x = -\cos x + C,\qquad \int \sinh x\mathrm{d}x = \cosh x + C.$

$7°\ \int \dfrac{\mathrm{d}x}{\cos^{2}x} = \tan x + C,\qquad \int \dfrac{\mathrm{d}x}{\cosh^{2}x} = \tanh x + C.$

$8°\ \int \dfrac{\mathrm{d}x}{\sin^{2}x} = -\cot x + C,\qquad \int \dfrac{\mathrm{d}x}{\sinh^{2}x} = -\coth x + C.$

$9°\ \int \dfrac{\mathrm{d}x}{\sqrt{1-x^{2}}} = \arcsin x + C.$

$10°\ \int \dfrac{\mathrm{d}x}{1+x^{2}} = \arctan x + C.$

习题 5.1

1. 已知 $f'(x) = \dfrac{1}{\sqrt{1-x^{2}}}$,$f(1) = \dfrac{3\pi}{2}$,求 $f(x)$.

2. 验证下列各组函数是否为同一函数的原函数:

(1) $F_{1}(x) = x^{3}$,$F_{2}(x) = 4 - x^{3}$;

(2) $F_{1}(x) = \ln x$,$F_{2}(x) = \ln 3x$;

(3) $F_{1}(x) = \dfrac{1}{2}\sin^{2}x + C$,$F_{2}(x) = C - \dfrac{1}{4}\cos 2x$($C$ 为常数);

(4) $F_1(x)=3^x$, $F_2(x)=3^{2x}$.

3. 判断下列等式是否正确:

(1) $d\int f(x)dx = f(x)$; (2) $d\int f(x)dx = f(x)dx$;

(3) $\dfrac{d}{dx}\int f(x)dx = f(x)$; (4) $\dfrac{d}{dx}\int f(x)dx = f(x)dx$.

§5.2 基本积分法

因微分与积分互为逆运算,故每个微分规则倒过来用时,就变成了一个对应的积分规则.所谓基本积分法,实际上就是从微分规则演变过来的积分规则,下面分别予以介绍.

5.2.1 分项积分法

设 $F(x)$ 与 $G(x)$ 均为可微函数, $F'(x)=f(x)$, $G'(x)=g(x)$; α,β 为常数. 由微分的线性规则有

$$d[\alpha F(x)+\beta G(x)] = [\alpha f(x)+\beta g(x)]dx,$$

于是由微分与积分的互逆关系(见上节式(3))得

$$\int [\alpha f(x)+\beta g(x)]dx = \alpha F(x)+\beta G(x)+C,$$

或

$$\int [\alpha f(x)+\beta g(x)]dx = \alpha\int f(x)dx + \beta\int g(x)dx. \tag{1}$$

5-1 不定积分分项法使用要点

称式(1)为**分项积分公式**,它显然可推广到含任意有限个加项的情况.应用公式(1)计算积分的方法称为分项积分法.

分项积分法的要领是:若不易直接计算 $\int f(x)dx$,则作适当分解 $f(x)=\sum_{i=1}^{n}\alpha_i f_i(x)$,使得每个 $\int f_i(x)dx$ 较易积出,从而能由公式

$$\int f(x)dx = \sum_{i=1}^{n}\alpha_i\int f_i(x)dx$$

算出 $\int f(x)dx$. 试看以下例题.

例1 求 $I=\int f(x)dx$, 若

(1) $f(x)=x^{-1}(x^2+2)-2^x 3^x$;

(2) $f(x)=\tan^2 x$;

(3) $f(x) = \sin^2 \dfrac{x}{2}$;

(4) $f(x) = \dfrac{1}{\sin^2 x \cos^2 x}$;

(5) $f(x) = \dfrac{x^2-1}{x^2+1}$.

解 对 $f(x)$ 作适当分解然后分项积分,分项积分时利用上节给出的积分表:

(1) 注意 $x^{-1}(x^2+2) = x + 2x^{-1}$, $2^x 3^x = 6^x$, 于是
$$I = \int x \mathrm{d}x + 2\int \dfrac{\mathrm{d}x}{x} - \int 6^x \mathrm{d}x = \dfrac{x^2}{2} + 2\ln|x| - \dfrac{6^x}{\ln 6} + C \ (x \neq 0).$$

(2) 利用 $\tan^2 x = \sec^2 x - 1$, 得
$$I = \int \sec^2 x \mathrm{d}x - \int \mathrm{d}x = \tan x - x + C.$$

(3) 由 $\sin^2 \dfrac{x}{2} = \dfrac{1-\cos x}{2}$, 得
$$I = \dfrac{1}{2}\int \mathrm{d}x - \dfrac{1}{2}\int \cos x \, \mathrm{d}x = \dfrac{x}{2} - \dfrac{\sin x}{2} + C.$$

(4) 利用恒等式 $\sin^2 x + \cos^2 x = 1$, 得
$$I = \int \left(\dfrac{1}{\cos^2 x} + \dfrac{1}{\sin^2 x} \right) \mathrm{d}x = \tan x - \cot x + C.$$

(5) $I = \int \left(1 - \dfrac{2}{x^2+1}\right) \mathrm{d}x = x - 2\arctan x + C.$

一般说来,成功地应用分项积分法的关键在于对被积函数作出适当的分解,这有赖于对各种函数恒等式的熟练掌握.某些标准的分解法将在 §5.3 中介绍.

5.2.2 凑微分法

设 $F(u)$ 与 $u = \varphi(x)$ 均为可微函数, $F'(u) = f(u)$, 则由复合函数的微分链规则有
$$\mathrm{d}F(u) = f(u)\mathrm{d}u = f(\varphi(x))\mathrm{d}\varphi(x) = f(\varphi(x))\varphi'(x)\mathrm{d}x.$$
利用微分与积分的互逆关系,由上式得出
$$\int f(\varphi(x))\varphi'(x)\mathrm{d}x = \int f(u)\mathrm{d}u. \qquad (2)$$
这就是由链规则演变出来的积分规则.公式(2)有两种用法:从左

5-2 不定积分凑微分法使用要点

到右是将积分 $\int f(\varphi(x))\varphi'(x)\mathrm{d}x$ 转化为 $\int f(u)\mathrm{d}u$,这就是所谓的"凑微分法";从右到左是通过代换 $u = \varphi(x)$ 将积分 $\int f(u)\mathrm{d}u$ 转化为 $\int f(\varphi(x))\varphi'(x)\mathrm{d}x$,这是 5.2.3 将要讨论的换元法.

凑微分法的要领是:设要计算积分 $I = \int g(x)\mathrm{d}x$,适当选定 $u = \varphi(x)$,使 $g(x)\mathrm{d}x$ 可表成:

$$g(x)\mathrm{d}x = f(\varphi(x))\varphi'(x)\mathrm{d}x = f(\varphi(x))\mathrm{d}\varphi(x) = f(u)\mathrm{d}u,$$

而 f 的原函数为 F(容易求出).然后用公式(2)得

$$I = \int f(u)\mathrm{d}u = F(u) + C = F(\varphi(x)) + C.$$

在具体计算时,中间变量 u 可不明显写出.成功地运用凑微分法的关键在于选好 $\varphi(x)$,即凑出微分 $\varphi'(x)\mathrm{d}x = \mathrm{d}\varphi(x) = \mathrm{d}u$.这有赖于对导数公式的熟练与灵活应用,为此需要作较多的练习.

在公式(2)中取 $\varphi(x) = ax + b\,(a \neq 0)$,得到如下简单而又常用的积分公式:

$$\int f(ax+b)\mathrm{d}x = \frac{1}{a}\int f(ax+b)\mathrm{d}(ax+b). \tag{3}$$

例 2 求 $I = \int f(x)\mathrm{d}x$,若

(1) $f(x) = \sin(2x - 1)$; (2) $f(x) = \dfrac{1}{2x+1}$;

(3) $f(x) = \sqrt{\mathrm{e}^x}$; (4) $f(x) = \dfrac{1}{1-\cos x}$;

(5) $f(x) = \dfrac{1}{3+2x^2}$; (6) $f(x) = \dfrac{1}{\sqrt{1-2x^2}}$;

(7) $f(x) = \dfrac{1}{\sqrt{2x-1}}$.

解 这都是直接用积分表与公式(3)的例子.

(1) $I = \dfrac{1}{2}\int \sin(2x-1)\mathrm{d}(2x-1) = -\dfrac{1}{2}\cos(2x-1) + C.$

(2) $I = \dfrac{1}{2}\int \dfrac{1}{2x+1}\mathrm{d}(2x+1) = \dfrac{1}{2}\ln|2x+1| + C.$

(3) $I = \int \mathrm{e}^{\frac{x}{2}}\mathrm{d}x = 2\int \mathrm{e}^{\frac{x}{2}}\mathrm{d}\dfrac{x}{2} = 2\mathrm{e}^{\frac{x}{2}} + C.$

(4) $I = \int \dfrac{\mathrm{d}x}{2\sin^2 \dfrac{x}{2}} = \int \dfrac{1}{\sin^2(x/2)} \mathrm{d}\dfrac{x}{2} = -\cot \dfrac{x}{2} + C.$

(5) $I = \int \dfrac{1}{3} \dfrac{\mathrm{d}x}{1+\left(\sqrt{\dfrac{2}{3}}x\right)^2} = \dfrac{1}{\sqrt{6}} \arctan\left(\sqrt{\dfrac{2}{3}}x\right) + C.$

(6) $I = \int \dfrac{\mathrm{d}x}{\sqrt{1-(\sqrt{2}x)^2}} = \dfrac{1}{\sqrt{2}} \arcsin(\sqrt{2}x) + C.$

(7) $I = \int (2x-1)^{-\frac{1}{2}} \mathrm{d}x = \sqrt{2x-1} + C.$

为应用凑微分法,常将被积表达式作如下变形:

1. $f(ax+b)\mathrm{d}x = \dfrac{1}{a} f(ax+b) \mathrm{d}(ax+b) \ (a\neq 0).$

2. $f(x^2) x \mathrm{d}x = \dfrac{1}{2} f(x^2) \mathrm{d}(x^2).$

3. $f(x^{\alpha+1}) x^\alpha \mathrm{d}x = \dfrac{1}{\alpha+1} f(x^{\alpha+1}) \mathrm{d}(x^{\alpha+1}) \ (\alpha \neq -1).$

4. $f(\ln x) \dfrac{1}{x} \mathrm{d}x = f(\ln x) \mathrm{d}(\ln x).$

5. $f(\mathrm{e}^x) \mathrm{e}^x \mathrm{d}x = f(\mathrm{e}^x) \mathrm{d}(\mathrm{e}^x).$

6. $f(\sin x) \cos x \mathrm{d}x = f(\sin x) \mathrm{d}(\sin x).$

7. $f(\cos x) \sin x \mathrm{d}x = -f(\cos x) \mathrm{d}(\cos x).$

8. $f(\arctan x) \dfrac{1}{1+x^2} \mathrm{d}x = f(\arctan x) \mathrm{d}(\arctan x)$ 等.

例 3 求 $I = \int f(x) \mathrm{d}x$,若

(1) $f(x) = \dfrac{x}{x^2+3};$ (2) $f(x) = \dfrac{\mathrm{e}^x}{1+\mathrm{e}^{2x}};$

(3) $f(x) = \dfrac{\cos x}{a^2 + \sin^2 x} \ (a \neq 0);$ (4) $f(x) = \tan x;$

(5) $f(x) = \cot x;$ (6) $f(x) = \dfrac{1}{x \ln^2 x}.$

解 (1) $I = \dfrac{1}{2} \int \dfrac{\mathrm{d}(x^2+3)}{x^2+3} = \dfrac{1}{2} \ln(x^2+3) + C.$

(2) $I = \int \dfrac{\mathrm{d}\mathrm{e}^x}{1+(\mathrm{e}^x)^2} = \arctan \mathrm{e}^x + C.$

(3) $I = \int \dfrac{\mathrm{d}(\sin x)}{a^2 + \sin^2 x} = \dfrac{1}{a}\arctan\left(\dfrac{\sin x}{a}\right) + C.$

(4) $I = -\int \dfrac{\mathrm{d}(\cos x)}{\cos x} = -\ln|\cos x| + C.$

(5) $I = \int \dfrac{\mathrm{d}(\sin x)}{\sin x} = \ln|\sin x| + C.$

(6) $I = \int \dfrac{\mathrm{d}(\ln x)}{\ln^2 x} = -\dfrac{1}{\ln x} + C.$

例 4 求 $I = \int f(x)\,\mathrm{d}x$,若

(1) $f(x) = \sec x$;

(2) $f(x) = \sin^3 x$;

(3) $f(x) = \dfrac{1}{\sqrt{x(1-x)}}.$

解 (1) 利用 $\sec x = \dfrac{\cos x}{1-\sin^2 x}$:

$$I = \int \dfrac{\mathrm{d}(\sin x)}{1-\sin^2 x} = \dfrac{1}{2}\int\left(\dfrac{1}{1-\sin x} + \dfrac{1}{1+\sin x}\right)\mathrm{d}(\sin x)$$

$$= \dfrac{1}{2}\ln\left(\dfrac{1+\sin x}{1-\sin x}\right) + C = \ln|\sec x + \tan x| + C.$$

(2) 利用 $\sin^3 x = (1-\cos^2 x)\sin x$:

$$I = \int(\cos^2 x - 1)\,\mathrm{d}(\cos x) = \dfrac{1}{3}\cos^3 x - \cos x + C.$$

(3) 利用 $\dfrac{\mathrm{d}x}{\sqrt{x}} = 2\mathrm{d}\sqrt{x}$:

$$I = 2\int \dfrac{\mathrm{d}\sqrt{x}}{\sqrt{1-(\sqrt{x})^2}} = 2\arcsin\sqrt{x} + C.$$

5-3 不定积分换元积分法使用要点

5.2.3 换元法

分别以字母 x,t 换 u,x,可将公式(2)改写成

$$\int f(x)\,\mathrm{d}x = \int f(\varphi(t))\varphi'(t)\,\mathrm{d}t. \tag{4}$$

若
$$\int f(\varphi(t))\varphi'(t)\,dt = G(t) + C, \tag{5}$$

$t = \varphi^{-1}(x)$ 是 $x = \varphi(t)$ 的反函数,则依公式(4)有
$$\int f(x)\,dx = G(\varphi^{-1}(x)) + C. \tag{6}$$

利用公式(4)—(6)计算积分 $\int f(x)\,dx$ 的方法称为变量代换法,简称为换元法.

换元法的要领是:(A)适当选取代换 $x = \varphi(t)$,使得式(4)右端的积分较易计算. 一些标准的代换将在本节及下节予以介绍;(B)求出积分(5)后作"代回" $t = \varphi^{-1}(x)$, 注意这一步不可遗漏.为保证反函数 $\varphi^{-1}(x)$ 存在,通常要求 $\varphi(t)$ 严格单调.

当被积函数含形如 $\sqrt{x^2 \pm a^2}$ 的"二次根式"时,通常应通过<u>三角代换</u>或<u>双曲代换</u>去掉根号,下面用例题说明.

例 5 求 $I = \int f(x)\,dx$,若 $a > 0$,

(1) $f(x) = \sqrt{a^2 - x^2}$;

(2) $f(x) = \dfrac{1}{\sqrt{a^2 + x^2}}$;

(3) $f(x) = \dfrac{1}{\sqrt{x^2 - a^2}}$.

解 (1) 用<u>正弦代换</u> $x = a\sin t$ ($|t| < \pi/2$):
$$I = \int a\cos t \cdot a\cos t\,dt = \frac{a^2}{2}\int(\cos 2t + 1)\,dt$$
$$= \frac{a^2}{2}\left(\frac{1}{2}\sin 2t + t\right) + C$$
$$= \frac{a^2}{2}\left[\frac{x}{a}\sqrt{1 - \left(\frac{x}{a}\right)^2} + \arcsin\frac{x}{a}\right] + C$$
$$= \frac{x}{2}\sqrt{a^2 - x^2} + \frac{a^2}{2}\arcsin\frac{x}{a} + C.$$

(2) 方法一:用<u>正切代换</u> $x = a\tan t\left(|t| < \dfrac{\pi}{2}\right)$,注意 $1 + \tan^2 t = \sec^2 t$,有
$$I = \int\frac{1}{a\sec t}\cdot a\sec^2 t\,dt = \int\sec t\,dt$$
$$= \ln|\sec t + \tan t| + C \quad (\text{用例 4})$$

$$= \ln\left|\sqrt{1+\left(\frac{x}{a}\right)^2} + \frac{x}{a}\right| + C$$

$$= \ln(x+\sqrt{a^2+x^2}) + C_1 \quad (C_1 = C - \ln a).$$

方法二：用**双曲代换** $x = a\sinh t$，注意 $t = \operatorname{arsh}\dfrac{x}{a} = \ln\left(\dfrac{x}{a} + \sqrt{1+\dfrac{x}{a}}\right)$，有

$$I = \int \frac{a\cosh t}{a\cosh t}\,dt = \int dt = t + C = \operatorname{arsh}\frac{x}{a} + C$$

$$= \ln(x+\sqrt{a^2+x^2}) + C_1 \quad (C_1 = C - \ln a).$$

(3) 当 $x > a$ 时，用**正割代换** $x = a\sec t$ $\left(0 < t < \dfrac{\pi}{2}\right)$，类似于第(2)问有

$$I = \ln\left|x+\sqrt{x^2-a^2}\right| + C.$$

可验证此式对 $x < -a$ 亦适用.

为去掉根号，例 5 中选择的代换比较特殊，下面的例题中则只需要令根式等于 t 便可.

例 6 求 $I = \int f(x)\,dx$，若

(1) $f(x) = \dfrac{x^2}{\sqrt{2-x}}$；

(2) $f(x) = \dfrac{1}{\sqrt{1+e^x}}$；

(3) $f(x) = \dfrac{\ln x}{x\sqrt{1+\ln x}}$.

解 (1) 作代换 $t = \sqrt{2-x}$，则 $x = 2-t^2$. 于是

$$I = \int \frac{(2-t^2)^2}{t}(-2t)\,dt = -2\int (4-4t^2+t^4)\,dt$$

$$= -2\left(4t - \frac{4}{3}t^3 + \frac{t^5}{5}\right) + C$$

$$= -\frac{2}{15}(3x^2+8x+32)\sqrt{2-x} + C.$$

(2) 作代换 $t = \sqrt{1+e^x}$，则 $x = \ln(t^2-1)$. 于是

$$I = \int \frac{1}{t}\frac{2t}{t^2-1}\,dt = \int\left(\frac{1}{t-1} - \frac{1}{t+1}\right)dt$$

$$= \ln\left|\frac{t-1}{t+1}\right| + C = \ln\left|\frac{t^2-1}{(t+1)^2}\right| + C$$

$$= x - 2\ln(1+\sqrt{1+e^x}) + C.$$

(3) 作代换 $t = \sqrt{1+\ln x}$，则 $\ln x = t^2-1$，$x^{-1}dx = 2t\,dt$. 于是

$$I = \int \frac{t^2-1}{t} 2t\,dt = 2\int (t^2-1)\,dt$$

$$= \frac{2}{3}t^3 - 2t + C$$

$$= \frac{2}{3}(\ln x - 2)\sqrt{1+\ln x} + C.$$

下面的代换使得积分表达式中的"难点"消失：

例 7 求 $I = \int f(x)\,dx$，若

(1) $f(x) = x^5(2-5x^3)^{\frac{2}{3}}$；

(2) $f(x) = x^3(1-5x^2)^{10}$.

解 (1) 作代换 $t = 2-5x^3$，则 $dt = -15x^2 dx$. 于是

$$I = -\frac{1}{15}\int \frac{2-t}{5} t^{\frac{2}{3}}\,dt = \frac{1}{75}\int (t^{\frac{5}{3}} - 2t^{\frac{2}{3}})\,dt$$

$$= \frac{1}{75}\left(\frac{3}{8}t^{\frac{8}{3}} - \frac{6}{5}t^{\frac{5}{3}}\right) + C$$

$$= \frac{1}{1\,000}t^{\frac{5}{3}}(5t-16) + C$$

$$= -\frac{25x^3+6}{1\,000}(2-5x^3)^{\frac{5}{3}} + C.$$

(2) 作代换 $t = 1-5x^2$，则 $dt = -10x\,dx$. 于是

$$I = \frac{1}{50}\int (t^{11} - t^{10})\,dt = \frac{1}{50}\left(\frac{1}{12}t^{12} - \frac{1}{11}t^{11}\right) + C$$

$$= \frac{(55x^2+1)(5x^2-1)^{11}}{6\,600} + C.$$

例 3—例 5 中的一些结果可作为公式使用，汇集在下面作为对上节积分表的补充：

11° $\int \tan x\,dx = -\ln|\cos x| + C.$

12° $\int \cot x\,dx = \ln|\sin x| + C.$

$13°\ \displaystyle\int \frac{\mathrm{d}x}{\cos x} = \ln|\sec x + \tan x| + C.$

$14°\ \displaystyle\int \frac{\mathrm{d}x}{\sin x} = \ln|\csc x - \cot x| + C.$

$15°\ \displaystyle\int \sqrt{a^2 - x^2}\,\mathrm{d}x = \frac{x}{2}\sqrt{a^2 - x^2} + \frac{a^2}{2}\arcsin\frac{x}{a} + C.$

$16°\ \displaystyle\int \sqrt{x^2 \pm a^2}\,\mathrm{d}x = \frac{x}{2}\sqrt{x^2 \pm a^2} \pm \frac{a^2}{2}\ln|x + \sqrt{x^2 \pm a^2}| + C.$

$17°\ \displaystyle\int \frac{\mathrm{d}x}{\sqrt{x^2 \pm a^2}} = \ln|x + \sqrt{x^2 \pm a^2}| + C.$

5.2.4 分部积分法

5-4 不定积分分部积分法使用要点

设 u, v 都是 x 的可微函数,则由微分的 Leibniz 规则有 $\mathrm{d}(uv) = v\mathrm{d}u + u\mathrm{d}v$,即
$$u\mathrm{d}v = \mathrm{d}(uv) - v\mathrm{d}u.$$

利用微分与积分的互逆关系,从上式得
$$\int u\mathrm{d}v = uv - \int v\mathrm{d}u, \tag{7}$$

5-5 分部积分列表法(不定积分)

称式(7)为**分部积分公式**,它的作用是将积分 $\int u\mathrm{d}v$ 的计算转化为积分 $\int v\mathrm{d}u$ 的计算,后者可能会容易些.

为用公式(7)计算一给定的积分 $\int f(x)\mathrm{d}x$,关键在于作出适当的分解
$$f(x)\mathrm{d}x = u(x)\mathrm{d}v(x).$$

通常要求 u 经求导以后能明显化简,如 u 是对数函数、反三角函数,或 $u = x$, x^2 等;或至少 u 经求导后不明显变繁,如 $u = \mathrm{e}^x$, $\sin x$ 等.

例 8 求 $I = \int f(x)\mathrm{d}x$,若

(1) $f(x) = \ln x$;

(2) $f(x) = \arctan x$;

(3) $f(x) = \ln(x + \sqrt{x^2 + 1})$;

(4) $f(x) = \sqrt{a^2 + x^2}$;

(5) $f(x) = \sqrt{x^2 - a^2}$.

解 （1）取 $u=\ln x, v=x$，则
$$I=x\ln x-\int dx=x(\ln x-1)+C.$$

（2）取 $u=\arctan x, v=x$，则
$$I=x\arctan x-\int\frac{x dx}{1+x^2}=x\arctan x-\ln\sqrt{1+x^2}+C.$$

（3）取 $u=\ln(x+\sqrt{x^2+1}), v=x$，则
$$I=x\ln(x+\sqrt{x^2+1})-\int\frac{x}{\sqrt{x^2+1}}dx$$
$$=x\ln(x+\sqrt{x^2+1})-\sqrt{x^2+1}+C.$$

（4）取 $u=\sqrt{a^2+x^2}, v=x$，则
$$I=x\sqrt{a^2+x^2}-\int\frac{a^2+x^2-a^2}{\sqrt{a^2+x^2}}dx$$
$$=x\sqrt{a^2+x^2}-I+\int\frac{a^2}{\sqrt{a^2+x^2}}dx,$$

结合例 5(2) 得
$$I=\frac{x}{2}\sqrt{a^2+x^2}+\frac{a^2}{2}\ln(x+\sqrt{a^2+x^2})+C.$$

（5） $I=x\sqrt{x^2-a^2}-\int\frac{x^2-a^2+a^2}{\sqrt{x^2-a^2}}dx$
$$=x\sqrt{x^2-a^2}-I-\int\frac{a^2}{\sqrt{x^2-a^2}}dx,$$

结合例 5(3) 得
$$I=\frac{x}{2}\sqrt{x^2-a^2}-\frac{a^2}{2}\ln\left|x+\sqrt{x^2-a^2}\right|+C.$$

例 9 求 $I=\int f(x)dx$，若

（1） $f(x)=xe^x$；

（2） $f(x)=x\sin^2 x$.

解 （1）取 $u=x, u'=1$ 明显简化．
$$I=xe^x-\int e^x dx=xe^x-e^x+C.$$

（2）利用 $\sin^2 x=\frac{1-\cos 2x}{2}$，分项积分，再分部积分：

$$I = \frac{1}{2}\int x\mathrm{d}x - \frac{1}{2}\int x\cos 2x\mathrm{d}x$$
$$= \frac{x^2}{4} - \frac{x\sin 2x}{4} + \frac{1}{4}\int \sin 2x\mathrm{d}x$$
$$= \frac{1}{8}(2x^2 - 2x\sin 2x - \cos 2x) + C.$$

下面是重复运用分部积分法的例子.

例 10 求 $I = \int f(x)\mathrm{d}x$,若

(1) $f(x) = x^2\cos x$;

(2) $f(x) = \mathrm{e}^x \sin x$.

解 (1) 取 $u = x^2, v = \sin x$,用两次分部积分:
$$I = x^2\sin x - 2\int x\sin x\mathrm{d}x$$
$$= x^2\sin x + 2x\cos x - 2\sin x + C.$$

(2) 取 $u = \mathrm{e}^x$:
$$I = -\mathrm{e}^x\cos x + \int \mathrm{e}^x\cos x\mathrm{d}x$$
$$= -\mathrm{e}^x\cos x + \mathrm{e}^x\sin x - \int \mathrm{e}^x\sin x\mathrm{d}x$$
$$= \mathrm{e}^x(\sin x - \cos x) - I.$$

由此解出 $I = \frac{1}{2}\mathrm{e}^x(\sin x - \cos x) + C.$

分部积分法还可用来得出递推公式.

例 11 求关于 $I_n = \int f_n(x)\mathrm{d}x$ 的递推公式,若

(1) $f_n(x) = \dfrac{1}{(1+x^2)^n}$;

(2) $f_n(x) = \sin^n x$.

解 (1) 因为
$$I_{n-1} = \int \frac{1}{(1+x^2)^{n-1}}\mathrm{d}x \quad (\text{取 } u = f_{n-1}(x))$$
$$= \frac{x}{(1+x^2)^{n-1}} + 2(n-1)\int \frac{1+x^2-1}{(1+x^2)^n}\mathrm{d}x$$
$$= \frac{x}{(1+x^2)^{n-1}} + 2(n-1)I_{n-1} - 2(n-1)I_n,$$

所以
$$I_n = \frac{1}{2(n-1)}\left[\frac{x}{(1+x^2)^{n-1}} + (2n-3)I_{n-1}\right] \quad (n>1).$$

例如，由 $I_1 = \arctan x + C$ 得
$$I_2 = \int \frac{1}{(1+x^2)^2}dx = \frac{1}{2}\left(\frac{x}{1+x^2} + \arctan x\right) + C.$$

（2）取 $u = \sin^{n-1} x$，作分部积分：
$$I_n = -\int \sin^{n-1} x \, d(\cos x)$$
$$= -\sin^{n-1} x \cos x + (n-1)\int \sin^{n-2} x \cos^2 x \, dx$$
$$= -\sin^{n-1} x \cos x + (n-1)(I_{n-2} - I_n),$$

由此解出
$$I_n = \frac{n-1}{n}I_{n-2} - \frac{1}{n}\sin^{n-1} x \cos x \quad (n \geq 2).$$

习题 5.2

1. 计算下列不定积分：

(1) $\int (a^x + x^a)dx \ (a>0 \text{ 且 } a \neq 1)$；

(2) $\int \frac{\sqrt{x} - x^3 e^x + 2}{x^3}dx$；

(3) $\int \frac{2 \cdot 3^x - 5 \cdot 2^x}{3^x}dx$；

(4) $\int \frac{\cos 2x}{\sin^2 x \cos^2 x}dx$；

(5) $\int \left(\cos x - \frac{2}{1+x^2} + \frac{1}{4\sqrt{1-x^2}}\right)dx$.

2. 一质点做直线运动，已知其加速度为 $a = 12t^2 - 3\sin t$. 如果 $v|_{t=0} = 5, s|_{t=0} = -3$，求

(1) v 与 t 之间的函数关系式；

(2) s 与 t 之间的函数关系式.

3. 用凑微分法求下列不定积分：

(1) $\int \frac{1}{(2-5x)^{\frac{1}{2}}}dx$；

(2) $\int \frac{1}{x(\ln x)^2}dx$；

(3) $\int \frac{1}{\sqrt{1-3x^2}}dx$；

(4) $\int e^{e^x + x}dx$；

(5) $\int \frac{1+\sin x}{\cos^2 x}dx$；

(6) $\int \frac{1}{x \ln x \ln \ln x}dx$；

(7) $\int \frac{\sin \sqrt{x}}{\sqrt{x}}dx$；

(8) $\int \frac{x^3}{x^8 - 2}dx$；

(9) $\int \dfrac{\ln(1+x) - \ln x}{x(1+x)} dx$;   (10) $\int e^{3-5x} dx$.

4. 用凑微分法或倒代换 $x = \dfrac{1}{t}$ 计算不定积分 $I = \int \dfrac{1}{x\sqrt{x^2-1}} dx$.

5. 用换元法求下列不定积分:

(1) $\int x(1-x)^{10} dx$;   (2) $\int x^2 \sqrt[3]{1-x} dx$;

(3) $\int \dfrac{\sqrt{x^2-a^2}}{x} dx$ $(a>0)$;   (4) $\int \dfrac{1}{x\sqrt{a^2-x^2}} dx$ $(a>0)$;

(5) $\int \dfrac{x}{\sqrt{2-3x}} dx$;   (6) $\int \dfrac{1}{x^8(1+x^2)} dx$;

(7) $\int \dfrac{x^2}{\sqrt{x^2+a^2}} dx$ $(a>0)$;   (8) $\int \dfrac{x^7}{(1+x^4)^2} dx$.

6. 用分部积分法求下列不定积分:

(1) $\int x^2 \sin x \, dx$;   (2) $\int x^2 \ln x \, dx$;

(3) $\int \dfrac{\arcsin x}{x^2} dx$;   (4) $\int \left(1 - \dfrac{2}{x}\right)^2 e^x dx$;

(5) $\int \cos(\ln x) dx$;   (6) $\int x \sin x \cos x \, dx$;

(7) $\int \arctan \sqrt{x} \, dx$;   (8) $\int \dfrac{x^2}{(1+x^2)^2} dx$;

(9) $\int \dfrac{\arcsin x}{\sqrt{1-x}} dx$;   *(10) $\int e^x \dfrac{1+\sin x}{1+\cos x} dx$.

7. 求 $I_n = \int \tan^n x \, dx$ 的递推公式 $(n \geq 2)$.

8. 设 $f(x)$ 的原函数是 $\dfrac{\sin x}{x}$, 求 $\int x f'(x) dx$.

§5.3 几类初等函数的积分

5-6 有理函数的积分法要点

对于有理函数、三角函数有理式及某些含根式的函数的不定积分, 有标准的计算方法, 下面分别予以介绍.

5.3.1 有理函数的积分

若 $P(x)$ 与 $Q(x)$ 分别为 n 次与 m 次多项式(且之间无公因式), 则称 $f(x) = \dfrac{P(x)}{Q(x)}$ 为有理函数. 计算积分

$$\int f(x)\,dx = \int \frac{P(x)}{Q(x)}\,dx \qquad (1)$$

的步骤如下：

1° 将 $Q(x)$ 分解因式：
$$Q(x) = b(x-a)^i \cdots (x^2+px+q)^j \quad (p^2 < 4q).$$

2° 将 $f(x)$ 分解成：
$$f(x) = f_0(x) + \sum_{k=1}^{N} f_k(x),$$

其中 $f_k(x)$ $(1 \leq k \leq N)$ 是形如
$$\frac{A}{(x-a)^i},\ \frac{Bx+C}{(x^2+px+q)^j}$$

的<u>部分分式</u>. 而 $f_0(x)$ 是一个 $n-m$ 次多项式. 特别地, 当 $m > n$ 时(此时称 $f(x)$ 为真分式), 取 $f_0(x) = 0$.

3° 分别计算积分 $\int f_k(x)\,dx\ (0 \leq k \leq N)$.

当 $k=0$ 时, $f_0(x)$ 为多项式, 可直接计算.

当 $1 \leq k \leq N$ 时, 就依如下方法计算.
$$\int \frac{A}{(x-a)^i}\,dx = \frac{A}{(1-i)(x-a)^{i-1}} + C,\ i > 1,$$
$$\int \frac{A}{x-a}\,dx = \ln|x-a| + C,$$

由上节例 11 可计算出
$$I_j = \int \frac{dx}{(x^2+px+q)^j} = \int \frac{d\left(x+\frac{p}{2}\right)}{\left[\left(x+\frac{p}{2}\right)^2 + q - \frac{p^2}{4}\right]^j},$$

因此可计算出
$$\int \frac{Bx+C}{(x^2+px+q)^j}\,dx = \frac{B}{2}\int \frac{d(x^2+px+q)}{(x^2+px+q)^j} + \left(C - \frac{Bp}{2}\right)I_j.$$

例 1 设 $f(x) = \dfrac{x^5 - x^4 + 2x^3 - 2x^2 + 3x}{x^4 - x^3 - x + 1}$, 求 $I = \int f(x)\,dx$.

解 首先将分母分解因式：
$$Q(x) = x^4 - x^3 - x + 1 = x^3(x-1) - (x-1)$$
$$= (x-1)(x^3-1) = (x-1)^2(x^2+x+1),$$

于是 $f(x)$ 有分解式：

$$f(x)=a_1x+a_2+\frac{a_3}{x-1}+\frac{a_4}{(x-1)^2}+\frac{a_5x+a_6}{x^2+x+1},$$

其中 $a_i(1\leq i\leq 6)$ 是待定系数. 注意因 $(x-1)$ 与 $(x-1)^2$ 都是 $Q(x)$ 的因式, 故所得分解式中部分分式 $\dfrac{a_3}{x-1}$ 与 $\dfrac{a_4}{(x-1)^2}$ 都不应遗漏. 写出恒等式

$$(a_1x+a_2)(x-1)(x^3-1)+a_3(x^3-1)+a_4(x^2+x+1)+(a_5x+a_6)(x-1)^2$$
$$=x^5-x^4+2x^3-2x^2+3x,$$

比较上式两端同次项系数得 $a_1=1, a_2=0$,

$$\begin{cases} a_3 + a_5 = 2, \\ a_4-2a_5+ a_6=-1, \\ a_4+ a_5-2a_6=2, \\ a_3-a_4 - a_6=0. \end{cases}$$

由此解出 $a_3=a_4=a_5=1, a_6=0$. 于是

$$f(x)=x+\frac{1}{x-1}+\frac{1}{(x-1)^2}+\frac{x}{x^2+x+1}.$$

分项积分得

$$I=\frac{x^2}{2}+\ln|x-1|-\frac{1}{x-1}+\frac{1}{2}\int\frac{\mathrm{d}(x^2+x+1)}{x^2+x+1}-\frac{1}{2}\int\frac{\mathrm{d}x}{\left(x+\frac{1}{2}\right)^2+\frac{3}{4}}$$

$$=\frac{x^2}{2}-\frac{1}{x-1}+\ln|x-1|+\frac{1}{2}\ln(x^2+x+1)-\frac{1}{\sqrt{3}}\arctan\frac{2x+1}{\sqrt{3}}+C.$$

例 2 设 $f(x)=\dfrac{2x^4+3x^2+x+1}{x^5+2x^3+x}$, 求 $I=\int f(x)\mathrm{d}x$.

解 因 $f(x)$ 的分母 $Q(x)=x(x^2+1)^2$, 故 $f(x)$ 有分解式：

$$f(x)=\frac{a}{x}+\frac{bx+c}{x^2+1}+\frac{dx+e}{(x^2+1)^2},$$

以 $Q(x)$ 乘上式两端得

$$2x^4+3x^2+x+1=a(x^2+1)^2+(bx+c)(x^3+x)+dx^2+ex.$$

比较上式两端同次项的系数得 $a=b=e=1, c=d=0$. 于是

$$f(x)=\frac{1}{x}+\frac{x}{x^2+1}+\frac{1}{(x^2+1)^2}.$$

由于 $\int \dfrac{\mathrm{d}x}{(x^2+1)^2} = \dfrac{x}{2(x^2+1)} + \dfrac{1}{2}\arctan x + C$（见§5.2 例 11），得

$$I = \ln|x| + \dfrac{1}{2}\ln(x^2+1) + \int \dfrac{\mathrm{d}x}{(x^2+1)^2}$$

$$= \dfrac{1}{2}\ln(x^4+x^2) + \dfrac{x}{2(x^2+1)} + \dfrac{1}{2}\arctan x + C.$$

原则上，对任何有理函数 $f(x)$ 都可用如上所述的标准方法算出积分(1). 不过，当分母 $Q(x)$ 次数较高时，上述方法常导致很繁的计算. 因此，只要有更简便的方法可用，就不妨避免上述的标准方法. 以下是灵活处理的例子.

例 3 求 $I = \int f(x)\mathrm{d}x$，若

(1) $f(x) = \dfrac{x^2}{(x-1)^{10}}$；

(2) $f(x) = \dfrac{x^9}{(x^5+1)^3}$；

(3) $f(x) = \dfrac{x^2+1}{x^4+1}$.

解 (1) 作代换 $t = x-1$，则

$$I = \int t^{-10}(t+1)^2 \mathrm{d}t = \int (t^{-8} + 2t^{-9} + t^{-10})\mathrm{d}t$$

$$= -\dfrac{t^{-7}}{7} - \dfrac{t^{-8}}{4} - \dfrac{t^{-9}}{9} + C = -\dfrac{1}{7(x-1)^7} - \dfrac{1}{4(x-1)^8} - \dfrac{1}{9(x-1)^9} + C.$$

(2) 作代换 $t = x^5+1$，则 $\mathrm{d}t = 5x^4 \mathrm{d}x$. 于是

$$I = \dfrac{1}{5}\int t^{-3}(t-1)\mathrm{d}t = \dfrac{1}{10t^2} - \dfrac{1}{5t} + C$$

$$= \dfrac{1}{10(x^5+1)^2} - \dfrac{1}{5(x^5+1)} + C.$$

(3) 利用 $1 + x^{-2} = (x - x^{-1})'$：

$$I = \int \dfrac{1+x^{-2}}{x^2+x^{-2}}\mathrm{d}x = \int \dfrac{\mathrm{d}(x-x^{-1})}{(x-x^{-1})^2+2} = \dfrac{1}{\sqrt{2}}\arctan\dfrac{x^2-1}{\sqrt{2}x} + C.$$

如果用分解被积函数为部分分式的标准方法解例 3，计算将不胜其烦，读者不妨一试.

5.3.2 三角函数的积分

鉴于对有理函数的积分已有标准算法，因此求其他函数的积分时，通常尽可

能通过适当代换化为有理函数的积分(这一程序称为被积表达式的"有理化"). 能够有理化的典型例子是

$$\int R(\sin x, \cos x)\, dx, \tag{2}$$

其中 $R(u,v)$ 为有理表达式(即它由变元 u,v 经四则运算得到). 为计算积分(2), 可用以下三种标准代换:

（Ⅰ）若 $R(u,v)$ 是 u（或 v）的奇函数, 则作代换 $t=\cos x$（或 $t=\sin x$）.

（Ⅱ）若 $R(-u,-v)\equiv R(u,v)$（例如, 若 $R(u,v)$ 关于 u 与 v 同时为奇函数或偶函数）, 则作代换 $t=\tan x$, 相应地,

$$\sin^2 x=\frac{t^2}{1+t^2},\ \cos^2 x=\frac{1}{1+t^2},\ dx=d\frac{t}{1+t^2}.$$

（Ⅲ）**万能代换**: $t=\tan\dfrac{x}{2}$, 此时 $x=2\arctan t$,

$$\sin x=\frac{2t}{1+t^2},\quad \cos x=\frac{1-t^2}{1+t^2}.$$

以上三种代换都可使式(2)的被积表达式有理化.

例 4　求 $I=\int f(x)\, dx$, 若

(1) $f(x)=\dfrac{1}{4\sin x+\sin 2x}$;

(2) $f(x)=\dfrac{\cos x}{\cos^2 x+\sin x+1}$.

解　(1) 因 $4\sin x+\sin 2x=\sin x(4+2\cos x)$ 关于 $\sin x$ 是奇函数, 故用代换 $t=\cos x$. 于是

$$I=\int\frac{\sin x\, dx}{\sin^2 x(4+2\cos x)}=-\frac{1}{2}\int\frac{dt}{(1-t^2)(t+2)}$$

$$=\frac{1}{12}\int\left(\frac{1}{t-1}-\frac{3}{t+1}+\frac{2}{t+2}\right)dt=\frac{1}{12}\ln\left|\frac{(t-1)(t+2)^2}{(t+1)^3}\right|+C$$

$$=\frac{1}{12}\ln\frac{(1-\cos x)(\cos x+2)^2}{(1+\cos x)^3}+C.$$

(2) 类似于(1), 令 $t=\sin x$, 有

$$I=\int\frac{dt}{2+t-t^2}=\frac{1}{3}\int\left(\frac{1}{t+1}-\frac{1}{t-2}\right)dt$$

$$=\frac{1}{3}\ln\left|\frac{t+1}{t-2}\right|+C=\frac{1}{3}\ln\frac{1+\sin x}{2-\sin x}+C.$$

例 5 求 $I = \int f(x)\,dx$，若

(1) $f(x) = \dfrac{1}{\sin^4 x + \cos^4 x}$；

(2) $f(x) = \dfrac{\sin x}{\sin^3 x + \cos^3 x}$．

解 (1) 因 $u^4 + v^4$ 关于 u, v 同为偶函数，故用代换 $t = \tan x$，$dt = \sec^2 x\,dx$．于是

$$I = \int \frac{\sec^4 x}{\tan^4 x + 1}\,dx = \int \frac{t^2 + 1}{t^4 + 1}\,dt$$

$$= \frac{1}{\sqrt{2}} \arctan \frac{t^2 - 1}{\sqrt{2}\, t} + C \quad \text{（上节例 3）}$$

$$= -\frac{1}{\sqrt{2}} \arctan \left(\frac{\sqrt{2}}{\tan 2x} \right) + C.$$

(2) 类似于(1)，亦令 $t = \tan x$：

$$I = \int \frac{t\,dt}{t^3 + 1} = \int \frac{t\,dt}{(t+1)(t^2 - t + 1)}$$

$$= -\frac{1}{3} \int \frac{dt}{t+1} + \frac{1}{6} \int \frac{d(t^2 - t + 1)}{t^2 - t + 1} + \frac{1}{2} \int \frac{dt}{t^2 - t + 1}$$

$$= \frac{1}{6} \ln \frac{t^2 - t + 1}{(t+1)^2} + \frac{1}{\sqrt{3}} \arctan \frac{2t - 1}{\sqrt{3}} + C$$

$$= \frac{1}{6} \ln \frac{1 - \sin x \cos x}{1 + \sin 2x} + \frac{1}{\sqrt{3}} \arctan \frac{2\sin x - \cos x}{\sqrt{3} \cos x} + C.$$

例 6 求 $I = \int \dfrac{dx}{1 + 3\cos x}$．

解 令 $t = \tan \dfrac{x}{2}$，则

$$I = \int \left[1 + 3\left(\frac{1 - t^2}{1 + t^2} \right) \right]^{-1} \frac{2\,dt}{1 + t^2}$$

$$= \int \frac{dt}{2 - t^2} = \frac{1}{2\sqrt{2}} \int \left(\frac{1}{t + \sqrt{2}} - \frac{1}{t - \sqrt{2}} \right) dt$$

$$= \frac{1}{2\sqrt{2}} \ln \left| \frac{t + \sqrt{2}}{t - \sqrt{2}} \right| + C = \frac{1}{2\sqrt{2}} \ln \left| \frac{\tan \dfrac{x}{2} + \sqrt{2}}{\tan \dfrac{x}{2} - \sqrt{2}} \right| + C.$$

对于积分
$$\int \sin^\alpha x \cos^\beta x \, dx \quad (\alpha, \beta \text{ 为整数}), \tag{3}$$
可依情况用代换 $t=\sin x, t=\cos x$ 或 $t=\tan x$. 所用代换可不明显写出.

例 7 求 $I = \int f(x) \, dx$, 若

(1) $f(x) = \sin^3 x \cos^2 x$;

(2) $f(x) = \dfrac{1}{\sin^2 x \cos x}$;

(3) $f(x) = \dfrac{1}{\sin x \cos^3 x}$.

解 (1) 利用 $\sin^3 x = -(1-\cos^2 x)(\cos x)'$:
$$I = \int (\cos^4 x - \cos^2 x) \, d(\cos x) = \frac{1}{5}\cos^5 x - \frac{1}{3}\cos^3 x + C.$$

(2) $I = \displaystyle\int \frac{d(\sin x)}{\sin^2 x (1-\sin^2 x)} = \int \left(\frac{1}{\sin^2 x} + \frac{1}{1-\sin^2 x}\right) d(\sin x)$

$\quad = -\dfrac{1}{\sin x} + \dfrac{1}{2} \displaystyle\int \left(\dfrac{1}{1-\sin x} + \dfrac{1}{1+\sin x}\right) d(\sin x)$

$\quad = -\dfrac{1}{\sin x} + \dfrac{1}{2} \ln \dfrac{1+\sin x}{1-\sin x} + C$

$\quad = -\dfrac{1}{\sin x} + \ln \left|\dfrac{1+\sin x}{\cos x}\right| + C.$

(3) 利用 $d(\tan x) = \sec^2 x \, dx$:
$$I = \int \frac{\sec^4 x}{\tan x} dx = \int \frac{1+\tan^2 x}{\tan x} d(\tan x)$$
$$= \int \frac{d(\tan x)}{\tan x} + \int \tan x \, d(\tan x)$$
$$= \ln|\tan x| + \frac{1}{2}\tan^2 x + C.$$

上例中, 实际上相当于用代换 $t=\cos x, \sin x, \tan x$, 只是未明显写出, 因而成了凑微分法.

当 $f(x) = \sin \alpha x \cos \beta x$ 或 $\sin \alpha x \sin \beta x$ (α, β 是任意实数)时, 计算 $\int f(x) \, dx$ 的标准方法是用"积化和差"公式变换被积函数, 然后分项积分.

例 8 求 $I = \int f(x) \, dx$, 若

(1) $f(x) = \sin 5x \cos x$;

(2) $f(x) = \sin^2 3x \cos^2 2x$.

解 (1) 利用 $2\sin 5x \cos x = \sin 6x + \sin 4x$, 得

$$I = -\frac{1}{12}\cos 6x - \frac{1}{8}\cos 4x + C.$$

(2) 首先变换 $f(x)$:

$$f(x) = \frac{1}{4}(1-\cos 6x)(1+\cos 4x)$$

$$= \frac{1}{4}(1+\cos 4x - \cos 6x - \cos 6x \cos 4x)$$

$$= \frac{1}{8}(2+2\cos 4x - 2\cos 6x - \cos 2x - \cos 10x).$$

于是

$$I = \frac{1}{240}(60x - 15\sin 2x + 15\sin 4x - 10\sin 6x - 3\sin 10x) + C.$$

5.3.3 某些含根式的函数的积分

设 $R(u,v)$ 是一有理表达式, 对于积分

$$\int R\left(x, \sqrt[n]{\frac{ax+b}{cx+d}}\right) dx \quad (ad \neq bc) \tag{4}$$

与

$$\int R(x, \sqrt{ax^2+bx+c}) dx \quad (a \neq 0, b^2 \neq 4ac) \tag{5}$$

的计算,基本思路是用适当代换去掉根号.对于积分(4),一次代换 $t = \sqrt[n]{\dfrac{ax+b}{cx+d}}$ 即可达目的.对于积分(5),通常应将根式化为 $\sqrt{t^2 \pm \alpha^2}$ 或 $\sqrt{\alpha^2 - t^2}$, 然后用三角或双曲代换(参照上节例5).

例9 求 $I = \int f(x) dx$, 若

(1) $f(x) = \dfrac{1}{x}\sqrt{\dfrac{x-1}{x+1}}$;

(2) $f(x) = \dfrac{1}{\sqrt[3]{(x+1)^2(x-1)^4}}$.

解 (1) 作代换 $t = \sqrt{\dfrac{x-1}{x+1}}$,则 $x = \dfrac{1+t^2}{1-t^2}$, $dx = \dfrac{4t\,dt}{(1-t^2)^2}$. 于是

$$I = \int \dfrac{1-t^2}{1+t^2} \cdot t \cdot \dfrac{4t\,dt}{(1-t^2)^2} = 4 \int \dfrac{t^2\,dt}{(1+t^2)(1-t^2)}$$

$$= -2 \int \left(\dfrac{1}{t^2+1} + \dfrac{1}{t^2-1} \right) dt = -2\arctan t + \ln\left|\dfrac{t+1}{t-1}\right| + C$$

$$= -2\arctan \sqrt{\dfrac{x-1}{x+1}} + \ln\left| x + \sqrt{x^2-1} \right| + C.$$

(2) 注意到 $\sqrt[3]{(x+1)^2(x-1)^4} = (x^2-1) \sqrt[3]{\dfrac{x-1}{x+1}}$,作代换 $t = \sqrt[3]{\dfrac{x-1}{x+1}}$,则

$$x = \dfrac{1+t^3}{1-t^3},\quad x^2-1 = \dfrac{4t^3}{(1-t^3)^2},\quad dx = \dfrac{6t^2\,dt}{(1-t^3)^2};$$

于是

$$I = \int \dfrac{(1-t^3)^2}{4t^3} \cdot \dfrac{1}{t} \cdot \dfrac{6t^2\,dt}{(1-t^3)^2} = \dfrac{3}{2} \int \dfrac{dt}{t^2} = -\dfrac{3}{2t} + C$$

$$= -\dfrac{3}{2} \sqrt[3]{\dfrac{x+1}{x-1}} + C.$$

例 10 求 $I = \displaystyle\int \dfrac{x\,dx}{\sqrt{x^2+2x+2}}.$

解 首先注意 $x^2+2x+2 = (x+1)^2+1$,然后相继作两次代换(参考上节例 5):

$$I = \int \dfrac{t-1}{\sqrt{t^2+1}} dt \quad (t = x+1)$$

$$= \int \dfrac{\tan u - 1}{\sec u} \sec^2 u\,du \quad (t = \tan u)$$

$$= -\int \dfrac{d(\cos u)}{\cos^2 u} - \int \dfrac{d(\sin u)}{1-\sin^2 u}$$

$$= \dfrac{1}{\cos u} - \ln|\sec u + \tan u| + C$$

$$= \sqrt{t^2+1} - \ln(\sqrt{t^2+1}+t) + C$$

$$= \sqrt{x^2+2x+2} - \ln(\sqrt{x^2+2x+2}+x+1) + C.$$

对于那些被积函数含有根式,但不属于类型(4)或(5)的积分,缺少标准的算法,一般需要依据具体情况灵活处理.下面看两个例子.

例 11 求 $I = \int f(x)\,\mathrm{d}x$, 若

(1) $f(x) = \dfrac{1}{\sqrt{x} + \sqrt[3]{x}}$;

(2) $f(x) = \dfrac{1}{x\sqrt{x^6 - x^3 - 1}}$.

解 (1) 为了同时将根式 $\sqrt{x}$ 与 $\sqrt[3]{x}$ 有理化, 考虑代换 $t = \sqrt[6]{x}$, 这样有 $x = t^6$, $\sqrt{x} = t^3$, $\sqrt[3]{x} = t^2$. 于是

$$I = \int \frac{6t^5}{t^3 + t^2}\mathrm{d}t = 6\int \frac{t^3}{1+t}\mathrm{d}t$$

$$= 6\int u^{-1}(u-1)^3 \mathrm{d}u \quad (u = 1+t)$$

$$= 6\int \left(u^2 - 3u + 3 - \frac{1}{u}\right)\mathrm{d}u$$

$$= 2u^3 - 9u^2 + 18u - 6\ln|u| + C$$

$$= 2(\sqrt[6]{x}+1)^3 - 9(\sqrt[6]{x}+1)^2 + 18(\sqrt[6]{x}+1) - 6\ln(\sqrt[6]{x}+1) + C$$

$$= 2\sqrt{x} - 3\sqrt[3]{x} + 6\sqrt[6]{x} - 6\ln(\sqrt[6]{x}+1) + C.$$

(2) 首先变换 $f(x)$, 然后用凑微分法:

$$I = \int \frac{\mathrm{d}x}{x^4\sqrt{1 - x^{-3} - x^{-6}}} = -\frac{1}{3}\int \frac{\mathrm{d}\left(x^{-3} + \dfrac{1}{2}\right)}{\sqrt{\dfrac{5}{4} - \left(x^{-3} + \dfrac{1}{2}\right)^2}}$$

$$= -\frac{1}{3}\arcsin\left[\frac{2}{\sqrt{5}}\left(x^{-3} + \frac{1}{2}\right)\right] + C$$

$$= -\frac{1}{3}\arcsin\left(\frac{x^3 + 2}{\sqrt{5}\,x^3}\right) + C.$$

习题 5.3

1. 求下列不定积分:

(1) $\displaystyle\int \frac{\mathrm{d}x}{x^2 + 2x - 3}$;   (2) $\displaystyle\int \frac{\mathrm{d}x}{x^3 + 1}$;

(3) $\displaystyle\int \frac{\mathrm{d}x}{x(1 + x^8)}$;   (4) $\displaystyle\int \frac{\mathrm{d}x}{x(x+1)^2}$;

(5) $\int \dfrac{3x-7}{x^3+x^2+4x+4}\mathrm{d}x$;   (6) $\int \dfrac{\mathrm{d}x}{(x-3)^2(x^2-6x+8)}$;

(7) $\int \dfrac{x^{2n-1}}{1+x^n}\mathrm{d}x\ (n>0)$.

2. 计算下列不定积分：

(1) $\int \cos^4 x \sin^3 x \mathrm{d}x$;   (2) $\int \sin x \sin 3x \mathrm{d}x$;   (3) $\int \dfrac{\mathrm{d}x}{1+\tan x}$;

(4) $\int \dfrac{\cos x}{1+\cos x}\mathrm{d}x$;   (5) $\int \dfrac{\mathrm{d}x}{4-5\sin x}$;   (6) $\int \dfrac{\sin^2 x+1}{\cos^4 x}\mathrm{d}x$.

3. 计算下列各题：

(1) $\int \dfrac{x+1}{x\sqrt{x-2}}\mathrm{d}x$;   (2) $\int \dfrac{1}{x}\sqrt{\dfrac{1+x}{1-x}}\mathrm{d}x$;

(3) $\int \sqrt[3]{\dfrac{2-x}{2+x}}\dfrac{\mathrm{d}x}{(2-x)^2}$;   (4) $\int \dfrac{\mathrm{d}x}{\sqrt{x}(1+\sqrt[4]{x})^3}$;

(5) $\int \dfrac{\mathrm{d}x}{x-\sqrt{x^2-1}}$;   (6) $\int \dfrac{x+1}{(2x+x^2)\sqrt{2x+x^2}}\mathrm{d}x$.

4. 求下列不定积分：

(1) $\int \dfrac{x^2 \arctan x}{1+x^2}\mathrm{d}x$;   (2) $\int \dfrac{\mathrm{e}^{2x}}{\sqrt[4]{1+\mathrm{e}^x}}\mathrm{d}x$;   (3) $\int \dfrac{\mathrm{d}x}{\sin 2x-2\sin x}$.

5. 设 $f(x)$ 是可微函数，它有反函数 $f^{-1}(x)$. 已知 $\int f(x)\mathrm{d}x=F(x)+C$，证明 $\int f^{-1}(x)\mathrm{d}x = xf^{-1}(x)-F(f^{-1}(x))+C$.

第六章

定 积 分

从计算面积与路程等具体问题引申出来的定积分概念,在一元函数微积分学中,是与微分概念相对的另一基本概念,它与不定积分有密切的内在联系.本章介绍定积分的定义、性质与计算方法,也涉及某些初步应用.在本课程中,定积分处于特别重要的地位:首先,今后要学到的其他积分(如重积分、曲线积分等)的计算通常归结为定积分的计算;其次,研究定积分所用的某些方法,经适当推广之后,将用于后面论及的其他积分.因此,深入理解与熟练掌握本章的内容,对于本书后半部分的学习是至关重要的.

§6.1 定积分的定义与性质

6.1.1 面积问题与路程问题

在积分学的发展史上,面积与路程的计算是引出定积分概念的两个典型问题.

面积问题 设 $y=f(x)$ 是区间 $[a,b]$ $(a<b)$ 上的非负连续函数.曲线 $y=f(x)$ 与直线 $y=0, x=a, x=b$ 围成一平面区域 D,称之为 <u>曲边梯形</u>,今要求其面积 S.

如同在 3.1.1 中考虑切线问题一样,此处面对的问题也是双重的:既要给出面积 S 的严格定义,又要给出其求法.若 $f(x) \equiv c > 0$,则 D 是一矩形,此时显然有 $S = c(b-a)$.若 $f(x)$ 在 $[a,b]$ 上不为常数,则由其连续性,在 $[a,b]$ 的充分小的子区间上 $f(x)$ 近似为常数,从而可用一系列小矩形的面积之和来逼近 D 的面积,具体作法如下:

在 $[a,b]$ 上取分点 $x_i (0 \leqslant i \leqslant n)$,使得
$$a = x_0 < x_1 < \cdots < x_n = b. \tag{1}$$
在每个小区间 $[x_{i-1}, x_i]$ 上任取一点 $\xi_i (1 \leqslant i \leqslant n)$.令 $\Delta x_i = x_i - x_{i-1}$, $\lambda = \max\limits_{1 \leqslant i \leqslant n} \Delta x_i$.以

D_i 记小曲边梯形 $0 \leqslant y \leqslant f(x), x_{i-1} \leqslant x \leqslant x_i$(图6-1). λ 愈小, D_i 的面积就愈接近于 $f(\xi_i)\Delta x_i$. 这就有近似公式

$$S \approx \sum_{i=1}^{n} f(\xi_i)\Delta x_i.$$

从直观上看来,当 $\lambda \to 0$ 时,以上近似公式的误差将趋于零.因此有理由认为

$$S = \lim_{\lambda \to 0} \sum_{i=1}^{n} f(\xi_i)\Delta x_i. \tag{2}$$

式(2)就是我们所需要的面积定义式.原则上,它也可作为面积 S 的计算公式.

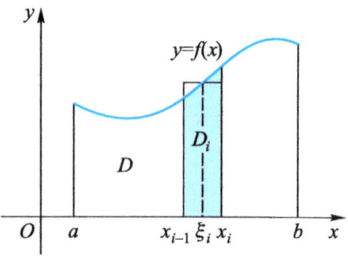

图 6-1

路程问题 设一质点做直线运动,其速度为 $v=v(t)$ ($a \leqslant t \leqslant b$), t 表示时间,今要求质点在时间段 $[a,b]$ 内经过的路程 s.

若质点做匀速运动,即 $v(t) \equiv c$,则显然 $s=c(b-a)$. 若质点做变速运动,则可仿照处理面积问题的方法,取点 t_i 与 $\tau_i: a=t_0<t_1<\cdots<t_n=b, t_{i-1} \leqslant \tau_i \leqslant t_i$ ($1 \leqslant i \leqslant n$). 令 $\Delta t_i = t_i - t_{i-1}, \lambda = \max_{1 \leqslant i \leqslant n} \Delta t_i$,类似于式(2),路程 s 可表为:

$$s = \lim_{\lambda \to 0} \sum_{i=1}^{n} v(\tau_i)\Delta t_i. \tag{3}$$

6.1.2 定积分的定义

上段所讨论的两个问题的具体含义各不相同,但其处理方法与最后结果却非常接近:都归结到同一类型的和式极限(对比(2),(3)两式).形如式(2)的和式极限还出现在许多其他具体问题中,因此有必要加以系统考察,于是给出以下定义.

定义 1 设 $f(x)$ 是区间 $[a,b]$ ($a<b$) 上的有界函数.在 $[a,b]$ 上任取满足式(1) 的分点 x_i ($0 \leqslant i \leqslant n$), 令 $\Delta x_i = x_i - x_{i-1}, \lambda = \max_{1 \leqslant i \leqslant n} \Delta x_i$;任取 $\xi_i \in [x_{i-1}, x_i]$ ($1 \leqslant i \leqslant n$),构成和式 $\sum_{i=1}^{n} f(\xi_i)\Delta x_i$. 若极限

$$I = \lim_{\lambda \to 0} \sum_{i=1}^{n} f(\xi_i)\Delta x_i$$

存在,且与点 x_i, ξ_i 的取法无关,则说 $f(x)$ 在 $[a,b]$ 上**可积**,并称 I 为 $f(x)$ 在 $[a,b]$ 上的**定积分**(简称积分),记作 $\int_a^b f(x)\mathrm{d}x$ (有时也简写作 $\int_a^b f\mathrm{d}x$),即

$$\int_a^b f(x)\mathrm{d}x = \lim_{\lambda \to 0} \sum_{i=1}^{n} f(\xi_i)\Delta x_i. \tag{4}$$

在历史上,首先引入并使用定积分的是微积分学的开创者 Newton(牛顿)[①]与 Leibniz.但真正对定积分概念作出严格表述的却是德国数学家 Riemann(黎曼)[②].因此,通常称定义 1 意义上的积分为 **Riemann 积分**,称和式 $\sum f(\xi_i)\Delta x_i$ 为 **Riemann 和**.

在积分 $\int_a^b f(x)\,dx$ 中,$f(x)$ 称为被积函数,而 x 是积分变量,$f(x)\,dx$ 是被积式,$\int$ 是积分号,a,b 分别为积分的下限与上限.记号 $\int_a^b f(x)\,dx$ 显然是从和式 $\sum f(\xi_i)\Delta x_i$ 演变而来的:dx 是 Δx_i 的变形,$\int$ 则是字母 s(单词 sum 的第一个字母)的拉长.注意积分变量亦可用其他字母,例如有

$$\int_a^b f(x)\,dx = \int_a^b f(t)\,dt.$$

定义 1 中限定 $a<b$.但积分的实际应用表明,容许 $a\geq b$ 会带来方便,因此补充规定

$$\int_a^b f(x)\,dx = -\int_b^a f(x)\,dx \ (a>b); \tag{5}$$

$$\int_a^a f(x)\,dx = 0. \tag{6}$$

利用定义 1,现在可将式(2),(3) 改写为:

$$S = \int_a^b f(x)\,dx, \quad s = \int_a^b v(t)\,dt.$$

可见,上小节所考察的面积与路程问题都归结为计算定积分问题.在6.1.1中,我们假定 $f(x)$ 连续且非负.不过,即使 $f(x)$ 不满足这些条件,只要积分 $\int_a^b f(x)\,dx$ 存在,就仍将它解释为面积,只是将位于 x 轴下方的那部分面积看作是负的(图 6-2).

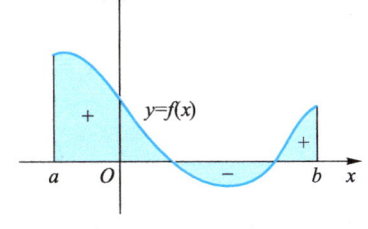

图 6-2

注 1 定义 1 中点 x_i,ξ_i 的任意性是重要的.不过,若已知 $f(x)$ 在 $[a,b]$ 上可积,则在利用式(4) 计算积分时可对 x_i,ξ_i 作特殊的选择.例如,总可以使 ξ_i 避开预定的有限个点.这就得出结论:改变 $f(x)$ 在有限个点的值,不会影响 $f(x)$ 的可积性与积分 $\int_a^b f(x)\,dx$ 的值.

积分定义本身并未涉及在什么情况下 $f(x)$ 可积的问题,关于函数可积条件

[①] Newton,1642—1727,英国大科学家.
[②] Riemann,1826—1866,德国数学家.

的深入讨论超出了本课程的范围.为满足通常的需要,知道以下结论(证明略去)也就够了.

定理1 设$f(x)$是区间$[a,b]$上的有界函数.若$f(x)$在$[a,b]$上单调,或至多有有限多个间断点,则$f(x)$在$[a,b]$上可积.特别地,$[a,b]$上的连续函数必定可积.

自然存在不可积函数,下面就是一典型例子.

例1 证明 Dirichlet 函数
$$D(x) = \begin{cases} 1, & x \text{ 为有理数}, \\ 0, & x \text{ 为无理数} \end{cases}$$
在任何区间$[a,b]\,(a<b)$上不可积.

证 设取$x_0,x_1,\cdots,x_n$满足式(1),$\xi_i \in [x_{i-1},x_i]\,(1\leqslant i \leqslant n)$全为有理数(或全为无理数),则
$$\sum_{i=1}^n D(\xi_i)\Delta x_i = \begin{cases} b-a, & \xi_i \text{ 全为有理数}, \\ 0, & \xi_i \text{ 全为无理数}. \end{cases}$$

因此,当$\lambda = \max\limits_{1\leqslant i \leqslant n}\Delta x_i \to 0$时,极限$\lim\limits_{\lambda \to 0}\sum\limits_{i=1}^n D(\xi_i)\Delta x_i$至少有两个值.由定义1,$D(x)$在$[a,b]$上不可积.

例2 求$I = \int_a^b x\,\mathrm{d}x$.

解 由定理1,积分$I=\int_a^b x\,\mathrm{d}x$存在.为便于用式(4)计算$I$,不妨把区间$[a,b]$ n等分,即取
$$x_i = a + \frac{i}{n}(b-a) \quad (0 \leqslant i \leqslant n),$$
$$\xi_i = \frac{x_{i-1}+x_i}{2} \quad (1 \leqslant i \leqslant n),$$
则$\Delta x_i = x_i - x_{i-1} = \dfrac{b-a}{n}$,$\lambda = \max\limits_{1\leqslant i \leqslant n}\Delta x_i \to 0 \Leftrightarrow n \to \infty$. 于是
$$I = \lim_{n\to\infty}\sum_{i=1}^n \frac{1}{2}(x_i+x_{i-1})(x_i-x_{i-1})$$
$$= \lim_{n\to\infty}\frac{1}{2}\sum_{i=1}^n (x_i^2 - x_{i-1}^2)$$
$$= \frac{1}{2}\lim_{n\to\infty}(x_1^2-x_0^2+x_2^2-x_1^2+\cdots+x_n^2-x_{n-1}^2)$$
$$= \frac{1}{2}\lim_{n\to\infty}(x_n^2-x_0^2) = \frac{b^2-a^2}{2}.$$

直接用定义式(4)计算定积分,虽然原则上可行,但实际上即使对并不复杂的函数也不易成功.在下一小节中将介绍另一种简便有效的方法,该方法的推证要用到下述定积分的基本性质.

6.1.3 定积分的性质

本段给出定积分的主要性质,它们是对积分进行计算与估计的基础.下面所列的积分性质可分为两组:性质 I — III 是"基本性质",它们直接由积分定义与极限的性质(§2.1 定理 2—4)推出;性质 IV — VI 则是"导出性质",它们由性质 I — III 推出.

以下设 $f(x)$ 与 $g(x)$ 在区间 $[a,b]$ 上可积.

性质 I(线性性) 设 α,β 是常数,则
$$\int_a^b [\alpha f(x)+\beta g(x)]\,\mathrm{d}x = \alpha \int_a^b f(x)\,\mathrm{d}x + \beta \int_a^b g(x)\,\mathrm{d}x.$$

性质 II(可加性) 若 $a<c<b$,则
$$\int_a^b f(x)\,\mathrm{d}x = \int_a^c f(x)\,\mathrm{d}x + \int_c^b f(x)\,\mathrm{d}x.$$

性质 III(比较性) 若 $f(x)\leqslant g(x)\ (a\leqslant x\leqslant b)$,则
$$\int_a^b f(x)\,\mathrm{d}x \leqslant \int_a^b g(x)\,\mathrm{d}x.$$

以上性质的证明从略.

性质 IV(估值定理) 若 $A\leqslant f(x)\leqslant B\ (a\leqslant x\leqslant b)$,则
$$A(b-a)\leqslant \int_a^b f(x)\,\mathrm{d}x \leqslant B(b-a).$$

特别地,若 $f(x)\geqslant 0$,则 $\int_a^b f(x)\,\mathrm{d}x \geqslant 0$.

证 由性质 III,有
$$A(b-a)=\int_a^b A\,\mathrm{d}x \leqslant \int_a^b f(x)\,\mathrm{d}x$$
$$\leqslant \int_a^b B\,\mathrm{d}x = B(b-a). \qquad \square$$

性质 V(积分中值定理) 若在 $[a,b]$ 上 $f(x)$ 连续,$g(x)$ 不变号,则存在 $\xi\in[a,b]$,使得
$$\int_a^b f(x)g(x)\,\mathrm{d}x = f(\xi)\int_a^b g(x)\,\mathrm{d}x. \tag{7}$$

特别地,取 $g(x)=1$ 得
$$\int_a^b f(x)\,\mathrm{d}x = f(\xi)(b-a). \tag{7}'$$

证 不妨设 $g(x) \geq 0$ ($g(x) \leq 0$ 时证法类似),分别以 M 与 m 记 $f(x)$ 在 $[a,b]$ 上的最大值与最小值,则 $mg(x) \leq f(x)g(x) \leq Mg(x)$. 于是由性质 I, III 有

$$m\int_a^b g(x)\,dx \leq \int_a^b f(x)g(x)\,dx \leq M\int_a^b g(x)\,dx. \tag{8}$$

若 $\int_a^b g(x)\,dx = 0$,则由式(8)推出 $\int_a^b f(x)g(x)\,dx = 0$,此时式(7)对任何 $\xi \in [a,b]$ 成立. 若 $\int_a^b g(x)\,dx \neq 0$,则必有 $\int_a^b g(x)\,dx > 0$ (注意 $g(x) \geq 0$),于是由式(8)得 $m \leq C \leq M$,其中

$$C = \frac{\int_a^b f(x)g(x)\,dx}{\int_a^b g(x)\,dx}.$$

由连续函数的介值定理,存在 $\xi \in [a,b]$ 使 $f(\xi) = C$,由此即得式(7). □

性质 VI 若 $a \leq b$,则 $\left|\int_a^b f(x)\,dx\right| \leq \int_a^b |f(x)|\,dx$.

证 因 $-|f(x)| \leq f(x) \leq |f(x)|$,故由性质 III 有

$$-\int_a^b |f(x)|\,dx \leq \int_a^b f(x)\,dx \leq \int_a^b |f(x)|\,dx.$$

由此推出性质 VI 中的不等式. □

性质 VII 设 $f(x), g(x)$ 在 $[a,b]$ 上连续,则

$$\left(\int_a^b f(x)g(x)\,dx\right)^2 \leq \left(\int_a^b f^2(x)\,dx\right)\left(\int_a^b g^2(x)\,dx\right).$$

证 因为对任意 λ,有

$$(\lambda f(x) + g(x))^2 = \lambda^2 f^2(x) + 2\lambda f(x)g(x) + g^2(x) \geq 0,$$

两边积分得

$$\lambda^2 \int_a^b f^2(x)\,dx + 2\lambda \int_a^b f(x)g(x)\,dx + \int_a^b g^2(x)\,dx \geq 0.$$

所以关于 λ 二次式的判别式满足

$$\left(2\int_a^b f(x)g(x)\,dx\right)^2 - 4\left(\int_a^b f^2(x)\,dx\right)\left(\int_a^b g^2(x)\,dx\right) \leq 0,$$

故所证结论成立,通常称此不等式为 Cauchy-Schwarz(柯西-施瓦茨)不等式. □

注 2 性质 II 适用于 a, b, c 为任意实数的情况(不必 $a < c < b$),只要所出现的积分存在. 类似地,性质 I, V 亦适用于 $a \geq b$ 的情况.

性质 I, II 通常用于简化积分计算,下节中将有许多例题说明这一点. 性质 III—VII 则主要用于积分的比较与估计.

例 3 证明 $\dfrac{1}{2} \leqslant \int_0^1 \sqrt{2x^2-x^4}\,dx \leqslant \dfrac{\sqrt{2}}{2}$.

证 容易看出 $x^2 \leqslant 2x^2-x^4 \leqslant 2x^2 (0 \leqslant x \leqslant 1)$，因此
$$x \leqslant \sqrt{2x^2-x^4} \leqslant \sqrt{2}\,x \quad (0 \leqslant x \leqslant 1).$$
于是由性质 Ⅲ 有：
$$\dfrac{1}{2} = \int_0^1 x\,dx \leqslant \int_0^1 \sqrt{2x^2-x^4}\,dx \leqslant \sqrt{2}\int_0^1 x\,dx = \dfrac{\sqrt{2}}{2}.$$

例 4 设 $f(x)$ 在区间 $[a,b]$ $(a<b)$ 上连续、非负且不恒为零，证明 $\int_a^b f(x)\,dx > 0$.

证 由所给条件，必有 $x_0 \in [a,b]: f(x_0) > 0$. 不妨设 $x_0 < b$. 由连续函数的保号性质，存在 $\beta \in (x_0, b)$，使在 $[x_0, \beta]$ 上 $f(x) \geqslant m = \min\limits_{x_0 \leqslant x \leqslant \beta} f(x) > 0$. 于是由性质 Ⅱ，Ⅳ 有

$$\int_a^b f(x)\,dx = \int_a^{x_0} f(x)\,dx + \int_{x_0}^{\beta} f(x)\,dx + \int_{\beta}^b f(x)\,dx$$
$$\geqslant 0 + m(\beta - x_0) + 0 = m(\beta - x_0) > 0,$$

故得证.

由此例可得以下结论：

(1) 若 $f(x)$ 在区间 $[a,b]$ $(a<b)$ 上连续、非负且 $\int_a^b f(x)\,dx = 0$，则在 $[a,b]$ 上，$f(x) \equiv 0$.

(2) 若 $f(x), g(x)$ 分别在区间 $[a,b]$ $(a<b)$ 上连续，$f(x) \leqslant g(x)$ 且 $f(x) \not\equiv g(x)$，则
$$\int_a^b f(x)\,dx < \int_a^b g(x)\,dx.$$

(3) 若 $f(x)$ 在区间 $[a,b]$ $(a<b)$ 上连续，m 和 M 分别是 $f(x)$ 在 $[a,b]$ 上的最小值和最大值，且 $m \neq M$，则
$$m(b-a) < \int_a^b f(x)\,dx < M(b-a).$$

习题 6.1

1. 用定义求下列定积分：

(1) $I_1 = \int_{-3}^1 4x\,dx$； (2) $I_2 = \int_0^1 x^2\,dx$.

2. 用定积分的几何意义说明：

(1) $\int_0^1 \sqrt{1-x^2}\,dx = \dfrac{\pi}{4}$;   (2) $\int_{-\pi}^{\pi} \sin x\,dx = 0$;

(3) $\int_{-1}^1 x^2\,dx = 2\int_0^1 x^2\,dx$.

3. 计算 $\int_0^2 f(x)\,dx$,其中 $f(x) = \begin{cases} x, & 0 \le x \le 1, \\ 1, & x > 1. \end{cases}$

4. 比较下列积分的大小:

(1) $\int_0^1 x^2\,dx$ 与 $\int_0^1 x^3\,dx$;   (2) $\int_1^2 \ln x\,dx$ 与 $\int_1^2 (\ln x)^2\,dx$;

(3) $\int_3^4 \ln x\,dx$ 与 $\int_3^4 (\ln x)^2\,dx$;   (4) $\int_0^1 e^{-x^2}\,dx$ 与 $\int_0^1 e^{-x}\,dx$.

5. 证明下列各不等式:

(1) $1 < \int_1^2 e^{x^2 - x}\,dx < e^2$;   (2) $\dfrac{1}{2} < \int_1^4 \dfrac{1}{2+x}\,dx < 1$;

(3) $\sqrt{2}\,e^{-1/2} < \int_{-\sqrt{1/2}}^{\sqrt{1/2}} e^{-x^2}\,dx < \sqrt{2}$;   (4) $\dfrac{3}{5} < \int_1^3 \dfrac{t}{1+t^2}\,dt < 1$.

6. 设函数 $f(x)$ 在 $[a,b]$ 上连续.

(1) 试证:若 $\int_a^b [f(x)]^2\,dx = 0$,则 $f(x) \equiv 0$;

(2) 若 $f(x) = \cos x - x^2$,试证 $\int_{-\pi/6}^{\pi/6} f(x)\,dx > 0$.

7. 设 $f(x)$ 在 $[a,b]$ 上连续,若 $\int_a^b f(x)\,dx = 0$,试证在 $[a,b]$ 中至少有一点 c,使 $f(c) = 0$.

8. 设 $f(x)$ 在 $[a,b]$ 上连续,M 为 $|f(x)|$ 在 $[a,b]$ 上的最大值,求证:

$$\left| \int_a^b f(x)\,dx \right| \le M(b-a).$$

§6.2 定积分的计算

本节讨论定积分的计算方法,中心结果是被称为"微积分学基本定理"的 Newton-Leibniz 公式,该公式将定积分计算归结为求原函数.

6.2.1 变上限积分

设 $f(x)$ 在区间 $[a,b]$ 上连续,则对任意 $x \in [a,b]$,在 $[a,x]$ 上的积分

$$F(x) = \int_a^x f(t)\,dt \tag{1}$$

存在,称之为**变上限积分**. $F(x)$ 是定义于 $[a,b]$ 上的一个函数,显然 $F(a) = 0$,

$$F(b) = \int_a^b f(x)\,dx.$$

若 $f(x) \geq 0$ $(a \leq x \leq b)$，则 $F(x)$ 表示如图 6-3 所示的阴影区域的面积.

定理 1 设 $f(x)$ 在 $[a,b]$ 上连续，$F(x)$ 由式(1) 定义，则 $F'(x)=f(x)$，即

$$\frac{\mathrm{d}}{\mathrm{d}x}\int_a^x f(t)\,\mathrm{d}t = f(x) \quad (a \leq x \leq b). \tag{2}$$

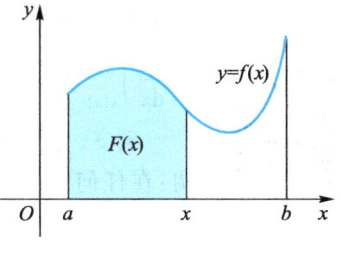

图 6-3

证 取定 $x \in [a,b)$. 若 $x < x+h < b$，则由积分中值定理有 $\xi \in [x, x+h]$，使得

$$\begin{aligned}
F'_+(x) &= \lim_{h \to 0^+} \frac{F(x+h) - F(x)}{h} \\
&= \lim_{h \to 0^+} \frac{1}{h}\left[\int_a^{x+h} f(t)\,\mathrm{d}t - \int_a^x f(t)\,\mathrm{d}t\right] \\
&= \lim_{h \to 0^+} \frac{1}{h}\int_x^{x+h} f(t)\,\mathrm{d}t = \lim_{h \to 0^+} f(\xi).
\end{aligned} \tag{3}$$

因 $h \to 0^+$，故 $\xi \to x^+$，从而由 f 的连续性有 $f(\xi) \to f(x)$，因此 $F'_+(x) = f(x)$. 同理可证，对任给 $x \in (a,b]$ 有 $F'_-(x) = f(x)$，综合起来即得 $F'(x) = f(x)$ $(a \leq x \leq b)$. □

定理 1 表明，连续函数必有原函数. 这就证实了 §5.1 中的定理 2.

注 1 不难验证，公式(2) 也适用于 $x < a$ 的情况，只要 f 在某个区间 $(\beta, a]$ $(\beta < x)$ 上连续就行.

例 1 设 $f(x)$ 在 $(-\infty, +\infty)$ 上连续，求 $\dfrac{\mathrm{d}}{\mathrm{d}x}\int_0^x (x+t)f(t)\,\mathrm{d}t$.

解 首先分拆积分，然后用公式(2)：

$$\begin{aligned}
\frac{\mathrm{d}}{\mathrm{d}x}\int_0^x (x+t)f(t)\,\mathrm{d}t &= \left[x\int_0^x f(t)\,\mathrm{d}t\right]' + \left[\int_0^x tf(t)\,\mathrm{d}t\right]' \\
&= \int_0^x f(t)\,\mathrm{d}t + x\left(\int_0^x f(t)\,\mathrm{d}t\right)' + xf(x) \\
&= \int_0^x f(t)\,\mathrm{d}t + 2xf(x).
\end{aligned}$$

例 2 设 $G(x) = \displaystyle\int_{x^2}^{x^3} \frac{\mathrm{d}t}{1+\sin^2 t}$，求 $G'(x)$.

解 令 $F(x) = \displaystyle\int_0^x \frac{\mathrm{d}t}{1+\sin^2 t}$，则 $F'(x) = \dfrac{1}{1+\sin^2 x}$ $(-\infty < x < +\infty)$，$G(x) = F(x^3) - F(x^2)$. 于是

$$\begin{aligned}
G'(x) &= 3x^2 F'(x^3) - 2x F'(x^2) \\
&= \frac{3x^2}{1+(\sin x^3)^2} - \frac{2x}{1+(\sin x^2)^2}.
\end{aligned}$$

一般地，若 f 是连续函数，u,v 是可微函数，则有求导公式：

$$\frac{d}{dx}\int_{v(x)}^{u(x)} f(t)\,dt = f(u(x))u'(x) - f(v(x))v'(x). \tag{4}$$

6-1 变限法证明积分等式

例3 设 $f(x)$ 是以 T 为周期（$T>0$）的处处连续周期函数，证明：在任何长度为 T 的区间上 $f(x)$ 的积分相等，即对任何实数 a 有 $\int_a^{a+T} f(x)\,dx = $ 常数.

证 因由公式(4) 有

$$\frac{d}{dx}\int_x^{x+T} f(t)\,dt = f(x+T) - f(x) = 0,$$

6-2 变限法证明积分不等式

故积分 $\int_x^{x+T} f(t)\,dt$ 与 x 无关，取 $x=a$，即得结论. 特别地，它与区间 $[0,T]$ 上的积分 $\int_0^T f(x)\,dx$ 相等.

以上对变上限积分求导的方法常用来证明关于积分的等式，值得注意.

6.2.2 Newton-Leibniz 公式

定理1建立了定积分与原函数的联系，这自然启发出一个问题：能否用原函数来计算定积分？以下定理对此作了肯定回答.

定理2 设 $f(x)$ 在 $[a,b]$ 上连续，$F(x)$ 是 $f(x)$ 在 $[a,b]$ 上的任一原函数，则

$$\int_a^b f(x)\,dx = F(x)\Big|_a^b, \tag{5}$$

其中 $F(x)\Big|_a^b$ 是 $F(b) - F(a)$ 的缩写.

证 由定理1，$G(x) = \int_a^x f(t)\,dt$ 是 $f(x)$ 在 $[a,b]$ 上的原函数；则有 $F(x) - G(x) = $ 常数. 于是 $F(b) - G(b) = F(a) - G(a)$，这推出

$$F(b) - F(a) = G(b) - G(a) = \int_a^b f(x)\,dx - \int_a^a f(x)\,dx$$

$$= \int_a^b f(x)\,dx. \qquad \square$$

定理2由微积分学的开创者 Newton 与 Leibniz 各自独立得出，它是微积分学的最重要成果之一，被称为"微积分学的基本定理"，而公式(5)被称为 **Newton-Leibniz 公式**. 公式(5)将定积分计算转化为求原函数，从而建立了定积分与不定积分的联系.

应用公式(5)时,还可将条件适当放宽.首先,易见公式亦适用于$a \geq b$的情况;其次,条件"$f(x)$连续,$F'(x) \equiv f(x)$"可减弱为:$f(x)$在$[a,b]$上可积,$F(x)$在$[a,b]$上连续,至多除有限个点外有$F'(x)=f(x)$.

下面举几个例子说明用公式(5)计算定积分的简便性.

例 4 求 $I = \int_0^1 x^\alpha \mathrm{d}x$,$\alpha$是正常数.

解 因$\dfrac{x^{\alpha+1}}{\alpha+1}$是$x^\alpha$的一个原函数,故由公式(5)有

$$I = \frac{1}{\alpha+1} x^{\alpha+1} \Big|_0^1 = \frac{1}{\alpha+1}.$$

例 5 求 $I = \int_0^2 \dfrac{x \mathrm{d}x}{\sqrt{1+x^2}}$.

解 首先计算不定积分:

$$\int \frac{x \mathrm{d}x}{\sqrt{1+x^2}} = \frac{1}{2} \int \frac{\mathrm{d}(1+x^2)}{\sqrt{1+x^2}} = \sqrt{1+x^2} + C,$$

然后用公式(5)得 $I = \sqrt{1+x^2} \Big|_0^2 = \sqrt{5} - 1$.

例 6 求 $I = \int_0^2 \max\{x, x^2\} \mathrm{d}x$.

解 因

$$\max\{x, x^2\} = \begin{cases} x, & 0 \leq x \leq 1, \\ x^2, & 1 < x \leq 2, \end{cases}$$

故应分别在$[0,1]$与$[1,2]$上应用公式(5):

$$I = \int_0^1 x \mathrm{d}x + \int_1^2 x^2 \mathrm{d}x = \frac{x^2}{2} \Big|_0^1 + \frac{x^3}{3} \Big|_1^2 = \frac{17}{6}.$$

注 2 若$f(x)$在$[a,b]$($a<b$)上可积,则称

$$M(f) = \frac{1}{b-a} \int_a^b f(x) \mathrm{d}x \tag{6}$$

为$f(x)$在$[a,b]$上的平均值.

例 7 求$f(x) = \sin^2 x$在$[0, \pi]$上的平均值M.

解 直接用公式(6):

$$M = \frac{1}{\pi} \int_0^\pi \sin^2 x \mathrm{d}x = \frac{1}{2\pi} \int_0^\pi (1 - \cos 2x) \mathrm{d}x = \frac{1}{2\pi} \left(x - \frac{1}{2} \sin 2x \right) \Big|_0^\pi = \frac{1}{2}.$$

设$f(x)$在$[a,b]$上可积,在上一小节式(4)中取等分点$x_i = a + \dfrac{i}{n}(b-a)$,令

$\xi_i = x_i$,则

$$\int_a^b f(x)\,dx = \lim_{n\to\infty} \sum_{i=1}^n \frac{b-a}{n} f(x_i). \tag{7}$$

如上节已指明的,利用如上的极限式计算定积分并不方便.而现在计算定积分有了简便方法,便可以考虑"倒过来"用公式(7)去求其中的极限.下面用一简单例子说明.

例 8 求 $l = \lim\limits_{n\to\infty} \dfrac{1^p + 2^p + \cdots + n^p}{n^{p+1}}$,$p$ 是正常数.

解 令 $S_n = \dfrac{1^p + 2^p + \cdots + n^p}{n^{p+1}}$,则

$$S_n = \sum_{i=1}^n \frac{1}{n}\left(\frac{i}{n}\right)^p.$$

对比式(7)可取 $f(x) = x^p$,$x_i = \dfrac{i}{n}$,$a = 0$,$b = 1$,则

$$l = \lim_{n\to\infty} S_n = \int_0^1 x^p\,dx = \frac{1}{p+1}.$$

6.2.3 换元积分法

由于 Newton–Leibniz 公式建立了定积分与不定积分之间的联系,自然地,求不定积分的"换元法"与"分部积分法"都可改造成计算定积分的相应方法.

定理 3(**变量代换公式**) 设 $f(x)$ 在 $[a,b]$ 上连续;$\varphi(t)$ 可微且 $\varphi'(t)$ 连续,当 t 从 α 变到 β 时,$\varphi(t)$ 从 a 变到 b,$a \leq \varphi(t) \leq b$,则

$$\int_a^b f(x)\,dx = \int_\alpha^\beta f(\varphi(t))\varphi'(t)\,dt. \tag{8}$$

证 由定理 1,$f(x)$ 有原函数 $F(x)$.用链规则易验证 $(F(\varphi(t)))' = f(\varphi(t))\varphi'(t)$.于是由定理 2 有

$$\int_\alpha^\beta f(\varphi(t))\varphi'(t)\,dt = F(\varphi(t))\Big|_\alpha^\beta = F(x)\Big|_a^b = \int_a^b f(x)\,dx. \qquad \square$$

注 3 用换元法求不定积分时,必须用 $t = \varphi^{-1}(x)$ 代回 x.用公式(8)计算定积分时,因积分限已随变量代换而相应变动,故无需代回 x.注意,在公式(8)中并未限定 $\alpha < \beta$,要紧的只是验明 $\varphi(\alpha) = a$ 与 $\varphi(\beta) = b$.

例 9 求 $I = \int_0^a x^2 \sqrt{a^2 - x^2}\,dx$ $(a > 0)$.

解 作代换 $x = a\sin t$,当 t 从 0 变到 $\dfrac{\pi}{2}$ 时,x 从 0 变到 a.于是由公式(8)有

$$I = \int_0^{\frac{\pi}{2}} a^2 \sin^2 t \cdot a\cos t \cdot a\cos t \, dt = \frac{a^4}{4} \int_0^{\frac{\pi}{2}} \sin^2 2t \, dt$$

$$= \frac{a^4}{8}\left(t - \frac{1}{4}\sin 4t\right)\bigg|_0^{\frac{\pi}{2}} = \frac{\pi a^4}{16}.$$

例 10 求 $I = \int_0^1 \dfrac{dx}{(1+e^x)^2}$.

解 令 $t^{-1} = 1 + e^x$，则 $x = \ln(t^{-1} - 1)$，$x=0$ 对应 $t = \dfrac{1}{2}$，$x=1$ 对应 $t = \dfrac{1}{e+1}$，$dx = \dfrac{dt}{t(t-1)}$. 于是依公式(8)有

$$I = \int_{\frac{1}{2}}^{\frac{1}{e+1}} \frac{t\, dt}{t-1} = (t + \ln|t-1|)\bigg|_{\frac{1}{2}}^{\frac{1}{e+1}}$$

$$= \frac{1}{e+1} + \frac{1}{2} + \ln\frac{2}{e+1}.$$

换元法除直接用于计算定积分之外，还用来证明某些积分公式，这些公式在定积分计算中起重要作用.

例 11 设 $f(x)$ 在 $[0,a]$ 上连续，证明

$$\int_0^a f(x)\, dx = \int_0^a f(a-x)\, dx; \tag{9}$$

$$\int_0^a f(x)\, dx = \frac{1}{2} \int_0^a [f(x) + f(a-x)]\, dx. \tag{10}$$

证 只需证公式(9)(公式(10)由公式(9)推出). 对公式(9)左端积分作代换 $x = a - t$，得

$$\int_0^a f(x)\, dx = \int_a^0 f(a-t)(-dt) = \int_0^a f(a-t)\, dt.$$

公式(9)与公式(10)有许多应用. 例如，在公式(9)中取 $a = \dfrac{\pi}{2}$，并以 $f(\sin x)$ 代 $f(x)$ 得出

$$\int_0^{\frac{\pi}{2}} f(\sin x)\, dx = \int_0^{\frac{\pi}{2}} f(\cos x)\, dx. \tag{11}$$

若 $f(x) + f(a-x)$ 比 $f(x)$ 更简单，则应用公式(10)能获得更好的效果. 以下是几个有趣的例子.

例 12 求 $I = \int_0^{\frac{\pi}{2}} \dfrac{\sin x}{\sin x + \cos x}\, dx$.

解 用公式(10)并注意 $\sin\left(\dfrac{\pi}{2} - x\right) = \cos x$，得

$$I = \frac{1}{2}\int_0^{\frac{\pi}{2}} \left(\frac{\sin x}{\sin x + \cos x} + \frac{\cos x}{\cos x + \sin x} \right) dx$$

$$= \frac{1}{2}\int_0^{\frac{\pi}{2}} dx = \frac{\pi}{4}.$$

例 13 求 $I = \int_0^{\frac{\pi}{4}} \ln(1+\tan x) dx$.

解 依然用公式(10):

$$I = \frac{1}{2}\int_0^{\frac{\pi}{4}} \left\{ \ln(1+\tan x) + \ln\left[1+\tan\left(\frac{\pi}{4}-x\right)\right] \right\} dx$$

$$= \frac{1}{2}\int_0^{\frac{\pi}{4}} \ln\left[(1+\tan x)\left(1+\frac{1-\tan x}{1+\tan x}\right)\right] dx$$

$$= \frac{1}{2}\int_0^{\frac{\pi}{4}} \ln 2 \, dx = \frac{\pi}{8}\ln 2.$$

例 14 设 f 为连续函数, 证明

$$\int_0^{\pi} x f(\sin x) dx = \frac{\pi}{2}\int_0^{\pi} f(\sin x) dx. \tag{12}$$

证 用公式(10)并注意 $\sin(\pi-x) = \sin x$, 得

$$\int_0^{\pi} xf(\sin x) dx = \frac{1}{2}\int_0^{\pi} [xf(\sin x) + (\pi-x)f(\sin x)] dx$$

$$= \frac{\pi}{2}\int_0^{\pi} f(\sin x) dx.$$

如果不用公式(10), 解以上三例是否容易成功, 读者不妨一试.

例 15 设 $f(x)$ 在区间 $[-a, a]$ 上连续, 证明

$$\int_{-a}^{a} f(x) dx = \int_0^a [f(x) + f(-x)] dx. \tag{13}$$

证 只需证 $\int_{-a}^0 f(x) dx = \int_0^a f(-x) dx$, 这由代换 $x = -t$ 得到:

$$\int_{-a}^0 f(x) dx = \int_a^0 f(-t) d(-t) = \int_0^a f(-x) dx.$$

由公式(13)直接推出:

$$\int_{-a}^a f(x) dx = \begin{cases} 2\int_0^a f(x) dx, & f \text{ 是偶函数}, \\ 0, & f \text{ 是奇函数}. \end{cases} \tag{14}$$

例 16 求 $I = \int_{-2}^2 \frac{x+|x|}{2+x^2} dx$.

解 由于在对称区间 $[-2,2]$ 上,$\dfrac{x}{2+x^2}$ 是奇函数,$\dfrac{|x|}{2+x^2}$ 是偶函数,因此

$$I = \int_{-2}^{2} \frac{x}{2+x^2}\mathrm{d}x + \int_{-2}^{2} \frac{|x|}{2+x^2}\mathrm{d}x = \int_{0}^{2} \frac{2x}{2+x^2}\mathrm{d}x$$

$$= \ln(2+x^2)\Big|_{0}^{2} = \ln 3.$$

例 17 求 $I = \int_{-\frac{\pi}{4}}^{\frac{\pi}{4}} \dfrac{\sin^2 x}{1+\mathrm{e}^{-x}}\mathrm{d}x.$

解 注意到积分区间是对称的,且

$$\frac{\sin^2 x}{1+\mathrm{e}^{-x}} + \frac{\sin^2(-x)}{1+\mathrm{e}^{x}} = \sin^2 x\left(\frac{\mathrm{e}^x}{1+\mathrm{e}^x} + \frac{1}{1+\mathrm{e}^x}\right) = \sin^2 x,$$

由公式(13),得

$$I = \int_{0}^{\frac{\pi}{4}} \sin^2 x \mathrm{d}x = \int_{0}^{\frac{\pi}{4}} \frac{1-\cos 2x}{2}\mathrm{d}x = \frac{\pi}{8} - \frac{1}{4}.$$

6.2.4 分部积分法

6-3 分部积分列表法(定积分)

定理 4(分部积分公式) 设 x 的函数 u,v 在区间 $[a,b]$ 上有连续导数,则成立

$$\int_{a}^{b} uv'\mathrm{d}x = uv\Big|_{a}^{b} - \int_{a}^{b} u'v\mathrm{d}x. \qquad (15)$$

证 这由以下等式推出:

$$\int_{a}^{b} uv'\mathrm{d}x + \int_{a}^{b} u'v\mathrm{d}x = \int_{a}^{b} (uv)'\mathrm{d}x = uv\Big|_{a}^{b}. \qquad \square$$

不定积分的分部积分法中关于 u,v 的选择原则依然适用于定积分的分部积分法.

例 18 求 $I = \int_{0}^{2} x\mathrm{e}^x \mathrm{d}x.$

解 取 $u = x, v = \mathrm{e}^x$,应用公式(15)得

$$I = x\mathrm{e}^x\Big|_{0}^{2} - \int_{0}^{2} \mathrm{e}^x \mathrm{d}x = 2\mathrm{e}^2 - \mathrm{e}^x\Big|_{0}^{2} = \mathrm{e}^2 + 1.$$

例 19 求 $I = \int_{0}^{\pi} x^2 \sin^2 x \mathrm{d}x.$

解 连续进行两次分部积分:

$$I = \frac{1}{2}\int_{0}^{\pi} x^2(1-\cos 2x)\mathrm{d}x$$

$$= \frac{1}{2}\int_{0}^{\pi} x^2 \mathrm{d}x - \frac{1}{2}\int_{0}^{\pi} x^2 \cos 2x \mathrm{d}x$$

$$= \frac{\pi^3}{6} - \frac{x^2}{4}\sin 2x \Big|_0^\pi + \frac{1}{2}\int_0^\pi x\sin 2x\,dx$$

$$= \frac{\pi^3}{6} - 0 - \frac{x\cos 2x}{4}\Big|_0^\pi + \frac{1}{4}\int_0^\pi \cos 2x\,dx$$

$$= \frac{\pi^3}{6} - \frac{\pi}{4}.$$

例 20 求 $I = \int_0^a \sin x \sinh x\,dx$.

6-4 定积分
计算快捷法

解 连续进行两次分部积分：

$$I = \sin x \cosh x \Big|_0^a - \int_0^a \cos x \cosh x\,dx$$

$$= \sin a \cosh a - \cos x \sinh x \Big|_0^a - \int_0^a \sin x \sinh x\,dx$$

$$= \sin a \cosh a - \cos a \sinh a - I,$$

由此解出 $I = \frac{1}{2}(\sin a \cosh a - \cos a \sinh a)$.

对于形如 $I_n = \int_a^b f_n(x)\,dx$ 的积分，往往要用分部积分建立递推公式，然后得出 I_n 的通式（对照 §5.2 例 11）.

例 21 证明 Wallis(沃利斯)[①]公式

$$I_n = \int_0^{\frac{\pi}{2}} \sin^n x\,dx = \begin{cases} \dfrac{(2m-1)!!}{(2m)!!} \cdot \dfrac{\pi}{2}, & n = 2m, \\ \dfrac{(2m)!!}{(2m+1)!!}, & n = 2m+1. \end{cases}$$

证 直接看出 $I_0 = \dfrac{\pi}{2}, I_1 = 1$. 当 $n \geq 2$ 时,用分部积分得

$$I_n = \int_0^{\frac{\pi}{2}} \sin^{n-1} x \sin x\,dx$$

$$= -\sin^{n-1} x \cos x \Big|_0^{\frac{\pi}{2}} + (n-1)\int_0^{\frac{\pi}{2}} \sin^{n-2} x \cos^2 x\,dx$$

$$= (n-1)\int_0^{\frac{\pi}{2}} \sin^{n-2} x (1 - \sin^2 x)\,dx$$

$$= (n-1)(I_{n-2} - I_n).$$

---

① Wallis,1616—1703,英国数学家、物理学家.

由此得出递推公式 $I_n = \dfrac{n-1}{n} I_{n-2}$，从而

$$I_n = \dfrac{n-1}{n} I_{n-2} = \dfrac{n-1}{n} \cdot \dfrac{n-3}{n-2} I_{n-4} = \cdots.$$

分别令 $n=2m$ 与 $n=2m+1$（m 为自然数），得

$$I_{2m} = \dfrac{(2m-1)(2m-3)\cdots \cdot 3 \cdot 1}{2m(2m-2)\cdots \cdot 4 \cdot 2} \cdot \dfrac{\pi}{2} = \dfrac{(2m-1)!!}{(2m)!!} \cdot \dfrac{\pi}{2};$$

$$I_{2m+1} = \dfrac{2m(2m-2)\cdots \cdot 4 \cdot 2}{(2m+1)(2m-1)\cdots \cdot 5 \cdot 3} = \dfrac{(2m)!!}{(2m+1)!!}.$$

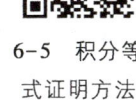

6-5　积分等式证明方法归类

注意，由公式(11)有 $\int_0^{\frac{\pi}{2}} \sin^n x \, dx = \int_0^{\frac{\pi}{2}} \cos^n x \, dx$。因此例19的计算结果亦可用于 $\int_0^{\frac{\pi}{2}} \cos^n x \, dx$。

将类似的方法用到积分 $I_n = \int_0^1 (1-x^2)^n \, dx$，可得

$$I_n = \dfrac{2n}{2n+1} I_{n-1} = \dfrac{(2n)!!}{(2n+1)!!} \quad (n \geqslant 1).$$

请读者自己写出计算细节.

6-6　积分不等式证明方法归类

习题 6.2

1. 求下列各函数的导数：

(1) $F(x) = \int_3^x \dfrac{dt}{(1+t^3)^{10}}$；　　(2) $F(t) = \int_t^0 x\sin x \, dx$；

(3) $G(y) = \int_{2y}^{\sin y} t\sin^2 t \, dt$；　　(4) $F(x) = \int_1^{x^2} \sin(t-x) \, dt$.

2. 求函数 $F(x) = \int_0^x t e^{-t^2} dt$ 的极值.

3. 证明：若 $f(x) > 0$ 且在 $[0, +\infty)$ 上连续，则 $\varphi(x) = \dfrac{\int_0^x t f(t) \, dt}{\int_0^x f(t) \, dt}$ 在 $(0, +\infty)$ 上单调增.

4. 设 $f(x)$ 为正，且在 $[a,b]$ 上连续，又 $F(x) = \int_a^x f(t) \, dt + \int_b^x \dfrac{dt}{f(t)}$. 求证：

(1) $F'(x) \geqslant 2$；　(2) 方程 $F(x) = 0$ 在 (a,b) 内仅有一根.

5. 设 $f(x)$ 与 $g(x)$ 在 $[a,b]$ 上连续.试证：存在一点 $c \in (a,b)$，使得

$$f(c) \int_c^b g(x) \, dx = g(c) \int_a^c f(x) \, dx.$$

6. 设 n 为一正整数,试证 $\int_{\sqrt{n\pi}}^{\sqrt{(n+1)\pi}} \sin t^2 dt = \frac{(-1)^n}{c}$,其中 $\sqrt{n\pi} \leqslant c \leqslant \sqrt{(n+1)\pi}$.

7. 若 $f(x)$ 在 $[0,1]$ 上连续且单调下降,试证对于任意的 $a \in (0,1)$,都有
$$\int_0^a f(x) dx \geqslant a \int_0^1 f(x) dx.$$

8. 求 $\lim\limits_{x \to 0^+} \dfrac{1}{\sqrt{x^3}} \int_0^{\sqrt{x}} \sin t^2 dt$.

9. 求 $\lim\limits_{x \to +\infty} \dfrac{\left(\int_0^x e^{t^2} dt\right)^2}{\int_0^x e^{2t^2} dt}$.

10. 问 a 与 b 取何值时, $\lim\limits_{x \to 0} \dfrac{1}{bx - \sin x} \int_0^x \dfrac{t^2}{\sqrt{a+t}} dt = 1$.

11. 求 $\lim\limits_{n \to \infty} \dfrac{\sqrt{1} + \sqrt{2} + \sqrt{3} + \cdots + \sqrt{n}}{n\sqrt{n}}$.

12. 求 $\lim\limits_{n \to \infty} \dfrac{1}{n} \left[\sin a + \sin\left(a + \dfrac{b}{n}\right) + \cdots + \sin\left(a + \dfrac{n-1}{n}b\right) \right]$.

13. 计算下列定积分:

(1) $\int_1^4 \left(\sqrt{x} + \dfrac{1}{2\sqrt{x}}\right) dx$;   (2) $\int_0^1 |2x - 1| dx$;

(3) $\int_0^{\frac{\pi}{2}} f(x) dx$,其中 $f(x) = \begin{cases} \sec^2 x, & 0 \leqslant x \leqslant \dfrac{\pi}{4}, \\ \csc^2 x, & \dfrac{\pi}{4} < x \leqslant \dfrac{\pi}{2}. \end{cases}$

14. 假设一辆小车在 $t = 0$ 时从原点出发沿 x 轴行驶,其速度 $v(t) = 10t - t^2$, $0 \leqslant t \leqslant 10$.

(1) 求在任何时刻 t, $0 \leqslant t \leqslant 10$,小车的位置;

(2) 当小车的加速度为 0 时,其位置如何?

15. 两块石头相隔 1 s 从同一点先后下落,在第二块下落而第一块尚未到达地面的情形下,试求出在任意时刻两石之间的距离.

16. 计算下列定积分:

(1) $\int_0^{\pi/6} 2\sin(-3x) dx$;   (2) $\int_1^8 \sqrt{3t+1}\, dt$;

(3) $\int_0^{1/4} \sec^2 \pi x\, dx$;   (4) $\int_0^1 x\sqrt{4 - 3x}\, dx$;

(5) $\int_0^\pi \sqrt{\sin x - \sin^3 x}\, dx$;   (6) $\int_0^\pi x\, \text{sgn}(\cos x)\, dx$;

(7) $\int_0^1 \dfrac{\arcsin\sqrt{x}}{\sqrt{x(1-x)}} dx$;   (8) $\int_0^{\pi/2} \dfrac{\sin 2x}{1 + e^{(\sin x)^2}} dx$.

17. 证明下列等式:

(1) $\int_a^1 \dfrac{dx}{1+x^2} = \int_1^{\frac{1}{a}} \dfrac{dx}{1+x^2}$ $(a > 0)$;

(2) $\int_0^1 x^m(1-x)^n \mathrm{d}x = \int_0^1 x^n(1-x)^m \mathrm{d}x$;

(3) $\int_0^\pi \sin^n x \mathrm{d}x = 2\int_0^{\frac{\pi}{2}} \sin^n x \mathrm{d}x$.

18. 求下列定积分:

(1) $\int_0^{\pi/2} (x+x\sin x)\mathrm{d}x$;   (2) $\int_{1/e}^{e} |\ln x| \mathrm{d}x$;

(3) $\int_1^b x^2 (\ln x)^2 \mathrm{d}x \,(b>1)$;   (4) $\int_0^1 x \arctan x \mathrm{d}x$.

19. 利用分部积分法证明:

$$\int_0^x f(u)(x-u)\mathrm{d}u = \int_0^x \left(\int_0^u f(t)\mathrm{d}t\right)\mathrm{d}u.$$

20. 证明积分第二中值定理:设 $g(x)$ 在 $[a,b]$ 上连续, $f(x)$ 在 $[a,b]$ 上有连续导数,且 $f'(x)$ 在 $[a,b]$ 上不变号,则在 $[a,b]$ 中存在一点 c,使得

$$\int_a^b f(x)g(x)\mathrm{d}x = f(a)\int_a^c g(x)\mathrm{d}x + f(b)\int_c^b g(x)\mathrm{d}x.$$

6-7 几种常见的定积分计算错误

§6.3 反常积分

在 §6.1 的积分定义中,限定积分区间有限而被积函数有界,这就使积分的应用很受局限.本节要突破上述限制,引入"反常积分"的概念,并将前面两节的有关结果推广到反常积分.与反常积分相对应,称前面讨论的定积分为常义积分.

6.3.1 定义与性质

首先考虑无限区间上的反常积分.

定义 1 设 $f(x)$ 定义于区间 $[a,+\infty)$ 上.若 $\forall b \in (a,+\infty)$, $f(x)$ 在 $[a,b]$ 上可积,则称

$$\lim_{b\to+\infty}\int_a^b f(x)\mathrm{d}x \tag{1}$$

为 $f(x)$ 在区间 $[a,+\infty)$ 上的反常积分,记作 $\int_a^{+\infty} f(x)\mathrm{d}x$,即

$$\int_a^{+\infty} f(x)\mathrm{d}x = \lim_{b\to+\infty}\int_a^b f(x)\mathrm{d}x. \tag{2}$$

当极限 (1) 为有限时说反常积分 $\int_a^{+\infty} f(x)\mathrm{d}x$ 收敛,并称此极限为该反常积分的值;否则说反常积分发散.

类似地,定义 $f(x)$ 在 $(-\infty,b]$ 上的反常积分为:

$$\int_{-\infty}^{b} f(x)\,dx = \lim_{a \to -\infty} \int_{a}^{b} f(x)\,dx,$$

当右端极限有限时说反常积分 $\int_{-\infty}^{b} f(x)\,dx$ 收敛,否则为发散.

若有某个常数 c,使反常积分 $\int_{-\infty}^{c} f(x)\,dx$ 与 $\int_{c}^{+\infty} f(x)\,dx$ 皆收敛,则说反常积分 $\int_{-\infty}^{+\infty} f(x)\,dx$ 收敛,并规定

$$\int_{-\infty}^{+\infty} f(x)\,dx = \int_{-\infty}^{c} f(x)\,dx + \int_{c}^{+\infty} f(x)\,dx.$$

若 $f(x) \geq 0$,则可将 $\int_{a}^{+\infty} f(x)\,dx$ 解释为如图 6-4 所示的无界区域的面积(必定有限或无穷大).

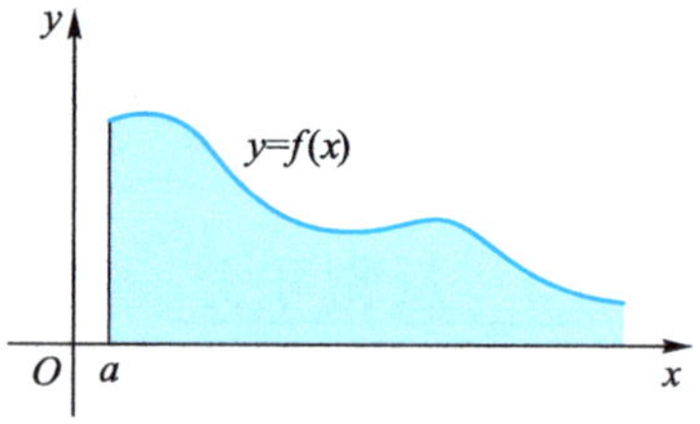

例 1 研究 p 积分 $\int_{a}^{+\infty} \dfrac{dx}{x^p}$ 的敛散性,a,p 是常数,$a > 0$.

解 若 $p = 1$,则

$$\int_{a}^{+\infty} \frac{dx}{x} = \lim_{b \to +\infty} \int_{a}^{b} \frac{dx}{x} = \lim_{b \to +\infty} \ln\frac{b}{a} = +\infty.$$

图 6-4

若 $p \neq 1$,则

$$\int_{a}^{+\infty} \frac{dx}{x^p} = \lim_{b \to +\infty} \int_{a}^{b} \frac{dx}{x^p} = \lim_{b \to +\infty} \frac{1}{1-p}\left(\frac{1}{b^{p-1}} - \frac{1}{a^{p-1}}\right)$$

$$= \begin{cases} \dfrac{1}{(p-1)a^{p-1}}, & p > 1, \\ +\infty, & p < 1. \end{cases}$$

因此积分 $\int_{a}^{+\infty} \dfrac{dx}{x^p}$ 在 $p > 1$ 时收敛;在 $p \leq 1$ 时发散.

其次考虑有限区间 $[a,b]$ 上无界函数的反常积分.若 $f(x)$ 定义于 $[a,b)$ 上,在 b 的任一左邻域内无界,则称 b 为 $f(x)$ 的一个奇点.$f(x)$ 以 a 为奇点的意义可类似规定.为行文方便,考虑积分 $\int_{a}^{+\infty} f(x)\,dx$ 时,也说 $+\infty$ 是 $f(x)$ 的奇点.

定义 2 设 $f(x)$ 定义于区间 $[a,b)$ 上且以 b 为奇点.若 $\forall \beta \in (a,b)$,$f(x)$ 在 $[a,\beta]$ 上可积,则称

$$\lim_{\beta \to b^-} \int_{a}^{\beta} f(x)\,dx \tag{3}$$

为 $f(x)$ 在 $[a,b)$ 上的反常积分，记为 $\int_a^b f(x)\,\mathrm{d}x$，即

$$\int_a^b f(x)\,\mathrm{d}x = \lim_{\beta \to b^-} \int_a^\beta f(x)\,\mathrm{d}x.$$

当极限(3)为有限时说反常积分 $\int_a^b f(x)\,\mathrm{d}x$ 收敛，并称此极限为该反常积分的值；否则说反常积分发散.

$f(x)$ 以 a 为奇点时的反常积分 $\int_a^b f(x)\,\mathrm{d}x$ 可类似定义. 若 $a<c<b$，$f(x)$ 以 c 为奇点，反常积分 $\int_a^c f(x)\,\mathrm{d}x$ 与 $\int_c^b f(x)\,\mathrm{d}x$ 皆收敛，则说反常积分 $\int_a^b f(x)\,\mathrm{d}x$ 收敛，并规定

$$\int_a^b f(x)\,\mathrm{d}x = \int_a^c f(x)\,\mathrm{d}x + \int_c^b f(x)\,\mathrm{d}x.$$

例 2 研究 p 积分 $\int_a^b \dfrac{\mathrm{d}x}{(b-x)^p}$ 的敛散性，$a<b$.

解 当 $p>0$ 时，$x=b$ 是被积函数的奇点. 若 $p=1$，则

$$\int_a^b \frac{\mathrm{d}x}{b-x} = \lim_{\beta \to b^-} \int_a^\beta \frac{\mathrm{d}x}{b-x}$$

$$= \lim_{\beta \to b^-} \ln \frac{b-a}{b-\beta} = +\infty.$$

若 $p \neq 1$，则

$$\int_a^b \frac{\mathrm{d}x}{(b-x)^p} = \lim_{\beta \to b^-} \int_a^\beta \frac{\mathrm{d}x}{(b-x)^p}$$

$$= \lim_{\beta \to b^-} \frac{1}{1-p}\left[\frac{1}{(b-a)^{p-1}} - \frac{1}{(b-\beta)^{p-1}}\right]$$

$$= \begin{cases} \dfrac{1}{1-p}(b-a)^{1-p}, & p<1, \\ +\infty, & p>1. \end{cases}$$

因此积分 $\int_a^b \dfrac{\mathrm{d}x}{(b-x)^p}$ 当 $p<1$ 时收敛，当 $p \geqslant 1$ 时发散.

对于积分 $\int_a^b \dfrac{\mathrm{d}x}{(x-a)^p}$ $(a<b)$ 亦可得出类似的结论，其细节请读者自己写出.

关于常义积分的性质 Ⅰ—Ⅶ（见 6.1.3）都可以适当方式推广于收敛的反常积分（性质Ⅳ，Ⅴ 显然只能在有限区间上考虑），这里不详细讨论. 下面只写出上

节公式(5),(8),(15),对于反常积分的推广. 为叙述方便,下面假定 $-\infty \leq a < b \leq +\infty, -\infty \leq \alpha < \beta \leq +\infty$,在下面出现的积分 $\int_a^b, \int_\alpha^\beta$ 中,a, b, α, β 都可能为被积函数的奇点.

Newton-Leibniz 公式　设 $f(x)$ 在 (a,b) 内连续,且以 $F(x)$ 为原函数,则

$$\int_a^b f(x)\,\mathrm{d}x = F(x)\Big|_a^b, \tag{4}$$

其中

$$F(x)\Big|_a^b = \lim_{x\to b^-} F(x) - \lim_{x\to a^+} F(x),$$

假定上式中两极限存在且有限,当 $b=+\infty$ 时,$x\to b^-$ 应代以 $x\to +\infty$;$a=-\infty$ 时仿此.

变量代换公式　设 $f(x)$ 在 (a,b) 内连续,$\varphi(t)$ 在 (α,β) 内可微且 $\varphi'(t)$ 连续,$\lim_{t\to\alpha^+}\varphi(t)=a$,$\lim_{t\to\beta^-}\varphi(t)=b$,则

$$\int_a^b f(x)\,\mathrm{d}x = \int_\alpha^\beta f(\varphi(t))\varphi'(t)\,\mathrm{d}t, \tag{5}$$

只要两端积分之一收敛(另一个亦必收敛).

分部积分公式　设 u,v 在 (a,b) 内有连续导数,则

$$\int_a^b uv'\,\mathrm{d}x = uv\Big|_a^b - \int_a^b u'v\,\mathrm{d}x, \tag{6}$$

其中

$$uv\Big|_a^b = \lim_{x\to b^-} u(x)v(x) - \lim_{x\to a^+} u(x)v(x), \tag{7}$$

假定式(7)右端及积分 $\int_a^b uv'\,\mathrm{d}x$,$\int_a^b u'v\,\mathrm{d}x$ 三者中有两个收敛(第三个亦必收敛).

例 3　求 $I = \int_{-\infty}^{+\infty} \dfrac{\mathrm{d}x}{1+x^2}$.

解　用公式(4),有

$$I = \arctan x \Big|_{-\infty}^{+\infty} = \frac{\pi}{2} - \left(-\frac{\pi}{2}\right) = \pi.$$

例 4　求 $I = \int_0^{+\infty} (1+x^2)^{-\frac{3}{2}} \arctan x\,\mathrm{d}x$.

解　用公式(5),令 $x=\tan t$,则 x 从 0 到 $+\infty$ 时,t 从 0 到 $\dfrac{\pi}{2}$,于是

$$I = \int_0^{\frac{\pi}{2}} t\cos t\,\mathrm{d}t = \frac{\pi}{2} - 1.$$

例 5 求 $I = \int_0^{+\infty} e^{-x} \sin x \, dx$.

解 用公式(6)两次,得

$$I = -e^{-x}\sin x \Big|_0^{+\infty} + \int_0^{+\infty} e^{-x}\cos x \, dx$$

$$= 0 - e^{-x}\cos x \Big|_0^{+\infty} - \int_0^{+\infty} e^{-x}\sin x \, dx = 1 - I,$$

由此解出 $I = \dfrac{1}{2}$.

6.3.2 收敛判别法

关于反常积分的收敛判别法主要有以下两个.

定理 1(比较判别法) 设 $f(x), g(x)$ 在 $[a, +\infty)$ 上连续且 $0 \leqslant f(x) \leqslant g(x)$,则当 $\int_a^{+\infty} g(x) dx$ 收敛时,$\int_a^{+\infty} f(x) dx$ 收敛;等价地,当 $\int_a^{+\infty} f(x) dx$ 发散时,$\int_a^{+\infty} g(x) dx$ 发散.

证 设 $\int_a^{+\infty} g(x) dx$ 收敛,因 $f(x) \geqslant 0$,故 $F(x) = \int_a^x f(t) dt$ 在 $[a, +\infty)$ 上单调增.由 $f(x) \leqslant g(x)$ 推出

$$F(x) \leqslant \int_a^x g(t) dt \leqslant \int_a^{+\infty} g(t) dt,$$

因此 $F(x)$ 在 $[a, +\infty)$ 上有界.由 §2.2 定理 9,当 $x \to +\infty$ 时 $F(x)$ 收敛,这意味着 $\int_a^{+\infty} f(x) dx$ 收敛. □

对无界函数的反常积分有类似的比较判别法,请读者自己写出.

为有效地应用比较判别法,须找一个已知其敛散性的反常积分作为比较对象.通常取 p 积分(见例 1,2)作为比较标准,由此得出以下收敛判别法.

定理 2(比阶判别法) (i) 设 $f(x)$ 是 $[a, +\infty)$ 上的非负连续函数,$\lim\limits_{x \to +\infty} x^p f(x) = l$,则积分 $\int_a^{+\infty} f(x) dx$ 当 $p > 1, l < +\infty$ 时收敛;当 $p \leqslant 1, l > 0$ 时发散.

(ii) 设 $f(x)$ 是区间 $[a, b]$ 上的非负连续函数,$l = \lim\limits_{x \to b^-}(b-x)^p f(x)$,则积分 $\int_a^b f(x) dx$ 当 $p < 1, l < +\infty$ 时收敛;当 $p \geqslant 1, l > 0$ 时发散.

对以 a 为奇点的积分 $\int_a^b f(x) dx$ 有类似判别法.

证 只证(i),(ii)的证明是类似的.

设 $p>1, l<+\infty$. 取 $k>l$. 由 §2.2 定理 5, 有 $b>\max\{a,0\}$, 使得 $\forall x \geq b$, 有 $x^p f(x) < k$, 即 $f(x) < \dfrac{k}{x^p}$. 因 $\int_b^{+\infty} \dfrac{k\mathrm{d}x}{x^p}$ 收敛(例 1), 故由定理 1 知 $\int_b^{+\infty} f(x)\mathrm{d}x$ 收敛, 从而 $\int_a^{+\infty} f(x)\mathrm{d}x$ 收敛.

若 $p \leq 1, l>0$, 则取 $k \in (0,l)$, $b > \max\{a,0\}$, 使得 $\forall x \geq b: x^p f(x) > k$, 即 $f(x) > \dfrac{k}{x^p}$. 于是由 $\int_b^{+\infty} \dfrac{\mathrm{d}x}{x^p}$ 发散推出 $\int_a^{+\infty} f(x)\mathrm{d}x$ 发散. □

例 6 判定 $\int_1^{+\infty} \dfrac{\mathrm{d}x}{x\sqrt{x+1}}$ 的敛散性.

解 因
$$\lim_{x \to +\infty} x^{\frac{3}{2}} \dfrac{1}{x\sqrt{x+1}} = 1,$$
而 $\dfrac{3}{2} > 1$, 故由定理 2 知所述积分收敛.

例 7 判定 $\int_0^{+\infty} x^{\alpha-1} \mathrm{e}^{-x} \mathrm{d}x$ 的敛散性.

解 因 $\alpha < 1$ 时 $x = 0$ 是奇点, 故分别考虑积分 $\int_0^1 x^{\alpha-1} \mathrm{e}^{-x} \mathrm{d}x$ 与 $\int_1^{+\infty} x^{\alpha-1} \mathrm{e}^{-x} \mathrm{d}x$, 仅当两积分皆收敛时原积分收敛. 因
$$\lim_{x \to 0^+} x^{1-\alpha} x^{\alpha-1} \mathrm{e}^{-x} = 1,$$
故仅当 $1-\alpha < 1$ 即 $\alpha > 0$ 时, 积分 $\int_0^1 x^{\alpha-1} \mathrm{e}^{-x} \mathrm{d}x$ 收敛. 因
$$\lim_{x \to +\infty} x^2 x^{\alpha-1} \mathrm{e}^{-x} = 0,$$
故积分 $\int_1^{+\infty} x^{\alpha-1} \mathrm{e}^{-x} \mathrm{d}x$ 恒收敛. 因此原积分在 $\alpha > 0$ 时收敛, 在 $\alpha \leq 0$ 时发散.

例 8 研究积分 $\int_0^1 x^{\alpha-1}(1-x)^{\beta-1} \mathrm{d}x$ 的敛散性.

解 因 $x = 0, 1$ 都可能为奇点, 故分别考虑积分 $\int_0^c x^{\alpha-1}(1-x)^{\beta-1} \mathrm{d}x$ 与 $\int_c^1 x^{\alpha-1}(1-x)^{\beta-1} \mathrm{d}x$, 其中 $c \in (0,1)$. 因
$$\lim_{x \to 0^+} x^{1-\alpha} x^{\alpha-1}(1-x)^{\beta-1} = 1,$$
故仅当 $\alpha > 0$ 时积分 $\int_0^c x^{\alpha-1}(1-x)^{\beta-1} \mathrm{d}x$ 收敛. 同理, 仅当 $\beta > 0$ 时积分 $\int_c^1 x^{\alpha-1}(1-x)^{\beta-1} \mathrm{d}x$

收敛.因此,原积分只在 $\alpha,\beta>0$ 时收敛.

6.3.3 Euler 积分

所谓 Euler(欧拉)[①]积分是指以下反常积分:

$$\Gamma(\alpha)=\int_0^{+\infty}x^{\alpha-1}\mathrm{e}^{-x}\mathrm{d}x\ (\alpha>0);\tag{8}$$

$$\mathrm{B}(\alpha,\beta)=\int_0^1 x^{\alpha-1}(1-x)^{\beta-1}\mathrm{d}x(\alpha,\beta>0).\tag{9}$$

由例 7,8 知 $\Gamma(\alpha)$ 对 $\alpha>0$ 有定义;$\mathrm{B}(\alpha,\beta)$ 对 $\alpha,\beta>0$ 有定义,二者分别称为 Γ(伽马)函数 与 B(贝塔)函数.这两个函数已被充分研究,且广泛应用于数学及自然科学的各个领域,此处仅简述其主要性质与初步的应用.

Euler 积分的主要性质表现于以下三个公式:

Ⅰ.**递推公式**:$\Gamma(\alpha+1)=\alpha\Gamma(\alpha)$;由此推出 $\Gamma(n+1)=n!$.

Ⅱ.**转换公式**:$\mathrm{B}(\alpha,\beta)=\dfrac{\Gamma(\alpha)\Gamma(\beta)}{\Gamma(\alpha+\beta)}$.

Ⅲ.**余元公式**:$\Gamma(\alpha)\Gamma(1-\alpha)=\dfrac{\pi}{\sin\alpha\pi}(0<\alpha<1)$;取 $\alpha=\dfrac{1}{2}$ 得出 $\Gamma\left(\dfrac{1}{2}\right)=\sqrt{\pi}$.

Euler 积分是计算(常义或反常)积分的一个有力工具,下面用例子说明.

例 9 求 $I=\int_{-\infty}^{+\infty}\mathrm{e}^{-x^2}\mathrm{d}x$.

解 注意 $I=2\int_0^{+\infty}\mathrm{e}^{-x^2}\mathrm{d}x$,为利用积分(8),作代换 $x^2=t$,即 $x=\sqrt{t}$,用公式(5)得

$$I=\int_0^{+\infty}t^{-\frac{1}{2}}\mathrm{e}^{-t}\mathrm{d}t=\Gamma\left(\dfrac{1}{2}\right)=\sqrt{\pi}.$$

上例中的积分在概率论中起重要作用.

例 10 求 $I=\int_0^{+\infty}\mathrm{e}^{-x^4}\mathrm{d}x\int_0^{+\infty}x^2\mathrm{e}^{-x^4}\mathrm{d}x$.

解 对两积分同时作代换 $t=x^4$,并用余元公式得

$$I=\int_0^{+\infty}\mathrm{e}^{-t}\dfrac{1}{4}t^{-\frac{3}{4}}\mathrm{d}t\int_0^{+\infty}t^{\frac{1}{2}}\mathrm{e}^{-t}\dfrac{1}{4}t^{-\frac{3}{4}}\mathrm{d}t$$

$$=\dfrac{1}{16}\Gamma\left(\dfrac{1}{4}\right)\Gamma\left(\dfrac{3}{4}\right)=\dfrac{\pi}{16\sin\dfrac{\pi}{4}}=\dfrac{\pi}{8\sqrt{2}}.$$

[①] Euler,1707—1783,瑞士数学家.

例 11 求 $I = \int_0^1 \dfrac{\mathrm{d}x}{\sqrt{1-x^{\frac{1}{3}}}}.$

解 为利用积分(9)，作代换 $t = x^{\frac{1}{3}}$：

$$I = \int_0^1 (1-t)^{-\frac{1}{2}} 3t^2 \mathrm{d}t$$

$$= 3\mathrm{B}\left(3, \frac{1}{2}\right) = \frac{3\Gamma(3)\,\Gamma\left(\frac{1}{2}\right)}{\Gamma\left(\frac{7}{2}\right)}$$

$$= \frac{3 \cdot 2\sqrt{\pi}}{\frac{5}{2} \cdot \frac{3}{2} \cdot \frac{1}{2}\Gamma\left(\frac{1}{2}\right)} = \frac{16}{5}.$$

例 12 求 $I = \int_0^{+\infty} \dfrac{\mathrm{d}x}{1+x^4}.$

解 令 $1+x^4 = \dfrac{1}{t}$，则 $4x^3 \mathrm{d}x = -\dfrac{\mathrm{d}t}{t^2}$. 于是

$$I = \int_1^0 t\, \frac{1}{4}\left(\frac{1}{t}-1\right)^{-\frac{3}{4}} \left(-\frac{\mathrm{d}t}{t^2}\right)$$

$$= \frac{1}{4}\int_0^1 t^{-\frac{1}{4}}(1-t)^{-\frac{3}{4}} \mathrm{d}t$$

$$= \frac{1}{4}\mathrm{B}\left(\frac{3}{4}, \frac{1}{4}\right) = \frac{\Gamma\left(\frac{3}{4}\right)\Gamma\left(\frac{1}{4}\right)}{4\Gamma(1)}$$

$$= \frac{\pi}{4\sin\frac{\pi}{4}} = \frac{\pi}{2\sqrt{2}}.$$

例 13 求 $I = \int_0^{\frac{\pi}{2}} \sin^4 x \cos^2 x \,\mathrm{d}x.$

解 令 $t = \sin^2 x$，则 $x = \arcsin\sqrt{t}$. 于是

$$I = \int_0^1 t^2(1-t) \frac{\mathrm{d}t}{2\sqrt{t(1-t)}} = \frac{1}{2}\mathrm{B}\left(\frac{5}{2}, \frac{3}{2}\right)$$

$$= \frac{\Gamma\left(\frac{5}{2}\right)\Gamma\left(\frac{3}{2}\right)}{2\Gamma(4)} = \frac{\pi}{32}.$$

习题 6.3

1. 判断下列反常积分的敛散性,并求出其中收敛积分的值:

(1) $\int_0^{\sqrt{2}} \dfrac{x\,dx}{\sqrt[3]{x^2-2}}$;

(2) $\int_0^2 \dfrac{\ln x}{x}\,dx$;

(3) $\int_0^1 \dfrac{3x^2-1}{(x^3-x)^{\frac{1}{3}}}\,dx$;

(4) $\int_{-\frac{\pi}{2}}^{\frac{\pi}{2}} \dfrac{1}{x^2}\sin\dfrac{1}{x}\,dx$;

(5) $\int_0^{+\infty} \dfrac{1}{x^2}(x\cos x - \sin x)\,dx$;

(6) $\int_{-1}^1 \dfrac{1}{\sqrt{1-x^2}}\,dx$.

2. (1) 证明 $\int_0^1 \dfrac{dx}{x^p}$ 仅当 $p<1$ 时收敛;

(2) 证明 $\int_0^{+\infty} \dfrac{dx}{x^p}$ 对任意的 p 均发散.

3. (1) 设 f 和 g 在 $[a,+\infty)$ 上连续. 证明:若 $\int_a^{+\infty} f(x)\,dx$ 与 $\int_a^{+\infty} g(x)\,dx$ 都收敛,则 $\int_a^{+\infty} [f(x)+g(x)]\,dx$ 收敛;

(2) 举例说明: $\int_a^{+\infty} [f(x)+g(x)]\,dx$ 收敛, $\int_a^{+\infty} f(x)\,dx$ 可能发散.

4. 设 f 和 g 在 $[a,+\infty)$ 上连续且非负. 证明:若 $\int_a^{+\infty} f(x)\,dx$ 收敛, g 有界, 则 $\int_a^{+\infty} f(x)g(x)\,dx$ 收敛.

5. 证明:若 $\int_a^{+\infty} g(x)\,dx$ 收敛且 $g(x)$ 连续, 则对任意的 $x\geqslant a$, 有 $\dfrac{d}{dx}\int_x^{+\infty} g(t)\,dt = -g(x)$.

6. 求 $\int_{-\infty}^{+\infty} \dfrac{1+x^2}{1+x^4}\,dx$.

7. 证明 $\int_0^{+\infty} \dfrac{dx}{1+x^4} = \int_0^{+\infty} \dfrac{x^2}{1+x^4}\,dx = \dfrac{\pi}{2\sqrt{2}}$.

8. 设 $\lim\limits_{x\to+\infty}\left(\dfrac{x+c}{x-c}\right)^x = \int_{-\infty}^c xe^{2x}\,dx$, 求 c.

*9. 用 Γ 函数、B 函数计算下列积分:

(1) $\int_0^{+\infty} x^2 e^{-x^4}\,dx$;

(2) $\int_0^{+\infty} x^n e^{-k^2 x^2}\,dx, n\geqslant 0, k>0$;

(3) $\int_1^{+\infty} xe^{-x^2+2x}\,dx$.

*10. 作函数 $F(x) = \int_0^x e^{-t^2}\,dt$ 的图形.

§6.4 定积分的应用

6.4.1 微元法

在§6.1中我们已经看到,为计算曲边梯形的面积与做直线运动的质点所经过的路程,已有表为定积分的现成公式可用.但对于定积分的其他许多应用来说,首要的问题是将所要求的量表为定积分,为此需要有一种简便易行的方法.下面通过一个具体问题来说明应选择何种方法.

设区间$[a,b]$上分布了某种物质(可设想某根细棒放置在区间$[a,b]$上),其线密度为$\rho(x)$.为计算该物质的总质量M,可依照6.1.1中的思路:用分点$a=x_0<x_1<\cdots<x_n=b$将$[a,b]$分为n小段,在每小段$[x_{i-1},x_i]$上任取一点ξ_i,作成和式$\sum_{i=1}^{n}\rho(\xi_i)\Delta x_i$,其中$\Delta x_i=x_i-x_{i-1}$.令$\lambda=\max_{1\leqslant i\leqslant n}\Delta x_i$,则

$$M=\lim_{\lambda\to 0}\sum_{i=1}^{n}\rho(\xi_i)\Delta x_i=\int_{a}^{b}\rho(x)\mathrm{d}x.$$

以上方法称为"分割求和法",它直接与定积分的定义相联系,有精细、严谨的优点,但颇为繁琐.

现在依照另一思路考虑:在$[a,b]$上任取一点x,以ΔM记分布于线段$[x,x+\Delta x]$上的质量.因当Δx充分小时,$\Delta M\approx\rho(x)\Delta x$,故$\mathrm{d}M=\rho(x)\mathrm{d}x$.于是同样得到$M=\int_{a}^{b}\rho(x)\mathrm{d}x$.以上过程可进一步简化为:在$[a,b]$上任取一"微线段"$[x,x+\mathrm{d}x]$,以$\mathrm{d}M$记分布于$[x,x+\mathrm{d}x]$上的质量,则$\mathrm{d}M=\rho(x)\mathrm{d}x$,于是$M=\int_{a}^{b}\rho(x)\mathrm{d}x$.以上方法称为<u>微元法</u>.它似乎不是很严格,但比分割求和法更简单,因而在科学与工程技术中被广泛采用.而且,可为微元法提供严格的理论依据,因此它是完全可靠的.鉴于此,本书主要采用微元法.

微元法的一般模式可概述如下:设Q是一个分布于线段$[a,b]$上的量.任取$x\in[a,b]$及"微线段"$[x,x+\mathrm{d}x]$,相应地,Q在$[x,x+\mathrm{d}x]$上的部分是一"微元"$\mathrm{d}Q$.将$\mathrm{d}Q$表为$q(x)\mathrm{d}x$(这是关键!),则

$$Q=\int_{a}^{b}q(x)\mathrm{d}x.$$

在本书第十章与第十一章中,我们还要推广微元法,使之能用于计算分布于区域与曲线、曲面上的量.因微元法在形式上极其简单,今后用到微元法时将不再作特别说明.

6.4.2 几何应用

1. 平面图形的面积

设平面图形 D 表为
$$y_1(x) \leq y \leq y_2(x), \quad a \leq x \leq b,$$
其中 $y_i(x)$ $(i=1,2)$ 是 $[a,b]$ 上的连续函数且 $y_1(x) \leq y_2(x)$ $(a \leq x \leq b)$. 不妨设 $y_1(x) \geq 0$ (否则将 D 沿 y 轴方向平行移至上半平面), 于是 D 的面积 σ 是 $y = y_i(x)$ $(i=1,2)$ 对应的两曲边梯形面积之差. 因此

$$\sigma = \int_a^b [y_2(x) - y_1(x)] \, dx. \tag{1}$$

例 1 求由抛物线 $f(x) = 2 - x^2$ 与 $g(x) = x^2$ 所围的面积 σ (图 6-5).

解 从方程 $2 - x^2 = x^2$ 解出 $x = \pm 1$, 可见两曲线交于点 $(\pm 1, 1)$. 于是由公式 (1) 有
$$\sigma = \int_{-1}^{1} (2 - x^2 - x^2) \, dx = \frac{8}{3}.$$

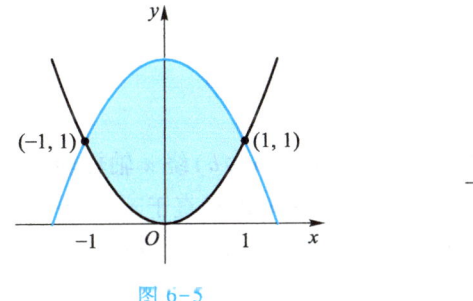

图 6-5

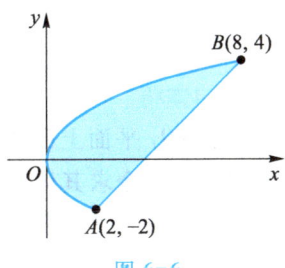

图 6-6

例 2 求由曲线 $y^2 = 2x$ 与 $y = x - 4$ 所围的面积 σ (图 6-6).

解 由方程 $2x = (x-4)^2$ 解出 $x = 2, 8$, 由此得两曲线的交点 $A(2, -2)$ 与 $B(8, 4)$. 交换 x, y 后应用公式 (1) 得
$$\sigma = \int_{-2}^{4} \left(y + 4 - \frac{y^2}{2} \right) dy = 18.$$

此题若直接套用公式 (1) 做会较复杂.

2. 平行截面体的体积

设一立体介于垂直于 x 轴的两平面 (对应 $x = a$ 与 $x = b$ 且 $a < b$) 之间, 已知垂直于 x 轴的平面截立体的面积为 $S(x)$ (图 6-7). 因面积为 $S(x)$, 厚 dx 的薄片有体积 $dV = S(x) dx$, 故立体的体积 V 为

$$V = \int_a^b S(x) \, dx. \tag{2}$$

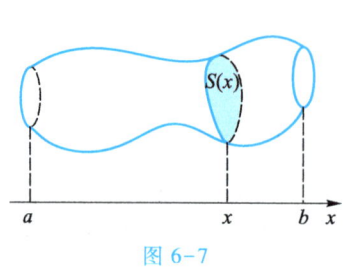
图 6-7

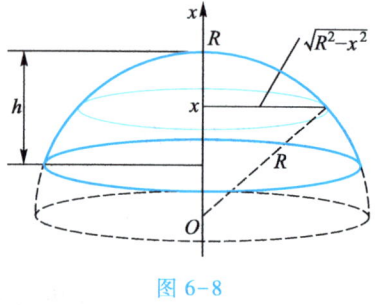
图 6-8

例 3 一球冠高为 h,球半径为 R,求球冠的体积 V.

解 如图 6-8,其中 x 轴垂直于球冠的底面,且原点在球心.以平行于底面的平面截球冠,截面是一个圆,其半径为 $\sqrt{R^2-x^2}$,因 $S(x)=\pi(R^2-x^2)$,故由公式(2) 有

$$V = \int_{R-h}^{R} \pi(R^2-x^2)\,dx = \left[\pi R^2 x - \frac{\pi}{3}x^3\right]_{R-h}^{R}$$

$$= \pi R^2 h - \frac{\pi}{3}[R^3-(R-h)^3] = \frac{\pi h^2(3R-h)}{3}.$$

3. 旋转体的体积

绕 x 轴 设 xOy 平面上的曲线 $y=f(x)$ ($a \leq x \leq b$) 绕 x 轴旋转一周围出一立体,称之为旋转体,今求其体积 V.假定 $f(x) \geq 0$,以垂直于 x 轴的平面截立体,截面是以 $f(x)$ 为半径的圆(图 6-9(a)),其面积为 $S(x)=\pi f^2(x)$.于是由公式(2) 有

$$V = \pi \int_a^b f^2(x)\,dx. \tag{3}$$

例 4 求半径为 R 的球的体积 V.

解 以球心为坐标原点,则球可看作是半圆周 $y=\sqrt{R^2-x^2}$ ($|x| \leq R$) 绕 x 轴旋转一周所围成的旋转体,于是依公式(3) 有

$$V = \pi \int_{-R}^{R} (R^2-x^2)\,dx = \frac{4\pi R^3}{3}.$$

绕 y 轴 设曲线 $y=f(x)$, $y=g(x)$ 与直线 $x=a$, $x=b$(假定 $0<a<b$, $g(x) \leq f(x)$)围成区域 D, D 绕 y 轴旋转一周形成一旋转体,今要求其体积 V.为此用微元法(图 6-9(b)):任取 $x \in (a,b)$,在 D 中取出一平行于 y 轴且宽为 dx 的微条,它以直线 $X=x$ 为一边,此微条绕 y 轴旋转一周得一形为圆筒的立体,其体积记作 dV,它可等同于一长 $2\pi x$、宽 $f(x)-g(x)$、厚 dx 的矩形薄片.因此

$$dV = 2\pi x[f(x)-g(x)]dx.$$

于是

$$V = 2\pi \int_a^b x[f(x)-g(x)]dx. \tag{4}$$

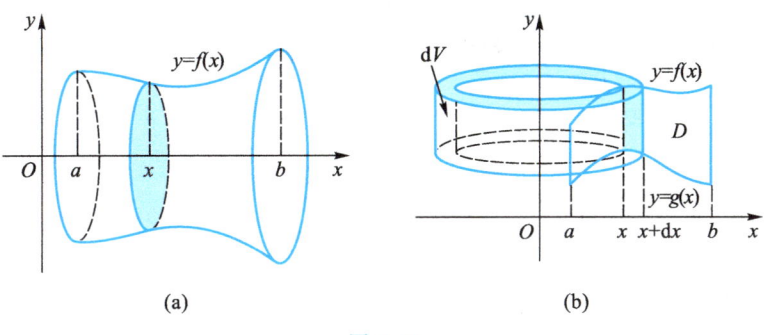

图 6-9

例 5 设一实心圆环的内径与外径分别为 d 与 D,求其体积 V.

解 如图 6-10 放置 x,y 轴,则易见圆环的表面由曲线 $(x-R)^2+y^2=r^2$ 绕 y 轴旋转而成,其中 $r=\dfrac{D-d}{4}$,$R=\dfrac{d}{2}+r=\dfrac{D+d}{4}$.于是由公式(4) 有

$$\begin{aligned} V &= 4\pi \int_{R-r}^{R+r} x\sqrt{r^2-(x-R)^2}\,dx \\ &= 8\pi R \int_0^r \sqrt{r^2-u^2}\,du && (u=x-R) \\ &= 8\pi R r^2 \int_0^{\frac{\pi}{2}} \cos^2 t\,dt && (u=r\sin t) \\ &= 2\pi^2 R r^2 = \dfrac{\pi^2}{32}(D+d)(D-d)^2. \end{aligned}$$

6-8 一个几何体体积的三种算法

4. 平面曲线的弧长

设平面曲线 C 由方程 $y=y(x)$ $(a\leqslant x\leqslant b)$ 给定,$y(x)$ 在 $[a,b]$ 上有连续导数,今要求 C 的弧长 s.

以 ds 记 C 在区间 $[x,x+dx]$ 上的一段弧长.在无穷小范围内,可以认为以 dx,dy,ds 为边构成一直角三角形(图 6-11).于是 $ds^2=dx^2+dy^2$,即

$$ds=\sqrt{dx^2+dy^2}. \tag{5}$$

以 $dy=y'dx$ 代入上式得

$$ds=\sqrt{1+y'^2}\,dx, \tag{6}$$

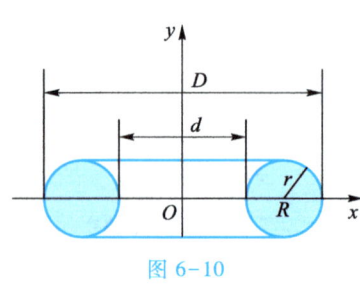
图 6-10

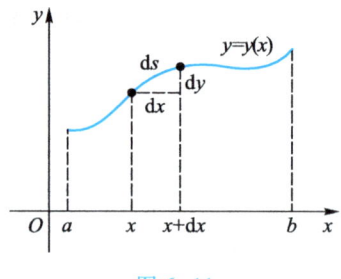
图 6-11

于是

$$s = \int_a^b \sqrt{1+y'^2}\, dx. \tag{7}$$

若以参数方程 $x=x(t), y=y(t)$ ($\alpha \leq t \leq \beta$) 代替 $y=y(x)$,则 $\dfrac{dy}{dx}=\dfrac{y'(t)}{x'(t)}$,于是(6),(7)两式成为

$$ds = \sqrt{x'(t)^2 + y'(t)^2}\, dt; \tag{8}$$

$$s = \int_\alpha^\beta \sqrt{x'(t)^2 + y'(t)^2}\, dt. \tag{9}$$

若曲线表为极坐标方程 $r=r(\theta)$ ($\alpha \leq \theta \leq \beta$),则以

$$dx = d(r\cos\theta) = \cos\theta\, dr - r\sin\theta\, d\theta,$$
$$dy = d(r\sin\theta) = \sin\theta\, dr + r\cos\theta\, d\theta$$

代入式(5),化简后得

$$ds = \sqrt{(dr)^2 + r^2(d\theta)^2} = \sqrt{r'(\theta)^2 + r^2(\theta)}\, d\theta.$$

于是

$$s = \int_\alpha^\beta \sqrt{r'(\theta)^2 + r^2(\theta)}\, d\theta. \tag{10}$$

例 6 求内摆线 $x^{\frac{2}{3}} + y^{\frac{2}{3}} = a^{\frac{2}{3}}$ ($a>0$) 的全长 s.

解 由对称性,只需考虑第一象限内的一段 (图 6-12).所给方程对 x 求导得 $x^{-\frac{1}{3}} + y^{-\frac{1}{3}} y' = 0$,于是

$$x^{-\frac{2}{3}} = y^{-\frac{2}{3}} y'^2;$$
$$1 + y'^2 = 1 + x^{-\frac{2}{3}} y^{\frac{2}{3}}$$
$$= x^{-\frac{2}{3}}(x^{\frac{2}{3}} + y^{\frac{2}{3}})$$
$$= a^{\frac{2}{3}} x^{-\frac{2}{3}}.$$

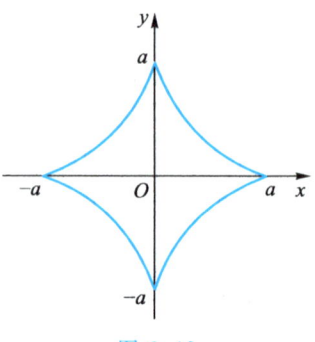
图 6-12

用公式(7)得
$$s = 4\int_0^a a^{\frac{1}{3}} x^{-\frac{1}{3}} dx = 6a.$$

例 7 求摆线 $x=a(t-\sin t), y=a(1-\cos t)$ $(a>0)$ 一拱的长 s.

解 由公式(8)有
$$ds = a\sqrt{(1-\cos t)^2 + \sin^2 t}\, dt = 2a\left|\sin\frac{t}{2}\right|dt.$$

于是依公式(9)有
$$s = 2a\int_0^{2\pi} \sin\frac{t}{2} dt = 8a.$$

例 8 求心形线 $r = a(1+\cos\theta)$ 的全长 s $(a>0)$.

解 由对称性,只需考虑对应 $0 \leq \theta \leq \pi$ 的一段(图 6-13). 由公式(10)有

$$\begin{aligned}s &= 2\int_0^\pi \sqrt{a^2\sin^2\theta + a^2(1+\cos\theta)^2}\, d\theta \\ &= 2a\int_0^\pi \sqrt{2+2\cos\theta}\, d\theta \\ &= 4a\int_0^\pi \cos\frac{\theta}{2}\, d\theta = 8a.\end{aligned}$$

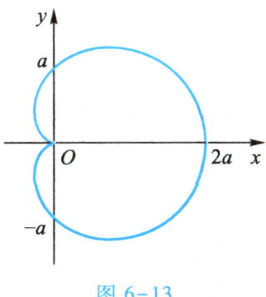

图 6-13

6.4.3 物理应用

1. 变力所做的功

设一物体在力 f 的作用下沿 x 轴从点 a 移动至点 b,假定 f 的方向与物体位移的方向一致,因而 $f=f(x)$ 是区间 $[a,b]$ 上的非负函数,今要求力 f 所做的功 W. 因为当物体从点 x 移至点 $x+dx$ 时,f 所做的功是 $dW=f(x)dx$,故

$$W = \int_a^b f(x)dx. \tag{11}$$

例 9 将一弹簧从其自然长度拉长 1 m 需做功 98 J. 若将此弹簧从自然长度拉长 2 m(假定依然在弹性限度内),需做功多少?

解 由 Hooke(胡克)①定理,拉力 $f(x)=kx$,其中 k 为劲度系数,x 是弹簧从自然长度拉伸的长度. 由已知条件有

$$98 = \int_0^1 kx\, dx = \frac{k}{2},$$

---

① Hooke,1635—1703,英国物理学家、发明家.

故得 $k=196$. 于是拉长 2 m 所需做的功为
$$W = \int_0^2 196x\,dx = 392 \text{ (J)}.$$

例 10 自地面垂直向上发射火箭,问火箭应达到什么速度才可在无动力的情况下飞离地球?

解 设火箭的质量为 m, 速度为 v, 则其动能为 $\dfrac{mv^2}{2}$. 以 W 记当火箭从地面上升至无穷远处地球引力所做的功, 则仅当 $\dfrac{mv^2}{2} \geq W$, 即 $v \geq \sqrt{\dfrac{2W}{m}}$ 时火箭可仅凭消耗其动能克服地球引力. 今计算 W, 由万有引力定律, 地球对火箭的引力 F 为
$$F = \frac{GMm}{(R+h)^2}, \tag{12}$$

其中 G 是引力常量, M 是地球质量, R 是地球半径, h 是火箭上升高度. 取 $h=0$ 得 $F = GMmR^{-2} = mg$ ($g = 9.81$ m/s^2 是地面的重力加速度). 因此 $GM = R^2 g$, 以此代入式(12)得 $F = R^2 mg (R+h)^{-2}$, 所以

6-9 从水中取球的做功

$$W = \int_0^\infty F\,dh = R^2 mg \int_0^\infty \frac{dh}{(R+h)^2} = Rmg,$$

于是 $\sqrt{\dfrac{2W}{m}} = \sqrt{2Rg}$. 以 $R = 6.371 \times 10^6$, $g = 9.81$ 代入算得 $\sqrt{2Rg} \approx 11.2 \times 10^3$ (m/s). 因此火箭飞离地球的速度是 11.2 km/s(第二宇宙速度).

2. 液体的静压力

设一平面薄板 D 垂直地浸没在密度为 ρ 的均质液体中, 今要求液体对 D 一侧的静压力 F. 在 D 所在的平面上设置 xOy 坐标系, 使 x 轴朝下, y 轴在液面上(图 6-14). 设 D 表为

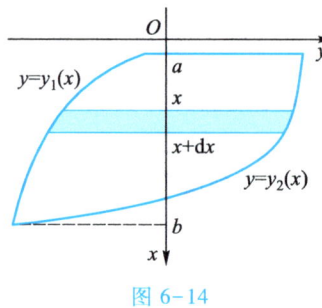

图 6-14

$$y_1(x) \leq y \leq y_2(x), \quad a \leq x \leq b,$$

其中 $y_i(x)$ ($i=1,2$) 是 $[a,b]$ 上的连续函数, 且 $y_1(x) \leq y_2(x)$ ($a \leq x \leq b$). 在 D 上任取一如图所示的水平长条, 其面积为 $[y_2(x) - y_1(x)]\,dx$. 由 Pascal(帕斯卡)①原理, 此长条一侧所受到

---

① Pascal, 1623—1662, 法国数学家、物理学家.

的液体静压力为

$$dF = \rho g x [y_2(x) - y_1(x)] dx,$$

因此

$$F = \int_a^b \rho g x [y_2(x) - y_1(x)] dx. \tag{13}$$

6-10 静压力计算

例 11 一底为 8 m、高为 6 m 的等腰三角形垂直地浸没在静水中,底在下且与水面平行,顶点在水下 3 m. 求此三角形的一侧所受到的水压力 F.

解 如图 6-15 放置坐标系,则三角形三顶点的坐标分别为 $(3,0),(9,4),(9,-4)$,两腰的方程为 $y = \pm \dfrac{2}{3}(x-3)$. 于是依公式(13)有 ($\rho = 10^3$ kg/m^3):

$$F = 9.8 \times \int_3^9 \dfrac{4}{3} x (x-3) 10^3 dx$$
$$= 9.8 \times 168\,000.$$
$$= 1\,646\,400 \text{ (N)}$$

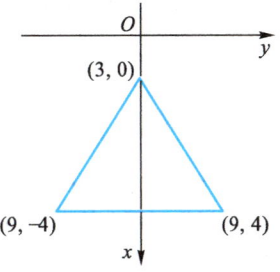

图 6-15

习题 6.4

1. 求给定平面区域 D 的面积,若 D 为:

(1) $y = x - \sin x \left(\dfrac{\pi}{4} \leqslant x \leqslant \dfrac{\pi}{2} \right)$ 与 $y = 0$ 所围;

(2) $y = \dfrac{1}{x}$ 与 $y = \dfrac{1}{x^2} \left(\dfrac{1}{2} \leqslant x \leqslant 2 \right)$ 所围.

2. 求抛物线 $y = -x^2 + 4x - 3$ 及其在点 $(0,-3)$ 和 $(3,0)$ 处的切线所围图形的面积.

3. 直线 $x = k$ 平分由 $y = x^2, y = 0, x = 1$ 所围的面积,求 k 的值.

4. 求由曲线 $y(x) = \lim\limits_{a \to +\infty} \dfrac{x}{1 + x^2 + e^{ax}}, y = \dfrac{x}{2}$ 及 $x = 1$ 所围图形的面积.

5. 求下列曲线所围图形的面积:

(1) $\begin{cases} x = a \cos^3 t, \\ y = a \sin^3 t; \end{cases}$ (2) $y^2 = x^2 - x^4$.

*6. 已知函数 $f(x) = \int_{-1}^x (1 - |t|) dt \ (x \geqslant -1)$,试求 $y = f(x)$ 和 x 轴所围区域的面积.

7. 求当 $a > 0$ 时,使曲线 $y = a(1 - x^2) \ (|x| \leqslant 1)$ 与它的过点 $(\pm 1, 0)$ 的法线围成的最小面积.

*8. 求由抛物线 $y^2 = 4ax$ 与过焦点 $(a, 0)$ 的弦所围成的图形面积的最小值.

9. 求由下列曲线所围的平面区域绕 x 轴旋转所得旋转体的体积:

(1) $y=\dfrac{1}{2}x^2+3$ 与 $y=12-\dfrac{1}{2}x^2$;

(2) $y=x$ 与 $y=x^2$.

10. 求由下列曲线所围的平面区域绕 y 轴旋转所得旋转体的体积:

(1) $y=(x-1)^2, y=0, x=0$ 与 $x=2$;

(2) $y=\cos x, y=\sin x$ 与 $x=0, x\in\left[0,\dfrac{\pi}{4}\right]$.

11. 求下列曲线的长度:

(1) $y=x^3+\dfrac{1}{12x}$, $x\in[1,3]$;

(2) $y=\displaystyle\int_0^x \sqrt{\sin t}\,\mathrm{d}t$, $x\in[0,\pi]$;

(3) $r=a(1+\cos\theta)$, $\theta\in[0,2\pi]$.

12. 设以平面上的点 $(0,0),(0,1),(1,1),(1,0)$ 为正方形的四个顶点,并设曲线 $a^2y=x^2$ $(0<a<1)$ 将正方形内部分成 A,B 两部分,A 位于上方,A 绕 y 轴,B 绕 x 轴的旋转体体积分别为 V_A, V_B.

(1) 求 a,使 $V_A=V_B$;

(2) 求 V_A+V_B 的最大值与最小值.

13. 设一根弹簧从原长压缩 1 m 需做功 60 J,求再压缩弹簧 1 m 需做的功.

14. 设一根弹簧原长为 10 m,压缩成 9 m 做功 60 J,求把弹簧从原长拉伸成 12 m 需做的功.

15. 以 2 m/s 的速率铅直上举一个质量为 1 kg 的容器,又以 0.5 kg/s 的速率从容器中流出水,设容器和水的开始的质量为 20 kg,把容器举起 10 m 要做多少功?

16. 若沙的密度为 2 000 kg/m³,为要堆成一个底半径为 r,高为 h 的圆锥体沙堆,问需做多少功?

17. 半径为 r 的球沉入水中,它与水面相切,球的密度为 1,现将球从中取出,要做多少功?

18. 一铅直倒立的等腰三角形水闸,底为 a m,高为 h m,且底与水面相齐.求

(1) 水闸所受压力;

(2) 作一水平线把闸分为上、下两部分,使两部分所受压力相等,问直线在什么位置?

19. 某圆桶深 12 cm,底直径为 20 cm,今注入油水各占桶体积的一半,设油重量为水重量的一半,求证其底部所受压力等于其侧部所受压力.

*§6.5 定积分的近似计算

在 §6.2 中我们看到,应用 Newton-Leibniz 公式计算定积分是简便有效的,但这种方法亦有其局限性:并非所有被积函数都有初等原函数,有时被积函数仅

由列表法给出而无解析表达式,更无从求其原函数.在这类情况下,只能求助于近似计算.关于定积分的近似计算,已有许多很精细的方法.本节仅介绍若干初步知识,更深入的内容可以在"计算方法"这样的专门课程中学到.

6.5.1 梯形法

现在让我们回到定积分作为"和式极限"的定义公式.设 $f(x)$ 在区间 $[a,b]$ 上连续,则依 §6.1 中的式(4) 有

$$\int_a^b f(x)\,dx \approx \sum_{i=1}^n f(\xi_i)\Delta x_i, \qquad (1)$$

其中 $\Delta x_i = x_i - x_{i-1}, \xi_i \in [x_{i-1}, x_i] (1 \leqslant i \leqslant n)$,$x_i$ 是满足 §6.1 式(1) 的分点.以下设 $x_i = a + \dfrac{i}{n}(b-a), y_i = f(x_i)$,且以 P_i 记点 (x_i, y_i) $(0 \leqslant i \leqslant n)$.近似公式(1)无非是用高为 $f(\xi_i)$ 的矩形近似代替区间 $[x_{i-1}, x_i]$ 上的曲边梯形.一个更自然的想法是用如图 6-16 所示的梯形代替曲边梯形.图 6-16 中的梯形面积为

$$\frac{1}{2}(y_{i-1}+y_i)\frac{b-a}{n};$$

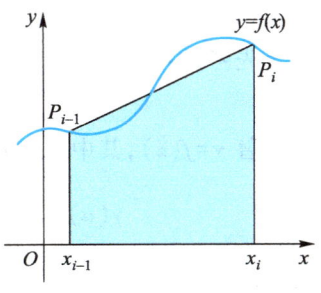

图 6-16

对 $i=1,2,\cdots,n$ 求和得到

$$T_n = \sum_{i=1}^n \frac{1}{2}(y_{i-1}+y_i)\frac{b-a}{n}$$

$$= \frac{b-a}{n}\left(\frac{y_0+y_n}{2} + \sum_{i=1}^{n-1} y_i\right).$$

这就得到近似公式

$$\int_a^b f(x)\,dx \approx \frac{b-a}{n}\left[\frac{f(a)+f(b)}{2} + \sum_{i=1}^{n-1} f(x_i)\right]. \qquad (2)$$

通常称式(2)为**梯形公式**.

例 1 利用公式(2)近似计算 $\pi = \int_0^1 \dfrac{4\,dx}{1+x^2}$,取 $n=4$.

解 取 $x_1=0.25, x_2=0.5, x_3=0.75$,由式(2) 有

$$\pi \approx \frac{1}{2}\left(1+\frac{1}{2}\right) + \frac{1}{1+0.25^2} + \frac{1}{1+0.5^2} + \frac{1}{1+0.75^2}$$

$$\approx 3.131\,8.$$

称 $R_n = \int_a^b f(x)\mathrm{d}x - T_n$ 为近似公式(2)的余项或"截断误差". 关于 R_n 的估计有以下结果. 证明略去.

定理 1 若 $f(x)$ 在 $[a,b]$ 上有 2 阶连续导数,则

$$R_n = -\frac{(b-a)^3}{12n} f''(\xi), \quad \xi \in [a,b]. \tag{3}$$

6.5.2 抛物线法

梯形法实质上是在每个小区间 $[x_{i-1}, x_i]$ 上以弦 $P_{i-1}P_i$ 代替曲线 $y=f(x)$(参看图 6-16). 若用与曲线至少有 3 个公共点的抛物线代替曲线,则可望达到更高的精度.

首先考虑在整个区间 $[a,b]$ 上用抛物线

$$y = px^2 + qx + r$$

近似代替 $y=f(x)$,其中 p,q,r 由条件

$$y(a) = f(a), \quad y\left(\frac{a+b}{2}\right) = f\left(\frac{a+b}{2}\right), \quad y(b) = f(b)$$

决定. 因

$$\begin{aligned}
\int_a^b (px^2+qx+r)\mathrm{d}x &= \frac{1}{6}(2px^3+3qx^2+6rx)\Big|_a^b \\
&= \frac{b-a}{6}[2p(a^2+ab+b^2)+3q(a+b)+6r] \\
&= \frac{b-a}{6}\left[pa^2+qa+r+4p\left(\frac{a+b}{2}\right)^2+4q\left(\frac{a+b}{2}\right)+4r+pb^2+qb+r\right] \\
&= \frac{b-a}{6}\left[f(a)+4f\left(\frac{a+b}{2}\right)+f(b)\right],
\end{aligned}$$

故得近似公式

$$\int_a^b f(x)\mathrm{d}x \approx \frac{b-a}{6}\left[f(a)+4f\left(\frac{a+b}{2}\right)+f(b)\right]. \tag{4}$$

现在以分点 $a_0=x_0, x_1, \cdots, x_{2n}=b$ 将 $[a,b]$ 分为 $2n$ 等份,令 $y_i=f(x_i)$ ($0 \leq i \leq 2n$). 以 $[x_{2i-2}, x_{2i}]$ 代 $[a,b]$,应用式(4)得

$$\int_{x_{2i-2}}^{x_{2i}} f(x)\mathrm{d}x \approx \frac{b-a}{6n}(y_{2i-2}+4y_{2i-1}+y_{2i}).$$

上式右端对 $i=1,2,\cdots,n$ 求和得到

$$S_n = \frac{b-a}{6n}\sum_{i=1}^{n}(y_{2i-2}+4y_{2i-1}+y_{2i})$$

$$= \frac{b-a}{6n}\left(y_0+2\sum_{i=1}^{n-1}y_{2i}+4\sum_{i=1}^{n}y_{2i-1}+y_{2n}\right).$$

这就得到近似公式

$$\int_a^b f(x)\mathrm{d}x \approx \frac{b-a}{6n}\left[f(a)+2\sum_{i=1}^{n-1}f(x_{2i})+4\sum_{i=1}^{n}f(x_{2i-1})+f(b)\right]. \tag{5}$$

称式(5)为**抛物线公式**或 **Simpson(西姆森)**[①]**公式**.

例2 利用公式(5)近似计算 $\pi = \int_0^1 \frac{4\mathrm{d}x}{1+x^2}$,取 $n=2$.

解 设 x_1, x_2, x_3 如例1,依式(5) 有

$$\pi \approx \frac{4}{12}\left(1+\frac{2}{1+0.5^2}+\frac{4}{1+0.25^2}+\frac{4}{1+0.75^2}+\frac{1}{2}\right)$$

$$\approx 3.141\,57.$$

与例1比较,此处计算量并未增大,而精度显著提高.

对于抛物线公式(5)的余项 $R_n = \int_a^b f(x)\mathrm{d}x - S_n$ 有以下结果:若 $f(x)$ 在 $[a,b]$ 上有4阶连续导数,则

$$R_n = -\frac{(b-a)^5}{2\,880 n^4} f^{(4)}(\xi), \quad \xi \in [a,b].$$

习题 6.5

1. 已知 $\int_0^1 \frac{4}{1+x^2}\mathrm{d}x = \pi$.求 π 的近似值:

(1) 用梯形法,取 $n=6$;

(2) 用抛物线法,取 $n=4$.

2. 证明:如果 $f(x)$ 是线性函数,利用梯形法得出定积分 $\int_a^b f(x)\mathrm{d}x$ 的值是精确值.

3. 如果 $f(x)$ 是任意不超过三次的多项式,利用抛物线法给出 $\int_a^b f(x)\mathrm{d}x$ 的值是精确值.

[①] Simpson,1710—1761,英国数学家.

第七章

常微分方程

许多描述自然规律的函数关系,往往不可能(或不容易)直接求得,而必须通过间接途径进行研究.一个主要的途径是:导出未知函数所满足的微分方程,然后通过对微分方程的研究而获得关于未知函数的种种信息;如果可能,就从微分方程解出未知函数.因此,微分方程是研究自然现象(以及某些社会现象)的重要工具,而"微分方程论"已成为有重要理论意义与应用价值的数学分支.本章仅是这一分支的最初步介绍,其中只涉及常微分方程.

§7.1 基本概念

本节介绍常微分方程的来源、基本概念及要解决的问题,这些构成全章的一个"引论".

7.1.1 引例

下面考虑引出常微分方程概念的几个典型问题,它们分别来自几何与物理学领域.

例1 曲线通过点$(1,2)$,且在曲线上任一点$M(x,y)$处的切线斜率为$2x$,求该曲线的方程.

解 设所求曲线的方程为$y=y(x)$.由导数的几何意义可知,未知函数$y(x)$应满足关系式
$$y' = 2x. \tag{1}$$
此外,未知函数$y(x)$还应满足$y(1)=2$.

把式(1)两端积分,得
$$y = \int 2x\,dx, \quad 即 \quad y = x^2 + C, \tag{2}$$
其中C是任意常数.将$y(1)=2$代入式(2),得$C=1$.故所求曲线方程为
$$y = x^2 + 1. \tag{3}$$

例 2(**衰变问题**) 设一放射性元素因不断放出射线而质量递减(所谓衰变).已知 t 时刻衰变速度与其当时剩余质量成正比,在初始时刻,质量为 y_0.求该元素质量 y 随时间 t 变化的规律.

解 因为衰变速度可表为 dy/dt,故依题设有

$$\frac{dy}{dt} = -ky, \tag{4}$$

其中 k 为正常数,负号表示 $dy/dt < 0$,即 y 总是减少的.将方程(4)改写为

$$\frac{dy}{y} = -k dt,$$

然后两边积分即得 $\ln y = -kt + C_1$,或 $y = Ce^{-kt}$,$C = e^{C_1}$ 是任意正常数.

为了确定常数 C,以 $t = 0$ 代入 $y = Ce^{-kt}$ 得 $y_0 = C$,因此 $y = y_0 e^{-kt}$.可见其质量的减少是依指数函数变化的.

例 3(**振动问题**) 设质量为 m 的物体(其尺寸充分小)在弹簧作用下沿水平桌面做直线运动.若不计介质阻力,求其运动规律.

解 不妨设物体沿 x 轴运动(图 7-1),运动规律为 $x = x(t)$,当 $x = 0$ 时物体处于平衡位置.由 Hooke 定律,物体所受的弹性力为 $-kx$,k 是正常数,负号表示力的方向与物体的位移方向相反.由 Newton 第二定律有 $-kx = m d^2 x/dt^2$,即

$$\frac{d^2 x}{dt^2} + \omega^2 x = 0, \tag{5}$$

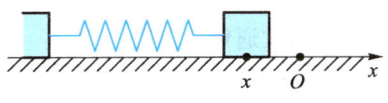

图 7-1

其中 $\omega = \sqrt{k/m}$.式(5)就是运动物体所满足的微分方程.由直接验证知,对任意常数 C_1, C_2,

$$x = C_1 \cos \omega t + C_2 \sin \omega t$$

满足方程(5).要确定常数 C_1, C_2,需附加两个条件.例如,若已知 $x(0) = 0$,$x'(0) = v_0$,则 $C_1 = 0$,$v_0 = C_2 \omega \cos \omega t \big|_{t=0} = C_2 \omega$.于是 $C_2 = v_0/\omega$,从而 $x = (v_0/\omega) \sin \omega t$.这表明物体做周期振动,周期为 $2\pi/\omega$,振幅为 v_0/ω.

7.1.2 基本概念

在引例中,已经非正式地提到"微分方程"这一名词.一般地,称联系着自变量、未知函数及其导数的关系式为**微分方程**,未知函数为一元函数的微分方程称

为**常微分方程**. 例如,

$$y' + y \sin x = -\sin x \cos x, \tag{6}$$

$$\frac{d^2 x}{dt^2} + 2 \frac{dx}{dt} + x = e^t, \tag{7}$$

$$\rho^2 \frac{d^2 \rho}{d\theta^2} + \rho \sin \theta = \cos \theta \tag{8}$$

都是常微分方程. 本书只讨论常微分方程, 因此就简称为微分方程. 注意, 微分方程中未知函数与自变量用什么字母表示是无关紧要的. 方程中未知函数导数的最高阶数称为方程的阶. 例如, 式(6)是一阶方程, 而式(7)与式(8)是二阶方程. n 阶微分方程的一般形式是

$$F(x, y, y', \cdots, y^{(n)}) = 0. \tag{9}$$

若 F 对 $y^{(i)}(0 \leqslant i \leqslant n)$ 皆为一次函数, 则称式(9)为线性方程. 例如, 式(6)与式(7)是线性方程, 而式(8)则不是.

若区间 I 上的 n 次可微函数 $y(x)$ 满足

$$F(x, y(x), y'(x), \cdots, y^{(n)}(x)) = 0 \ (x \in I),$$

则称 $y(x)$ 为微分方程(9)在 I 上的解, 称它的图形为方程(9)的积分曲线. 一个 n 阶微分方程的解, 通常可表为含 n 个独立的任意常数 $C_1, C_2, \cdots, C_n$ 的通式

$$y = \varphi(x, C_1, C_2, \cdots, C_n) \ (x \in I) \tag{10}$$

或

$$\Phi(x, y, C_1, C_2, \cdots, C_n) = 0, \tag{11}$$

称之为**通解**, 其中式(11)称为隐式通解.

鉴于一微分方程通常有无限多个解, 为了得到一确定的解, 必须对方程附加一定条件, 即所谓定解条件. 最重要的定解条件是**初值条件**. 方程(9)的初值条件是

$$y(x_0) = y_0, y'(x_0) = y'_0, \cdots, y^{(n-1)}(x_0) = y_0^{(n-1)}, \tag{12}$$

或缩写作 $y^{(i)}(x_0) = y_0^{(i)}(0 \leqslant i \leqslant n-1)$, $y_0^{(i)}$ 是已知常数. 若已求得方程(9)的通解(10)(或(11)), 则通常可用条件(12)定出 $C_1, C_2, \cdots, C_n$, 从而得出(9)的满足初值条件(12)的解(称之为**特解**), 如在例1, 2, 3中所作的一样. 求一微分方程满足给定初值条件的解的问题称为**初值问题**, 它是关于微分方程的基本问题之一.

例 4 验证函数 $y = C e^{\cos x} - \cos x - 1$ (C 为任意常数)是微分方程(6)的通解. 求方程(6)满足初值条件 $y(0) = 0$ 的特解.

解 直接计算得 $y' = -C \sin x \ e^{\cos x} + \sin x$, 于是

$$y' + y \sin x = -C \sin x \ e^{\cos x} + \sin x + C \sin x \ e^{\cos x} - \sin x \cos x - \sin x$$
$$= -\sin x \cos x,$$

因此 $y = Ce^{\cos x} - \cos x - 1$ 是方程(6)的通解. 以 $x=0, y=0$ 代入得 $0 = Ce - 2$, 解出 $C = 2/e$, 于是所求特解为
$$y = 2e^{\cos x - 1} - \cos x - 1.$$

例 5 设 C 是任意常数, 求以 $y = 1/(Cx^2 + 1)$ 为通解的一阶微分方程.

解 对等式 $(Cx^2 + 1)y = 1$ 进行微分, 得
$$2Cxy + (Cx^2 + 1)y' = 0.$$
与 $Cx^2 + 1 = 1/y$ 联立, 消去 C 得
$$xy^{-1}y' + 2(1-y) = 0,$$
此即所求的一阶方程.

注意, 若将上面所得的方程化为
$$xy' + 2y(1-y) = 0,$$
则后者有一解 $y = 0$ 未包含在通解 $y = 1/(Cx^2 + 1)$ 之中, 称这种例外的解为**奇解**.

例 6 (正交轨线问题) 给定曲线族
$$y = Cx^2 \quad (C\text{ 为任意实数}), \tag{13}$$
今要求曲线 $y = y(x)$, 它与式(13)中每条曲线均正交(即在交点处的两切线互相垂直). 这样的曲线称作曲线(13)的正交轨线.

解 设点 (x, y) 是交点, 则在该点正交轨线 $y = y(x)$ 的切线斜率为 $k_1 = y'(x)$; 曲线(13)的切线斜率为 $k_2 = 2Cx = 2y/x$, 由正交性得
$$-1 = k_1 k_2 = y' \cdot 2y/x, \tag{14}$$
即
$$2yy' + x = 0. \tag{15}$$
式(15)可改写成 $(2y^2 + x^2)' = 0$, 这相当于 $2y^2 + x^2 = C_1$ (C_1 是任何正常数), 这是一族椭圆. 因此, 抛物线族 $y = Cx^2$ 的正交轨线是椭圆族 $2y^2 + x^2 = C_1$ (图 7-2). 这里 $x^2 + 2y^2 = C_1$ 是式(15)的隐式通解.

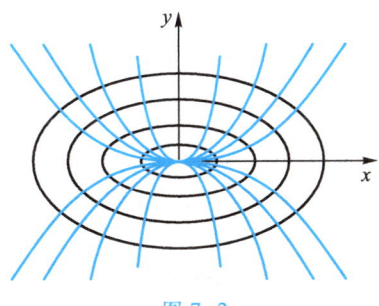

图 7-2

7-1 微分方程的解、通解、奇解、所有解

7-2 已知通解怎么求微分方程

读者可以验证:若曲线族 $f(x,y,c)=0$ 所满足的微分方程为 $F(x,y,y')=0$，则它的正交轨线族所满足的微分方程是 $F\left(x,y,-\dfrac{1}{y'}\right)=0$.

习题 7.1

1. 指出下列微分方程的阶数：
(1) $y''-2y=x$；
(2) $x(y')^2-2yy'=0$；
(3) $y'y^{(4)}-(y'')^2=1$；
(4) $\sin(y'')+\mathrm{e}^y=x$.

2. 验证给定的函数满足所给的微分方程和初值条件：
(1) $y''+4y=0,\ y=\sin 2x-\cos 2x$；
(2) $x^2y''-xy'+y=1,\ y=x\ln x+1$；
(3) $\begin{cases} xy'-y=x^2\sqrt{1+x^4}, \\ y(0)=0, \end{cases}\quad y=x\int_0^x\sqrt{1+t^4}\,\mathrm{d}t$；
(4) $\begin{cases} 2xy\,\mathrm{d}y=(y^2-x)\,\mathrm{d}x, \\ y(1)=2, \end{cases}\quad y=\sqrt{4x-x\ln x}$.

3. 检验下列函数是否为微分方程 $y''+\omega^2 y=0$ 的解，其中 ω 为常数：
(1) $y=\cos\omega x$；
(2) $y=C\sin\omega x$（C 为任意常数）；
(3) $y=A\sin(\omega x+B)$（A,B 为任意常数）；
(4) $y=C\mathrm{e}^{\omega x}$（C 为任意常数）.

4. 验证给定的隐函数满足所给微分方程（C 为任意常数）：
(1) $(x-2y)\dfrac{\mathrm{d}y}{\mathrm{d}x}=2x-y,\ x^2-xy+y^2=C$；
(2) $(y-x+1)\dfrac{\mathrm{d}x}{\mathrm{d}y}=1,\ x-y-C\mathrm{e}^x=0$；
(3) $(xy-y)\dfrac{\mathrm{d}^2x}{\mathrm{d}y^2}+y\left(\dfrac{\mathrm{d}x}{\mathrm{d}y}\right)^2+(x-2)\dfrac{\mathrm{d}x}{\mathrm{d}y}=0,\ x=\ln xy$.

5. 求具有以下通解的微分方程（其中 C_1,C_2,C 为任意常数）：
(1) $xy=C$；
(2) $y=\sin Cx$；
(3) $y=C_1\mathrm{e}^x+C_2\mathrm{e}^{-x}+x-5$；
(4) $(x-C_1)^2+(y-C_2)^2=1$.

6. 写出由下列条件确定的曲线族所满足的一阶微分方程：
(1) 曲线的切线在 x 轴与 y 轴上的截距之和恒为 2；
(2) 曲线上任意一点 $P(x,y)$ 处的法线与 x 轴的交点为 Q，线段 PQ 被 y 轴平分；
(3) 圆心在直线 $y=2x$ 上，半径为 1 的圆族；
(4) 对称轴与 y 轴平行的抛物线族，它同时与 $y=0$ 和 $y=x$ 两直线相切.

§7.2 初等积分法

在 7.1.1 例 2 中,我们实际上求出了所得微分方程的解,所用的方法就是对方程进行适当变换,然后进行积分.这种应用积分解微分方程的方法称为**初等积分法**,本节要加以系统地讨论.

7.2.1 分离变量法

称形如
$$y' = f(x)g(y) \tag{1}$$
的方程为**可分离变量方程**.方程(1)的变量 x, y 可分离到两端,即变成变量分离方程
$$\frac{\mathrm{d}y}{g(y)} = f(x)\mathrm{d}x \quad (g(y) \neq 0),$$
上式两端分别积分后得到
$$\int \frac{\mathrm{d}y}{g(y)} = \int f(x)\mathrm{d}x + C,$$
或
$$G(y) = F(x) + C, \tag{2}$$
其中 $G(y)$ 与 $F(x)$ 分别为 $1/g(y)$ 与 $f(x)$ 的一个原函数,C 是任意常数.式(2)就是方程(1)的隐式通解.若以 $x = x_0, y = y_0$ 代入式(2),则得出 $C = G(y_0) - F(x_0)$,于是方程(1)的满足初值条件 $y(x_0) = y_0$ 的解可表为
$$G(y) = F(x) + G(y_0) - F(x_0).$$
若 $g(y_0) = 0$,则常数函数 $y = y_0$ 亦是方程(1)的解,这个解可能包含在通解(2)中(令 C 取特殊值),也可能不在通解(2)中而成为奇解.

例1 求以下方程的通解及满足 $y(0) = 1$ 的特解:

(1) $y' = y\cos x$； (2) $y' = x(y^2 + 1)/(x^2 + 1)^2$.

解 (1) 首先将方程化为 $\mathrm{d}y/y = \cos x \, \mathrm{d}x$,然后两边积分得:
$$\ln|y| = \sin x + C_1,$$
C_1 是任意常数.于是
$$y = \pm\exp(\sin x + C_1) = C\mathrm{e}^{\sin x},$$
其中 $C = \pm \mathrm{e}^{C_1}$.若允许 $C = 0$,则特解 $y = 0$ 也包含在通解 $y = C\mathrm{e}^{\sin x}$ 中.以 $x = 0, y = 1$ 代入 $y = C\mathrm{e}^{\sin x}$ 得 $C = 1$,于是 $y = \mathrm{e}^{\sin x}$ 是满足 $y(0) = 1$ 的特解.

(2) 将方程化为
$$\frac{\mathrm{d}y}{y^2+1} = \frac{x\mathrm{d}x}{(x^2+1)^2},$$

两端积分后得 $\arctan y = -\dfrac{1}{2(x^2+1)} + C$，故所求通解为

$$y = \tan\left(C - \frac{1}{2(x^2+1)}\right).$$

为求满足 $y(0)=1$ 的特解，可用(1)中的方法，亦可用一个稍不同的方法：由

$$\int_1^y \frac{\mathrm{d}y}{y^2+1} = \int_0^x \frac{x\mathrm{d}x}{(x^2+1)^2},$$

得

$$\arctan y - \frac{\pi}{4} = -\frac{1}{2(x^2+1)} + \frac{1}{2},$$

于是 $y = \tan\left(\dfrac{\pi}{4} + \dfrac{1}{2} - \dfrac{1}{2(x^2+1)}\right)$.

鉴于可分离变量方程可直接用积分求出通解，初等积分法的一个主导想法就是通过适当变量代换尽可能将微分方程化为可分离变量方程.

能化为可分离变量方程的一个典型例子是齐次方程. 若 $f(x,y)$ 满足 $f(tx,ty)=f(x,y)$，则称

$$y' = f(x,y) \tag{3}$$

为**齐次方程**. 在 $f(tx,ty)=f(x,y)$ 中令 $t=1/x$ 得 $f(x,y)=f(1,y/x)$. 因此式(3)为齐次方程的充要条件是它可改写成 $y'=g(y/x)$. 作代换 $u=y/x$，则 $y=xu$，$y'=u+xu'=g(u)$，于是方程化为关于新未知函数 u 的变量分离方程

$$\frac{\mathrm{d}u}{g(u)-u} = \frac{\mathrm{d}x}{x}.$$

例 2 求方程 $xy' = y + \sqrt{x^2-y^2}$ 的通解.

解 $x>0$ 时，将方程改写成：

$$y' = \frac{y}{x} + \sqrt{1-\left(\frac{y}{x}\right)^2}.$$

令 $u=y/x$，则方程化为 $\mathrm{d}u/\sqrt{1-u^2} = \mathrm{d}x/x$，积分得

$$\arcsin u = \ln x + \ln C,$$

C 是正常数（将任意常数写成 $\ln C$，只是为了使结果更整齐，类似做法还要多次用到）. 代回 $u=y/x$ 得 $y = x\sin\ln Cx$.

$x<0$ 时,方程改写成 $y'=\dfrac{y}{x}-\sqrt{1-\left(\dfrac{y}{x}\right)^2}$. 类似可得
$$y=-x\sin\ln|Cx|.$$
综上,$y=|x|\sin\ln|Cx|(x\neq 0)$ 为通解.

其他一些可化为可分离变量方程的例子可能不具有规律,需要更灵活地处理.

例 3 求以下方程的通解:

(1) $y'=\sin(x-y)$; (2) $x+yy'=(x^2+y^2+1)\tan x$.

解 (1) 作代换 $u=x-y$,则
$$\sin u=y'=(x-u)'=1-u',$$
即
$$\dfrac{\mathrm{d}u}{1-\sin u}=\mathrm{d}x.$$
因
$$\int\dfrac{\mathrm{d}u}{1-\sin u}=\int\dfrac{1+\sin u}{\cos^2 u}\mathrm{d}u=\tan u+\sec u+C,$$
故得通解 $\tan(x-y)+\sec(x-y)=x+C$.

(2) 作代换 $u^2=x^2+y^2$,则 $2uu'=2x+2yy'$,方程变为
$$uu'=(1+u^2)\tan x,$$
分离变量为
$$\dfrac{u}{1+u^2}\mathrm{d}u=\tan x\mathrm{d}x,$$
两边积分得
$$\dfrac{1}{2}\ln(1+u^2)=-\ln|\cos x|+\dfrac{1}{2}\ln C,$$
故通解为
$$(1+x^2+y^2)\cos^2 x=C.$$

7.2.2 一阶线性方程

本小节导出一阶线性方程
$$y'+a(x)y=b(x) \tag{4}$$
的求解公式.首先考虑与式(4)对应的齐次方程(不应与上段所说的齐次方程相混淆!)
$$y'+a(x)y=0, \tag{5}$$
方程(5)是可分离变量方程,易求出其通解为

$$y = C\mathrm{e}^{-\int a(x)\mathrm{d}x}. \tag{6}$$

为得出方程(4)的通解,可用如下的所谓**常数变易法**:将式(6)中的**常数** C 换成**函数** $C(x)$,设方程(4)有如下形式的解:

$$y = C(x)\mathrm{e}^{-\int a(x)\mathrm{d}x}. \tag{7}$$

式(7)中 $C(x)$ 是**待定函数**.为确定它,将式(7)代入方程(4):

$$[C'(x) - a(x)C(x) + a(x)C(x)]\mathrm{e}^{-\int a(x)\mathrm{d}x} = b(x).$$

可见 $C'(x) = b(x)\exp\left[\int a(x)\mathrm{d}x\right]$,故得

$$C(x) = \int b(x)\mathrm{e}^{\int a(x)\mathrm{d}x}\mathrm{d}x + C_1,$$

以此代入式(7),即得方程(4)的通解(改写 C_1 为 C):

$$y = \mathrm{e}^{-\int a(x)\mathrm{d}x}\left[C + \int b(x)\mathrm{e}^{\int a(x)\mathrm{d}x}\mathrm{d}x\right]. \tag{8}$$

在具体求解一阶线性方程时,只需套用公式(8)就行了,而不必重复上面的推导过程.但须注意两点,一是在用公式(8)之前应将方程写成形如式(4)的标准形式;二是公式(8)中的三处不定积分积出后无须加任意常数.

例 4 求方程 $xy' = (x-1)y + \mathrm{e}^{2x}$ 的通解.

解 将方程改写成标准形式:

$$y' + \frac{1-x}{x}y = \frac{1}{x}\mathrm{e}^{2x}.$$

令 $a(x) = (1-x)/x$,首先求出 $\int a(x)\mathrm{d}x = \ln|x| - x$,当 $x>0$ 时用公式(8)得

$$y = \mathrm{e}^{x-\ln x}\left(C + \int \frac{1}{x}\mathrm{e}^{2x}\mathrm{e}^{\ln x - x}\mathrm{d}x\right)$$

$$= \frac{1}{x}\mathrm{e}^x\left(C + \int \mathrm{e}^x\mathrm{d}x\right) = \frac{1}{x}\mathrm{e}^x(C + \mathrm{e}^x);$$

当 $x<0$ 时可类似求得

$$y = \frac{-\mathrm{e}^x}{x}(C - \mathrm{e}^x) = \frac{1}{x}\mathrm{e}^x(\mathrm{e}^x - C).$$

综合即得通解 $y = \frac{1}{x}\mathrm{e}^x(C_1 + \mathrm{e}^x)$,$C_1$ 是任意常数.

有些方程本身并非线性方程,但经适当变形后可化为线性方程,则亦可用以上解法.

例 5 求方程 $(x-e^y)y'=1$ 的通解.

解 将原方程化为关于 x 的线性方程:
$$\frac{dx}{dy}-x=-e^y,$$
然后用通解公式得出通解:
$$x=e^y\left(C-\int e^y\cdot e^{-y}dy\right)=e^y(C-y).$$

可化为线性方程的典型例子是如下的 **Bernoulli(伯努利)**[①]**方程**:
$$y'=a(x)y+b(x)y^n \quad (n\neq 0,1). \tag{9}$$
以 y^{-n} 乘方程两端并适当变形便可化为关于 y^{1-n} 的线性方程:
$$(y^{1-n})'+(n-1)a(x)y^{1-n}=(1-n)b(x),$$
从而可用线性方程的通解公式求解.

例 6 求方程 $y'=\dfrac{3(x-1)}{2y}+\dfrac{y}{2(x-1)}$ 的通解.

解 这是一个 Bernoulli 方程 $(n=-1)$. 将它化为关于 y^2 的线性方程:
$$(y^2)'-\frac{y^2}{x-1}=3(x-1),$$
然后用公式(8)得出通解:
$$y^2=C(x-1)+3(x-1)^2.$$

例 7 求满足方程 $f(x)=e^x\left[1+\int_0^x f^2(t)dt\right]$ 的连续函数 $f(x)$.

解 令 $y=f(x)$. 因 $\left[\int_0^x f^2(t)dt\right]'=f^2(x)$ (§6.2 定理1), 故原方程右端可微, 从而 $f(x)$ 亦可微. 对原方程两端求导后得
$$y'=e^x\left[1+\int_0^x f^2(t)dt\right]+e^x f^2(x)=y+e^x y^2.$$
这是一个 Bernoulli 方程, 化为
$$\left(\frac{1}{y}\right)'+\frac{1}{y}=-e^x.$$
用公式(8)得 $y^{-1}=Ce^{-x}-\dfrac{1}{2}e^x$, 于是
$$f(x)=2/(2Ce^{-x}-e^x).$$
在原方程中取 $x=0$ 得 $f(0)=1$, 由此定出 $2C=3$, 因此

7-3 如何利用变量代换巧解一阶微分方程

[①] Bernoulli, 1654—1705, 瑞士数学家.

$$f(x) = 2/(3\mathrm{e}^{-x} - \mathrm{e}^x).$$

7.2.3 降阶法

二阶及二阶以上的微分方程统称为高阶方程.对于高阶方程,没有普遍有效的实际解法.下面介绍的几种特殊类型的高阶方程的解法,都是采取逐步降低方程阶数的方法,即所谓**降阶法**.

类型 I $y^{(n)} = f(x)$.

解法 相继积分 n 次可得出通解.

例 8 求方程 $y''' = \sin x - \cos x$ 的通解及满足条件 $y(0)=0, y'(0)=1, y''(0)=1$ 的特解.

解 相继积分三次得出
$$y'' = \int (\sin x - \cos x) \mathrm{d}x = -\cos x - \sin x + 2C_1;$$
$$y' = -\sin x + \cos x + 2C_1 x + C_2;$$
$$y = \cos x + \sin x + C_1 x^2 + C_2 x + C_3,$$

后者即为方程的通解.第一次积分后的任意常数写作 $2C_1$,是为了使最终结果更整齐.以 $y(0)=0, y'(0)=1, y''(0)=1$ 代入后定出 $C_1 = 1, C_2 = 0, C_3 = -1$.于是所求特解为
$$y = \cos x + \sin x + x^2 - 1.$$

类型 II $y'' = f(x, y')$ （缺 y 方程）.

解法 令 $p = y'$,将原方程化为关于 p 的一阶方程 $p' = f(x, p)$.若能解出 $p = \varphi(x, C)$,则积分一次即得方程的通解
$$y = \int \varphi(x, C) \mathrm{d}x + C_1.$$

例 9 求方程 $xy'' + y' = 4x$ 的通解.

解 令 $p = y'$,则原方程化为一阶线性方程
$$p' + x^{-1} p = 4.$$
用公式(8)求得 $p = y' = 2x + (C/x)$;再积分一次即得原方程的通解
$$y = x^2 + C\ln|x| + C_1 \quad (x \neq 0).$$

类型 III $y'' = f(y, y')$ （缺 x 方程）.

解法 令 $p = y'$,则 $y'' = \dfrac{\mathrm{d}y'}{\mathrm{d}x} = \dfrac{\mathrm{d}y'}{\mathrm{d}y} \cdot \dfrac{\mathrm{d}y}{\mathrm{d}x} = p \dfrac{\mathrm{d}p}{\mathrm{d}y}$.以 y 作自变量,将原方程化为关于 p 的一阶方程
$$p \frac{\mathrm{d}p}{\mathrm{d}y} = f(y, p),$$

若解出 $p=\varphi(y,C)$，则问题归于解关于 y 的一阶方程
$$y'=\varphi(y,C).$$

例 10 求方程 $yy''=(y')^2$ 的通解及满足条件 $y(0)=y'(0)=1$ 的特解.

7-4 可降阶的两类二阶微分方程区别与解法

解 令 $p=y'$，则原方程化为一阶方程
$$yp\frac{dp}{dy}=p^2.$$

若 $p=0$，则 $y=C$. 若 $p\neq 0$，则上述方程可化为 $dp/p=dy/y$，从而积出 $p=C_1y(C_1\neq 0)$，再由此积出 $y=C_2 e^{C_1 x}$. 若允许 $C_1=0$，则 $y=C_2 e^{C_1 x}$ 包含了 $p=0$ 所对应的解 $y=C$，因此原方程的通解为
$$y=C_2 e^{C_1 x}, \quad C_1, C_2 \text{ 为任意常数}.$$

以条件 $y(0)=y'(0)=1$ 代入得 $C_1=C_2=1$，故所求特解为 $y=e^x$.

例 11（**追踪问题**） 设点 A 从原点出发，以常速 a 沿 y 轴正向运动；同时点 B 从点 $(l,0)$ 出发，以常速 b 朝 A 运动（图 7-3）. 今要求 B 的轨迹曲线 C（"追踪曲线"）.

解 设 $y=y(x)$ 是 C 的方程. 在时刻 t，A 位于点 $(0,at)$，B 位于点 (x,y). 因 B 的运动方向（即曲线 C 的切线方向）始终指向 A，故线段 AB 在点 B 与曲线 C 相切，这得出 $y'=(y-at)/x$，即 $xy'-y=-at$. 两边对 x 求导得
$$xy''=-a(dt/dx).$$

以 s 记 C 自点 $(l,0)$ 到点 (x,y) 的弧长，则 $ds/dt=b$（线速度），而

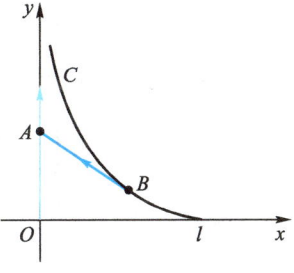

图 7-3

$$\frac{ds}{dx}=-\sqrt{1+y'^2},$$

负号表示 s 随 x 的减少而增加. 于是
$$\frac{dt}{dx}=\frac{ds}{dx}\bigg/\frac{ds}{dt}=-\frac{1}{b}\sqrt{1+y'^2},$$

这就得到
$$xy''=(a/b)\sqrt{1+y'^2}. \tag{10}$$

这是一个关于 y 的二阶微分方程. 因 $t=0$ 时 B 位于点 $(l,0)$ 且运动方向指向原点，故 $y(l)=y'(l)=0$.

求解方程（10），令 $p=y'$，记 $\dfrac{a}{b}$ 为 k，则方程（10）化为

$$\frac{\mathrm{d}p}{\sqrt{1+p^2}} = \frac{k\mathrm{d}x}{x}.$$

由此积出 $\ln(p+\sqrt{p^2+1}) = \ln(Cx^k)$,从而

$$p+\sqrt{p^2+1} = Cx^k \quad (x>0),$$

C 是正常数. 因 $x=l$ 时 $p=0$, 故 $C=l^{-k}$. 所以

$$p+\sqrt{p^2+1} = \left(\frac{x}{l}\right)^k,$$

又由初等运算知

$$-p+\sqrt{p^2+1} = \left(\frac{l}{x}\right)^k,$$

可解出

$$y' = p = \frac{1}{2}\left(\frac{x}{l}\right)^k - \frac{1}{2}\left(\frac{l}{x}\right)^k,$$

于是当 $k \neq 1$ 时,

$$y = \frac{l}{2}\left[\frac{1}{k+1}\left(\frac{x}{l}\right)^{k+1} + \frac{1}{k-1}\left(\frac{l}{x}\right)^{k-1}\right] + C_1.$$

以 $x=l, y=0$ 代入得 $C_1 = kl/(1-k^2)$, 故所求的解为

$$y = \frac{l}{2}\left[\frac{1}{k+1}\left(\frac{x}{l}\right)^{k+1} + \frac{1}{k-1}\left(\frac{l}{x}\right)^{k-1}\right] + \frac{kl}{1-k^2} \quad (x>0).$$

若 $k=1$, 则易求得 $y = \frac{1}{4l}\left[x^2 - l^2 + 2l^2\ln\left(\frac{l}{x}\right)\right]$ $(x>0)$.

例 12(**悬链线问题**) 设一均质柔软的绳索两端固定,受重力作用而自由下垂,求下垂绳索 C 的形状.

解 设曲线 C 在 xOy 平面上,重力指向 y 轴的负向,曲线 C 的最低点为 $A(0,a), a>0$(图 7-4), C 的方程为 $y=y(x)$. 在曲线 C 上任取一点 $M(x,y)$, 以 s 记弧 $\overset{\frown}{AM}$ 之长. 弧 $\overset{\frown}{AM}$ 受到三个力的作用:作用于点 A 的水平张力 H(显然曲线 C 在点 A 有水平切线);作用于点 M 的切向张力 T;重力 G. 由三力平衡得出

$$T\cos\theta = H, \quad T\sin\theta = G,$$

其中 θ 是 C 在 M 的切线倾角. 选择点 A 使 $a=H$, 则有 $\tan\theta = G/a$. 不妨设绳索线密度为 1, 于是 $G=s$,

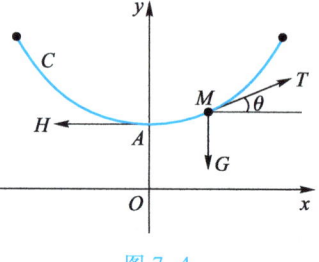

图 7-4

$$y' = \tan\theta = \frac{s}{a} = \frac{1}{a}\int_0^x \sqrt{1+y'^2}\, dx.$$

上式两端求导后得出曲线 C 所满足的微分方程

$$ay'' = \sqrt{1+y'^2}. \tag{11}$$

于是问题归于求方程 (11) 的满足条件 $y(0) = a, y'(0) = 0$ 的解. 如同解例 11 一样, 从方程 (11) 解出

$$\ln(y' + \sqrt{1+y'^2}) = \text{arsh } y' = (x/a) + C,$$

由 $y'(0) = 0$ 得 $C = 0$, 于是

$$y' = \sinh(x/a);$$
$$y = a\cosh(x/a) + C_1.$$

由 $y(0) = a$ 得 $C_1 = 0$. 于是 $y = a\cosh(x/a)$, 这就是所求曲线 C 的方程, 通常称为悬链线方程.

习题 7.2

1. 解下列可分离变量方程:

(1) $yy' = 1 - x$;

(2) $y' = \dfrac{1+y^2}{xy(1+x^2)}$;

(3) $y' = \tan x \tan y$;

(4) $y' = 10^{x+y}$;

(5) $y - xy' = a(y^2 + y')$;

(6) $y\, dx + \sqrt{x^2+1}\, dy = 0$.

2. 求下列微分方程满足给定初值条件的特解:

(1) $(1+e^x)yy' = e^x, y(1) = 1$;

(2) $(1+x^2)dy + y\, dx = 0, y(1) = 1$;

(3) $xy' + y = y^2, y(1) = 1/2$;

(4) $y'\sin x = y\ln y, y(\pi/2) = e$.

3. 设函数 $f(x)$ 在 $x > 0$ 时可微, 且满足方程 $f(x) = 1 + \dfrac{1}{x}\int_1^x f(t)\, dt$, 求 $f(x)$.

4. 已知 $g(x)$ 是可微函数 $f(x)$ 的反函数, 且 $\int_1^{f(x)} g(t)\, dt = \dfrac{1}{3}(x^{3/2} - 8)$, 求 $f(x)$.

5. 用适当的变量代换求下列方程的通解:

(1) $xy' = y(1 + \ln y - \ln x)$;

(2) $(x + y\cos(y/x))\, dx - x\cos(y/x)\, dy = 0$;

(3) $x^2 y\, dx - (x^3 + y^3)\, dy = 0$;

(4) $y' = (x+y)^2$;

(5) $y' = \dfrac{2y - x - 5}{2x - y + 4}$;

(6) $(x+y+1)dx+(2x+2y-1)dy=0$;

(7) $y'=\dfrac{y}{2x}-\dfrac{1}{2y}\tan\dfrac{y^2}{x}$.

6. 求下列一阶线性微分方程的通解:

(1) $y'+x^2y=0$;　　　　(2) $y'+y=e^{-x}$;

(3) $xy'-y=\dfrac{x}{\ln x}$;　　　　(4) $(x^2-1)y'+2xy-\cos x=0$;

(5) $(y^2-6x)y'+2y=0$;　　　　(6) $(x-2xy-y^2)y'+y^2=0$;

(7) $xy'-y\ln y=x^2y$　(令 $u=\ln y$).

7. 求下列微分方程满足初值条件的特解:

(1) $xy'+y=e^x, y(a)=b$;　　　　(2) $y'+\dfrac{y}{x}=\dfrac{\sin x}{x}, y(\pi)=1$;

(3) $(1-x^2)y'+xy=1, y(0)=1$;

(4) $y'+y\cos x=\sin x\cos x, y(0)=1$.

8. 求下列方程的通解:

(1) $y'+\dfrac{y}{x}=x^2y^6$;　　　　(2) $y'+\dfrac{xy}{1-x^2}=x\sqrt{y}$;

(3) $yy'-y^2=x^2$;　　　　(4) $3xy'-y-3xy^4\ln x=0$.

9. 解下列方程:

(1) $y(x)=\displaystyle\int_0^x y(t)dt+x+1$;

(2) $\displaystyle\int_0^x(x-t)y(t)dt=2x+\int_0^x y(t)dt$.

7-5 一类包含变限积分的方程的求解

10. 设车厢以 10 m/s 的速率在水平轨道上行驶,在制动时所产生的阻力对于每千克车重为 0.3 kg,问车厢由于制动在多长时间内停止?

11. 已知某物体冷却的速率正比于它与周围的温差.一物体的温度经过 20 min 从 100 ℃ 冷却到 60 ℃,周围的温度保持为 20 ℃,问该物体从 100 ℃ 冷却到 30 ℃ 需多长时间?

12. 一过原点的曲线,其方程为 $y=f(x)\geqslant 0$,过曲线上任一点引两坐标轴的平行线与两坐标轴围成一矩形,曲线将这样的矩形分成两个区域,其中一个的面积是另一个面积的 n 倍,求 $f(x)$.

13. 由坐标原点向曲线的切线所作垂线之长等于该点的横坐标,求此曲线的方程.

14. 某种细菌繁殖的速度正比于当时存有的细菌数目,如果经过 2 h 细菌数目为原来的 2 倍,问经过多少时间细菌的数目为原来的 3 倍?

15. 设在粗糙的桌面,一根长为 l、不可伸长的绳子一端与重物相接,另一端则沿桌面上跟绳子的初始位置相垂直的一条直线上缓缓牵动,求该重物所经过的路径.

16. 证明:若曲线族 $f(x,y,c)=0$ 所满足的微分方程为 $F(x,y,y')=0$,则它的正交轨线族所满足的微分方程是 $F(x,y,-1/y')=0$.

17. 用上题结论求下列曲线族的正交轨线：

(1) $x^2+y^2=C$；　　　　　　(2) $y=C\cos x$.

18. 求解下列微分方程：

(1) $x^2 y^{(4)}+1=0$；　　　　　(2) $y''(1+e^x)+y'=0$；

(3) $2xy'y''+(y')^2+1=0$；　　 (4) $(1-y)y''+2(y')^2=0$；

(5) $1+(y')^2=2yy''$；　　　　 (6) $y''=2yy'$, $y(0)=y'(0)=1$.

§7.3　线性微分方程

线性微分方程相对来说比较简单（从而关于它的理论与方法比较完备），而且在应用上特别重要，因此在微分方程理论中占有特殊的地位.

7.3.1　解的结构

考虑一般的 $n(n\geq 1)$ 阶线性微分方程

$$y^{(n)}+a_1(x)y^{(n-1)}+\cdots+a_{n-1}(x)y'+a_n(x)y=f(x), \qquad (1)$$

其中 $a_i(x)$ $(1\leq i\leq n)$ 与 $f(x)$ 是某区间 I 上的连续函数.若取 $f(x)\equiv 0$，则得到与方程(1)对应的**齐次方程**：

$$y^{(n)}+a_1(x)y^{(n-1)}+\cdots+a_{n-1}(x)y'+a_n(x)y=0. \qquad (2)$$

称 $a_i(x)$ $(1\leq i\leq n)$ 为方程(1)与(2)的系数.若将方程(1)的左端缩写为 Ly（$L=\dfrac{d^{(n)}}{dx^n}+a_1(x)\dfrac{d^{(n-1)}}{dx^{n-1}}+\cdots+a_{n-1}(x)\dfrac{d}{dx}+a_n(x)$，称为 n 阶线性微分算子），则方程(1)与(2)可分别缩写为

$$Ly=f(x) \quad 与 \quad Ly=0.$$

容易验证 L 具有线性性质：

$$L(\alpha y+\beta z)=\alpha Ly+\beta Lz\ (\alpha,\beta\ 为常数).$$

更一般地，

$$L\Big(\sum_{i=1}^m \alpha_i y_i\Big)=\sum_{i=1}^m \alpha_i Ly_i.$$

由此直接推出：

定理 1(叠加原理)　(i) 若 y_i 是方程(2)的解，α_i 为常数，$1\leq i\leq m$，则 $\sum_{i=1}^m \alpha_i y_i$ 亦是方程(2)的解.

(ii) 若 $f=\sum_{i=1}^m \alpha_i f_i$，$\alpha_i$ 为常数；y_i 是方程 $Ly=f_i$ $(1\leq i\leq m)$ 的解，则 $y=\sum_{i=1}^m \alpha_i y_i$

是方程(1)的解.

(iii) 设 y^* 是方程(1)的任一特解,则 y 是方程(1)的解 $\Leftrightarrow$ $y-y^*$ 是方程(2)的解.

定理 2(存在定理) 任给 $x_0 \in I$ 与一组初值 $y_0^{(i)}(0 \leq i \leq n-1)$,方程(1)(或(2))在区间 I 上存在唯一的解 y 满足初值条件

$$y^{(i)}(x_0) = y_0^{(i)} \quad (0 \leq i \leq n-1, \text{约定 } y^{(0)} = y). \tag{3}$$

对一阶线性微分方程,可以通过初值条件确定通解中的 C(见 §7.2.2(8))来得到初值问题的唯一解,对二阶以上的线性微分方程,本定理的证明已超出本课程要求的范围,从略.

为了表达方程(2)的通解,需要以下概念.

定义 1 设 $y_1, y_2, \cdots, y_n$ 是区间 I 上的函数.若存在 n 个不全为零的常数 $\lambda_1, \lambda_2, \cdots, \lambda_n$,使得

$$\sum_{i=1}^{n} \lambda_i y_i(x) \equiv 0 \quad (x \in I), \tag{4}$$

则说函数组 $y_1, y_2, \cdots, y_n$ 在 I 上线性相关.不线性相关的函数组称为线性无关函数组.

例如,函数组 $1, \sin^2 x, \cos 2x$ 在 $(-\infty, +\infty)$ 上线性相关,因有恒等式 $1 - 2\sin^2 x - \cos 2x \equiv 0$;函数组 $1, x, \cdots, x^n$ 在任何区间 I 上线性无关,此因当多项式 $\sum_{i=0}^{n} \lambda_i x^i \equiv 0$ 时其系数必全为零.容易看出,两个函数 y_1, y_2 线性相关的充要条件是它们成比例,即 $y_1 = k y_2$ 或 $y_2 = k y_1$,k 是某个常数.

现在已可建立本节的主要结论.

定理 3 设 $y_1, y_2, \cdots, y_n$ 是方程(2)在 I 上的一组线性无关的解,y^* 是方程(1)在 I 上的任一特解,则方程(2)与(1)的通解依次为

$$y = C_1 y_1 + C_2 y_2 + \cdots + C_n y_n, \tag{5}$$

与

$$y = C_1 y_1 + C_2 y_2 + \cdots + C_n y_n + y^*, \tag{6}$$

其中 $C_i (1 \leq i \leq n)$ 为任意常数.

定理 3 的证明涉及线性方程组的一些知识,在此略去,其中线性无关的一组解函数 $y_1, y_2, \cdots, y_n$ 称为方程(2)的一个**基本解组**.

定理 3 表明,求方程(2)的通解归于求它的一个基本解组;求方程(1)的通解归于求方程(2)的一个基本解组与方程(1)的一个特解.然而,除了某些特殊情况(如某些二阶线性方程及将在下节讨论的常系数线性方程)之外,当 $n \geq 2$ 时并无求基本解组的普遍有效的方法.

7.3.2 二阶线性方程

本小节考虑二阶线性微分方程
$$y''+a(x)y'+b(x)y=f(x) \tag{7}$$
与
$$y''+a(x)y'+b(x)y=0, \tag{8}$$
其中 $a(x),b(x),f(x)$ 是某区间 I 上的连续函数. 由定理 3, 求非齐次线性方程 (7) 的通解归于求齐次线性方程 (8) 的一对不成比例的非零解与方程 (7) 的一个特解. 以下三个方法有助于求出这些解.

1. 观察法

通过观察 $a(x),b(x)$ 的特点, 推测方程 (8) 有某种形式的解 $y=\varphi(x)$, 将它代入方程进行验证.

例 1 求方程 $y''+x^{-1}y'-x^{-2}y=0$ 的通解.

解 观察方程的特点, 推测它可能有形如 $y=x^{\alpha}$ 的解. 以 $y=x^{\alpha}$ 代入进行试探: 要
$$\alpha(\alpha-1)x^{\alpha-2}+\alpha x^{\alpha-2}-x^{\alpha-2}=(\alpha^2-1)x^{\alpha-2}=0,$$
只需 $\alpha=\pm 1$. 因此 x, x^{-1} 都是方程的解, 且二者不成比例. 故 $y=C_1 x+C_2 x^{-1}$ 是方程的通解.

观察法缺乏规律性, 难以把握, 因此其应用很受局限.

2. 降阶法

若已知齐次线性方程 (8) 的一非零特解 y_1, 现求与 y_1 线性无关的另一特解 y_2. 设 v 是待定的可微函数, 令 $y_2=vy_1$ 并代入方程 (8), 经整理化方程 (8) 为
$$v''+[a(x)+2(y_1'/y_1)]v'=0, \tag{9}$$
再令 $u=v'$, 此方程便降为一阶线性方程
$$u'+[a(x)+2(y_1'/y_1)]u=0. \tag{10}$$
求出方程 (10) 的一非零特解 u, 再求出 u 的一原函数作为 v. 由 $(y_2/y_1)'=u\neq 0$ 知 y_2/y_1 不为常数, 因而 y_1 与 y_2 不成比例. 因此 y_1,y_2 构成方程 (8) 的一基本解组.

例 2 求方程 $(1-x)y''+xy'-y=0$ 的通解.

解 首先用观察法得出一个特解 $y_1=x$. 令 $u=v'=(y/x)'$, 将原方程化为
$$u'+\left(\frac{x}{1-x}+\frac{2}{x}\right)u=0.$$
求出这个一阶方程的一个特解 $u=(x-1)x^{-2}\mathrm{e}^x$. 因
$$\int\frac{x-1}{x^2}\mathrm{e}^x\mathrm{d}x=\int\frac{\mathrm{e}^x\mathrm{d}x}{x}-\int\frac{\mathrm{e}^x\mathrm{d}x}{x^2}$$

$$= x^{-1}\mathrm{e}^x + C(\text{用分部积分}),$$

故 $v = x^{-1}\mathrm{e}^x$ 是 u 的原函数,从而 $y_1 = x$ 与 $y_2 = \mathrm{e}^x$ 构成原方程的基本解组.于是所求通解为 $y = C_1 x + C_2 \mathrm{e}^x$.

在已知一特解的前提下,用降阶法求方程(8)的通解是简便可行的.因此,为解方程(8),问题归于首先求出它的一非零特解.然而,对此仍无普遍有效的方法,只能依据具体情况灵活处理.

3. 常数变易法

这是由方程(8)的一组基本解 y_1, y_2 来求方程(7)的一个特解的方法.预设方程(7)有形如

$$y = V_1 y_1 + V_2 y_2$$

的解,其中 V_1, V_2 是待定函数.为了确定这两个待定函数,仅靠将 y 代入方程(7)得到的一个方程是不够的,必须再为 V_1, V_2 设置一个方便计算的约束条件 $V_1' y_1 + V_2' y_2 = 0$.在此条件下, y 的导数简单了不少:

$$y' = V_1 y_1' + V_2 y_2',$$
$$y'' = V_1 y_1'' + V_2 y_2'' + V_1' y_1' + V_2' y_2'.$$

将 $y = V_1 y_1 + V_2 y_2$ 代入方程(7)并利用以上结果,得到关于 V_1', V_2' 的线性方程组

$$\begin{cases} V_1' y_1 + V_2' y_2 = 0, \\ V_1' y_1' + V_2' y_2' = f. \end{cases}$$

由此解出

$$V_1' = -y_2 f / W, \quad V_2' = y_1 f / W,$$

其中 $W = y_1 y_2' - y_1' y_2$.积分后得到

$$V_1 = -\int \frac{y_2 f}{W} \mathrm{d}x, \quad V_2 = \int \frac{y_1 f}{W} \mathrm{d}x, \tag{11}$$

即得出方程(7)的一个特解 $y = V_1 y_1 + V_2 y_2$.

例3 求方程 $x^2 y'' + x y' - y = 3x^2$ 的通解.

解 首先,由观察法得出 $y_1 = x, y_2 = 1/x$ 构成方程 $x^2 y'' + x y' - y = 0$ 的基本解组(这是一个 Euler 方程,其标准解法将在 7.4.3 中介绍).其次,

$$W = y_1 y_2' - y_1' y_2 = -2/x.$$

将原方程改写成 $y'' + x^{-1} y' - x^{-2} y = 3$.在式(11)中取 $y_1 = x, y_2 = x^{-1}, f = 3, W = -2x^{-1}$,得

$$V_1 = \int \frac{3}{2} \mathrm{d}x = \frac{3x}{2} + C_1;$$

$$V_2 = -\int \frac{3}{2} x^2 \mathrm{d}x = -\frac{x^3}{2} + C_2.$$

这就得到原方程的一个特解

$$y^* = \frac{3x}{2} \cdot x - \frac{x^3}{2} \cdot \frac{1}{x} = x^2.$$

于是原方程的通解为 $y = C_1 x + C_2 x^{-1} + x^2$.

习题 7.3

1. 下列函数组哪些是线性无关的？哪些是线性相关的？
(1) $x, 2x$；
(2) e^x, e^{2x}；
(3) $\cos 3x, \sin 3x$；
(4) $\sin 2x, \cos x \sin x$.

2. 验证 $y_1 = e^{x^2}$ 及 $y_2 = xe^{x^2}$ 都是方程
$$y'' - 4xy' + (4x^2 - 2)y = 0$$
的解，并写出此方程的通解.

3. 已知下列方程的一个特解 y_1，求其通解：
(1) $(2x+1)y'' + 4xy' - 4y = 0, y_1 = x$；
(2) $xy'' - (2x+1)y' + 2y = 0, y_1 = e^{2x}$.

4. 对下列方程先用观察法求一特解，再求其通解：
(1) $(1-x^2)y'' + 2xy' - 2y = 0$；
(2) $xy'' - (2x+1)y' + (x+1)y = 0$.

5. 已知下列方程所对应的线性齐次方程的两个特解为 y_1, y_2，用常数变易法求出该线性非齐次方程的通解：
(1) $y'' + y = 2\sec^3 x, y_1 = \cos x, y_2 = \sin x$；
(2) $(2x+1)y'' + (2x-1)y' - 2y = x^2 + x; y_1 = 2x-1, y_2 = e^{-x}$.

6. 证明：若 y_1, y_2 是方程 $p_1(x)y'' + p_2(x)y' + p_3(x)y = f(x)$ 的两个特解，则 $y_1 - y_2$ 是方程 $p_1(x)y'' + p_2(x)y' + p_3(x)y = 0$ 的解.

7. 已知二阶线性非齐次方程的三个特解 $y_1 = 1, y_2 = x, y_3 = x^2$，利用上题结论写出其通解.

8. 对下列方程已知两个特解 y_1, y_2，求其通解：
(1) $(x^2-1)y'' + 4xy' + 2y = 6x, y_1 = x, y_2 = (x^2 + x + 1)/(x+1)$；
(2) $(3x^3 + x)y'' + 2y' - 6xy = 4 - 12x^2, y_1 = 2x, y_2 = (x+1)^2$.

§7.4 常系数线性微分方程

在上节中已经提到，对于一般线性微分方程，并无普遍有效的解法. 不过，对于常系数线性微分方程，则已有很完善的解法. 这类解法的特点是：预定方程的解具有某一特定的表达式，需要确定的只是该表达式中的若干待定参数. 而为确定这些参数,通常仅需用一定的代数方法.如上的解法称为 待定函数法.

7.4.1 齐次方程

为便于说明,首先考虑二阶方程
$$y''+ay'+by=0, \tag{1}$$
其中 a,b 为常数.我们推测,方程(1)有形如 $e^{\lambda x}$ 的指数解,λ 为待定参数.于是以 $y=e^{\lambda x}$ 代入方程(1)进行试探,得出
$$(\lambda^2+a\lambda+b)e^{\lambda x}=0.$$
因 $e^{\lambda x}\neq 0$,故 $y=e^{\lambda x}$ 是方程(1)的解的充要条件是,λ 为二次方程
$$\lambda^2+a\lambda+b=0 \tag{2}$$
的根.有鉴于此,称方程(2)为方程(1)的 特征方程,而称方程(2)的根为 特征根.设 λ_1,λ_2 是方程(2)的两个根,下面分三种情况予以讨论.

情形 1 λ_1,λ_2 是互异实根,则 $e^{\lambda_1 x}$ 与 $e^{\lambda_2 x}$ 是方程(1)的两个线性无关的解,于是方程(1)的通解为(参考上节定理 3)
$$y=C_1 e^{\lambda_1 x}+C_2 e^{\lambda_2 x}.$$

情形 2 $\lambda_1=\lambda_2=\lambda$ 是二重实根,则 $y_1=e^{\lambda x}$ 是方程(1)的一个解.今用降阶法求出另一特解(参考 7.3.2).作代换 $u=v'=(ye^{-\lambda x})'$,依上节式(10),方程(1)化为 $u'+(a+2\lambda)u=0$.因 λ 是重根,故必有 $a+2\lambda=0$,从而 $u'=0$.取 $u=1$,即得方程(1)的特解 $y_2=xe^{\lambda x}$.于是方程(1)的通解为
$$y=(C_1+C_2 x)e^{\lambda x}.$$

情形 3 设 $\lambda_1=\alpha+i\beta$ 与 $\lambda_2=\alpha-i\beta$ 是一对共轭复根,则以 $\lambda=\alpha\pm i\beta$ 代入方程(2)得
$$\alpha^2-\beta^2+a\alpha+b=2\alpha\beta+a\beta=0.$$
利用以上等式容易验明,
$$y_1=e^{\alpha x}\cos\beta x, \quad y_2=e^{\alpha x}\sin\beta x$$
都是方程(1)的解.且因 y_1 与 y_2 不成比例,故方程(1)的通解为
$$y=e^{\alpha x}(C_1\cos\beta x+C_2\sin\beta x).$$

例 1 求以下方程的通解:
(1) $y''+3y'+2y=0$; (2) $y''+6y'+9y=0$;
(3) $y''-4y'+13y=0$.

解 (1) 特征方程为
$$\lambda^2+3\lambda+2=(\lambda+1)(\lambda+2)=0,$$
$\lambda_1=-1,\lambda_2=-2$ 是特征根,故通解为 $y=C_1 e^{-x}+C_2 e^{-2x}$.

（2）从特征方程
$$\lambda^2+6\lambda+9=(\lambda+3)^2=0$$
解出 $\lambda_1=\lambda_2=-3$，于是有通解 $y=(C_1+C_2x)\mathrm{e}^{-3x}$.

（3）从特征方程
$$\lambda^2-4\lambda+13=0$$
解出 $\lambda_{1,2}=2\pm3\mathrm{i}$，故得通解 $y=\mathrm{e}^{2x}(C_1\cos 3x+C_2\sin 3x)$.

例 2（**振动问题**） 继续考虑 §7.1 中的例 3，但现在假定物体还受到介质阻力 D，它的大小与运动速度成正比，方向与运动方向相反，因此可表为 $D=-a\dfrac{\mathrm{d}x}{\mathrm{d}t}$，$a$ 是正常数. 于是 §7.1 的方程（5）应修改为

$$\frac{\mathrm{d}^2x}{\mathrm{d}t^2}+\frac{a}{m}\frac{\mathrm{d}x}{\mathrm{d}t}+\frac{b}{m}x=0, \tag{3}$$

对应的特征方程为

$$\lambda^2+\frac{a}{m}\lambda+\frac{b}{m}=0. \tag{4}$$

下面分三种情况讨论：

(i) 若 $a^2>4mb$，则方程（4）有两相异实根 λ_1,λ_2，于是方程（3）有通解 $x=C_1\mathrm{e}^{\lambda_1 t}+C_2\mathrm{e}^{\lambda_2 t}$. 由 $\lambda_1+\lambda_2=-a/m<0,\lambda_1\lambda_2=b/m>0$ 推出 $\lambda_1,\lambda_2<0$. 于是当 $t\to+\infty$ 时 $x=C_1\mathrm{e}^{\lambda_1 t}+C_2\mathrm{e}^{\lambda_2 t}$ 很快衰减为零.

(ii) 若 $a^2=4mb$，则方程（4）有二重负根 λ，$x(t)=(C_1+C_2t)\mathrm{e}^{\lambda t}$，当 $t\to+\infty$ 时亦有 $x(t)\to 0$.

在以上两种情况下，振动并不出现.

(iii) 若 $a^2<4mb$，则方程（4）有一对共轭复根 $\alpha\pm\mathrm{i}\beta$，且 $\alpha=-a/2m<0$；而 $x(t)=\mathrm{e}^{\alpha t}(C_1\cos\beta t+C_2\sin\beta t)$. 可见，当 C_1,C_2 不全为零时振动出现，但振幅呈指数衰减.

现在将关于二阶方程的结论推广到一般线性齐次方程

$$y^{(n)}+a_1y^{(n-1)}+\cdots+a_ny=0, \tag{5}$$

其中 $a_1,a_2,\cdots,a_n$ 为常数，$n\geq 2$. 与方程（2）对应，方程（5）的特征方程是

$$\lambda^n+a_1\lambda^{n-1}+\cdots+a_n=0, \tag{6}$$

称方程（6）的根为特征根. 每个特征根对应方程（5）的一定的解，依情况分述于下.

$1°$ 单重实特征根 λ 对应方程（5）的解 $y=\mathrm{e}^{\lambda x}$（与前述的情形 1 对照）.

$2°$ $k(k\geq 2)$ 重实特征根对应方程（5）的 k 个解 $y_1,y_2,\cdots,y_k:y_j=x^{j-1}\mathrm{e}^{\lambda x}(1\leq j\leq k)$

(对照情形 2).

3° 单重共轭复根 $\lambda = \alpha \pm i\beta$ 对应方程(5) 的一对解 $y_1 = e^{\alpha x}\cos\beta x, y_2 = e^{\alpha x}\sin\beta x$ (对照情形 3).

4° $k(k \geq 2)$ 重共轭复根 $\alpha \pm i\beta$ 对应方程(5)的 k 对解 $x^{j-1} e^{\alpha x}\cos\beta x, x^{j-1} e^{\alpha x}\sin\beta x$ $(1 \leq j \leq k)$.

将每个特征根依上述规则所对应的解集合起来,恰好有 n 个,且必定线性无关,因此构成方程(5)的一个基本解组.这样,方程(5)的求解问题完全归于其特征方程的求解,后者纯粹是代数问题.解常系数线性微分方程的以上方法称为**特征方程法**,也称为**待定指数函数法**.

例 3 求方程 $y''' + y'' - 2y = 0$ 的通解及满足初值条件 $y(0) = 2, y'(0) = 0, y''(0) = 1$ 的特解.

解 首先求特征根.因

$$\begin{aligned}\lambda^3 + \lambda^2 - 2 &= (\lambda^3 - 1) + (\lambda^2 - 1) \\ &= (\lambda - 1)(\lambda^2 + \lambda + 1) + (\lambda - 1)(\lambda + 1) \\ &= (\lambda - 1)(\lambda^2 + 2\lambda + 2) \\ &= (\lambda - 1)[(\lambda + 1)^2 + 1],\end{aligned}$$

故特征根为 $\lambda_1 = 1, \lambda_{2,3} = -1 \pm i$,于是原方程的通解为

$$y = C_1 e^x + e^{-x}(C_2 \cos x + C_3 \sin x).$$

求导后得

$$y' = C_1 e^x + e^{-x}[(C_3 - C_2)\cos x - (C_2 + C_3)\sin x];$$
$$y'' = C_1 e^x + e^{-x}(-2C_3 \cos x + 2C_2 \sin x).$$

于是由条件 $y(0) = 2, y'(0) = 0, y''(0) = 1$ 得

$$\begin{cases} C_1 + C_2 = 2, \\ C_1 - C_2 + C_3 = 0, \\ C_1 - 2C_3 = 1. \end{cases}$$

由此解出 $C_1 = 1, C_2 = 1, C_3 = 0$.于是所求特解为

$$y = e^x + e^{-x}\cos x.$$

例 4 求方程 $y^{(5)} + y^{(4)} + 2y''' + 2y'' + y' + y = 0$ 的通解.

解 因

$$\begin{aligned}\lambda^5 + \lambda^4 + 2\lambda^3 + 2\lambda^2 + \lambda + 1 \\ = \lambda(\lambda^4 + 2\lambda^2 + 1) + (\lambda^4 + 2\lambda^2 + 1) \\ = (\lambda + 1)(\lambda^2 + 1)^2.\end{aligned}$$

故有单重特征根 -1,二重特征根 $\pm i$,它们分别对应原方程的解 $e^{-x}, \cos x, \sin x,$

$x\cos x, x\sin x$, 于是原方程的通解为
$$y = C_1 e^{-x} + (C_2 + C_3 x)\cos x + (C_4 + C_5 x)\sin x.$$

7.4.2 非齐次方程

如同上小节一样,仍然首先考虑二阶方程:
$$y'' + ay' + by = f(x), \tag{7}$$
其中 a,b 为常系数. 因对应的齐次方程(1)的通解问题已彻底解决,故目前的关键问题是求出方程(7)的一个特解. 为此,仍可以使用某种待定函数法,下面就几种特殊类型的 f 予以说明.

7-6 如何给出二阶常系数非齐次线性方程的特解形式

情形 I $f(x) = P_m(x)e^{\alpha x}$, $P_m(x)$ 是 m 次多项式. 以
$$y^* = Q(x)e^{\alpha x} \tag{8}$$
为待定解进行试探,将方程(8)代入方程(7)整理后得
$$Q''(x) + (a + 2\alpha)Q'(x) + (\alpha^2 + a\alpha + b)Q(x) = P_m(x). \tag{9}$$
分三种情况考虑.

1° 若 α 不是特征方程 $\lambda^2 + a\lambda + b = 0$ 的根,即 $\alpha^2 + a\alpha + b \neq 0$, 要使式(9)成立,可令 $Q(x)$ 为一个 m 次多项式 $Q_m(x) = b_0 x^m + b_1 x^{m-1} + \cdots + b_{m-1} x + b_m$ 代入式(9),确定未知系数 $b_i (i = 0,1,\cdots,m)$,并得到所求特解 $y^* = Q_m(x)e^{\alpha x}$.

2° 若 α 是特征方程 $\lambda^2 + a\lambda + b = 0$ 的单根,即 $\alpha^2 + a\alpha + b = 0$, 但 $a + 2\alpha \neq 0$, 式(9)成为
$$Q''(x) + (a + 2\alpha)Q'(x) = P_m(x). \tag{10}$$
要使上式成立,$Q'(x)$ 必须是 m 次多项式,$Q(x)$ 是 $m+1$ 次多项式,且 $Q(x)$ 的常数项值不影响上式成立,故取常数项为零,令 $Q(x) = xQ_m(x)$, 代入式(10)确定 $Q_m(x)$ 的系数 $b_i (i = 0,1,\cdots,m)$, 并得到特解 $y^* = xQ_m(x)e^{\alpha x}$.

3° 若 α 是特征方程 $\lambda^2 + a\lambda + b = 0$ 的重根,即 $\alpha^2 + a\alpha + b = 0$, 且 $a + 2\alpha = 0$, 式(9)成为
$$Q''(x) = P_m(x). \tag{11}$$
此时 $Q(x)$ 应为 $m+2$ 次多项式,可令 $Q(x) = x^2 Q_m(x)$, 即 $Q(x)$ 的常数项及一次幂系数都取为零. 容易确定 $Q_m(x)$ 的系数,并得到特解
$$y^* = x^2 Q_m(x)e^{\alpha x}.$$

综上所述,有如下结论:
$f(x) = P_m(x)e^{\alpha x}$ 时,方程(7)有形如
$$y^* = x^k Q_m(x)e^{\alpha x} \tag{12}$$
的特解,其中 $Q_m(x)$ 为 m 次待定多项式,k 按 α 不是特征方程的根、是特征方程

的单根或是特征方程的重根依次取为 0,1 或 2.

例 5 求方程 $y''-y=4xe^x$ 的通解.

解 从 $\lambda^2-1=0$ 得特征根 $\lambda_1=1,\lambda_2=-1$,因此方程 $y''-y=0$ 的通解为 $C_1e^x+C_2e^{-x}$. $f(x)=4xe^x$ 属于情形 I ($m=1,\alpha=1$),$\alpha=1$ 是单重特征根,取 $k=1$,依式 (12) 写出方程的待定特解

$$y^*=(b_0x+b_1x^2)e^x.$$

将上式代入原方程,约去 e^x 后得

$$4b_1x+2(b_0+b_1)=4x.$$

由此得 $b_1=1,b_0+b_1=0$,因此 $-b_0=b_1=1$,于是 $y^*=(x^2-x)e^x$. 故所求通解为

$$y=C_1e^x+C_2e^{-x}+(x^2-x)e^x.$$

情形 II $f(x)=e^{\alpha x}[P(x)\cos\beta x+Q(x)\sin\beta x]$,$P(x),Q(x)$ 为多项式,最高次数为 m. 以

$$y^*=x^ke^{\alpha x}[A(x)\cos\beta x+B(x)\sin\beta x] \tag{13}$$

为待定解,其中 $A(x)$ 与 $B(x)$ 均是 m 次待定多项式,当 $\alpha+i\beta$ 是特征方程 $\lambda^2+a\lambda+b=0$ 的根时取 $k=1$,否则取 $k=0$. $A(x)$ 与 $B(x)$ 的系数如同情形 I 一样确定,具体做法由下面的例子示明.

例 6 求方程 $y''-2y'+2y=e^x\sin x$ 的一个特解.

解 由 $\lambda^2-2\lambda+2=0$ 解出特征根 $\lambda=1\pm i$. 在式 (13) 中取 $k=1,\alpha=\beta=1,m=0$,得待定特解为

$$y=xe^x(A\cos x+B\sin x),$$

A,B 是待定系数. 求出

$$y'=e^x[(Ax+Bx+A)\cos x+(Bx-Ax+B)\sin x];$$
$$y''=e^x[2(Bx+A+B)\cos x+2(B-A-Ax)\sin x].$$

以上述的 y,y',y'' 代入原方程,约去 e^x 后得

$$2B\cos x-2A\sin x=\sin x.$$

由此得 $B=0,A=-1/2$,因此 $y=-(x/2)e^x\cos x$ 是原方程的一个特解.

求二阶非齐次方程特解的以上方法经适当推广后,可用于 n 阶方程

$$y^{(n)}+a_1y^{(n-1)}+\cdots+a_ny=f(x) \tag{14}$$

的以下两种情况:

情形 I' 若 $f(x)=P_m(x)e^{\alpha x}$,$P_m(x)$ 是 m 次多项式,则方程 (14) 有形如式 (12) 的特解,其中 $Q_m(x)$ 是 m 次待定多项式,k 是 α 作为特征根的重数 ($k=0$ 意味着 α 不是特征根). 若 $\alpha=0$,即 $f(x)$ 是 m 次多项式,则方程 (14) 有形如 $y=x^kQ_m(x)$ 的 $m+k$ 次多项式解,k 是 $\alpha=0$ 作为特征根的重数.

情形 Ⅱ′ 若 $f(x)=\mathrm{e}^{\alpha x}[P(x)\cos\beta x+Q(x)\sin\beta x]$，$P(x)$ 与 $Q(x)$ 为多项式，最高次数为 m，则方程(14)有形如式(13)的特解，其中 $A(x)$ 与 $B(x)$ 均是 m 次的待定多项式，k 是 $\alpha+\mathrm{i}\beta$ 作为特征根的重数.

例 7 求方程 $y'''-2y''+y'=x\mathrm{e}^x$ 的一个特解.

解 因 $\alpha=1$ 是特征方程
$$\lambda^3-2\lambda^2+\lambda=\lambda(\lambda-1)^2=0$$
的二重根，故原方程有形如
$$y=x^2(ax+b)\mathrm{e}^x$$
的特解. 依次求出
$$y'=\mathrm{e}^x[ax^3+(3a+b)x^2+2bx];$$
$$y''=\mathrm{e}^x[ax^3+(6a+b)x^2+(6a+4b)x+2b];$$
$$y'''=\mathrm{e}^x[ax^3+(9a+b)x^2+(18a+6b)x+6a+6b],$$
代入原方程并约去 e^x 后得
$$6ax+6a+2b=x.$$
由此得 $a=\dfrac{1}{6}$，$b=-\dfrac{1}{2}$，于是 $y=\dfrac{1}{6}(x^3-3x^2)\mathrm{e}^x$ 是原方程的一个特解.

若 $f=f_1+f_2$，$f_i(i=1,2)$ 属于情形 Ⅰ′ 或 Ⅱ′，分别求出以 $f_i(i=1,2)$ 为右端的非齐次方程的一个特解 y_i，则由叠加原理（§7.3 定理 1）知 $y=y_1+y_2$ 是方程(14)的一个特解.

例 8 求方程 $y''-y=x\mathrm{e}^x+x\sin 2x$ 的通解及满足 $y(0)=0.84$，$y'(0)=0.75$ 的特解.

解 1° 从 $\lambda^2-1=0$ 解出特征根 $\lambda=\pm 1$，从而得出方程 $y''-y=0$ 的通解 $y=C_1\mathrm{e}^x+C_2\mathrm{e}^{-x}$.

2° 求方程 $y''-y=x\mathrm{e}^x$ 形如 $y=x(a+bx)\mathrm{e}^x$ 的特解：算出
$$y'=\mathrm{e}^x[a+(a+2b)x+bx^2];$$
$$y''=\mathrm{e}^x[2a+2b+(a+4b)x+bx^2],$$
代入 $y''-y=x\mathrm{e}^x$ 并约去 e^x 后，得
$$2(a+b)+4bx=x,$$
由此得 $b=-a=\dfrac{1}{4}$，从而 $y=\dfrac{1}{4}(x^2-x)\mathrm{e}^x$.

3° 求方程 $y''-y=x\sin 2x$ 的形如
$$y=(Ax+B)\cos 2x+(Cx+D)\sin 2x$$
的特解（依式(13)）：算出

$$y' = (2Cx+A+2D)\cos 2x + (-2Ax-2B+C)\sin 2x;$$
$$y'' = -(4Ax+4B-4C)\cos 2x - (4Cx+4A+4D)\sin 2x.$$

代入 $y''-y=x\sin 2x$ 后,得
$$(-5Ax-5B+4C)\cos 2x - (5Cx+4A+5D)\sin 2x = x\sin 2x,$$

这推出
$$5Ax+5B-4C=0, \quad 5Cx+4A+5D=-x.$$

由此得出 $A=D=0, C=-1/5, B=-4/25$,故得
$$y = -\frac{4}{25}\cos 2x - \frac{x}{5}\sin 2x.$$

综合以上三步得出方程的通解为
$$y = C_1 e^x + C_2 e^{-x} + \frac{1}{4}(x^2-x)e^x - \frac{4}{25}\cos 2x - \frac{x}{5}\sin 2x.$$

4° 由条件 $y(0)=0.84, y'(0)=0.75$ 得
$$\begin{cases} C_1+C_2-\dfrac{4}{25}=0.84, \\ C_1-C_2-\dfrac{1}{4}=0.75. \end{cases}$$

由此解出 $C_1=1, C_2=0$,于是所求特解为
$$y = \frac{1}{4}(x^2-x+4)e^x - \frac{4}{25}\cos 2x - \frac{x}{5}\sin 2x.$$

7.4.3 Euler 方程

所谓 Euler(欧拉)方程,是指形如
$$x^n y^{(n)} + a_1 x^{n-1} y^{(n-1)} + \cdots + a_n y = f(x) \tag{15}$$

的线性微分方程,其中 $a_1, a_2, \cdots, a_n$ 为常数. 这种方程可通过代换 $x=e^t$ 化为以 t 为自变量的常系数线性微分方程,从而可用前两小节的方法求解. 试看一例.

例 9 求方程 $x^2 y'' + xy' - y = 3x^2$ 的通解.

解 令 $x=e^t$,即 $t=\ln x$,依次算出
$$y' = \frac{dt}{dx}\frac{dy}{dt} = \frac{1}{x}\frac{dy}{dt};$$
$$y'' = -\frac{1}{x^2}\frac{dy}{dt} + \frac{1}{x}\frac{dt}{dx}\frac{d^2y}{dt^2} = \frac{1}{x^2}\left(\frac{d^2y}{dt^2} - \frac{dy}{dt}\right).$$

代入原方程后得到

$$\frac{d^2 y}{dt^2} - y = 3e^{2t}.$$

用前两小节的方法求出此方程的通解为 $y = C_1 e^t + C_2 e^{-t} + e^{2t}$. 以 $t = \ln x$ 代回,即得原方程的通解 $y = C_1 x + C_2 x^{-1} + x^2$.

为使计算更为简便,下面引进微分算子算法. 令 $D = d/dt$, 称它为一个微分算子. 约定

$$Dy = \frac{dy}{dt}, \quad D^i y = \frac{d^i y}{dt^i}, \quad D^0 y = y.$$

若 $P(\lambda) = \sum_{i=0}^{n} a_i \lambda^i$ 是一多项式,则规定

$$P(D) = \sum_{i=0}^{n} a_i D^i, \quad P(D) y = \sum_{i=0}^{n} a_i \frac{d^i y}{dt^i}.$$

利用以上记号,在代换 $x = e^t$ 下有:

$$xy' = Dy;$$
$$x^2 y'' = D^2 y - Dy = D(D-1)y;$$
$$\vdots \qquad \vdots$$
$$x^k y^{(k)} = D(D-1)\cdots(D-k+1)y \quad (1 \leq k \leq n).$$

将以上结果代入方程(15),可直接得出变换后的方程. 下面用例子说明.

例 10 求方程 $x^3 y''' + x^2 y'' - 4xy' = 3x^2$ 的通解.

解 令 $x = e^t$, 采用算子记号 D, 原方程化为

$$[D(D-1)(D-2) + D(D-1) - 4D] y = 3e^{2t}.$$

就像 D 是普通变元一样展开 $D(D-1), D(D-1)(D-2)$, 得

$$(D^3 - 2D^2 - 3D) y = 3e^{2t}.$$

还原成通常的写法就是

$$\frac{d^3 y}{dt^3} - 2\frac{d^2 y}{dt^2} - 3\frac{dy}{dt} = 3e^{2t}.$$

用前两小节的方法求出此方程的通解为

$$y = C_1 + C_2 e^{3t} + C_3 e^{-t} - \frac{1}{2} e^{2t};$$

然后以 $t = \ln x$ 代回,即得原方程的通解

$$y = C_1 + C_2 x^3 + (C_3/x) - (x^2/2).$$

习题 7.4

1. 求下列微分方程的通解（x 为自变量）：
   (1) $y''-9y=0$；
   (2) $y''-4y'=0$；
   (3) $y''-2y'-y=0$；
   (4) $y''+y'+y=0$；
   (5) $y''+ay=0$（a 为实常数）；
   (6) $y''+2\lambda y'+y=0$（λ 为实常数）；
   (7) $y^{(4)}-y=0$；
   (8) $y'''+y'=0$；
   (9) $y^{(4)}+2y''+y=0$；
   (10) $y^{(4)}+2y'''-3y''-4y'+4y=0$；
   (11) $y'''-3ay''+3a^2y'-a^3y=0$（a 为实常数）；
   (12) $y^{(4)}-2y'''+2y''-2y'+y=0$.

2. 求下列初值问题的解：
   (1) $y''-4y'+3y=0, y(0)=6, y'(0)=10$；
   (2) $4y''+4y'+y=0, y(0)=2, y'(0)=0$；
   (3) $y''-2y'+y=0, y(2)=0, y'(2)=-2$；
   (4) $y''+2y'+10y=0, y(0)=1, y'(0)=2$；
   (5) $\dfrac{d^4x}{dt^4}+2\dfrac{d^2x}{dt^2}+x=0, x(0)=1, x'(0)=x''(0)=x'''(0)=0$.

3. 方程 $y''+9y=0$ 的一条积分曲线通过 $(\pi,-1)$ 且在该点和直线 $y+1=x-\pi$ 相切，求这条积分曲线.

4. 求下列微分方程的通解：
   (1) $y''-4y'+3y=6$；
   (2) $y''-4y'+4y=x$；
   (3) $y''-y'=x^2$；
   (4) $y''+y=\sin x$；
   (5) $y''-7y'+6y=\sin x$；
   (6) $y''-4y'+4y=3+e^{-2x}$；
   (7) $y''+y=\cos 2x \cos x$；
   (8) $y''+y'+y=\sin^2 x$.

5. 写出下列方程含待定系数的特解（无需求出系数）：
   (1) $y''-2y'+2y=e^x+x\cos x$；
   (2) $y''-8y'+20y=5xe^{4x}\sin 2x$；
   (3) $y''-2y'+y=e^x(2x+\sin 2x)$；
   (4) $y''-9y=e^{3x}(x^2+\sin 3x)$；
   (5) $y'''+y'=\sin x+x\cos x$；
   (6) $y''-3y'+2y=2^x$.

6. 求下列方程满足给定初值条件的特解：
   (1) $y''+y'-2y=2x, y(0)=0, y'(0)=1$；
   (2) $y''+9y=\cos x, y(\pi/2)=y'(\pi/2)=0$；
   (3) $y''+2y'+2y=xe^{-x}, y(0)=0, y'(0)=0$；

(4) $y''-2y'+2y=4e^x\cos x, y(\pi)=0, y'(\pi)=-2\pi e^\pi$.

7. 用常数变易法求下列方程的通解:

(1) $y''-2y'+y=e^x/x$; (2) $y''+3y'+2y=1/(e^x+1)$;

(3) $y''+y=1/\sin x$; (4) $y''+2y'+y=3e^{-x}\sqrt{x+1}$.

8. 求下列方程的通解:

(1) $x^2y''+3xy'+y=0$; (2) $xy''+y'=a$;

(3) $x^2y''-4xy'+6y=x$; (4) $y''-\dfrac{y'}{x}+\dfrac{y}{x^2}=\dfrac{2}{x}$;

(5) $x^2y''-xy'+4y=x\sin(\ln x)$;

(6) $x^3y'''+3x^2y''-2xy'+2y=0$.

9. 一单摆长为 l, 质量为 m, 做单摆运动, 已知物体做单摆运动的力为重力沿切线方向的分力, 假定其摆动的偏角很小(即 $\sin\theta\approx\theta$), 试求其运动方程, 并求出其周期.

10. 设弹簧的上端固定, 有两个质量为 m 的重物挂在弹簧的下端, 使弹簧伸长 $2a$, 今突然取去一重物, 弹簧由静止状态开始振动, 求余下重物的运动规律.

11. 长为 6 m 的均匀链条, 放置在水平而无摩擦力的高台上, 使链条在台边悬下部分为 1 m, 问需多少时间链条全部滑过台面?

12. 一链条挂在一个无摩擦的钉子上, 设运动开始时链条一边下垂 10 m, 另一边下垂 8 m, 问整个链条滑过钉子需多少时间?

13. 设直径 0.5 m 的圆柱形浮筒垂直放在水中, 向下压后突然放开, 浮筒上、下振动的周期为 2 s, 求浮筒的质量.

§7.5 微分方程组

在微分方程的理论与应用中, 经常需要处理含多个未知函数与方程的微分方程组(通常方程个数等于未知函数的个数). 只有对某些特殊类型的微分方程组, 才有可行的解法. 下面仅介绍常系数线性微分方程组.

为叙述简明起见, 仅考虑含两个未知函数 $x(t)$ 与 $y(t)$ 的线性微分方程组:

$$\begin{cases} a_0x^{(n)}+a_1x^{(n-1)}+\cdots+a_nx+b_0y^{(m)}+b_1y^{(m-1)}+\cdots+b_my=f(t),\\ c_0x^{(n)}+c_1x^{(n-1)}+\cdots+c_nx+d_0y^{(m)}+d_1y^{(m-1)}+\cdots+d_my=g(t), \end{cases}$$

其中系数 $a_i, c_i, b_j, d_j (0\leq i\leq n, 0\leq j\leq m)$ 为常数. 如同在 7.4.3 中一样, 令 $D=d/dt$, 将上述方程组缩写成

$$\begin{cases} P(D)x+Q(D)y=f(t),\\ R(D)x+S(D)y=g(t), \end{cases} \tag{1}$$

其中 $P(D)=a_0D^n+a_1D^{n-1}+\cdots+a_n; Q(D), R(D), S(D)$ 仿此.

如所熟知, 消元法是解代数方程组的基本方法. 今对方程组(1)施行类似的

消元法,即消去其中某个未知函数(例如 y),得到仅含一个未知函数(例如 x)的常系数线性微分方程,然后用上节的方法解此方程.下面用例子作具体说明.

例 1 求方程组 $\begin{cases} x'-y'+x=-t, \\ x''-y'+3x-y=\mathrm{e}^{2t} \end{cases}$ 的通解.

解 利用记号 $D=\mathrm{d}/\mathrm{d}t$ 将方程组改写成

$$\begin{cases} (D+1)x-Dy=-t, \\ (D^2+3)x-(D+1)y=\mathrm{e}^{2t}. \end{cases}$$

为消去 y,第一个方程两边"左乘"$D+1$(注意,对任何可微函数 $z(t)$,以 $D+1$"左乘"z,意味着将 z 变为 $Dz+z$,即 $z'+z$),第二个方程两边"左乘"D,得到

$$\begin{cases} (D+1)^2 x-D(D+1)y=-t-1, \\ D(D^2+3)x-D(D+1)y=2\mathrm{e}^{2t}. \end{cases}$$

然后从上式第二个方程减去第一个方程得到:

$$(D^3-D^2+D-1)x=2\mathrm{e}^{2t}+t+1,$$

写成通常的形式,就是

$$x'''-x''+x'-x=2\mathrm{e}^{2t}+t+1.$$

用上节的方法解此方程,得通解

$$x=C_1\mathrm{e}^t+C_2\cos t+C_3\sin t+\frac{2}{5}\mathrm{e}^{2t}-t-2.$$

原方程组的第一个方程减去第二个方程得

$$x'-2x-x''+y=-t-\mathrm{e}^{2t},$$

即

$$y=x''-x'+2x-t-\mathrm{e}^{2t}.$$

以已求得的 x 的通解代入上式,得

$$y=2C_1\mathrm{e}^t+(C_2-C_3)\cos t+(C_2+C_3)\sin t+\frac{3}{5}\mathrm{e}^{2t}-3t-3.$$

若将上面所用的消元法按以下格式在一个"矩阵"上进行,会更加方便:

$$\begin{bmatrix} D+1 & -D & -t \\ D^2+3 & -D-1 & \mathrm{e}^{2t} \end{bmatrix}$$

$\xrightarrow[\text{去第一行}]{\text{第二行减}} \begin{bmatrix} D+1 & -D & -t \\ D^2-D+2 & -1 & \mathrm{e}^{2t}+t \end{bmatrix}$

$\xrightarrow[-D\text{ 加到第一行}]{\text{第二行左乘}} \begin{bmatrix} -D^3+D^2-D+1 & 0 & -2\mathrm{e}^{2t}-t-1 \\ D^2-D+2 & -1 & \mathrm{e}^{2t}+t \end{bmatrix}.$

将所得结果改写成通常的形式就是：
$$\begin{cases} x'''-x''+x'-x = 2\mathrm{e}^{2t}+t+1, \\ y = x''-x'+2x-\mathrm{e}^{2t}-t, \end{cases}$$
这正好与前面所得到的结果一致.

例 2 解方程组 $\begin{cases} x''+y''+x'+x+y = \mathrm{e}^t, \\ x''+y''+x' = \mathrm{e}^{-t}. \end{cases}$

解 首先将方程组改写成
$$\begin{cases} (D^2+D+1)x+(D^2+1)y = \mathrm{e}^t, \\ (D^2+D)x+D^2 y = \mathrm{e}^{-t}. \end{cases}$$

然后进行消元：
$$\begin{bmatrix} D^2+D+1 & D^2+1 & \mathrm{e}^t \\ D^2+D & D^2 & \mathrm{e}^{-t} \end{bmatrix}$$

$\xrightarrow[\text{去第二行}]{\text{第一行减}}$ $\begin{bmatrix} 1 & 1 & \mathrm{e}^t-\mathrm{e}^{-t} \\ D^2+D & D^2 & \mathrm{e}^{-t} \end{bmatrix}$

$\xrightarrow[\text{加到第二行}]{\text{第一行左乘}-D^2}$ $\begin{bmatrix} 1 & 1 & \mathrm{e}^t-\mathrm{e}^{-t} \\ D & 0 & 2\mathrm{e}^{-t}-\mathrm{e}^t \end{bmatrix},$

这就得到
$$\begin{cases} x+y = \mathrm{e}^t-\mathrm{e}^{-t}, \\ x' = 2\mathrm{e}^{-t}-\mathrm{e}^t. \end{cases}$$

由此直接得出原方程组的通解
$$x = -2\mathrm{e}^{-t}-\mathrm{e}^t+C, \quad y = \mathrm{e}^{-t}+2\mathrm{e}^t-C.$$

对于含三个或三个以上未知函数的方程组的消元法，可依类似的方式进行. 看一个例子.

例 3 解方程组
$$\begin{cases} x'-x+y'+2y = 1+\mathrm{e}^t, \\ y'+2y+z'+z = 2+\mathrm{e}^t, \\ x'-x+z'+z = 3+\mathrm{e}^t. \end{cases}$$

解 在算子符号下，方程组可写成：
$$\begin{cases} (D-1)x+(D+2)y & = 1+\mathrm{e}^t, \\ (D+2)y+(D+1)z = 2+\mathrm{e}^t, \\ (D-1)x \quad\quad\quad +(D+1)z = 3+\mathrm{e}^t. \end{cases}$$

依以下方式进行消元：

$$\begin{bmatrix} D-1 & D+2 & 0 & 1+e^t \\ 0 & D+2 & D+1 & 2+e^t \\ D-1 & 0 & D+1 & 3+e^t \end{bmatrix}$$

$\xrightarrow{\text{第三行减去第一行、加上第二行再除以 2}}$ $\begin{bmatrix} D-1 & D+2 & 0 & 1+e^t \\ 0 & D+2 & D+1 & 2+e^t \\ 0 & 0 & D+1 & 2+\dfrac{e^t}{2} \end{bmatrix}$

$\xrightarrow{\text{第二行减去第三行,然后第一行减去第二行}}$ $\begin{bmatrix} D-1 & 0 & 0 & 1+\dfrac{e^t}{2} \\ 0 & D+2 & 0 & \dfrac{e^t}{2} \\ 0 & 0 & D+1 & 2+\dfrac{e^t}{2} \end{bmatrix},$

这就得到

$$\begin{cases} x'-x = 1+\dfrac{e^t}{2}, \\ y'+2y = \dfrac{e^t}{2}, \\ z'+z = 2+\dfrac{e^t}{2}. \end{cases}$$

利用 §7.2 公式(8),得出通解: $x = \left(C_1 + \dfrac{t}{2}\right)e^t - 1$, $y = C_2 e^{-2t} + \dfrac{1}{6}e^t$, $z = C_3 e^{-t} + \dfrac{1}{4}e^t + 2$.

习题 7.5

解下列常系数线性微分方程组:

1. $\begin{cases} \dfrac{dx}{dt} = 3x-2y, \\ \dfrac{dy}{dt} = 2x-y. \end{cases}$
2. $\begin{cases} \dfrac{dx}{dt} = -5x-y, \\ \dfrac{dy}{dt} = 2x-3y. \end{cases}$

3. $\begin{cases} \dfrac{dx}{dt} = 3x - 2y, \\ \dfrac{dy}{dt} = 2x - 2y + 2e^t. \end{cases}$

4. $\begin{cases} \dfrac{dx}{dt} + y - 2x = 6e^{-t}, \\ \dfrac{d^2 x}{dt^2} + \dfrac{d^2 y}{dt^2} - 2\dfrac{dx}{dt} = 0. \end{cases}$

5. $\begin{cases} \dfrac{dx}{dt} - y = \cos t, \\ \dfrac{dy}{dt} + x = \sin t. \end{cases}$

6. $\begin{cases} \dfrac{dx}{dt} - y + 7x = 0, \\ \dfrac{dy}{dt} + 2x + 5y = 0, \\ x(0) = y(0) = 1. \end{cases}$

部分习题参考答案

第 一 章

习 题 1.1

1. (1) $(-3,3)$; (2) $(-2,2) \cup (2,6)$;
   (3) $(-\infty, -3] \cup [1, +\infty)$; (4) $(-1,0) \cup (2,3)$;
   (5) $(-1,0)$; (6) $(0, +\infty)$.

2. (1) $D = \{x \mid 4k^2\pi^2 \leq x \leq (2k+1)^2\pi^2, k=0,1,2,\cdots,\}, W = [0,1]$;
   (2) $D = \{1\}, W = \{1\}$.

3. (1) 奇函数; (2) 奇函数;
   (3) 偶函数; (4) $(-1,1)$ 上的奇函数.

5. 奇函数.

6. (2) 以 π 为周期的周期函数; (4) 以 1 为周期的周期函数.

8. (1) 无单调性; (2) 单调减.

9. (1),(2),(3) 有界;(4) 无界.

习 题 1.2

1. (1) $y = 3^u, u = 2v, v = \sin x$;
   (2) $y = 3^u, u = \sin v, v = 2x$;
   (3) $y = \tan u, u = \lg v, v = 2x$;
   (4) $y = u^2, u = \arccos v, v = 2^x$.

2. $\operatorname{sgn}(x-1) = \begin{cases} 1, & x > 1, \\ 0, & x = 1, \\ -1, & x < 1. \end{cases}$, $\operatorname{sgn}(x^2-1) = \begin{cases} 1, & |x| > 1, \\ 0, & |x| = 1, \\ -1, & |x| < 1. \end{cases}$

3. $\varphi(x) = \begin{cases} (x-1)^2, & 1 \leq x \leq 2, \\ 2(x-1), & 2 < x \leq 3. \end{cases}$

4. $f(f(x)) = 1 - 1/x, f(f(f(x))) = x$.

5. $2, 1 + \pi^2/4, \sqrt{2}/2$.

6. $f(f(x)) = \begin{cases} 2+x, & x < -1, \\ 1, & x \geq -1. \end{cases}$

7. $f(x) = x^2 - 2$.

8. (1) $x = -\log_2(y-1)$; (2) $x = 10^{y-1} - 2$;

   (3) $x = \begin{cases} y, & y \in [0,1] \text{为有理数}, \\ 1-y, & y \in [0,1] \text{为无理数}. \end{cases}$

9. $s = 2(x + a/x), 0 < x < +\infty$.

10. $Q(P) = 10 + 5 \times 2^P$.

11. $y = \begin{cases} 130x, & 0 \leqslant x \leqslant 700, \\ 117x + 9\ 100, & 700 < x \leqslant 1\ 000. \end{cases}$

14. $f(x) = \dfrac{1-5x}{3}$.

15. $x \leqslant -1$ 或 $x \geqslant 2$ 均满足方程.

第 二 章

习 题 2.1

2. (1) $\dfrac{1}{2}, \dfrac{1}{11}, \dfrac{1}{101}, \dfrac{1}{n+1}$; (2) $N = 10^4 - 1$;

   (3) $N = \max\left(1, \left[\dfrac{1}{\varepsilon}\right] - 1\right)$;

3. (1)—(3) 可; (4) 否.

5. (1) 1; (2) 0; (3) 1/2; (4) 1/2; (5) 1/2.

6. (1) 1; (2) b.

7. (1) $(1+\sqrt{5})/2$; (2) 2.

8. (1) e^2; (2) e;

9. 当 $a > 1$ 时极限为 1, 当 $0 \leqslant a < 1$ 时极限为 0, 当 $a = 1$ 时极限为 1/2.

习 题 2.2

3. (1) 0;   (2) 1/2;   (3) $mn(n-m)/2$;
   (4) $n(n+1)/2$; (5) 9;   (6) 1/2;
   (7) $2\cos\alpha$; (8) $-1/\sqrt{2}$; (9) 2/3;
   (10) 0;   (11) e^{-2};   (12) e^3.

4. (1) $a = 1, b = -3/2$; (2) $a = -2, b = 1$;

6. $a = 1/2e$ 时, 收敛, 极限为 e; $a \neq 1/2e$ 时, 发散.

习 题 2.3

1. (1) 等价; (2) 高阶; (3) 低阶; (4) 同阶.

2. (1) $2x^2$; (2) $x^{3/2}/2$; (3) $x^3/2$;
(4) $\sqrt{3}x$; (5) $-x^2/6$.

3. (1) 0; (2) $0(m<n)$ 或 $1(m=n)$ 或 $\infty(m>n)$;
(3) 1/2; (4) 0; (5) 4.

4. (1) $+\infty$; (2) $-\infty$; (3) $+\infty$; (4) $+\infty$; (5) $-\infty$.

习 题 2.4

1. (1) $(-\infty,-1)\cup(-1,0)\cup(0,2)\cup(2,+\infty)$;
(2) $(-\infty,0)\cup(0,1)\cup(1,+\infty)$; (3) $(-\infty,0)\cup(0,+\infty)$.

2. (1) $x=0$ 为可去间断点;
(2) $x=0, x=1$ 为第一类间断点,$x=-1$ 为第二类间断点;
(3) $x=-1$ 为第一类间断点,$x=0$ 为第二类间断点;
(4) $x=0$ 为第二类间断点.

3. (1) 3/4; (2) 1.

4. (1) $1+\ln 2$; (2) $1/\sqrt{2a}$; (3) $\cos 2$; (4) $1/a$;
(5) $a^r \ln a$; (6) $-\ln 2$; (7) e^3; (8) $e^{2/\pi}$.

第 三 章

习 题 3.1

1. (1) 1/2; (2) 1.

2. (1) $\dfrac{2}{3}\pi rh$; (2) $\dfrac{1}{3}\pi r^2$; (3) $\dfrac{3}{\pi r^2}$.

3. (1) -2; (2) 2.

4. $(\alpha+\beta)f'(x)$.

6. 0.

7. $a=2, b=-2$.

8. (1) 切线 $3x-y-7=0$,法线 $x+3y-9=0$;
(2) $(0,2)$ 与 $(2,2/3)$; (3) $(1,4/3)$.

10. (1) $x-2y+3=0$; (2) $x+2y+11=0$; (3) $y=-x$.

习 题 3.2

1. (1) $\dfrac{6x(x^2+1)^2(1-x)}{(x^3+1)^3}$; (2) $3\sin t\cos t(\sin t-\cos t)$;
(3) $\dfrac{1-x^2}{(x^2+1)^2}$; (4) $\dfrac{1-\cos x-x\sin x}{(1-\cos x)^2}$;

(5) $\tan x + x\sec^2 x + \csc^2 x$;　(6) $-\dfrac{1}{2}x^{-3/2}(1+5x^3)$;

(7) $\dfrac{-6x^2}{(x^3-1)^2}$;　(8) $\ln x + 1$;

(9) $\dfrac{1+2x+3x^2-2x^3-x^4}{(x^3+1)^2}$;　(10) $\dfrac{5}{2}x^{3/2}-\dfrac{x\sin x+\cos x}{x^2}$;

(11) $x^{-n-1}(1-n\ln x)$;　(12) $1/(1+\cos t)$;

(13) $\sin x \ln x + x\cos x \ln x + \sin x$;

(14) $\dfrac{-2}{x(1+\ln x)^2}$.

3. $f'(1) = 2c$.

4. (1) $-2, 1$; (2) $-4, 3$.

5. $(1, 0)$ 与 $(-1, -4)$.

6. (1) $-\cos(\cos x)\sin x$;

(2) $\dfrac{1}{2\sqrt{x+\sqrt{x+\sqrt{x}}}}\left[1+\dfrac{1}{2\sqrt{x+\sqrt{x}}}\left(1+\dfrac{1}{2\sqrt{x}}\right)\right]$;

(3) $\dfrac{1}{2\sqrt{v+\sqrt{v}}}\left(1+\dfrac{1}{2\sqrt{v}}\right)$;

(4) $\dfrac{2x\arctan x^2 - \dfrac{2x^3}{1+x^4}}{(\arctan x^2)^2}$;

(5) $\dfrac{\cos(\tan x)}{4\cos^2 x \sqrt[4]{\sin^3(\tan x)}}$;

(6) $\sin 2x \sin(x^2) + 2x\sin^2 x \cos(x^2)$;

(7) $\dfrac{2^{x/\ln x}\ln 2(\ln x - 1)}{\ln^2 x}$;

(8) $-\dfrac{2x}{3}(1+x^2)^{-4/3}$;

(9) $\dfrac{1}{x \ln x \ln(\ln x)}$;

(10) $\dfrac{\sin 2x\cos(x^2) + 2x(1+\sin^2 x)\sin(x^2)}{\cos^2(x^2)}$.

7. $y' = 2/(e^{4x}+1)$, $y'(0) = 1$.

8. $f'(x) = \dfrac{c(a+bx^2)}{(b^2-a^2)x^2}$.

9. $g'(x) = 6x^5$, $f'(x^2) = 3x^4$.

10. 0.

11. (1) $x^{\left(\frac{1}{x}-2\right)}(1-\ln x)$;

(2) $(\sin x)^{\cos x}\left[\dfrac{\cos^2 x}{\sin x}-\sin x \ln(\sin x)\right]+(\cos x)^{\sin x}\left[\cos x \ln(\cos x)-\dfrac{\sin^2 x}{\cos x}\right]$;

(3) $(1+x^2)^{\sin x}\left[\cos x \ln(1+x^2)+\dfrac{2x \sin x}{1+x^2}\right]$;

(4) $\dfrac{\cos x}{2\sqrt{\sin x(1-\sin x)}}$;

(5) $2^x \ln 2 \cdot \cos(2^x)$;

(6) $\dfrac{1-x}{1+x}e^{\sqrt{x}}\left(\dfrac{1}{2\sqrt{x}}-\dfrac{1}{1+x}-\dfrac{1}{1-x}\right)$.

12. (1) $\dfrac{ah}{h^2+a^2 t^2}$ rad/s; (2) 23.5 m/s.

习 题 3.3

1. (1) $2\tan x \sec^2 x \, dx$; (2) $\dfrac{5^{\ln \tan x} \ln 5}{\sin x \cos x} dx$;

(3) $-\ln 2 \cdot 2^{-1/\cos x} \cdot \dfrac{\sin x}{\cos^2 x} dx$; (4) $-2x \sin(x^2) dx$;

(5) $5x^{5x}(\ln x + 1) dx$; (6) $\dfrac{e^x}{1+e^{2x}} dx$.

2. (1) 0.795 4; (2) 0.770 4;

(3) 1.007; (4) −0.874 7;

(5) 0.484 8.

3. 139.85 g.

习 题 3.4

1. (1) −1; (2) 0; (3) −3;

(4) $3(y^2+1)/(\cos y - 6xy)$;

(5) $-\dfrac{1}{7x^{6/7} \sin y \cos(\cos y)}$.

2. $\left(2-\ln\dfrac{\pi}{4}\right)\Big/2$.

3. (1) $\dfrac{t}{2}$; (2) −1;

(3) $\cot\dfrac{t}{2}$; (4) $\sqrt{3}-2$.

习 题 3.5

1. (1) $-\dfrac{2(1+x^2)}{(1-x^2)^2}$;   (2) $-\dfrac{1+\ln x}{x^2\ln^2 x}$;

   (3) $4\cos 2x$;   (4) $2xe^{x^2}(3+2x^2)$;

   (5) $x^x(\ln x+1)^2+x^{x-1}$;   (6) $f''(e^x)e^{2x}+e^x f'(e^x)$.

2. (1) $-\dfrac{b^4}{a^2 y^3}$;   (2) $\dfrac{2xy+2ye^y-y^2 e^y}{(x+e^y)^3}$.

3. (1) $-\dfrac{b}{a^2\sin^3\theta}$;   (2) $\dfrac{1}{3a\cos^4\theta\sin\theta}$;

   (3) $\dfrac{\varphi'(t)\psi''(t)-\varphi''(t)\psi'(t)}{[\varphi'(t)]^3}$.

4. (1) $f'(x)=1-\dfrac{1}{(x-1)^2}$, $f^{(n)}(x)=\dfrac{(-1)^n n!}{(x-1)^{n+1}}$ $(n\geqslant 2)$;

   (2) $(-1)^n n! \ [(x-1)^{-(n+1)}-(x+1)^{-(n+1)}]/2$;

   (3) $(-1)^n n! \ 2(1+x)^{-n-1}$;   (4) $-2^{n-1}\cos\left(2x+\dfrac{n\pi}{2}\right)$;

   (5) $e^x(x+n)$.

7. $a=1/2, b=1, c=1$.

第 四 章

习 题 4.1

1. $\sqrt[3]{15/4}$.   2. $\sqrt{5/2}$.   6. $(a+b)/2$.

习 题 4.2

1. $4/9$.   2. 1.

3. $\dfrac{m}{n}a^{m-n}$.   4. 2.

5. 0.   6. $-\infty$.

7. -2.   8. $-1/8$.

9. $2/\pi$.   10. $\cos a$.

11. 1.   12. $1/2$.

13. $1/2$.   14. $-1/2$.

15. $+\infty$.   16. $e^{-1/6}$.

17. 1.   18. 1.

19. 1.   20. $e^{-2/\pi}$.

21. 0.   22. 0.
23. 1.

习 题 4.3

1. （1） $1-2x+2^2x^2+\cdots+(-1)^n 2^n x^n$；

   （2） $-2x-\dfrac{2^2}{2}x^2-\cdots-\dfrac{2^n}{n}x^n$；

   （3） $1+2x+\dfrac{2^2}{2!}x^2+\cdots+\dfrac{2^n}{n!}x^n$.

2. $-56+21(x-4)+37(x-4)^2+11(x-4)^3+(x-4)^4$.

3. $xe^x = x+x^2+\dfrac{x^3}{2!}+\cdots+\dfrac{x^n}{(n-1)!}+\dfrac{e^{\theta x}[n+1+\theta x]}{(n+1)!}x^{n+1}$ $(0<\theta<1)$.

4. $y = 1+\dfrac{x^2}{2!}+\dfrac{x^4}{4!}+\cdots+\dfrac{x^{2n}}{(2n)!}+\dfrac{\sinh\theta x}{(2n+1)!}x^{2n+1}$ $(0<\theta<1)$.

5. 3.107 2.

6. 0.182 3.

7. （1） 1/3；（2） 1/2.

习 题 4.4

1. （1） 在 $(-\infty,1/2)$ 内单调增，在 $(1/2,+\infty)$ 内单调减；

   （2） 在 $(-\infty,-1)$ 与 $(1,+\infty)$ 内单调减，在 $(-1,1)$ 内单调增；

   （3） 在 $(-\infty,+\infty)$ 内单调增；

   （4） 在 $(0,1)$ 与 $(1,e)$ 内单调减，在 $(e,+\infty)$ 内单调增.

4. （1） 在 $(-\infty,5/3)$ 内凸，在 $(5/3,+\infty)$ 内凹，拐点是 $(5/3,-250/27)$；

   （2） 在 $(-\infty,+\infty)$ 内凹，无拐点；

   （3） 在 $(0,1)$ 内凸，在 $(1,+\infty)$ 内凹，拐点为 $(1,-7)$.

5. （1） $x=0, y=0$；（2） $x=1, y=x+5$.

7. （1） $\dfrac{3\sqrt{10}}{50}$；（2） 1.

8. $\dfrac{13\sqrt{13}}{8}$.

9. $\left(\dfrac{\sqrt{2}}{2}, -\dfrac{\ln 2}{2}\right), \dfrac{3\sqrt{3}}{2}$.

10. $(x-3)^2+(y+2)^2=8$.

习 题 4.5

1. 在 $x=\sqrt{3}$ 处取得极小值 $\sqrt{3}/4$，在 $x=-\sqrt{3}$ 处取得极大值 $-\sqrt{3}/4$.

2. $a=-9/2, b=6$.

3. 当 $c>0$ 时，$f(x)$ 在 $x=a$ 处取得极小值；当 $c<0$ 时，$f(x)$ 在 $x=a$ 处取得极大值.

5. $\sqrt[3]{3}$.

6. 当 n 为偶数时，无极值；当 n 为奇数时，在 $x=0$ 处有极大值 1.

7. (1) $M_n = \left(\dfrac{n}{n+1}\right)^{n+1}$；　　(2) $1/e$.

10. $2\sqrt{2}$ m.

11. $\sqrt{2}\,r$.

12. 底边为 $l/2$，腰长为 $3l/4$.

13. 长为 $\sqrt{2}R$，宽为 $R/\sqrt{2}$.

14. 沿 AB 方向水平掘进 $1\,550/3$ m. 然后沿直线掘进到 C 点费用最省，最省费用为 $5\,400$ 元.

15. 一年内分 10 批生产才能使生产准备费与库存费之和最少.

第 五 章

习 题 5.1

1. $\arcsin x + \pi$.

2. (1) 否；　　(2) 是；　　(3) 是；　　(4) 否.

3. (1) 否；　　(2) 是；　　(3) 是；　　(4) 否.

习 题 5.2

1. (1) $a^x/\ln a + x^{a+1}/(a+1) + C$；

 (2) $-\dfrac{2}{3}x^{-3/2} - e^x - x^{-2} + C$；

 (3) $2x - \dfrac{5}{\ln 2 - \ln 3}\left(\dfrac{2}{3}\right)^x + C$；

 (4) $-\cot x - \tan x + C$；

 (5) $\sin x - 2\arctan x + \dfrac{1}{4}\arcsin x + C$.

2. (1) $v = 4t^3 + 3\cos t + 2$；

 (2) $s = t^4 + 3\sin t + 2t - 3$.

3. (1) $-\dfrac{2}{5}\sqrt{2-5x} + C$；　　(2) $-\dfrac{1}{\ln x} + C$；

 (3) $\dfrac{\sqrt{3}}{3}\arcsin\sqrt{3}\,x + C$；　　(4) $e^{e^x} + C$；

 (5) $\tan x + \sec x + C$；　　(6) $\ln\ln\ln x + C$；

 (7) $-2\cos\sqrt{x} + C$；　　(8) $\dfrac{\sqrt{2}}{16}\ln\left|\dfrac{x^4-\sqrt{2}}{x^4+\sqrt{2}}\right| + C$；

(9) $-\frac{1}{2}\ln^2\frac{x+1}{x}+C$;　　(10) $-\frac{1}{5}e^{3-5x}+C$.

4. $-\arcsin\frac{1}{|x|}+C$　($|x|>1$).

5. (1) $\frac{1}{12}(1-x)^{12}-\frac{1}{11}(1-x)^{11}+C$;

(2) $-\frac{3}{4}(1-x)^{4/3}+\frac{6}{7}(1-x)^{7/3}-\frac{3}{10}(1-x)^{10/3}+C$;

(3) $\sqrt{x^2-a^2}-a\arccos\frac{a}{x}+C$;

(4) $\frac{1}{a}\ln\left|\frac{a-\sqrt{a^2-x^2}}{x}\right|+C$;

(5) $-\frac{4}{9}\sqrt{2-3x}+\frac{2}{27}\sqrt{(2-3x)^3}+C$;

(6) $-\frac{1}{7x^7}+\frac{1}{5x^5}-\frac{1}{3x^3}+\frac{1}{x}-\arctan\frac{1}{x}+C$;

(7) $\frac{1}{2}x\sqrt{x^2+a^2}-\frac{a^2}{2}\ln|x+\sqrt{x^2+a^2}|+C$;

(8) $\frac{1}{4}\ln(1+x^4)+\frac{1}{4(1+x^4)}+C$.

6. (1) $-x^2\cos x+2x\sin x+2\cos x+C$;

(2) $\frac{x^3}{3}\ln x-\frac{1}{9}x^3+C$;

(3) $-\frac{1}{x}\arcsin x+\ln\left|\frac{1-\sqrt{1-x^2}}{x}\right|+C$;

(4) $e^x\left(1-\frac{4}{x}\right)+C$;

(5) $\frac{x}{2}[\cos(\ln x)+\sin(\ln x)]+C$;

(6) $-\frac{1}{4}x\cos 2x+\frac{1}{8}\sin 2x+C$;

(7) $x\arctan\sqrt{x}-\sqrt{x}+\arctan\sqrt{x}+C$;

(8) $-\frac{x}{2(1+x^2)}+\frac{1}{2}\arctan x+C$;

(9) $-2\sqrt{1-x}\arcsin x+4\sqrt{1+x}+C$;

(10) $e^x\tan\frac{x}{2}+C$.

7. $I_n=\frac{1}{n-1}\tan^{n-1}x-I_{n-2}$ ($n\geq 2$).

8. $\cos x - \dfrac{2}{x}\sin x + C$.

习 题 5.3

1. (1) $\dfrac{1}{4}\ln\left|\dfrac{x-1}{x+3}\right| + C$;

   (2) $\dfrac{1}{6}\ln\dfrac{(x+1)^2}{x^2-x+1} + \dfrac{1}{\sqrt{3}}\arctan\dfrac{2x-1}{\sqrt{3}} + C$;

   (3) $\dfrac{1}{8}\ln\dfrac{x^8}{1+x^8} + C$;

   (4) $\dfrac{1}{x+1} + \ln\left|\dfrac{x}{x+1}\right| + C$;

   (5) $\ln\dfrac{x^2+4}{(x+1)^2} + \dfrac{1}{2}\arctan\dfrac{x}{2} + C$;

   (6) $\dfrac{1}{2}\ln\left|\dfrac{x-4}{x-2}\right| + \dfrac{1}{x-3} + C$;

   (7) $\dfrac{x^n}{n} - \dfrac{1}{n}\ln|1+x^n| + C$.

2. (1) $-\dfrac{\cos^5 x}{5} + \dfrac{\cos^7 x}{7} + C$;

   (2) $-\dfrac{\sin 4x}{8} + \dfrac{\sin 2x}{4} + C$;

   (3) $\dfrac{1}{2}\ln|\sin x + \cos x| + \dfrac{x}{2} + C$;

   (4) $x - \tan\dfrac{x}{2} + C$;

   (5) $\dfrac{1}{3}\ln\left|\dfrac{\left(\tan\dfrac{x}{2} - 2\right)}{\left(2\tan\dfrac{x}{2} - 1\right)}\right| + C$;

   (6) $\dfrac{2}{3}\tan^3 x + \tan x + C$.

3. (1) $2\sqrt{x-2} + \sqrt{2}\arctan\sqrt{\dfrac{x-2}{2}} + C$;

   (2) $\ln\left|\dfrac{x}{1+\sqrt{1-x^2}}\right| + 2\arctan\sqrt{\dfrac{1+x}{1-x}} + C$;

   (3) $\dfrac{3}{8}\left(\dfrac{2+x}{2-x}\right)^{2/3} + C$;

   (4) $\dfrac{2}{(1+\sqrt[4]{x})^2} - \dfrac{4}{1+\sqrt[4]{x}} + C$;

(5) $\dfrac{x^2}{2}+\dfrac{x}{2}\sqrt{x^2-1}-\dfrac{1}{2}\ln|x+\sqrt{x^2-1}|+C$;

(6) $-\dfrac{1}{\sqrt{2x+x^2}}+C$.

4. (1) $x\arctan x-\dfrac{(\arctan x)^2}{2}-\ln\sqrt{1+x^2}+C$;

(2) $\dfrac{4(3e^x-4)}{21}\sqrt[4]{(1+e^x)^3}+C$;

(3) $-\dfrac{1}{4}\ln\left|\tan\dfrac{x}{2}\right|+\dfrac{1}{8}\cot^2\dfrac{x}{2}+C$.

第 六 章

习 题 6.1

1. (1) -16；　　　　　(2) $1/3$.
3. $3/2$.
4. (1) $>$；　　(2) $>$；　　(3) $<$；　　(4) $>$.

习 题 6.2

1. (1) $(1+x^3)^{-10}$；　　　　(2) $-t\sin t$；

(3) $\dfrac{1}{2}\sin 2y\sin^2(\sin y)-4y\sin^2 2y$；

(4) $(2x-1)\sin(x^2-x)+\sin(1-x)$.

2. F 有极小值 $F(0)=0$.
8. $1/3$.
9. 0.
10. $a=4$, $b=1$.
11. $2/3$.
12. $\dfrac{1}{b}[\cos a-\cos(a+b)]$.
13. (1) $17/3$；　　(2) $1/2$；　　(3) 2.
14. (1) $s(t)=5t^2-(t^3/3)$；　(2) $s(t)=250/3$.
15. $(g/2)(2t-1)$，$1<t<t_1$，t_1 为第一块石头触地的时刻.
16. (1) $-2/3$；　　　　　　(2) 26；

(3) $1/\pi$；　　　　　　(4) $94/135$；

(5) $4/3$；　　　　　　(6) $-\pi^2/4$；

(7) $\pi^2/4$；　　　　　　(8) $1+\ln 2-\ln(1+e)$.

18. (1) $\frac{\pi^2}{8}+1$;

(2) $2-\frac{2}{e}$;

(3) $(9b^3\ln^2 b - 6b^3 \ln b + 2b^3 - 2)/27$;

(4) $(\pi-2)/4$.

习 题 6.3

1. (1) 收敛于 $-\frac{3}{4}\sqrt[3]{4}$;　　(2) 发散;

(3) 收敛于 0;　　(4) 发散;

(5) 收敛于 -1;　　(6) 收敛于 π.

6. $\sqrt{2}\pi$.

8. 5/2.

*9. (1) $\frac{1}{4}\Gamma\left(\frac{3}{4}\right)$; (2) $\frac{1}{2k^{n+1}}\Gamma\left(\frac{n+1}{2}\right)$; (3) $\frac{e}{2}(1+\sqrt{\pi})$.

习 题 6.4

1. (1) $\frac{3}{32}\pi^2 - \frac{1}{\sqrt{2}}$;　　(2) 1/2.

2. 9/4.

3. $1/\sqrt[3]{2}$.

4. $(\ln 2)/2$.

5. (1) $3\pi a^2/8$;　　*(2) 4/3.

*6. $1+\frac{2}{3}\sqrt{2}$.

7. $\sqrt{6}/4$.

*8. $8a^2/3$.

9. (1) 540π;　　(2) $2\pi/15$.

10. (1) $4\pi/3$;　　(2) $(\pi^2/\sqrt{2}) - 2\pi$.

11. (1) $26\frac{1}{18}$;　(2) 4;　(3) $8a$.

12. (1) $(\sqrt{66}-4)/5$;　　(2) $\pi, 0.68\pi$.

13. 9.8×18 J.

14. 9.8×24 J.

15. 1 837.5 J.

16. $1\ 633\pi r^2 h^2$ J.

17. $4\pi r^4/3$.

18. (1) $ah^2/6$; (2) 距水面 $h/2$.

第 七 章

习 题 7.1

1. (1) 二阶; (2) 一阶;
   (3) 四阶; (4) 二阶.
3. (1) 是; (2) 是;
   (3) 是; (4) 不是.
5. (1) $xy' = -y$; (2) $y = \sin(xy'/\sqrt{1-y^2})$;
   (3) $y - y'' = x - 5$; (4) $(y'')^2 = [(y')^2 + 1]^3$.
6. (1) $x(y')^2 - (x+y-2)y' + y = 0$;
   (2) $yy' + 2x = 0$;
   (3) $(y-2x)^2[1+(y')^2] = (2y'+1)^2$;
   (4) $y(2y'-1) = x(y')^2$.

习 题 7.2

1. (1) $(x-1)^2 + y^2 = C$; (2) $(1+x^2)(1+y^2) = Cx^2$;
   (3) $\sin y \cos x = C$; (4) $10^x + 10^{-y} = C$;
   (5) $y = C(x+a)(1-ay)$; (6) $y(x+\sqrt{x^2+1}) = C$.
2. (1) $y^2 - 1 = 2\ln(e^x + 1) - 2\ln(e+1)$;
   (2) $y = e^{\pi/4 - \arctan x}$;
   (3) $(1+x)y = 1$; (4) $\ln y = \tan(x/2)$.
3. $f(x) = \ln x + 1$.
4. $f(x) = \sqrt{x} - 1$.
5. (1) $y = xe^{Cx}$; (2) $\ln(Cx) = \sin(y/x)$;
   (3) $y = C\exp\dfrac{1}{3}(x/y)^3$; (4) $y + x = \tan(x+C)$;
   (5) $(x+y-1)^3 = C(y-x-3)$;
   (6) $(x+y-2)^3 = Ce^{-x-2y}$;
   (7) $x\sin(y^2/x) = C$.
6. (1) $y = Ce^{-x^3/3}$; (2) $y = (x+C)e^{-x}$;
   (3) $y = x(\ln|\ln x| + C)$; (4) $y = (\sin x + C)/(x^2 - 1)$;
   (5) $2x = Cy^3 + y^2$; (6) $x = (1 + Ce^{1/y})y^2$;
   (7) $y = e^{x(x+C)}$.

7. (1) $y=(\mathrm{e}^x+ab-\mathrm{e}^a)/x$;　　　(2) $y=(\pi-1-\cos x)/x$;
　　(3) $y=x+\sqrt{1-x^2}$;　　　(4) $y=2\mathrm{e}^{-\sin x}+\sin x-1$.

8. (1) $y^5(5x^3+Cx^5)=2$;
　　(2) $3\sqrt{y}=x^2-1+C(1-x^2)^{1/4}$;
　　(3) $y^2=C\mathrm{e}^{2x}-x^2-x-(1/2)$;
　　(4) $4xy^{-3}=3x^2(1-2\ln x)+C$.

9. (1) $y=2\mathrm{e}^x-1$;　　　(2) $y=-2\mathrm{e}^x$.

10. 约 3.4 s.

11. 60 min.

12. $x=Cy^n$ 或 $y=Cx^n$.

13. $x^2+y^2=Cx$.

14. 约 3.17 h.

15. $y=l\ln\dfrac{l+\sqrt{l^2-x^2}}{x}-\sqrt{l^2-x^2}$.

17. (1) $y=Cx$ 和 $x=0$;　　　(2) $y^2=\ln\sin^2 x+C$.

18. (1) $y=\dfrac{1}{2}x^2\ln x+C_1x^3+C_2x^2+C_3x+C_4$;
　　(2) $y=C_1(x-\mathrm{e}^{-x})+C_2$;
　　(3) $y=\sqrt{x(C-x)}-C\arctan\sqrt{\dfrac{C-x}{x}}+C_1$;
　　(4) $y=1-\dfrac{1}{C_1x+C_2}$;
　　(5) $4(C_1y-1)=C_1^2(x-C_2)^2$;
　　(6) $y=1/(1-x)$.

习　题　7.3

1. (1) 线性相关;　　　(2) 线性无关;
　　(3) 线性无关;　　　(4) 线性相关.

2. $y=(C_1+C_2x)\mathrm{e}^{x^2}$.

3. (1) $y=C_1x+C_2\mathrm{e}^{-2x}$;　　　(2) $y=C_1\mathrm{e}^{2x}+C_2(2x+1)$.

4. (1) $y=C_1x+C_2(x^2+1)$;　　　(2) $y=(C_1x^2+C_2)\mathrm{e}^x$.

5. (1) $y=C_1\cos x+C_2\sin x-\sec x\cos 2x$;
　　(2) $y=C_1(2x-1)+C_2\mathrm{e}^{-x}+\dfrac{x^2+1}{2}$.

7. $y=C_1(x-1)+C_2(x^2-1)+1$.

8. (1) $y=\dfrac{C_1}{x+1}+\dfrac{C_2}{x-1}+x$;　　(2) $y=C_1(x^2+1)+\dfrac{C_2}{x}+2x$.

习 题 7.4

1. (1) $y = C_1 e^{3x} + C_2 e^{-3x}$;

   (2) $y = C_1 + C_2 e^{4x}$;

   (3) $y = C_1 e^{(1+\sqrt{2})x} + C_2 e^{(1-\sqrt{2})x}$;

   (4) $y = e^{-x/2}\left(C_1 \cos\frac{\sqrt{3}}{2}x + C_2 \sin\frac{\sqrt{3}}{2}x\right)$;

   (5) 当 $a>0$ 时,$y = C_1 \cos\sqrt{a}x + C_2 \sin\sqrt{a}x$;当 $a=0$ 时,$y = C_1 x + C_2$;
   当 $a<0$ 时,$y = C_1 e^{\sqrt{-a}x} + C_2 e^{-\sqrt{-a}x}$;

   (6) 当 $|\lambda|>1$ 时,$y = C_1 e^{(-\lambda+\sqrt{\lambda^2-1})x} + C_2 e^{(-\lambda-\sqrt{\lambda^2-1})x}$;当 $|\lambda|=1$ 时,$y = e^{-\lambda x}(C_1 + C_2 x)$;
   当 $|\lambda|<1$ 时,$y = e^{-\lambda x}(C_1 \cos\sqrt{1-\lambda^2}x + C_2 \sin\sqrt{1-\lambda^2}x)$;

   (7) $y = C_1 e^x + C_2 e^{-x} + C_3 \cos x + C_4 \sin x$;

   (8) $y = C_1 \cos x + C_2 \sin x + C_3$;

   (9) $y = (C_1 + C_2 x)\cos x + (C_3 + C_4 x)\sin x$;

   (10) $y = (C_1 + C_2 x) e^x + (C_3 + C_4 x) e^{-2x}$;

   (11) $y = e^{ax}(C_1 + C_2 x + C_3 x^2)$;

   (12) $y = (C_1 + C_2 x) e^x + C_3 \cos x + C_4 \sin x$.

2. (1) $y = 4e^x + 2e^{3x}$;   (2) $y = (2+x)e^{-x/2}$;

   (3) $y = (4-2x)e^{x-2}$;   (4) $y = e^{-x}(\cos 3x + \sin 3x)$;

   (5) $x = \cos t + \frac{1}{2}t \sin t$.

3. $y = \cos 3x - \frac{1}{3}\sin 3x$.

4. (1) $y = C_1 e^x + C_2 e^{3x} + 2$;

   (2) $y = (C_1 + C_2 x)e^{2x} + \frac{1}{4}(x+1)$;

   (3) $y = C_1 + C_2 e^x - \frac{1}{3}x^3 - x^2 - 2x$;

   (4) $y = C_1 \cos x + C_2 \sin x - \frac{1}{2}x \cos x$;

   (5) $y = C_1 e^x + C_2 e^{6x} + \frac{7}{74}\cos x + \frac{5}{74}\sin x$;

   (6) $y = e^{2x}(C_1 + C_2 x) + \frac{1}{16}e^{-2x} + \frac{3}{4}$;

   (7) $y = C_1 \cos x + C_2 \sin x + \frac{1}{4}x \sin x - \frac{1}{16}\cos 3x$;

(8) $y = e^{-x/2}\left(C_1\cos\dfrac{\sqrt{3}}{2}x + C_2\sin\dfrac{\sqrt{3}}{2}x\right) - \dfrac{2}{26}\sin 2x + \dfrac{3}{26}\cos 2x + \dfrac{1}{2}$.

5. (1) $y = Ae^x + (B+Cx)\cos x + (D+Ex)\sin x$;

   (2) $y = xe^{4x}[(Ax+B)\cos 2x + (Cx+D)\sin 2x]$;

   (3) $y = e^x[x^2(Ax+B) + C\cos 2x + D\sin 2x]$;

   (4) $y = e^{3x}[x(Ax^2+Bx+C) + D\cos 3x + E\sin 3x]$;

   (5) $y = x[(Ax+B)\cos x + (Cx+D)\sin x]$;

   (6) $y = A2^x$.

6. (1) $y = e^x - \dfrac{1}{2}e^{-2x} - x - \dfrac{1}{2}$;

   (2) $y = \dfrac{1}{24}\cos 3x + \dfrac{1}{8}\cos x$;

   (3) $y = e^{-x}(x - \sin x)$;

   (4) $y = 2xe^x \sin x$.

7. (1) $y = e^x(x\ln|x| + C_1 x + C_2)$;

   (2) $y = (e^{-x} + e^{-2x})\ln(e^x + 1) + C_1 e^{-x} + C_2 e^{-2x}$;

   (3) $y = (C_1 - x)\cos x + (C_2 + \ln|\sin x|)\sin x$;

   (4) $y = e^{-x}\left[\dfrac{4}{5}(x+1)^{5/2} + C_1 x + C_2\right]$.

8. (1) $y = \dfrac{1}{x}(C_1 \ln x + C_2)$;

   (2) $y = C_1 + C_2 \ln x + ax$;

   (3) $y = C_1 x^2 + C_2 x^3 + \dfrac{x}{2}$;

   (4) $y = x(C_1 + C_2 \ln x) + x\ln^2 x$;

   (5) $y = x[C_1\cos(\sqrt{3}\ln x) + C_2 \sin(\sqrt{3}\ln x)] + \dfrac{1}{2}x\sin(\ln x)$;

   (6) $y = x(C_1 + C_2 \ln x) + C_3 x^{-2}$.

9. $\theta = C_1\cos\sqrt{\dfrac{g}{l}}t + C_2\sin\sqrt{\dfrac{g}{l}}t$, $T = 2\pi\sqrt{\dfrac{l}{g}}$.

10. $x = a\cos\sqrt{\dfrac{g}{a}}t$.

11. $t = \sqrt{\dfrac{6}{g}}\ln(6 + \sqrt{35}) \approx 1.9$ s.

12. $t = \dfrac{3}{\sqrt{g}}\ln(9 + 4\sqrt{5}) \approx 2.8$ s.

13. 195 kg.

习 题 7.5

1. $\begin{cases} x = (C_1 + C_2 t)e^t, \\ y = \left(C_1 - \dfrac{C_2}{2} + C_2 t\right)e^t. \end{cases}$

2. $\begin{cases} y = e^{-4t}(C_1 \cos t + C_2 \sin t), \\ x = \dfrac{1}{2}e^{-4t}[(C_2 - C_1)\cos t - (C_1 + C_2)\sin t]. \end{cases}$

3. $\begin{cases} x = C_1 e^{2t} + C_2 e^{-t} + 2e^t, \\ y = \dfrac{1}{2}C_1 e^{2t} + 2C_2 e^{-t} + 2e^t. \end{cases}$

4. $\begin{cases} x = C_1 + C_2 e^t + C_3 e^{2t} - e^{-t}, \\ y = 2C_1 + C_2 e^t + 3e^{-t}. \end{cases}$

5. $\begin{cases} x = C_1 \cos t + C_2 \sin t, \\ y = (C_2 - 1)\cos t - C_1 \sin t. \end{cases}$

6. $\begin{cases} x = e^{-6t} \cos t, \\ y = e^{-6t}(\cos t - \sin t). \end{cases}$

积 分 表

（一）含有 $ax+b$ 的积分

1. $\int \dfrac{dx}{ax+b} = \dfrac{1}{a}\ln|ax+b|+C$

2. $\int (ax+b)^\mu dx = \dfrac{1}{a(\mu+1)}(ax+b)^{\mu+1}+C\ (\mu\neq -1)$

3. $\int \dfrac{x}{ax+b}dx = \dfrac{1}{a^2}(ax+b-b\ln|ax+b|)+C$

4. $\int \dfrac{x^2}{ax+b}dx = \dfrac{1}{a^3}\left[\dfrac{1}{2}(ax+b)^2-2b(ax+b)+b^2\ln|ax+b|\right]+C$

5. $\int \dfrac{dx}{x(ax+b)} = -\dfrac{1}{b}\ln\left|\dfrac{ax+b}{x}\right|+C$

6. $\int \dfrac{dx}{x^2(ax+b)} = -\dfrac{1}{bx}+\dfrac{a}{b^2}\ln\left|\dfrac{ax+b}{x}\right|+C$

7. $\int \dfrac{x}{(ax+b)^2}dx = \dfrac{1}{a^2}\left(\ln|ax+b|+\dfrac{b}{ax+b}\right)+C$

8. $\int \dfrac{x^2}{(ax+b)^2}dx = \dfrac{1}{a^3}\left(ax+b-2b\ln|ax+b|-\dfrac{b^2}{ax+b}\right)+C$

9. $\int \dfrac{dx}{x(ax+b)^2} = \dfrac{1}{b(ax+b)}-\dfrac{1}{b^2}\ln\left|\dfrac{ax+b}{x}\right|+C$

（二）含有 $\sqrt{ax+b}$ 的积分

10. $\int \sqrt{ax+b}\,dx = \dfrac{2}{3a}\sqrt{(ax+b)^3}+C$

11. $\int x\sqrt{ax+b}\,dx = \dfrac{2}{15a^2}(3ax-2b)\sqrt{(ax+b)^3}+C$

12. $\int x^2\sqrt{ax+b}\,dx = \dfrac{2}{105a^3}(15a^2x^2-12abx+8b^2)\sqrt{(ax+b)^3}+C$

13. $\int \dfrac{x}{\sqrt{ax+b}}dx = \dfrac{2}{3a^2}(ax-2b)\sqrt{ax+b}+C$

14. $\int \dfrac{x^2}{\sqrt{ax+b}}dx = \dfrac{2}{15a^3}(3a^2x^2-4abx+8b^2)\sqrt{ax+b}+C$

15. $\int \dfrac{\mathrm{d}x}{x\sqrt{ax+b}} = \begin{cases} \dfrac{1}{\sqrt{b}}\ln\left|\dfrac{\sqrt{ax+b}-\sqrt{b}}{\sqrt{ax+b}+\sqrt{b}}\right|+C & (b>0) \\ \dfrac{2}{\sqrt{-b}}\arctan\sqrt{\dfrac{ax+b}{-b}}+C & (b<0) \end{cases}$

16. $\int \dfrac{\mathrm{d}x}{x^2\sqrt{ax+b}} = -\dfrac{\sqrt{ax+b}}{bx} - \dfrac{a}{2b}\int \dfrac{\mathrm{d}x}{x\sqrt{ax+b}}$

17. $\int \dfrac{\sqrt{ax+b}}{x}\mathrm{d}x = 2\sqrt{ax+b} + b\int \dfrac{\mathrm{d}x}{x\sqrt{ax+b}}$

18. $\int \dfrac{\sqrt{ax+b}}{x^2}\mathrm{d}x = -\dfrac{\sqrt{ax+b}}{x} + \dfrac{a}{2}\int \dfrac{\mathrm{d}x}{x\sqrt{ax+b}}$

（三）含有 $x^2 \pm a^2$ 的积分

19. $\int \dfrac{\mathrm{d}x}{x^2+a^2} = \dfrac{1}{a}\arctan\dfrac{x}{a} + C$

20. $\int \dfrac{\mathrm{d}x}{(x^2+a^2)^n} = \dfrac{x}{2(n-1)a^2(x^2+a^2)^{n-1}} + \dfrac{2n-3}{2(n-1)a^2}\int \dfrac{\mathrm{d}x}{(x^2+a^2)^{n-1}}$

21. $\int \dfrac{\mathrm{d}x}{x^2-a^2} = \dfrac{1}{2a}\ln\left|\dfrac{x-a}{x+a}\right| + C$

（四）含有 $ax^2+b(a>0)$ 的积分

22. $\int \dfrac{\mathrm{d}x}{ax^2+b} = \begin{cases} \dfrac{1}{\sqrt{ab}}\arctan\sqrt{\dfrac{a}{b}}x + C & (b>0) \\ \dfrac{1}{2\sqrt{-ab}}\ln\left|\dfrac{\sqrt{a}x-\sqrt{-b}}{\sqrt{a}x+\sqrt{-b}}\right| + C & (b<0) \end{cases}$

23. $\int \dfrac{x}{ax^2+b}\mathrm{d}x = \dfrac{1}{2a}\ln|ax^2+b| + C$

24. $\int \dfrac{x^2}{ax^2+b}\mathrm{d}x = \dfrac{x}{a} - \dfrac{b}{a}\int \dfrac{\mathrm{d}x}{ax^2+b}$

25. $\int \dfrac{\mathrm{d}x}{x(ax^2+b)} = \dfrac{1}{2b}\ln\dfrac{x^2}{|ax^2+b|} + C$

26. $\int \dfrac{\mathrm{d}x}{x^2(ax^2+b)} = -\dfrac{1}{bx} - \dfrac{a}{b}\int \dfrac{\mathrm{d}x}{ax^2+b}$

27. $\int \dfrac{\mathrm{d}x}{x^3(ax^2+b)} = \dfrac{a}{2b^2}\ln\dfrac{|ax^2+b|}{x^2} - \dfrac{1}{2bx^2} + C$

28. $\int \dfrac{\mathrm{d}x}{(ax^2+b)^2} = \dfrac{x}{2b(ax^2+b)} + \dfrac{1}{2b}\int \dfrac{\mathrm{d}x}{ax^2+b}$

（五）含有 $ax^2+bx+c\ (a>0)$ 的积分

29. $\displaystyle\int \frac{dx}{ax^2+bx+c} = \begin{cases} \dfrac{2}{\sqrt{4ac-b^2}}\arctan\dfrac{2ax+b}{\sqrt{4ac-b^2}}+C & (b^2<4ac) \\[2mm] \dfrac{1}{\sqrt{b^2-4ac}}\ln\left|\dfrac{2ax+b-\sqrt{b^2-4ac}}{2ax+b+\sqrt{b^2-4ac}}\right|+C & (b^2>4ac) \end{cases}$

30. $\displaystyle\int \frac{x}{ax^2+bx+c}dx = \frac{1}{2a}\ln|ax^2+bx+c| - \frac{b}{2a}\int\frac{dx}{ax^2+bx+c}$

（六）含有 $\sqrt{x^2+a^2}\ (a>0)$ 的积分

31. $\displaystyle\int \frac{dx}{\sqrt{x^2+a^2}} = \operatorname{arsh}\frac{x}{a}+C_1 = \ln(x+\sqrt{x^2+a^2})+C$

32. $\displaystyle\int \frac{dx}{\sqrt{(x^2+a^2)^3}} = \frac{x}{a^2\sqrt{x^2+a^2}}+C$

33. $\displaystyle\int \frac{x}{\sqrt{x^2+a^2}}dx = \sqrt{x^2+a^2}+C$

34. $\displaystyle\int \frac{x}{\sqrt{(x^2+a^2)^3}}dx = -\frac{1}{\sqrt{x^2+a^2}}+C$

35. $\displaystyle\int \frac{x^2}{\sqrt{x^2+a^2}}dx = \frac{x}{2}\sqrt{x^2+a^2} - \frac{a^2}{2}\ln(x+\sqrt{x^2+a^2})+C$

36. $\displaystyle\int \frac{x^2}{\sqrt{(x^2+a^2)^3}}dx = -\frac{x}{\sqrt{x^2+a^2}}+\ln(x+\sqrt{x^2+a^2})+C$

37. $\displaystyle\int \frac{dx}{x\sqrt{x^2+a^2}} = \frac{1}{a}\ln\frac{\sqrt{x^2+a^2}-a}{|x|}+C$

38. $\displaystyle\int \frac{dx}{x^2\sqrt{x^2+a^2}} = -\frac{\sqrt{x^2+a^2}}{a^2 x}+C$

39. $\displaystyle\int \sqrt{x^2+a^2}\,dx = \frac{x}{2}\sqrt{x^2+a^2} + \frac{a^2}{2}\ln(x+\sqrt{x^2+a^2})+C$

40. $\displaystyle\int \sqrt{(x^2+a^2)^3}\,dx = \frac{x}{8}(2x^2+5a^2)\sqrt{x^2+a^2} + \frac{3}{8}a^4\ln(x+\sqrt{x^2+a^2})+C$

41. $\displaystyle\int x\sqrt{x^2+a^2}\,dx = \frac{1}{3}\sqrt{(x^2+a^2)^3}+C$

42. $\displaystyle\int x^2\sqrt{x^2+a^2}\,dx = \frac{x}{8}(2x^2+a^2)\sqrt{x^2+a^2} - \frac{a^4}{8}\ln(x+\sqrt{x^2+a^2})+C$

43. $\displaystyle\int \frac{\sqrt{x^2+a^2}}{x}dx = \sqrt{x^2+a^2} + a\ln\frac{\sqrt{x^2+a^2}-a}{|x|}+C$

44. $\int \dfrac{\sqrt{x^2+a^2}}{x^2}\mathrm{d}x = -\dfrac{\sqrt{x^2+a^2}}{x} + \ln(x+\sqrt{x^2+a^2}) + C$

(七) 含有 $\sqrt{x^2-a^2}$ ($a>0$) 的积分

45. $\int \dfrac{\mathrm{d}x}{\sqrt{x^2-a^2}} = \dfrac{x}{|x|}\operatorname{arch}\dfrac{|x|}{a} + C_1 = \ln|x+\sqrt{x^2-a^2}| + C$

46. $\int \dfrac{\mathrm{d}x}{\sqrt{(x^2-a^2)^3}} = -\dfrac{x}{a^2\sqrt{x^2-a^2}} + C$

47. $\int \dfrac{x}{\sqrt{x^2-a^2}}\mathrm{d}x = \sqrt{x^2-a^2} + C$

48. $\int \dfrac{x}{\sqrt{(x^2-a^2)^3}}\mathrm{d}x = -\dfrac{1}{\sqrt{x^2-a^2}} + C$

49. $\int \dfrac{x^2}{\sqrt{x^2-a^2}}\mathrm{d}x = \dfrac{x}{2}\sqrt{x^2-a^2} + \dfrac{a^2}{2}\ln|x+\sqrt{x^2-a^2}| + C$

50. $\int \dfrac{x^2}{\sqrt{(x^2-a^2)^3}}\mathrm{d}x = -\dfrac{x}{\sqrt{x^2-a^2}} + \ln|x+\sqrt{x^2-a^2}| + C$

51. $\int \dfrac{\mathrm{d}x}{x\sqrt{x^2-a^2}} = \dfrac{1}{a}\arccos\dfrac{a}{|x|} + C$

52. $\int \dfrac{\mathrm{d}x}{x^2\sqrt{x^2-a^2}} = \dfrac{\sqrt{x^2-a^2}}{a^2 x} + C$

53. $\int \sqrt{x^2-a^2}\,\mathrm{d}x = \dfrac{x}{2}\sqrt{x^2-a^2} - \dfrac{a^2}{2}\ln|x+\sqrt{x^2-a^2}| + C$

54. $\int \sqrt{(x^2-a^2)^3}\,\mathrm{d}x = \dfrac{x}{8}(2x^2-5a^2)\sqrt{x^2-a^2} + \dfrac{3}{8}a^4\ln|x+\sqrt{x^2-a^2}| + C$

55. $\int x\sqrt{x^2-a^2}\,\mathrm{d}x = \dfrac{1}{3}\sqrt{(x^2-a^2)^3} + C$

56. $\int x^2\sqrt{x^2-a^2}\,\mathrm{d}x = \dfrac{x}{8}(2x^2-a^2)\sqrt{x^2-a^2} - \dfrac{a^4}{8}\ln|x+\sqrt{x^2-a^2}| + C$

57. $\int \dfrac{\sqrt{x^2-a^2}}{x}\mathrm{d}x = \sqrt{x^2-a^2} - a\arccos\dfrac{a}{|x|} + C$

58. $\int \dfrac{\sqrt{x^2-a^2}}{x^2}\mathrm{d}x = -\dfrac{\sqrt{x^2-a^2}}{x} + \ln|x+\sqrt{x^2-a^2}| + C$

(八) 含有 $\sqrt{a^2-x^2}$ ($a>0$) 的积分

59. $\int \dfrac{\mathrm{d}x}{\sqrt{a^2-x^2}} = \arcsin\dfrac{x}{a} + C$

60. $\int \dfrac{dx}{\sqrt{(a^2-x^2)^3}} = \dfrac{x}{a^2\sqrt{a^2-x^2}} + C$

61. $\int \dfrac{x}{\sqrt{a^2-x^2}} dx = -\sqrt{a^2-x^2} + C$

62. $\int \dfrac{x}{\sqrt{(a^2-x^2)^3}} dx = \dfrac{1}{\sqrt{a^2-x^2}} + C$

63. $\int \dfrac{x^2}{\sqrt{a^2-x^2}} dx = -\dfrac{x}{2}\sqrt{a^2-x^2} + \dfrac{a^2}{2}\arcsin\dfrac{x}{a} + C$

64. $\int \dfrac{x^2}{\sqrt{(a^2-x^2)^3}} dx = \dfrac{x}{\sqrt{a^2-x^2}} - \arcsin\dfrac{x}{a} + C$

65. $\int \dfrac{dx}{x\sqrt{a^2-x^2}} = \dfrac{1}{a}\ln\dfrac{a-\sqrt{a^2-x^2}}{|x|} + C$

66. $\int \dfrac{dx}{x^2\sqrt{a^2-x^2}} = -\dfrac{\sqrt{a^2-x^2}}{a^2 x} + C$

67. $\int \sqrt{a^2-x^2}\,dx = \dfrac{x}{2}\sqrt{a^2-x^2} + \dfrac{a^2}{2}\arcsin\dfrac{x}{a} + C$

68. $\int \sqrt{(a^2-x^2)^3}\,dx = \dfrac{x}{8}(5a^2-2x^2)\sqrt{a^2-x^2} + \dfrac{3}{8}a^4\arcsin\dfrac{x}{a} + C$

69. $\int x\sqrt{a^2-x^2}\,dx = -\dfrac{1}{3}\sqrt{(a^2-x^2)^3} + C$

70. $\int x^2\sqrt{a^2-x^2}\,dx = \dfrac{x}{8}(2x^2-a^2)\sqrt{a^2-x^2} + \dfrac{a^4}{8}\arcsin\dfrac{x}{a} + C$

71. $\int \dfrac{\sqrt{a^2-x^2}}{x} dx = \sqrt{a^2-x^2} + a\ln\dfrac{a-\sqrt{a^2-x^2}}{|x|} + C$

72. $\int \dfrac{\sqrt{a^2-x^2}}{x^2} dx = -\dfrac{\sqrt{a^2-x^2}}{x} - \arcsin\dfrac{x}{a} + C$

(九) 含有 $\sqrt{\pm ax^2+bx+c}\,(a>0)$ 的积分

73. $\int \dfrac{dx}{\sqrt{ax^2+bx+c}} = \dfrac{1}{\sqrt{a}}\ln|2ax+b+2\sqrt{a}\sqrt{ax^2+bx+c}| + C$

74. $\int \sqrt{ax^2+bx+c}\,dx = \dfrac{2ax+b}{4a}\sqrt{ax^2+bx+c} + \dfrac{4ac-b^2}{8\sqrt{a^3}}\ln|2ax+b+2\sqrt{a}\sqrt{ax^2+bx+c}| + C$

75. $\int \dfrac{x}{\sqrt{ax^2+bx+c}} dx = \dfrac{1}{a}\sqrt{ax^2+bx+c} - \dfrac{b}{2\sqrt{a^3}}\ln|2ax+b+2\sqrt{a}\sqrt{ax^2+bx+c}| + C$

76. $\int \dfrac{dx}{\sqrt{c+bx-ax^2}} = -\dfrac{1}{\sqrt{a}}\arcsin\dfrac{2ax-b}{\sqrt{b^2+4ac}} + C$

77. $\int \sqrt{c+bx-ax^2}\,dx = \dfrac{2ax-b}{4a}\sqrt{c+bx-ax^2} + \dfrac{b^2+4ac}{8\sqrt{a^3}}\arcsin\dfrac{2ax-b}{\sqrt{b^2+4ac}} + C$

78. $\int \dfrac{x}{\sqrt{c+bx-ax^2}}\,dx = -\dfrac{1}{a}\sqrt{c+bx-ax^2} + \dfrac{b}{2\sqrt{a^3}}\arcsin\dfrac{2ax-b}{\sqrt{b^2+4ac}} + C$

（十）含有 $\sqrt{\pm\dfrac{x-a}{x-b}}$ 或 $\sqrt{(x-a)(b-x)}$ 的积分

79. $\int \sqrt{\dfrac{x-a}{x-b}}\,dx = (x-b)\sqrt{\dfrac{x-a}{x-b}} + (b-a)\ln(\sqrt{|x-a|} + \sqrt{|x-b|}) + C$

80. $\int \sqrt{\dfrac{x-a}{b-x}}\,dx = (x-b)\sqrt{\dfrac{x-a}{b-x}} + (b-a)\arcsin\sqrt{\dfrac{x-a}{b-a}} + C$

81. $\int \dfrac{dx}{\sqrt{(x-a)(b-x)}} = 2\arcsin\sqrt{\dfrac{x-a}{b-a}} + C \quad (a<b)$

82. $\int \sqrt{(x-a)(b-x)}\,dx = \dfrac{2x-a-b}{4}\sqrt{(x-a)(b-x)} + \dfrac{(b-a)^2}{4}\arcsin\sqrt{\dfrac{x-a}{b-a}} + C \quad (a<b)$

（十一）含有三角函数的积分

83. $\int \sin x\,dx = -\cos x + C$

84. $\int \cos x\,dx = \sin x + C$

85. $\int \tan x\,dx = -\ln|\cos x| + C$

86. $\int \cot x\,dx = \ln|\sin x| + C$

87. $\int \sec x\,dx = \ln\left|\tan\left(\dfrac{\pi}{4}+\dfrac{x}{2}\right)\right| + C = \ln|\sec x + \tan x| + C$

88. $\int \csc x\,dx = \ln\left|\tan\dfrac{x}{2}\right| + C = \ln|\csc x - \cot x| + C$

89. $\int \sec^2 x\,dx = \tan x + C$

90. $\int \csc^2 x\,dx = -\cot x + C$

91. $\int \sec x \tan x\,dx = \sec x + C$

92. $\int \csc x \cot x\,dx = -\csc x + C$

93. $\int \sin^2 x\,dx = \dfrac{x}{2} - \dfrac{1}{4}\sin 2x + C$

94. $\int \cos^2 x \, dx = \dfrac{x}{2} + \dfrac{1}{4}\sin 2x + C$

95. $\int \sin^n x \, dx = -\dfrac{1}{n}\sin^{n-1} x \cos x + \dfrac{n-1}{n}\int \sin^{n-2} x \, dx$

96. $\int \cos^n x \, dx = \dfrac{1}{n}\cos^{n-1} x \sin x + \dfrac{n-1}{n}\int \cos^{n-2} x \, dx$

97. $\int \dfrac{dx}{\sin^n x} = -\dfrac{1}{n-1}\dfrac{\cos x}{\sin^{n-1} x} + \dfrac{n-2}{n-1}\int \dfrac{dx}{\sin^{n-2} x}$

98. $\int \dfrac{dx}{\cos^n x} = \dfrac{1}{n-1} \cdot \dfrac{\sin x}{\cos^{n-1} x} + \dfrac{n-2}{n-1}\int \dfrac{dx}{\cos^{n-2} x}$

99. $\int \cos^m x \sin^n x \, dx = \dfrac{1}{m+n}\cos^{m-1} x \sin^{n+1} x + \dfrac{m-1}{m+n}\int \cos^{m-2} x \sin^n x \, dx$

$\qquad = -\dfrac{1}{m+n}\cos^{m+1} x \sin^{n-1} x + \dfrac{n-1}{m+n}\int \cos^m x \sin^{n-2} x \, dx$

100. $\int \sin ax \cos bx \, dx = -\dfrac{1}{2(a+b)}\cos(a+b)x - \dfrac{1}{2(a-b)}\cos(a-b)x + C$

101. $\int \sin ax \sin bx \, dx = -\dfrac{1}{2(a+b)}\sin(a+b)x + \dfrac{1}{2(a-b)}\sin(a-b)x + C$

102. $\int \cos ax \cos bx \, dx = \dfrac{1}{2(a+b)}\sin(a+b)x + \dfrac{1}{2(a-b)}\sin(a-b)x + C$

103. $\int \dfrac{dx}{a+b\sin x} = \dfrac{2}{\sqrt{a^2-b^2}}\arctan \dfrac{a\tan\dfrac{x}{2}+b}{\sqrt{a^2-b^2}} + C \quad (a^2 > b^2)$

104. $\int \dfrac{dx}{a+b\sin x} = \dfrac{1}{\sqrt{b^2-a^2}}\ln\left|\dfrac{a\tan\dfrac{x}{2}+b-\sqrt{b^2-a^2}}{a\tan\dfrac{x}{2}+b+\sqrt{b^2-a^2}}\right| + C \quad (a^2 < b^2)$

105. $\int \dfrac{dx}{a+b\cos x} = \dfrac{2}{a+b}\sqrt{\dfrac{a+b}{a-b}}\arctan\left(\sqrt{\dfrac{a-b}{a+b}}\tan\dfrac{x}{2}\right) + C \quad (a^2 > b^2)$

106. $\int \dfrac{dx}{a+b\cos x} = \dfrac{1}{a+b}\sqrt{\dfrac{a+b}{b-a}}\ln\left|\dfrac{\tan\dfrac{x}{2}+\sqrt{\dfrac{a+b}{b-a}}}{\tan\dfrac{x}{2}-\sqrt{\dfrac{a+b}{b-a}}}\right| + C \quad (a^2 < b^2)$

107. $\int \dfrac{dx}{a^2\cos^2 x + b^2\sin^2 x} = \dfrac{1}{ab}\arctan\left(\dfrac{b}{a}\tan x\right) + C$

108. $\int \dfrac{dx}{a^2\cos^2 x - b^2\sin^2 x} = \dfrac{1}{2ab}\ln\left|\dfrac{b\tan x + a}{b\tan x - a}\right| + C$

109. $\int x\sin ax \, dx = \dfrac{1}{a^2}\sin ax - \dfrac{1}{a}x\cos ax + C$

110. $\int x^2 \sin ax \, dx = -\dfrac{1}{a} x^2 \cos ax + \dfrac{2}{a^2} x \sin ax + \dfrac{2}{a^3} \cos ax + C$

111. $\int x \cos ax \, dx = \dfrac{1}{a^2} \cos ax + \dfrac{1}{a} x \sin ax + C$

112. $\int x^2 \cos ax \, dx = \dfrac{1}{a} x^2 \sin ax + \dfrac{2}{a^2} x \cos ax - \dfrac{2}{a^3} \sin ax + C$

(十二)含有反三角函数的积分（其中 $a > 0$）

113. $\int \arcsin \dfrac{x}{a} \, dx = x \arcsin \dfrac{x}{a} + \sqrt{a^2 - x^2} + C$

114. $\int x \arcsin \dfrac{x}{a} \, dx = \left(\dfrac{x^2}{2} - \dfrac{a^2}{4} \right) \arcsin \dfrac{x}{a} + \dfrac{x}{4} \sqrt{a^2 - x^2} + C$

115. $\int x^2 \arcsin \dfrac{x}{a} \, dx = \dfrac{x^3}{3} \arcsin \dfrac{x}{a} + \dfrac{1}{9} (x^2 + 2a^2) \sqrt{a^2 - x^2} + C$

116. $\int \arccos \dfrac{x}{a} \, dx = x \arccos \dfrac{x}{a} - \sqrt{a^2 - x^2} + C$

117. $\int x \arccos \dfrac{x}{a} \, dx = \left(\dfrac{x^2}{2} - \dfrac{a^2}{4} \right) \arccos \dfrac{x}{a} - \dfrac{x}{4} \sqrt{a^2 - x^2} + C$

118. $\int x^2 \arccos \dfrac{x}{a} \, dx = \dfrac{x^3}{3} \arccos \dfrac{x}{a} - \dfrac{1}{9} (x^2 + 2a^2) \sqrt{a^2 - x^2} + C$

119. $\int \arctan \dfrac{x}{a} \, dx = x \arctan \dfrac{x}{a} - \dfrac{a}{2} \ln(a^2 + x^2) + C$

120. $\int x \arctan \dfrac{x}{a} \, dx = \dfrac{1}{2} (a^2 + x^2) \arctan \dfrac{x}{a} - \dfrac{a}{2} x + C$

121. $\int x^2 \arctan \dfrac{x}{a} \, dx = \dfrac{x^3}{3} \arctan \dfrac{x}{a} - \dfrac{a}{6} x^2 + \dfrac{a^3}{6} \ln(a^2 + x^2) + C$

(十三)含有指数函数的积分

122. $\int a^x \, dx = \dfrac{1}{\ln a} a^x + C$

123. $\int e^{ax} \, dx = \dfrac{1}{a} e^{ax} + C$

124. $\int x e^{ax} \, dx = \dfrac{1}{a^2} (ax - 1) e^{ax} + C$

125. $\int x^n e^{ax} \, dx = \dfrac{1}{a} x^n e^{ax} - \dfrac{n}{a} \int x^{n-1} e^{ax} \, dx$

126. $\int x a^x \, dx = \dfrac{x}{\ln a} a^x - \dfrac{1}{(\ln a)^2} a^x + C$

127. $\int x^n a^x \, dx = \dfrac{1}{\ln a} x^n a^x - \dfrac{n}{\ln a} \int x^{n-1} a^x \, dx$

128. $\int e^{ax}\sin bx\,dx = \dfrac{1}{a^2+b^2}e^{ax}(a\sin bx - b\cos bx) + C$

129. $\int e^{ax}\cos bx\,dx = \dfrac{1}{a^2+b^2}e^{ax}(b\sin bx + a\cos bx) + C$

130. $\int e^{ax}\sin^n bx\,dx = \dfrac{1}{a^2+b^2n^2}e^{ax}\sin^{n-1}bx(a\sin bx - nb\cos bx) + \dfrac{n(n-1)b^2}{a^2+b^2n^2}\int e^{ax}\sin^{n-2}bx\,dx$

131. $\int e^{ax}\cos^n bx\,dx = \dfrac{1}{a^2+b^2n^2}e^{ax}\cos^{n-1}bx(a\cos bx + nb\sin bx) + \dfrac{n(n-1)b^2}{a^2+b^2n^2}\int e^{ax}\cos^{n-2}bx\,dx$

(十四) 含有对数函数的积分

132. $\int \ln x\,dx = x\ln x - x + C$

133. $\int \dfrac{dx}{x\ln x} = \ln|\ln x| + C$

134. $\int x^n \ln x\,dx = \dfrac{1}{n+1}x^{n+1}\left(\ln x - \dfrac{1}{n+1}\right) + C$

135. $\int (\ln x)^n\,dx = x(\ln x)^n - n\int (\ln x)^{n-1}\,dx$

136. $\int x^m(\ln x)^n\,dx = \dfrac{1}{m+1}x^{m+1}(\ln x)^n - \dfrac{n}{m+1}\int x^m(\ln x)^{n-1}\,dx$

(十五) 含有双曲函数的积分

137. $\int \sinh x\,dx = \cosh x + C$

138. $\int \cosh x\,dx = \sinh x + C$

139. $\int \tanh x\,dx = \ln \cosh x + C$

140. $\int \sinh^2 x\,dx = -\dfrac{x}{2} + \dfrac{1}{4}\sinh 2x + C$

141. $\int \cosh^2 x\,dx = \dfrac{x}{2} + \dfrac{1}{4}\sinh 2x + C$

(十六) 定积分

142. $\int_{-\pi}^{\pi} \cos nx\,dx = \int_{-\pi}^{\pi} \sin nx\,dx = 0$

143. $\int_{-\pi}^{\pi} \cos mx \sin nx\,dx = 0$

144. $\int_{-\pi}^{\pi} \cos mx \cos nx\,dx = \begin{cases} 0, & m \neq n \\ \pi, & m = n \end{cases}$

145. $\int_{-\pi}^{\pi} \sin mx \sin nx \, dx = \begin{cases} 0, & m \neq n \\ \pi, & m = n \end{cases}$

146. $\int_{0}^{\pi} \sin mx \sin nx \, dx = \int_{0}^{\pi} \cos mx \cos nx \, dx = \begin{cases} 0, & m \neq n \\ \pi/2, & m = n \end{cases}$

147. $I_n = \int_{0}^{\frac{\pi}{2}} \sin^n x \, dx = \int_{0}^{\frac{\pi}{2}} \cos^n x \, dx$

$I_n = \dfrac{n-1}{n} I_{n-2}$

$I_n = \begin{cases} \dfrac{n-1}{n} \cdot \dfrac{n-3}{n-2} \cdot \cdots \cdot \dfrac{4}{5} \cdot \dfrac{2}{3} & (n \text{ 为大于 1 的正奇数}), I_1 = 1 \\ \dfrac{n-1}{n} \cdot \dfrac{n-3}{n-2} \cdot \cdots \cdot \dfrac{3}{4} \cdot \dfrac{1}{2} \cdot \dfrac{\pi}{2} & (n \text{ 为正偶数}), I_0 = \dfrac{\pi}{2} \end{cases}$

名词索引

名词后的数字表示该名词出现的页码

Γ 函数	187
B 函数	187
Bernoulli(伯努利)方程	211
Cauchy(柯西)中值定理	96
Dirichlet(狄利克雷)函数	5
Euler(欧拉)方程	228
Euler 积分	187
Fermat(费马)定理	93
L'Hospital(洛必达)法则	99
Lagrange(拉格朗日)中值定理	94
Lagrange 余项	107
Lagrange 中值公式	95
Maclaurin(麦克劳林)公式	107
Newton-Leibniz(牛顿-莱布尼茨)公式	172,184
Peano(佩亚诺)余项	107
p 积分	182
Riemann 和	165
Riemann 积分	165
Rolle(罗尔)定理	93
Simpson(西姆森)公式	201
Taylor 公式	107
Taylor 定理	106
Taylor 多项式	107

A

凹	118

B

摆线	83
比较判别法	185
比阶判别法	185
变量	3
变量代换公式	174,184
变上限积分	170
不定积分	138
部分分式	153

C

常量	3
常数变易法	210,220
常微分方程	204
初等函数	13
初值条件	204
初值问题	204
凑微分法	141
存在定理	218

D

待定函数	210
待定函数法	222
单调减	6,115
单调数列	21
单调有界收敛原理	27,37
单调增	6,115
导数	60
导函数	61

导数表	71	奇函数	6
等价无穷小	44	奇解	205
叠加原理	217	极角	84
定积分	164	极径	84
定义域	4	极限	22, 33
对数函数	14	极限的保号性	26
对数螺线	84	极限的四则运算	24
对数求导法	69	极值	92, 129
F		极值点	92
发散	183	夹逼原理	27, 37
发散数列	22	间断点	50
法线	61	降阶法	212, 219
反常积分	181	绝对误差	79
反三角函数	15	**K**	
非齐次方程	225	可导	60
分部积分法	148, 177	可分离变量方程	207
分部积分公式	148, 177, 184	可积	164
分项积分法	140	可逆函数	12
符号函数	5	可求积	139
负无穷大	2	可去间断点	51
复合函数	11	可微	75
G		**L**	
高阶导数	86	连续	50
高阶无穷小	44	敛散性	29
观察法	219	邻域	33
H		**M**	
函数	4, 5, 118	幂函数	13
弧微分	124	**O**	
换元法	144	偶函数	6
换元积分法	174	**P**	
J		抛物线公式	201
积分表	139	**Q**	
基本初等函数	13	齐次方程	208
基本解组	218	曲边梯形	163
基本周期	7	曲率	125

曲率半径	126
曲率圆	126
曲率中心	126
取整函数	5
去心邻域	33

S

三角代换	145
上界	8
上确界	30
收敛	183
收敛数列	22
数列	21
衰变问题	203
双曲代换	145

T

特解	204
特征方程	222
特征根	222
梯形公式	199
通解	204
同阶无穷小	44
凸	118
图形	5

W

万能代换	156
微分	75
微分表	77
微分法	76
微分方程	203
微分规则	76
未定型	99
无界	8
无界数列	21
无穷大量	47
无穷极限	48
无穷小的阶	46

无穷小量	42
无穷小主部	46

X

下界	8
下确界	30
相对误差	79
消元法	231
悬链线问题	214

Y

严格单调减	115
严格单调减	6
严格单调增	6,115
一致连续	56
因变量	4
隐函数	81
有界	8
有界数列	21
有理函数	152
有限极限	48
右导数	64
右极限	33
右连续	51
右邻域	33
余项	105
余元公式	187
原函数	138

Z

振动问题	203,223
正交轨线问题	205
正无穷大	2
正弦函数	14
值域	4
指数函数	14
中间变量	12
周期函数	7
追踪问题	213

子列	29	左导数	64
自变量	4	左极限	33
最大值	131	左连续	51
最小值	131	左邻域	33
最值定理	55		

郑重声明

高等教育出版社依法对本书享有专有出版权。任何未经许可的复制、销售行为均违反《中华人民共和国著作权法》，其行为人将承担相应的民事责任和行政责任；构成犯罪的，将被依法追究刑事责任。为了维护市场秩序，保护读者的合法权益，避免读者误用盗版书造成不良后果，我社将配合行政执法部门和司法机关对违法犯罪的单位和个人进行严厉打击。社会各界人士如发现上述侵权行为，希望及时举报，我社将奖励举报有功人员。

反盗版举报电话　　(010) 58581999　58582371
反盗版举报邮箱　　dd@hep.com.cn
通信地址　北京市西城区德外大街4号　高等教育出版社法律事务部
邮政编码　100120

读者意见反馈

为收集对教材的意见建议，进一步完善教材编写并做好服务工作，读者可将对本教材的意见建议通过如下渠道反馈至我社。

咨询电话　400-810-0598
反馈邮箱　hepsci@pub.hep.cn
通信地址　北京市朝阳区惠新东街4号富盛大厦1座
　　　　　高等教育出版社理科事业部
邮政编码　100029

防伪查询说明

用户购书后刮开封底防伪涂层，使用手机微信等软件扫描二维码，会跳转至防伪查询网页，获得所购图书详细信息。

防伪客服电话　　(010) 58582300